烽火刻痕

1931——1945

档案中的抗战记忆

吉林省档案馆 编

時代文藝出版社
SHIDAI WENYI CHUBANSHE

图书在版编目（CIP）数据

烽火刻痕：档案中的抗战记忆 / 吉林省档案馆编.
长春：时代文艺出版社, 2025. 8. -- ISBN 978-7-5387-7811-3

Ⅰ. K265

中国国家版本馆CIP数据核字第20255FT253号

烽火刻痕：档案中的抗战记忆

FENGHUO KE HEN：DANG'AN ZHONG DE KANGZHAN JIYI

吉林省档案馆　编

出 品 人：吴　刚
产品总监：郝秋月
责任编辑：卢宏博
装帧设计：陈　阳
排版制作：隋淑凤

出版发行：时代文艺出版社
地　　址：长春市福祉大路5788号　龙腾国际大厦A座15层（130118）
电　　话：0431-81629751（总编办）　0431-81629758（营销部）
官方微博：weibo.com/tlapress
开　　本：710mm × 1000mm　1/16
印　　张：26
字　　数：334千字
印　　刷：吉林省吉广国际广告股份有限公司
版　　次：2025年8月第1版
印　　次：2025年8月第1次印刷
书　　号：ISBN 978-7-5387-7811-3
定　　价：98.00元

编 委 会

序

在我们从事历史研究的过程中，档案可以说是最为重要的资料来源，因而档案的重要性当然无须赘述。凡是事涉历史问题、讲述历史故事，除了纯理论文章之外，如果不运用档案资料，就如同巧妇难为无米之炊，即使文章写得再好，辞藻堆砌再多，也会使人感觉似乎缺点儿什么。再就抗日战争而言，虽然其早已经离我们远去，但战争对中国人民的伤害却并未终结，因为人类是有记忆的。那么，我们在档案中寻找抗战记忆就是一件非常有意义的事了。《烽火刻痕：档案中的抗战记忆》就是一本用档案资料书写历史故事的书。

本书分为上、下两篇，各收录文章37篇，上篇主要以揭示日本侵略者罪行为主，下篇则以东北人民的各种抗日活动为主。不论上篇还是下篇，都具有三个特点。

一、可靠性。上下篇所有的74篇文章中，没有任何一篇不是依托档案资料而写成的。并且，所用资料均有图片佐证，其大部分来源是吉林省档案馆近年挖掘并公之于众的日本关东宪兵队司令部档案。这种宣讲真实历史故事的书，若要做到不悖历史，真实准确是第一位的。因而，这种可靠性便使本书有了出版价值。

二、多样性。在上篇的37篇文章中，内容从九一八事变前日本对中国东北的侵略，到九一八事变后国联的反应；从日军的细菌实验，到日本的移民侵略；从伪满实施的强制储蓄政策，到“粮谷出荷”政策给东北农民带来的苦难；从关东宪兵队的“特别移送”，到伪满洲国的“特殊工人”均有涉及。发生在东北之外的日军罪行也在书中有所记录，如《日军掩盖南京大屠杀暴行》《重庆“六五”大隧道惨案》《沦陷区儿童的悲惨生活》等。

在下篇的37篇文章中，总体上是围绕东北沦陷时期义勇军、东北抗联的抗日活动而展开，如人们耳熟能详的杨靖宇、魏拯民、王德泰、陈翰章、冯占海、王德林等抗日英雄的壮举，但又不限于此，还有不太为一般民众所知的九一八事变次日驻长春的中国军队“‘九一九’长春抗敌”，还有父子抗日、兄弟抗日、伪军的起义等故事。

三、可读性。就本书所收文章之性质而言，都可以说是一个个真实的、令人深思的历史故事，具有极强的可读性。例如上篇中的《从一本被延吉宪兵队处置的小学教材说起》，下篇的《一句民间俗语背后的抗战故事》，前者的内容是以“满洲建国”前一本非常寻常的小学地理教材被日本宪兵队查处为引，反映了日本帝国主义对东北民众的思想控制之严厉；后者则是以一句东北男女老少皆知的民间俗语“我家有个哭夜郎”为中心，揭露日本帝国主义对东北人民的思想言论严厉控制之罪行。两者的悲愤之情都在字里行间中体现出来。本书的可读性还体现在所收录的全部74篇文章，每篇文章字数都不多，茶余饭后、工作休憩之际随时可读。

最后，借用本书上、下篇的标题，忝作小诗一首以为序。

历史真相探究深，

抗战记忆档案寻。

罄竹难书滔天罪，

浴血奋战铸忠魂。

前控日伪同为孽，

后颂抗日建功勋。

时代文艺终付梓，

以史为镜警后人。

（诗中“前”“后”指上下篇）

甲辰年小雪日　陈景彦于自宅

目录

上篇　罄竹难书滔天罪

下篇 浴血奋战铸忠魂

上篇

罄竹难书滔天罪

1. 关于东北路权的博弈

宋　畅

日本帝国主义侵略中国东北乃至整个中国的野心由来已久，一直奉行武力扩张、征服世界的“大陆政策”。而铁路作为重要的交通手段，具有极高的经济和军事价值，故攫取东北铁路路权成为日本侵略东北、掠夺资源的重要手段之一。

日俄战争后，日本获取了旅顺口、大连湾及附近领土领水的租借权和其附属特权，并长春（宽城子）至旅顺口的铁路及一切支线，以及附属的相关权利、财产。日本帝国主义的侵略魔爪进一步伸向了东北。

20世纪20年代以后，日本的侵略野心日益膨胀，千方百计阻挠东北自建铁路，同东北当局围绕路权展开的“交涉”日趋频繁。南满洲铁道株式会社（即“满铁”）多次向日本政府提交关于“满蒙”铁路建设开发的计划，1927年6月，日本田中内阁召开的“东方会议”，提出“满蒙”尤其是东三省与日本的“国防并国民的生活有重大利害关系”，并将路权视为其“满蒙政策”的重中之重。会上决定由日本提供贷款，修建吉林至五常、长春至大赉（今大安）等“南满铁路的营养线”，修建敦化至图们江铁路，东连朝鲜会宁铁路和清津港，完成日本计划多年的吉林至会宁的军事铁路。此后，日本开始以强硬态度进行“满蒙交涉”。10月中旬，日本派“满铁”社长山本条太郎与张作霖进行秘密谈判，要求张作霖借款修路。在日本政府军事政治压力下，张作霖同意商谈“满蒙新五路”[①]借款问题，并签署了“满蒙新五路”秘密协约。

“满蒙新五路”中日本最急于实现的是敦图线和长大线。皇姑屯事件后，日本趁时局纷乱之际加紧与时任东三省保安总司令的张学良就“满蒙新五路”中的敦图线和长大线进行交涉，但由于东北当局坚持自建铁路的方针，两方多次交涉未果。

日本要求修筑敦图线和长大线的消息激起东北人民的强烈愤慨。“满蒙新五路”交涉的铁路线有四条在吉林境内，东三省保路运动首先在吉林兴起。1928年5月，吉林省议会和人民团体多次召开会议，准备发动人民群众维护国家主权。10月14日，延珲和汪四县人民团体成立延珲和汪农工商学各界抗路联合会；16日，延珲和汪农工商学各界抗路联合会向省公署等部门发去抗议函，强烈主张东北人民反对向日本借款修筑天图路。图中所录档案即为函件原文：“……延吉为东南门户，关系国防极为重要，该路尤为吉省军事行政实业之命脉，若再借资建筑放弃主权，非仅贯彻其经济侵略之政策，直予彼方以军事上朝发夕至之便利，边防重地无异拱手让人……”，并表示希望铁路可以由人民集资修筑，经过的路线由人民集议自决，一致反对外国干涉及借用外资，甚至表示不达目的不惜罢市罢工牺牲一切，若日方违背民意自行开工修筑铁路则会聚众毁坏其工程。

1928年10月24日，包括吉林省议会、省农会、省教育会、省商会联合

① 满蒙新五路，即敦化经老头沟至图们江江岸线、长春至大赉线、吉林至五常线、洮南至索伦线、延吉至海林线。

会、省工会、吉林县农会、县教育会、律师公会、旗族生计会、航业公会、学校教职员会、学生联合会等在内的吉林省各界团体代表和学生联合会代表40余人召开保路会议，就日本要求修筑敦图线和长大线问题进行讨论。各代表声明反对外资修筑，同时决定在吉林省城成立吉林全省路权自主会，以援助政府保持全省路权，唤起民众觉醒，自主修筑铁路，并由省城各法团联衔呈请备案。另外，吉林各地学生纷纷走上街头，结队游行，散发传单，反对在协约上签字。

随着吉林人民反日热情高涨，保路运动逐渐在东北各地展开。1928年10月22日，在奉天省城成立东三省路权保持会，旨在唤起舆论、援助政府、保持路权、排除外人侵略。同年11月9日，东三省路权保持会在就日本延长兴修吉敦铁路致吉林保安司令张作相的请愿书中指出，修筑敦图线和长大线必将导致国防危机、移民隐患和交通影响，认为“此路对我之作用，无一非祸”，因此要求其对外严拒、对内停修，不但应严词拒绝日本修筑，我方也不应基于义愤自主修筑这两条铁路，否则不啻为“开关延敌”。一时之间，东北全境甚至全国其他地区出现各类“路权保持会”“路权保持后援会”“争持路权公民组合会”的组织，旅居各地的东北学生组织、同乡会和各地的反日会纷纷发表反日抗路宣言。

在声势浩大的保路运动下，以张学良为首的地方政府拒绝了日本方面的侵略要求，东三省保路运动最终取得了胜利。这场反日护路斗争虽然充满了艰辛和困难，但东北人民并没有退缩，并在斗争中展现出了坚定的信念和顽强的斗志，用自己的行动捍卫了国家和民族的尊严和利益。

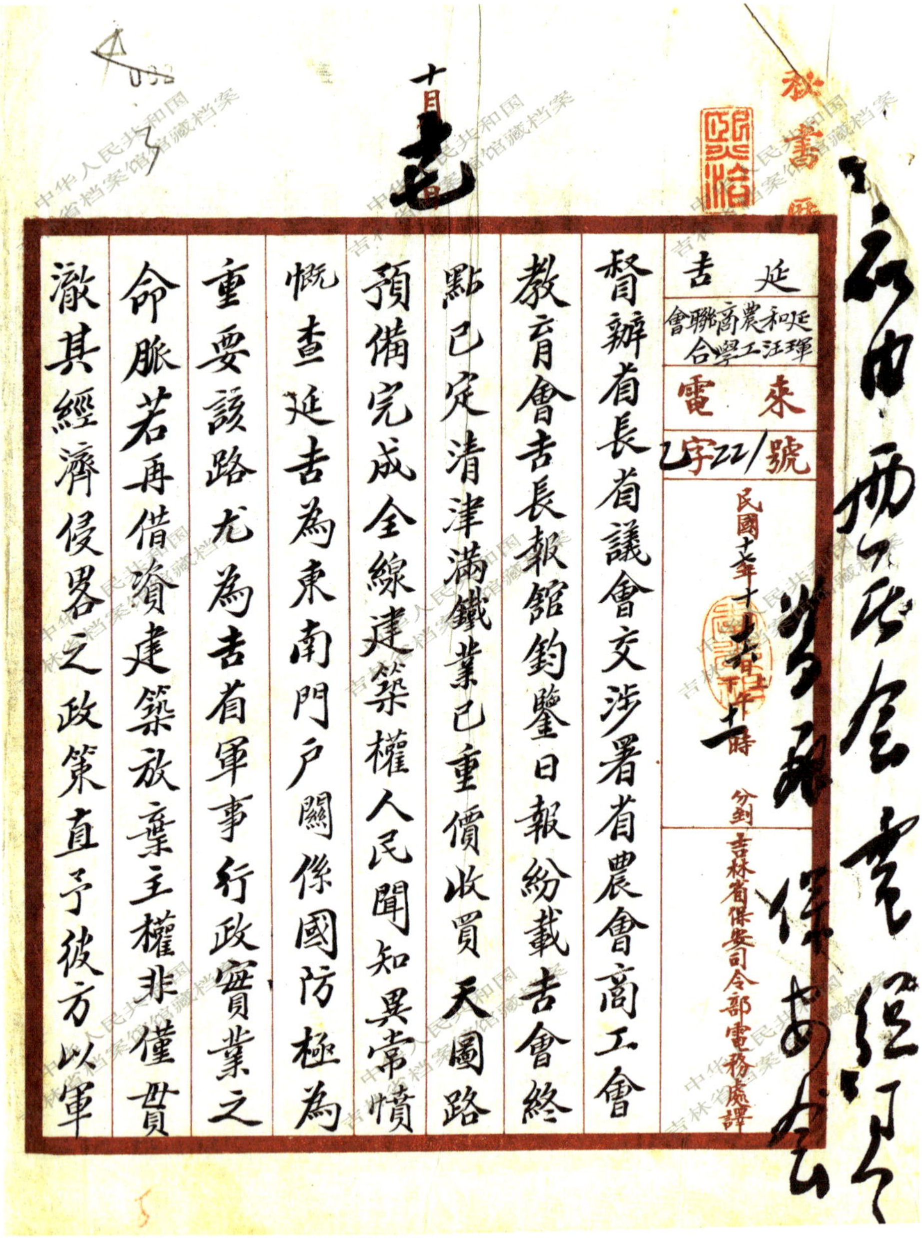

延吉
延琿和汪農商工學聯合會
來電
乙字221號
民國十七年十一月十一日十時
分到 吉林省保安司令部電務處譯

督辦省長省議會交涉署省農會商工會教育會吉長報館鈞鑒日報紛載吉會終點已定清津滿鐵業已重價收買天圖路預備完成全線建築權人民聞知異常憤慨查延吉為東南門戶關係國防極為重要該路尤為吉省軍事行政實業之命脈若再借資建築放棄主權非僅貫澈其經濟侵畧之政策直予彼方以軍

图 1-1 延珲和汪农工商学各界抗路联合会为东北人民反对向日本借款修筑天图路给省公署等的函

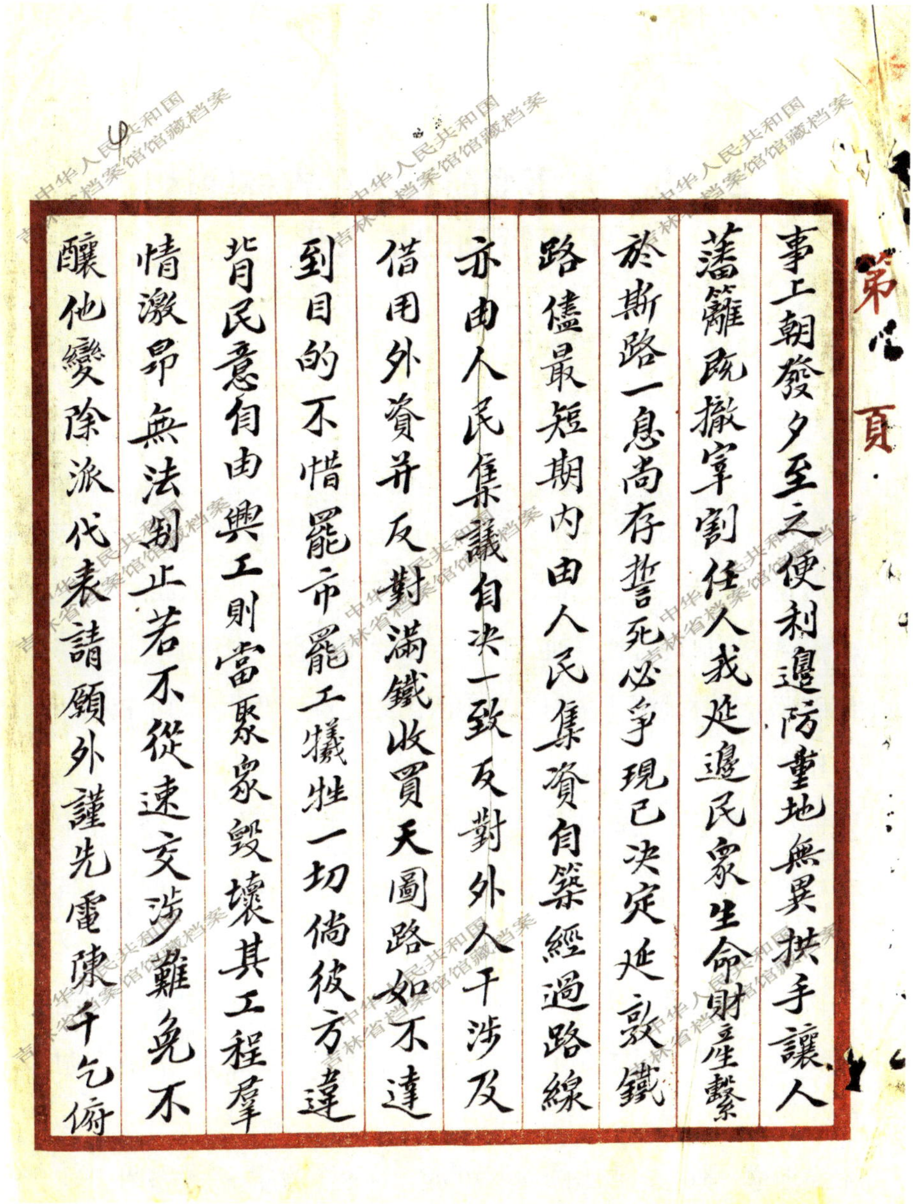

事工朝發夕至之便利邊防重地無異拱手讓人藩籬既撤宰割任人我延邊民衆生命財產繫於斯路一息尚存誓死必爭現已決定延敦鐵路儘最短期內由人民集資自築經過路線亦由人民集議自決一致反對外人干涉及借用外資并反對滿鐵收買天圖路如不達到目的不惜罷市罷工犧牲一切倘彼方違背民意自由興工則當聚衆毀壞其工程羣情激昂無法制止若不從速交涉難免不釀他變除派代表請願外謹先電陳千乞俯

图 1-2 延珲和汪农工商学各界抗路联合会为东北人民反对向日本借款修筑天图路给省公署等的函

2. 九一八事变前日本在吉林地区军事行动的扩大化

谢寅童

近代日本在东北攫取了诸多特权，日军在吉林地区的军事行动包括但不限于巡逻、操练、无实弹演习等，行动范围也从野外向城市周边逐渐扩张。由于奉系军阀的忍让妥协，日军行动的频率也逐渐增加。这些军事行动不仅破坏了吉林地区人民的生产生活，更是对于当时中国主权的一种严重挑衅和践踏。

九一八事变前，日本帝国主义的侵略势力在中国东北已经有了很明显的扩张趋势。当时，日本在东北侵略势力的主要代表为南满洲铁道株式会社、关东厅、关东军和奉天总领事馆。通过这些机构，日本帝国主义不但把南满铁路沿线地区（“满铁”附属地）变为其殖民地，更是将侵略的脚步向吉林地区扩张。日本在东北地区的军事行动，就是从“满铁”附属地开始的。

附属地这一概念，是俄国曲解1896年9月8日《合办东省铁路公司合同章程》条款，日俄战争后由日本继承，并强行打造出来的。《章程》第六条规定：“凡该公司建造、经营、防护铁路所必须之地，又于铁路附近开采沙土、石块、石灰等项所需之地，若系官地，中国政府给予，不纳地价；若系民地，按照时价，或一次缴清，或按年向地主纳租，由该公司自行筹措付给。凡公司之地段，一概不纳地税，由该公司一手经理。”俄国人对于“该公司一手经理”的词句，强行曲解为“行政权”或“全权统治”。而日本在取得铁路用地之后便以此为依据，强硬主张“公司在用地内有绝对的排他行政权”。尽管中国方面坚持反对，日本仍执意霸占和扩大铁路及附属地，行使行政权，驻军设警，排斥中国主权，扶植各种侵略势力，进行种种侵略活动。尽管早在1909年5月10日，中俄已经签署了《东省铁路公议会大纲》，规定“铁路界内，首先承认中国主权，不得稍有损失”。但日本一意孤行，倒行逆施，中日矛盾不断升级。

由于日俄战争后日俄媾和时，只规定将长春以南的铁路交给日本，对于长春本身没有明确。双方交涉后，决定宽城子站及附属地为共有，1907年6月，俄国以56万卢布买下了属于日本的那一半共有权。这样日本需要在宽城子和长春府城之间设站，1913年3月车站建成，即今天的长春站位置。为加强殖民统治，日本在铁路周围开始进行附属地建设。当时关东都督府的“满铁”兼职官员佐藤安之助少佐等人鉴于长春的俄国势力尚很强大，收买土地困难，决定以日本三井物产会社长春办事处的名义进行收买。经历郭奉战争后，日本在附属地通过多次收购，积累了大量用地，而铁路用地仅占三分之一，其余均用于陆军、会社等方面。1927年4月16日，一份满铁东京支社庶务课长给文书课长的电文中提到“正值参谋部修改满铁沿线独立守备队勤务令之际，若守备区域只限定为满铁附属地，那么附属地外的炼铁所和煤矿等将置于守备区域之外，因此，为把附属地之外的满铁的重要机构及其所在地也纳入守备区域之内”这一内容。随着“满铁”附属地逐渐成为日本在东北地区的“国中之国”，开始增设“满铁”守备队，军事行动也不断展开。

在张作霖执掌奉军期间，“满铁”沿线的各附属地内，日方定期的军事行动包括但不限于巡逻、操练、无实弹演习等，内容尚在中日双方协商范围内。1926年，长春交涉员记录在案的日本驻长春领事关于军事演习方面的交涉也大多是以驻公主岭守备队为主，演习内容多为行军和野外演习，且平均每月一次，从年初持续到秋季结束。

1928年皇姑屯事件后，张学良接管奉军，自顾不暇，国民政府立场摇摆。日方看准时机，加大了对南满地区军事力量的输入。首先，开原地方委员议长佐竹令信、实业会会长川岛定兵卫和当地华商公会议长马秀升于1929年3月联名向日本陆军大臣、参谋总长、关东军司令官、独立守备队司令官请愿将守备队司令部设于开原。在守备队规模不断扩大的情况下，公主岭以北地区军事演习的频率开始提高，1928年到1930年，各类军事演习成倍增加，日方对奉军当局的态度也愈发蛮横嚣张，由一开始的报备交涉变为简单知会，且无视民众和当局的抗议，形势进一步恶化。

1929年起，日军在吉林地区的军事行动已经不满足于简单的在附属地范围内的行军演习，行动区域也逐渐向满铁附属地之外的长春地区扩张。长春公安局的相关记录表明，平均每月4次的军事演习中甚至出现全副武装配备机枪的情况，这种挑衅式演习也经常发生在城埠附近，给当地民众带来了很大的恐慌。长春交涉署数次向日本领事馆提出春耕以后、秋收以前避免演习时践踏田苗以及避免夜间无实弹射击的交涉，但均未得到日方相对积极的回应。图中所录档案即为长春市政筹备处向日方提出的关于军事演习事宜的交涉。1930年5月19日，在中日双方已经达成共识的一次长春

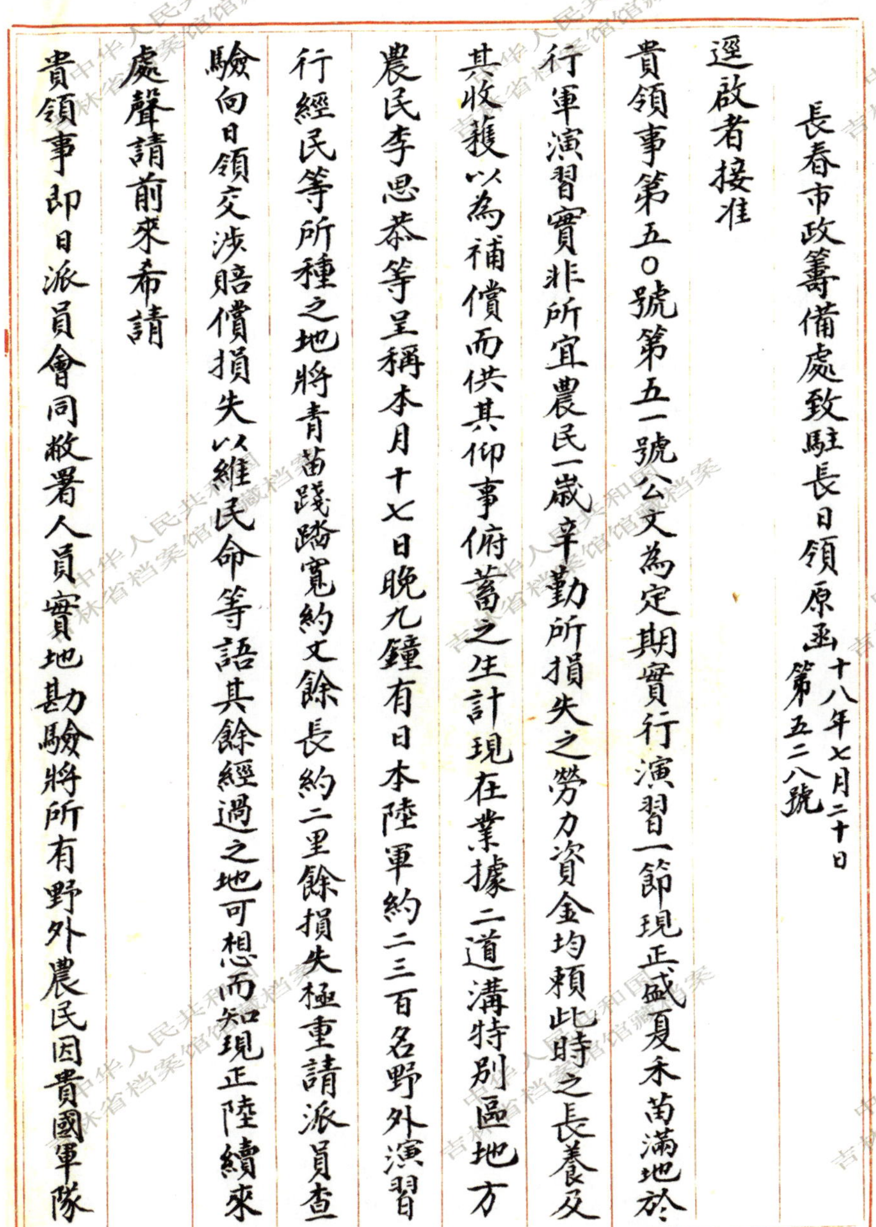
長春市政籌備處致駐長日領原函 十八年七月二十日 第五二八號

逕啟者接准

貴領事第五〇號第五一號公文為定期實行演習一節現正盛夏禾苗滿地於行軍演習實非所宜農民一歲辛勤所損失之勞力資金均賴此時之長養及其收獲以為補償而供其仰事俯蓄之生計現在業據二道溝特別區地方農民李思恭等呈稱本月十七日晚九鐘有日本陸軍約二三百名野外演習行經民等所種之地將青苗踐踏寬約丈餘長約二里餘損失極重請派員查驗向日領交涉賠償損失以維民命等語其餘經過之地可想而知現正陸續來處聲請前來希請

貴領事即日派員會同敝署人員實地勘驗將所有野外農民因貴國軍隊

图 2-1 长春市政筹备处关于军事演习事宜给驻长日本领事馆的函

郊外行军演习过程中，日军驻长第四联队野外演习部队全副武装，不顾中方岗警阻止，擅自改变演习路线从永安门进入城区，通过大经路折回头道沟。1930年6月的一次演习中，日军竟直接进入街市进行无实弹演习，中方数次抗议都未能收到日方明确答复。而几天之后中方收到的日方即将进行的军事演习计划中，甚至包含了实弹射击内容。

由于时值中原地区军阀混战，加之易帜后东北军一再忍让妥协，日本彻底露出帝国主义侵略者的面目，通过军事行动、政治施压、经济侵略、文化渗透等手段在东北地区步步紧逼，这一切都为九一八事变埋下了伏笔。

3. 点燃东北抗日烽火的民族觉醒时刻

——万宝山事件

赵 双

1931年7月16日，长春公安局局长给吉林全省警务处处长呈报了一份电文，详细记述了商埠小学学生在老市场进行露天演说的情形。演说学生还原万宝山事件真相，痛斥日本恶劣行径。

本月（1931年7月）十二日星期午刻，有商埠高小学校小学生二十余人，在本埠老市场露天演讲万宝山事件。彼时观听人众，围立拥挤，遂起纷扰，相与互殴，致将化装华服之日本宪兵军曹井上大衫撕破，鼻间略受微伤。岗警到场排解，井上已自行捉住学生迟世荣一名，现年十三岁。并据井上声称，丢失手表及官发宪兵手折等物。

而后，日本驻长总领事向吉林公署提出“惩凶、赔偿、道歉”三项无理要求，引起群众愤慨。

事件要从1931年春说起，日本朝鲜移民在万宝山村强行修建灌溉渠，

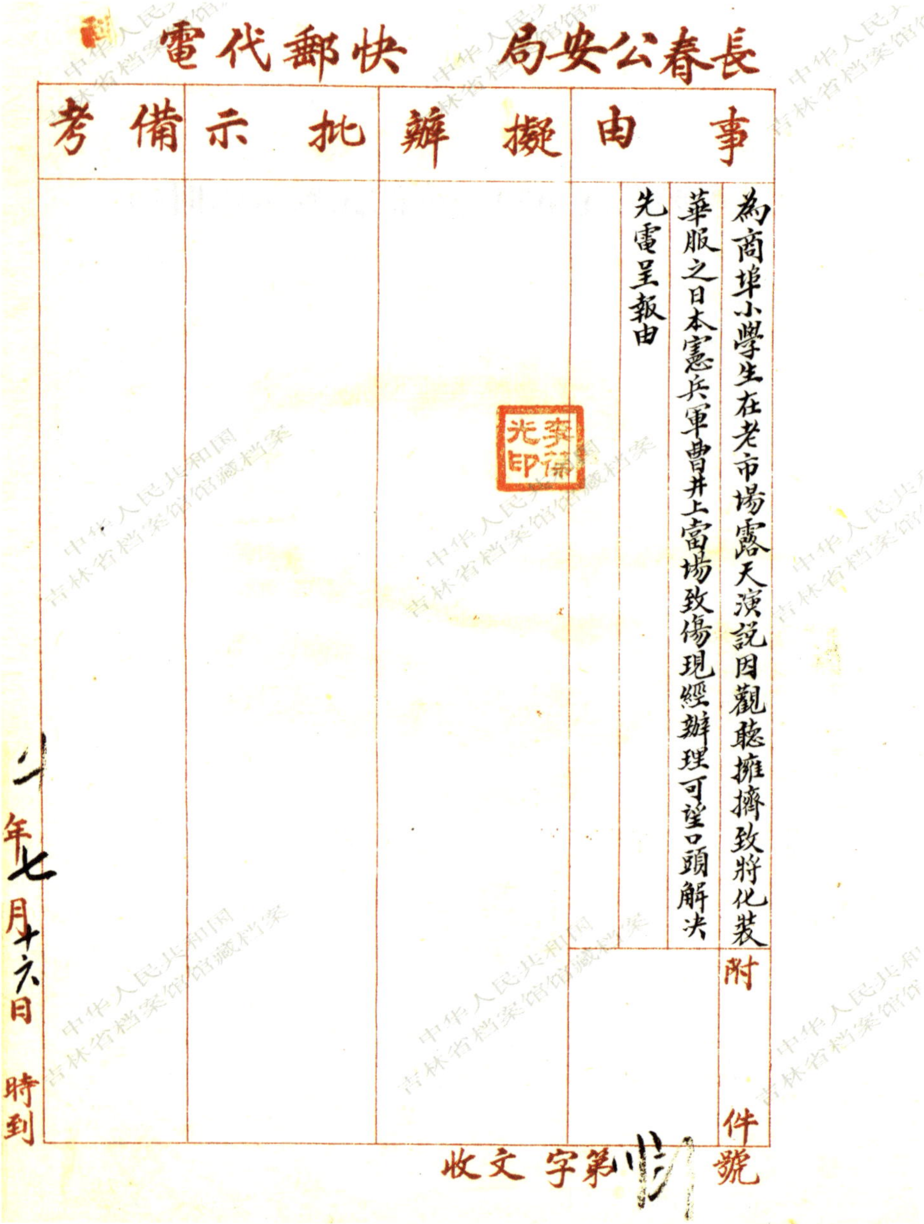

長春公安局 快郵代電

事由	擬辦	批示	備考
為商埠小學生在老市場露天演説因觀聽擁擠致將化裝華服之日本憲兵軍曹井上富場致傷現經辦理可望口頭解決先電呈報由			

附件

年七月十六日 時到

收文 字第 號

图 3-1 长春公安局局长为商埠小学生在老市场露天演说致吉林全省警务处处长的电文

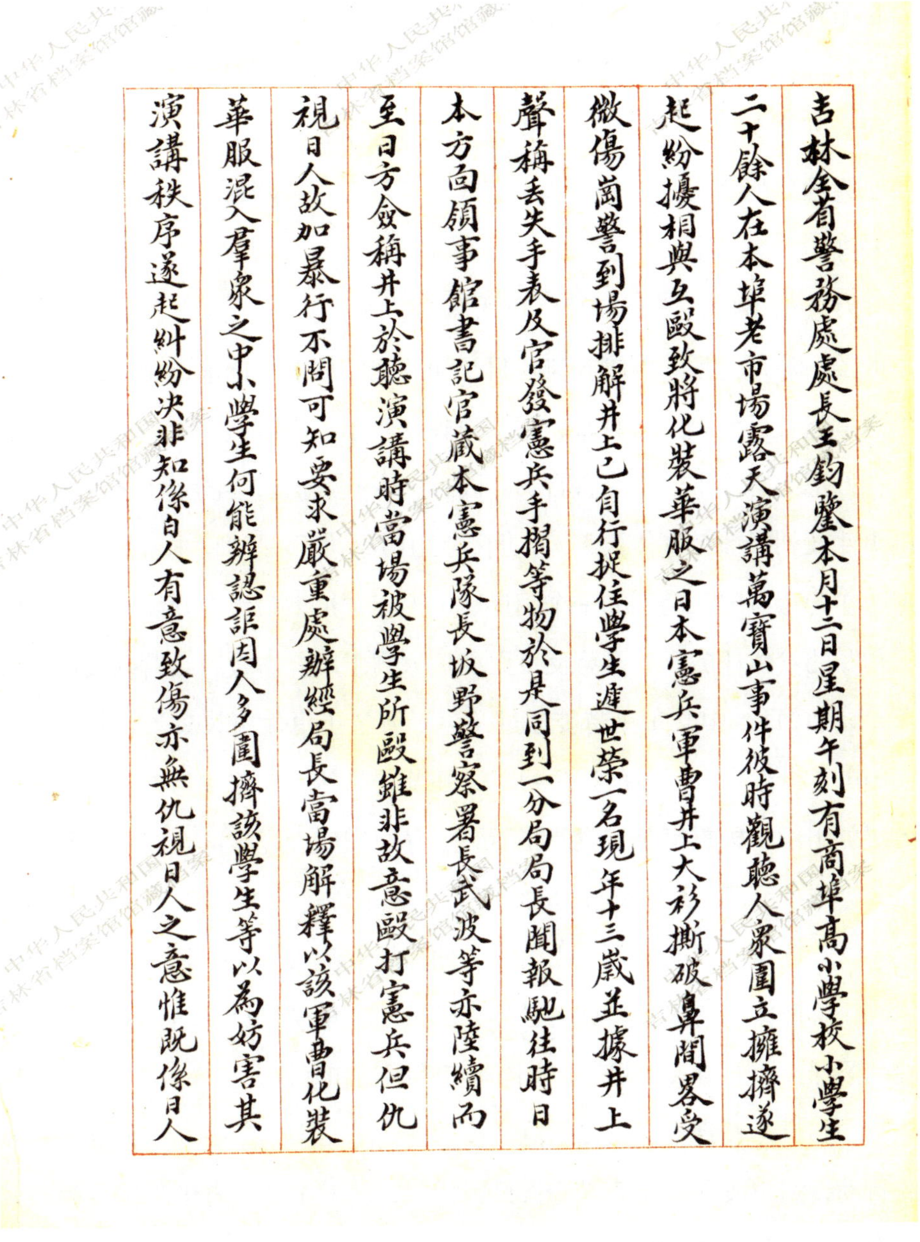

吉林全省警務處處長王鈞鏊本月十二日星期午刻有商埠高小學校小學生二十餘人在本埠老市場露天演講萬寶山事件彼時觀聽人衆圍立擁擠遂起紛擾相與互毆致將化裝華服之日本憲兵軍曹井上大衫撕破鼻聞畧受微傷崗警到場排解井上已自行捉住學生進世榮一名現年十三歲並據井上聲稱丢失手表及官發憲兵手槍等物於是同到一分局局長聞報馳往時日本方面領事館書記官蔵本憲兵隊長坂野警察署長武波等亦陸續而至日方僉稱井上於聽演講時當場被學生所毆雖非故意毆打憲兵但仇視日人故加暴行不問可知要求嚴重處辦經局長當場解釋以該軍曹化裝華服混入羣衆之中小學生何能辨認詎因人多圍擠該學生等以爲妨害其演講秩序遂起糾紛决非知係日人有意致傷亦無仇視日人之意惟既係日人

图 3-2 长春公安局局长为商埠小学生在老市场露天演说致吉林全省警务处处长的电文

严重破坏当地农田生态。中国农民多次交涉未果后，自发组织护田队阻止施工。7月，日本驻长领事馆出动警察武装，以保护朝侨为由，与当地农民发生激烈冲突，开枪镇压并打伤多人。日方事后颠倒事实，在朝鲜大肆宣传华人排斥朝鲜人，蓄意挑拨中朝人民关系，在朝鲜煽动、制造了一场骇人的排华惨案。

万宝山事件，举国震惊，世人瞩目。全国上下一致声讨日本帝国主义的侵略罪行，呼吁中国政府对日交涉。在民族危机面前，中国共产党首先高举起反日大旗。7月7日，中共中央发表了《中国共产党为日本帝国主义在万宝山屠杀中国民众宣言》。同日，中共满洲省委制定了《关于万宝山事件及朝鲜惨案宣传大纲》，明确指出事件本质是“日本帝国主义预先准备作为藉口出兵满洲的一个阴谋”，提出“扩大广大群众反帝国主义的工作”的具体任务，要求将反帝组织扩大到工厂、学校、兵营以及每个村落。7月12日，中共东满特委通过《关于万宝山事件决议案》，强调实现“中朝群众聚合”对日的斗争目标，并部署具体工作路线与办法。吉林省各级党组织积极贯彻落实党的指示，引导组织广大爱国群众成立了万案后援会等群众组织，开展反日活动，援助在朝华侨。

这起蓄谋已久的“万宝山事件”如同星火坠入干柴，瞬间点燃了吉林民众压抑已久的怒火。吉林省各界人民掀起大规模反日运动，各学校学生毅然罢课，涌上街头，反对日本侵略者的阴谋和暴行。

7月5日，长春省立第二师范学校和省立第二中学学生联合全市学生率先行动，组织成立了长春学生抗日后援会，散发了“长春学生抗日后援会为万宝山事件宣言”传单。

茫茫禹迹，尺土不能任人宰割，衮衮华胄一民，不能任人侮辱，日人私租我领土，强侵我农田坝阻我交通，枪击我农民，种种行为惨无人道，大同世界所不容，文明国人所共弃。吾辈粗受教育，稍明大义，爱国举动，讵肯后人，爰集合长埠男女学生成立抗日后援大会，演说游行声嘶力竭，宣言标语笔秃墨干，凡我国民，均应同仇敌忾，凡我友邦，亦当仗义执言，灭人道大蠹，铲世界之公敌，幸甚幸甚！

7月7日，农安县中、小学校的学生罢课。同日，长春县教育联合会召开抵日大会，邀请各界代表36人参加，议决成立长春国民外交协会，讨论了抵制日本侵略的具体方案；13日公布组织大纲；14日印制《长春国民外交协会为铁路交涉、万宝山案、韩人排华三事敬告全国同胞书》。

吉鸣醒觉之洪钟，燃烧自由之火炬，联起民众，永固团结，冲锋肉搏，共同奋斗，誓与帝国主义不共戴天，打断冷酷之枷锁，冲破阴暗之地狱，争我国家之主权，复我真人之地位，全民族存亡关键，求此一举，不然继此而来之惨变，恐将层出不穷矣，彼帝国主义决不容我新兴民气之发生，而我民族势将陷入永劫不复之地。

8月1日，中共磐石县委领导组织800余名群众集会，揭露日本帝国主义挑拨中朝民族感情，残杀我华侨的暴行，会后举行了示威和宣传活动。

吉林省的反日斗争得到了全国人民的广泛支持和声援。全国同胞、全体同志一致奋起，无论是学生、工人、商人，还是农民，都为国家的尊严和民族的独立，贡献出了自己的力量。国人一面督促政府厉行革命外交交涉，一面实行经济绝交，以作政府后盾。一息尚存，奋斗到底，以申国权。

关于万宝山事件的交涉，长春市政筹备处自6月起便多次向日本领事提出抗议，但没有得到任何解决。历时3个月18天的交涉，与其说在办外交，还不如说是日本单方置之不理。本来是中国的主权受侵犯，是中国的土地被霸占，然而中国方面所提出的一切合理要求全为日方所拒绝。中日双方关于万宝山事件的"交涉"实属徒有虚名。9月15日，民国政府外交部向日本驻华公使馆发出第二次照会，日本侵略者根本无意于谈判，他们一边在谈判桌上虚与委蛇，一边将坦克和大炮秘密运抵柳条湖。3天后的9月18日，日本便炮轰沈阳北大营，发动了九一八事变——这算是日本侵略者的"答复"了。

历史是清醒剂，也是最好的教科书！不管时间怎样流逝，那段血泪写就的过去不能忘！那场不屈不挠的抗争不敢忘！唯有自立自强，方可挺直脊梁；唯有奋发有为，方可不负时代。

4. 《阵中日志》记载的九一八事变

王誉莹

1931年9月18日，日本帝国主义悍然发动侵略中国东北的九一八事变。吉林省档案馆保存的日军遗留的关东宪兵队本部形成的《阵中日志》，翔实记录了1931年9月19日至30日，关东军和关东宪兵队在九一八事变初期的活动以及东北民众的反抗活动。图中所录即为《阵中日志》的封面和9月19日的记载。

《阵中日志》是对侵华日军作战经过、部队编制、给养补充、武器弹药等与军事有关内容的记录。根据日本陆军《阵中要务令》第603条规定，《阵中日志》要注意记载以下事项：（1）重要的命令、通报、报告的全文；（2）每日位置；（3）行军位置、宿营、装备情况；（4）紧要时期部队的编成表和将校军官的名单；（5）战斗情况：要详细记载战斗的始末，与友邻部队的关系，部队的位置并附图，提交战斗详细报告的副本，以补充日志的不足；（6）战斗期间发生的事件；（7）战斗期间使用的地图；（8）人马的变动、每日部队的人数（概数即可）、调转人员（实际日期）、死伤情况（将校及其相关人员）、立功者的事迹；（9）野战作业等设施工程，以及每日内发生的重要事项。

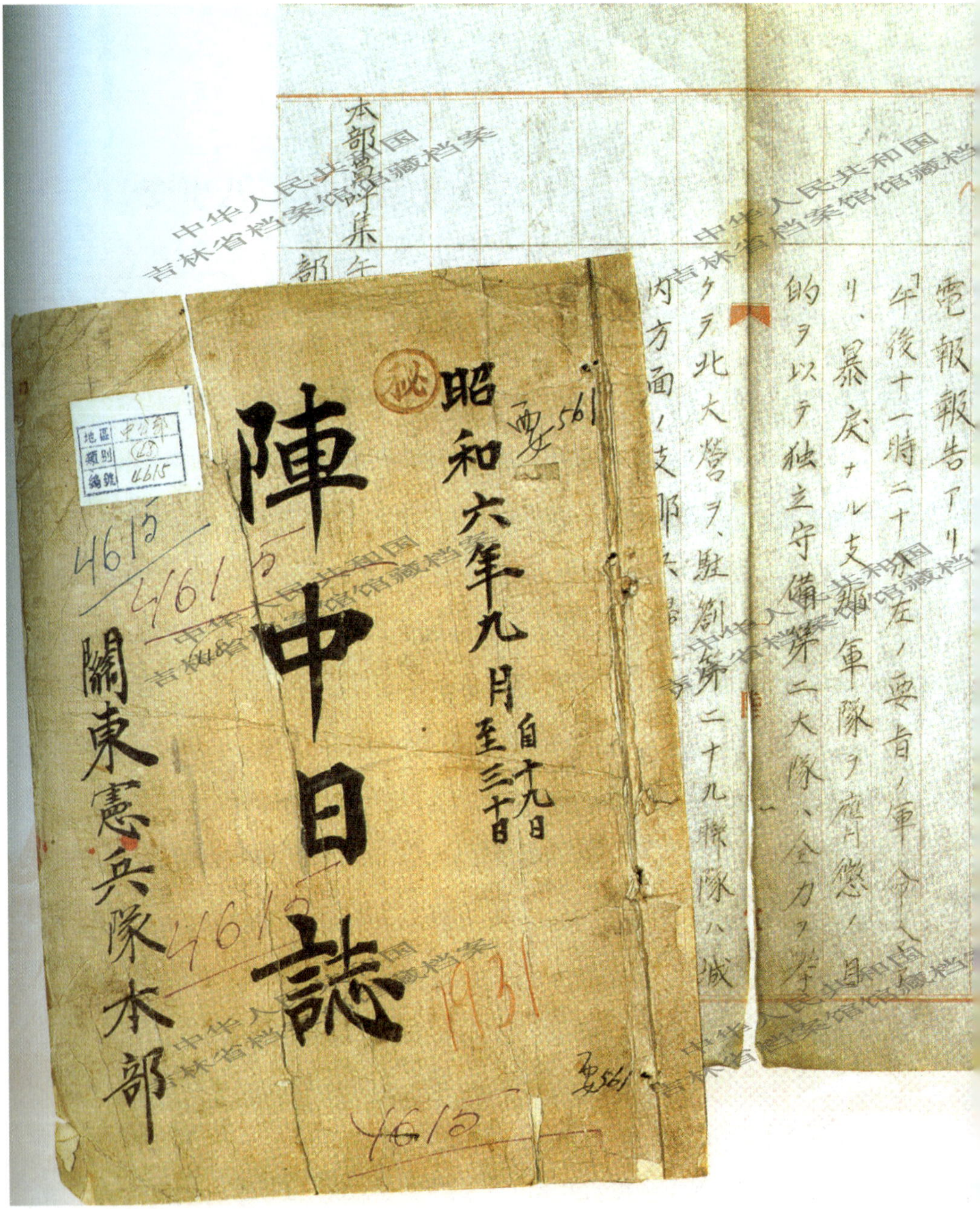

图 4-1 1931 年 9 月 19 日的《阵中日志》

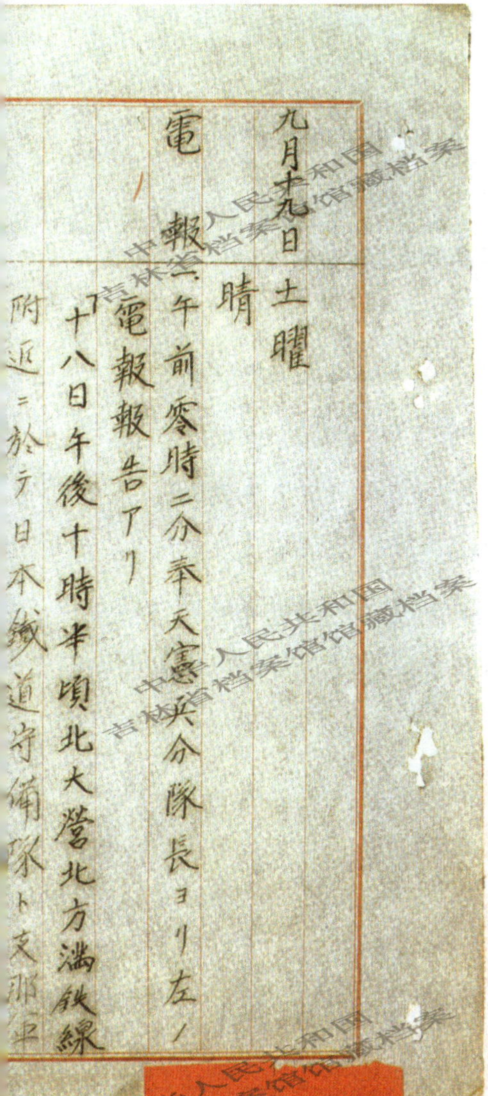

九月十九日　土曜　晴

電報　午前零時二分奉天憲兵分隊長ヨリ左ノ
電報報告アリ
十八日午後十時半頃北大營北方滿鐵線
附近ニ於テ日本鐵道守備隊ト支那軍

关于九一八事变当晚的情况，《阵中日志》是这样记载的：

午前0时2分，奉天宪兵队长发来如下电报：18日午后10时半许，在北大营以北满铁线附近，日本铁道守备队同“支那”（近代日本侵略者对中国的蔑称，下同）军队发生冲突，目前交战中。

0时20分，关东军向关东宪兵队下达了全力向奉天附近出动的命令。于是，从1时50分到清晨5时，关东宪兵队队长分别向奉天、辽阳、安东、连山关、开原、长春、旅顺、大连等各地宪兵队发出命令，要连夜派遣宪兵到奉天集结。另外，由于关东军司令部迁往奉天，关东宪兵队司令部也于19日早7点20分离开旅顺前往奉天，移驻在附属地的江之岛町奉天日华俱乐部。

19日，到达奉天后，关东宪兵队掌握了奉天的实际控制权。同时，《阵中日志》记载了关东宪兵队《关于取缔掠夺行为的通报》，披露了日本占领沈阳后“趁着中国官署和私人住宅现无人居住的好机会，进行各种物品的掠夺或将此等赃物运往各地”。

同日凌晨3时5分，驻长春的关东军接到关东军司令部发来的“准备对长春附近的中国军队进行攻击”的急电，遂向长春发起进攻。而吉林省的军政大权因故由熙洽暂为代理，熙洽听到日军武装入侵沈阳后，不仅下令驻城内的卫队团撤往城外，还严令驻吉林各地的吉林军不得与日军发生武装冲突，甚至在二道沟宽城子吉林军二营与日军僵持不下且略占上风时下令撤退。面对日军来犯，虽然吉林军部分爱国官兵自发行动，奋起抵抗，宽城子、南岭战斗都予日军以重击，但当时执政者熙洽一再下令不得与日军冲突，长春遂于当日陷入日本侵略军之手。熙洽开门揖盗，于21日夜将日军迎进吉林省城（今吉林市）。

《阵中日志》还记录了九一八事变后东北各地民众反抗的情况。日志记载，在皇姑屯一带到处粘贴着写有“张学良率领大部队在皇姑屯与日本人打了一仗。日本人赶快回国吧，现在北宁线可以免票上车”的标语。在沈阳附属地内的标语内容有：“罢工、罢课、罢市，一致反对日本帝国主义占领满洲！”“同志们！打倒日本帝国主义已经为期不远，另外西洋帝国主义及其财阀们现在虽口唱亲善，却对日本的暴行坐视旁观。”在沈阳大西关大街的砖墙上画有一幅日本兵做射击状，中国人倒下的尸体的图画，下方写着：“呜呼！东洋鬼子！诸位看到此次的惨事了吧！各处的尸体都让日本兵埋起来了，可到处还是尸体。诸位看到这样的惨事以后有何感想？诸位奋起吧！”在大连市山县通市营市场内的电线杆上张贴着该市场店员杨示林用毛笔写在报纸上的标语：“打倒小日本，铲除日本贼。”张贴在吉林四平街四兆铁路局境内的关东军司令官的布告，于27日晚到28日晨之间几乎全部被人撕掉。

此外，《阵中日志》根据《阵中要务令》附录了大量关东军的通报、各地情况的情报等。引人注意的是，关东军下发了《为今后日中交涉收集确凿证据物品的通牒》，要求各部队收集“足以明了抵抗敌人的事实，例如：敌人阵地的情况、遭受敌方射击的枪炮弹痕等（照片亦可）”“中国方面放火烧毁的房屋、物品等有关资料”“中国方面有计划的挑衅事实”以及中国人“迫切盼望日本人到来的事实”。关东军害怕外国记者的取证，要求各部队“把将来确实可成为证据的东西掌握在手，不给他们以口实的证据”。关东军可谓是做足了准备，预谋倒打一耙，却欲盖弥彰。

尽管《阵中日志》没有记载九一八事变前关东军的准备工作，但从后面的侵略行为可以看出关东军在强化兵力部署及补充物资上做了充分准备。特别是9月19日的“日志”记载了当日关东军命令，关东宪兵队与奉天宪兵队来往电文、电话，宪兵兵力配属，关东宪兵队从旅顺迁至奉天的决定，等等，充分证明了关东军发动九一八事变是做了大量准备的，而关东宪兵队也在关东军指令下积极配合采取了一系列行动。

5. 九一八事变后国联的调查报告
——《李顿调查团报告书》

郝熙美

1929年爆发世界经济危机，使得本就资源匮乏、市场狭小的日本政府更加迫切需要占领资源丰富的中国东北来转移经济危机带来的国内矛盾，于是不断煽动日本民众尤其是青年军官对占领中国东北的狂热情绪，制造了龙井事件、万宝山事件等一系列挑衅事件，为其发动九一八事变做了充分准备。

1931年9月18日夜，日本关东军铁道守备队炸毁了沈阳柳条湖附近日本修筑的南满铁路路轨，却诬陷是中国军队所为，日军以“中国军队挑衅”为借口，炮轰中国东北军北大营，悍然发动了震惊中外的九一八事变。9月19日，中国外交部电令出席国际联盟（以下简称国联）大会代表施肇基，向国联报告日本入侵中国东北真相，请国联主持公道。9月21日，施肇基向国联理事会控告日本侵略中国领土，破坏国联盟约，并要求国联马上采取行动，制止日本威胁世界和平的举动，防止形势进一步恶化。但是，国联在英、法等西方大国的操纵下采取了纵容日本的态度，对中方的请求未予理睬。直到1931年11月26日，国联通过决议草案，才决定向中国东北派遣“满洲”问题调查团。12月10日，国联理事会通过了组建国联调查团的议决案，决定派遣代表团调查东北事件。1932年1月21日，国联调查团正式成立，由英国人李顿、美国人麦考益、法国人克劳德、意大利人马柯迪、德国人希尼组成，并配有由20余人组成的秘书处和专家团队，李顿兼任团长，故又称为李顿调查团。

从1932年3月14日，调查团成员由东京乘船抵达上海，至同年9月5日，调查团离开北平返回欧洲，共历时半年之久。调查团的最终报告书于回程的前一天，即9月4日定稿，五大代表签字后的英文原稿由希尼带回欧洲。10月2日，《李顿调查团报告书》在日内瓦、东京、南京同时公布。《报告书》共十章，前八章内容分别为“中国近年变迁之概况”“满洲之状况及其与中国其他部分及俄国之关系”“1931年9月18日以前中日关于满洲之争执”“9月18日及其后事变之叙述”“上海”“（伪）满洲国”“日本之经济利益与中国人之经济绝交”“在满洲之经济利益”。《报告书》认为：九一八事变是日本有计划的军事行动，“至九月十八日下午十时至十时半，在路轨上或路轨旁发生炸裂之事虽无疑义，惟铁轨纵有破坏，实际上并未能阻止长春南下列车之准时到站，断不能引为军事行动之理由。故前节所述日军在是夜所采之军事行动，不能认为合法之自卫手段。”《报告书》中亦承认了东北在政治、经济、军事等方面与中国的联系远远超过日本，其主权属于中国。“东三省为中国之一部，此为中国及列国公认之事实。”所谓的“满洲国”系日本一手操纵而成立，“一般中国人对‘满洲国政府’均不赞成，此所谓‘满洲国政府’者在当地中国人心目中只是日人之工具而已。”这在一定程度上揭露了日本蓄谋发动战争、强占东北，并直接组织伪满洲国傀儡政权来操控、管理东北的事实。后两章则提出调查团的建议，包括“解决之原则及条件”和“考虑及对于行政院之建议”。调查团提出应当兼顾各方的利益，提出十项适当解决的条件：“适合中日双方之利益；考虑苏俄利益；遵守现行之多方面条约；承认日本在满洲之利益；树立中日之新条约关系；切实规定解决将来之有效办法；满洲自治；内部之秩序与免于外来侵略之安全；中日间之经济协调；以国际合作，促进中国之建设”。而第十章提出所谓的“东北自治”，建议在国联行政院的指导下，对中国东北实行“国际共管”，这种“建议”不但损害中国主权的完整，也让日本丧失在东北的既得利益，这显然不能被中日双方所接受。因此《报告书》公布后，在中国社会各界和日本都引起强烈反响。

九一八事变后，中国共产党坚决反对国民政府寄希望于国联主持“公道”的幻想，并在《红旗周报》《解放》等报刊撰文指出“国联调处中日争端是为了缓解英、美等帝国主义列强与日本在华利益上的矛盾和冲突”，再三告诫中国民众，“国际联盟，是帝国主义压迫弱小民族的工具，希望国际联盟来帮助中国，无异于与虎谋皮”。1932年10月5日，中共中央发表《告全国民众书——以民族的革命战争回答国联调查团报告书》，对《报告书》进行激烈的抨击，认为“国联调查团的报告书，是帝国主义强盗侵略殖民地与半殖民地国家最露骨、最无耻的文件”；对于《报告书》中的“建议”，指出“国联调查团的报告书是帝国主义强盗共管中国的具体计划。它不但想把满洲经过外国顾问制度，经过国际宪兵、经过公断法庭等等放在国联共管之下，而且正在企图把这种共管的制度推行到全中国”，深刻揭露了李顿调查团的本质，戳穿了其伪装公正的面具。10月6日，中华苏维埃共和国临时中央政府发出《反对国联调查团报告书》的通电，强烈谴责李顿调查团企图瓜分中国的险恶阴谋，指出《报告书》“最公开无耻地宣布了瓜分中国的新计划：它公开宣布日本及其他帝国主义，不仅应该占领满洲并且应该瓜分中国的全部”，号召全国民众武装起来，以革命的民族战争来撕碎《报告书》的企图，将日本及一切帝国主义驱逐出中国，以求得中华民族完全的解放和独立。

《报告书》公布之后，在国民党内部、知识分子界等中国社会各阶层引起各种讨论。蒋介石认为应对《报告书》“有修正与保留之接受，而不拒绝”。因此国民政府对《报告书》的最终态度为第一至第八章事实描述部分可以接受，第九、十章的建议部分予以批评和要求修正。1932年11月21日，特种外交委员会秘书长顾维钧在日内瓦陈述中国政府的意见，阐明了国民政府的基本态度，提出日本尽快撤兵并解散伪满洲国的要求，这是解决中日纠纷“不可缺少之条件”。国民党内部爱国人士冯玉祥、李烈钧等人认为“徒而求助国联，实为民族自杀”，对《报告书》提出批评意见。冯玉祥明确指出《报告书》“明明白白地是一部严密而周翔的共管中国的计划书”。胡适的《一个代表世界公论的报告》发表后在知识分子界展开了激烈辩论；傅斯年在《独立评论》撰文指出“日本才是阻碍中国统一和近代化的一个重要方面”；马相伯指责《报告书》“颠倒黑白”，强调中国应当“废止内战，一致对外，坚持到底，不还我山河不止”。知识分子主导的舆论阵地也纷纷发表意见，大多数人认为《报告书》对东三省问题和伪满洲国处理的办法未能坚持原则，多有掩蔽日本侵略的意图，对中国并不公允。叶圣陶在《报告书》公布之前就清醒地认识到：“只有新闻记者们才把它看作珍贵的材料而已，根本上就没有多大意义。”1932年10月4日，全国民众救国团体联合会通电全国，认为“依赖国联，极端错误”。10月8日，北平《晨报》社评指出，“《报告书》在名义上，尽量尊重中国；事实上，充分迁就日本”。

日本政府则对《报告书》基本上持否定态度。日本外务省在1932年9月14日之前已经知晓《报告书》的“十大原则”和建议方案。10月1日，外相内田康哉向日本驻国联、美、英、法等地的外交人员明示己方态度，即第一章至第三章、第五章“勿宁说对日本是有利的”；第四章中提出“日军所采取的行动不是防卫”对日本不利，但指出“在现场处于能够判断是否是正当防卫地位的只有日本军官”等对日本有利；指责第六章关于伪满的叙述、第八章中关于中国内地与东北的经济关系密切分析不正确；对于第九章和第十章大加批判，称《报告书》不承认伪满，“同以承认‘满洲国’作为问题解决之关键的日本立场是根本不相容，因此调查团所谓圆满解决的条件并无审议之必要”。馆藏日本关东宪兵队司令部档案中收录了日本外务大臣内田康哉发给驻伪满第一任“全权大使”武藤信义的《关于日本东京都内主要报纸论调》，文件中强调：“对于调查团的报告书各报纸媒体都非常愤慨，并都以大篇幅大笔墨来评论此事。东京的朝日、日日、报知报社都纷纷指责报告书的矛盾之处，并指出报告暴露了调查员对事变认识不足，毫无解决满洲问题的资格。朝日新闻更是认为满洲问题是不可能恢复原状的，理事会提案恢复满洲的旧态是多么讽刺的一件事情。”11月，在外务省、陆军省等联合商议基础上，经由内阁会议通过的《日本政府对国际联盟中国调查委员会报告书之意见书》于国联理事会审议报告书前正式发布，诡辩称9月18日晚上的军事行动“不过是为了防备‘支那’军队的攻击，实施准备的计划而已”，不仅“排斥报告书单纯恢复原状”，且强调“‘满洲国’的维持不可或缺，对于‘国际共管’不能容忍，日本的立场也是断然不能接受”。

此外，日本关东军还收集到英国、法国和美国报纸对于《报告书》的相关评论。在1932年10月7日内田康哉发给武藤“大使”《美国报纸对于“李顿”报告的评论》的电报（即本节所录档案）中提到：“有关‘李顿’报告，美国国务省在国际联盟下决定前不会采取任何行动，与此同时法国的舆论对日本是友好的，这说明‘李顿’报告比起‘支那’反而对日本是有利的，且其劝告在现有情况下是不可能实行的。另外，有关英国的态度，尽管现在英国似乎暂时静观事态发展，但一部分报纸报道称现在日本的对‘满’政策很显然代价过高，认为日本政府最后应该会遵从‘李顿’报告的劝告，且军部及报纸偶尔传出脱离联盟等的强硬言论。”由此不难看出，英、法、美等西方大国在不损害其各自国家利益的前提下，对于日本侵略中国的行径还是一副“事不关己”的漠视态度。

1933年2月24日，国联大会以42票赞成、日本1票反对，通过了《国联特别大会关于中日争议报告书》，宣布东北主权属于中国，不给予“满洲国”事实上或法律上的承认等。这引起日本政府的强烈不满，3月27日，日本宣布退出国联。《李顿调查团报告书》虽然在一定程度上揭露了日本侵占中国东北三省的真相，使中国赢得了大部分国际舆论的同情和支持，但是，李顿调查团的调查活动以及《报告书》并没有对日本的侵略行径给予应有的制裁。

而后，日本在法西斯侵略扩张的道路上越走越远，并导致全面侵华战争爆发，中国人民进行了长达十四年的抗日战争，《报告书》和国联大会的决议显然也就成了一纸空文。而《报告书》中对九一八事变的处理提出的“国际共管”的设想，使得一部分原本寄希望于国联调处之人，看到了

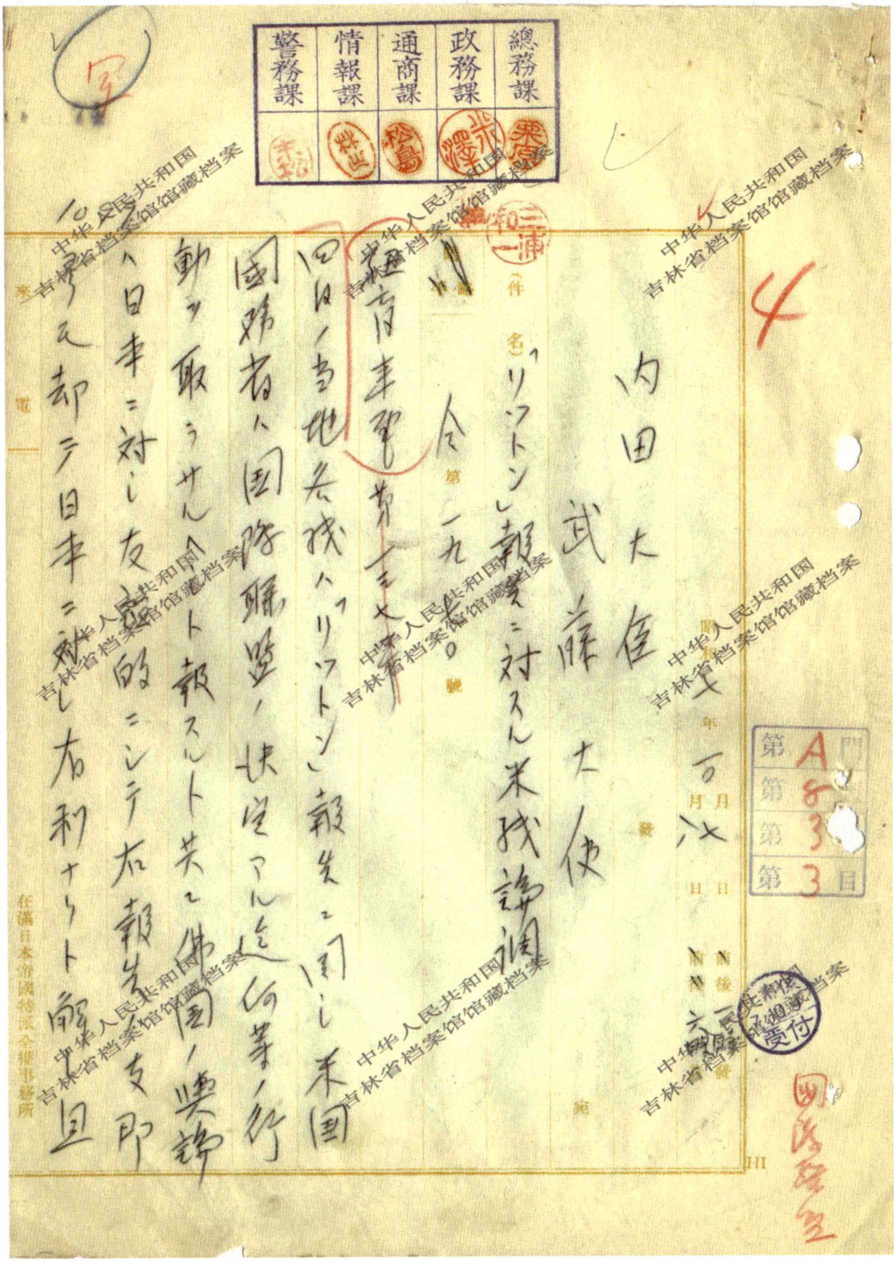

图 5-1 美国关于《李顿调查团报告》的言论

依靠国际支持的道路走不通，再一次印证了“弱国无外交”，从而希望通过国家自身实力的增强来改善国际地位。对日本侵略中国冷眼旁观的英、美、法等西方大国来说，最终也为其奉行的绥靖政策付出了代价，都不可避免地被卷入到第二次世界大战之中。

6. 日军掩盖南京大屠杀暴行

王 飞

1937年12月，侵华日军攻占南京，在南京及周边地区进行了长达六星期的惨绝人寰的大屠杀。吉林省档案馆保存着一份日军华中派遣宪兵队致关东军司令部的《关于南京宪兵队辖区治安恢复状况调查之件的报告》（以下简称《报告》），记载南京大屠杀前南京人口有100万，日军自身形成的《报告》直接戳穿了日本右翼声称的“屠杀前南京人口不足30万”的谎言。

南京大屠杀后，日本为了掩盖其战争罪行，同时也为了镇压反抗活动，巩固其在南京的统治地位，进行了一系列的“日中亲善”活动，试图借此来掩盖其战争罪行。

为磨灭南京民众的抗日意识，尽可能营造“亲日”的氛围，塑造日军“仁义之师”的形象，日伪方面在南京及周边地区接连成立“自治委员会”“治安维持会”。《报告》中记载，日本军政当局与“维持会”合作，在“建国节”期间强迫市内各家各户都挂上“日章旗”，迫使4000多名南京民众每人手持日本军旗集会祈福，并燃放烟花爆竹，让伪维持会会长朱秀封领队，由日军特务部芜湖宣抚班长洪秀练为先导，对驻屯的各部队表达访问、庆祝之意。日伪方面通过举办大会、组织游行等形式，不断鼓吹反共、反蒋、“亲日”、实现“中日和平”及建设“东亚新秩序”等内容，意图消除一般民众的反日意识，动摇人们的抗战决心，为傀儡政权的“合法性”造势。

为了拉近与南京市民的关系，日伪方面在南京开设了多家“亲善商店”。这些商店通常是由日本军队或其支持的机构设立，以出售日本商品为主，同时也提供一些当地居民所需的商品和服务，吸引了不少南京市民。然而，他们的真实目的是支持日本的战争，这些商店在为市民提供物资的同时也有助于日本军队在占领区进行宣传活动，他们试图通过经济手段笼络人心，掩饰其侵略行为。并且在这个过程中，可能会压低当地商品的价格，破坏当地经济秩序，同时搜集情报、收买人心。此外，这些商店的收入和物资也会被用于支持日军的日常生活和军事行动，为日伪方面在南京的统治服务。

除了所谓的“亲善商店”，日伪方面还举办了各种“亲善演出”或“慰问演出”，邀请南京市民观看。演出内容多为日本传统节目，如歌舞、戏剧等。这些活动的目的是“安抚”占领区的人民，掩饰日军侵略行为。这些演出通常由日本军队的宣传人员或专门的“慰问团”进行，多以文化交流为名，内容包括音乐、戏剧、舞蹈和其他形式的艺术表演，目的在于植入日本的文化和价值观，并对当地人民进行宣传，开展心理战。通过这些演出，日军试图展示其“文明”的一面，掩盖其在南京犯下的罪行，以期维护其对占领区的控制，实现长期殖民统治的目的。当地居民参与这些活动通常是被迫的，实际情况就如《报告》中记载的“居民中对日本军人暴行的恐惧心理仍未去除”。

在日本，百姓会读到讲述南京人民为摆脱了蒋介石政府、“欢迎”新的统治者而感到“高兴”的文章，他们甚至会看到成千上万的南京人举行集会“庆祝”的图片。但这些伎俩却无法掩盖真相，对于当时身处南京的百姓来说，他们遭受了巨大的苦难。那些家破人亡、妻离子散的人们自不必说，即使是那些在大屠杀中幸存下来的人们，苦难与悲惨的生活也远远没有结束。后图为《报告》的部分内容，记载了南京“物资缺乏”。此外，《报告》还显示句容县“衣食住无着，无法维持生活者占多数”；城外发生过战斗的地方“受害严重”；城外田园中“猪牛全无、无法耕作”“房屋家财烧失”。在南京这座“沦陷之都”内，日伪以武力进行充斥着暴力与迫害的统治，给南京城以及南京民众造成了巨大的创伤。这一切都已载入人类历史，并将为中国与世界人民永远铭记。

对于这段历史，重要的是要记住和了解真相，避免这样的悲剧再次发生，并教育后人珍视和平、反对战争。同时，我们应该铭记历史，也应该对那些试图美化侵略历史、否认战争罪行的行为保持警惕。

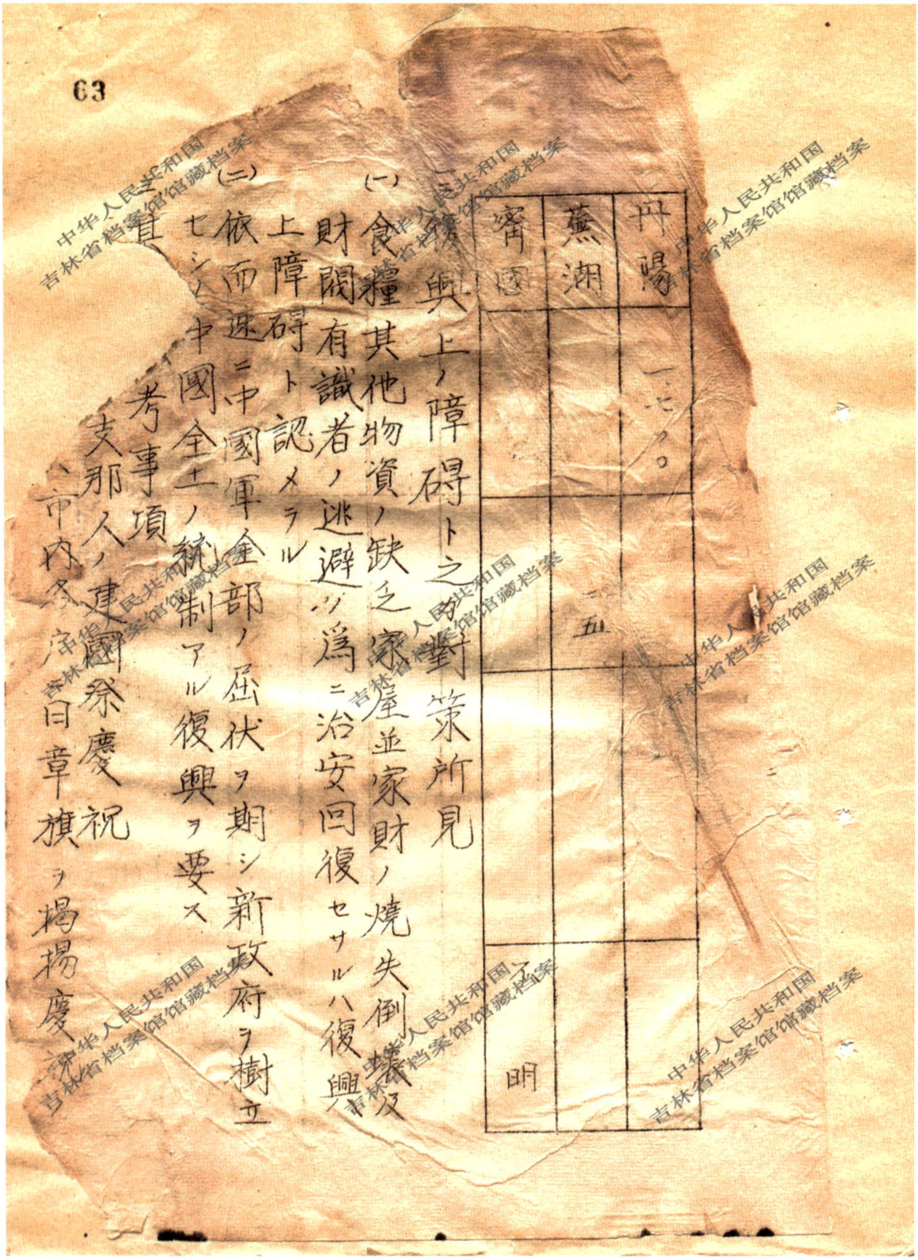

63

丹陽	蕪湖	寧國
一七〇〇		
	五	
		不明

三、復興上ノ障碍ト之ガ對策所見

(一) 食糧其他物資ノ缺乏、家屋並家財ノ燒失倒壞及財閥有識者ノ逃避シタル爲ニ治安回復セサルハ復興上障碍ト認メラル

(二) 依而速ニ中國軍全部ノ屈伏ヲ期シ新政府ヲ樹立セシメ中國全土ノ統制アル復興ヲ要ス

四、参考事項

支那人ノ建國祭慶祝

ハ市内各戸日章旗ヲ揭揚慶祝

图 6-1 关于南京大屠杀后粮食等物资缺乏的记载

7. 日本关东军实施的“慰安妇”制度

迟 扬

强征“慰安妇”是日本军国主义在第二次世界大战期间犯下的严重罪行之一。实际上，“慰安妇”制度最早并非日军侵华的产物。早在日俄战争期间，日军出兵西伯利亚之时，由于感染性病造成了巨大的损失，当时日本军部默许了日军的民间强奸行为。这种纵容的态度，导致军队性病更加泛滥，为降低陆军占领地区强奸事件的数量，以重新树立军纪，维持占领区秩序，日本当局便通过设立慰安所来管理军队，这样可以预防性病，以保证战斗力的持续性和长久性。在这样的企图之下，逐渐形成了“慰安妇”制度。

九一八事变后，日本关东军基于同样的考虑，逐步在伪满洲国境内推行了“慰安妇”制度。据日本《朝日新闻》1992年12月6日刊载的文章记载，在中国东北，1933年开设了事实上由日军管理的慰安所。据吉林省档案馆档案记载，伪满洲国境内设置慰安所的区域有海拉尔、鞍山、鸡宁、黑河、密山、牡丹江、东宁、绥芬河、阿城等地，细致划分还有珠河、老黑山、平阳、勃利、下城子、石门子、八面通、大肚川、免渡河、伊列克得等区域。可以说，有关东军驻扎的地方就有慰安所。

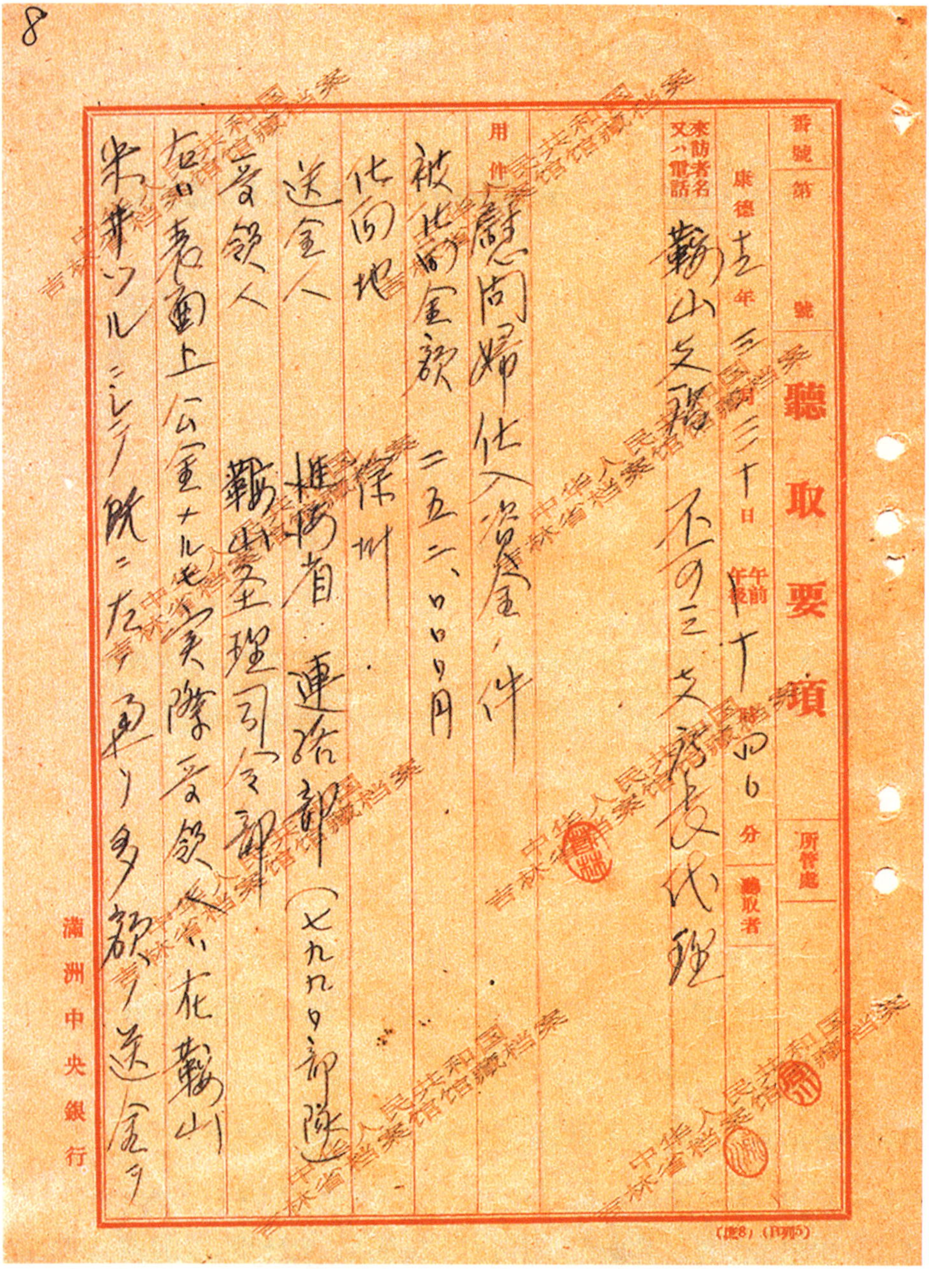
8

番號第　號

聽取要項

所管處

康德十二年三月三十日 午前 十時〇分 聽取者

來訪者名又ハ電話 鞍山支店 不の三支店長代理

用件 慰問婦仕入資金ノ件

被仕向金額 二五二、〇〇〇円

仕向地 徐州

送金人 淮海省連絡部（七九九〇部隊）

受領人 鞍山警理司令部

右者表面上公金ナルモ実際受領人ハ在鞍山米井ツルニシテ既ニ右ヨリ多額ノ送金ヲ

滿洲中央銀行

图 7-1“慰安妇”“采购”资金电话记录

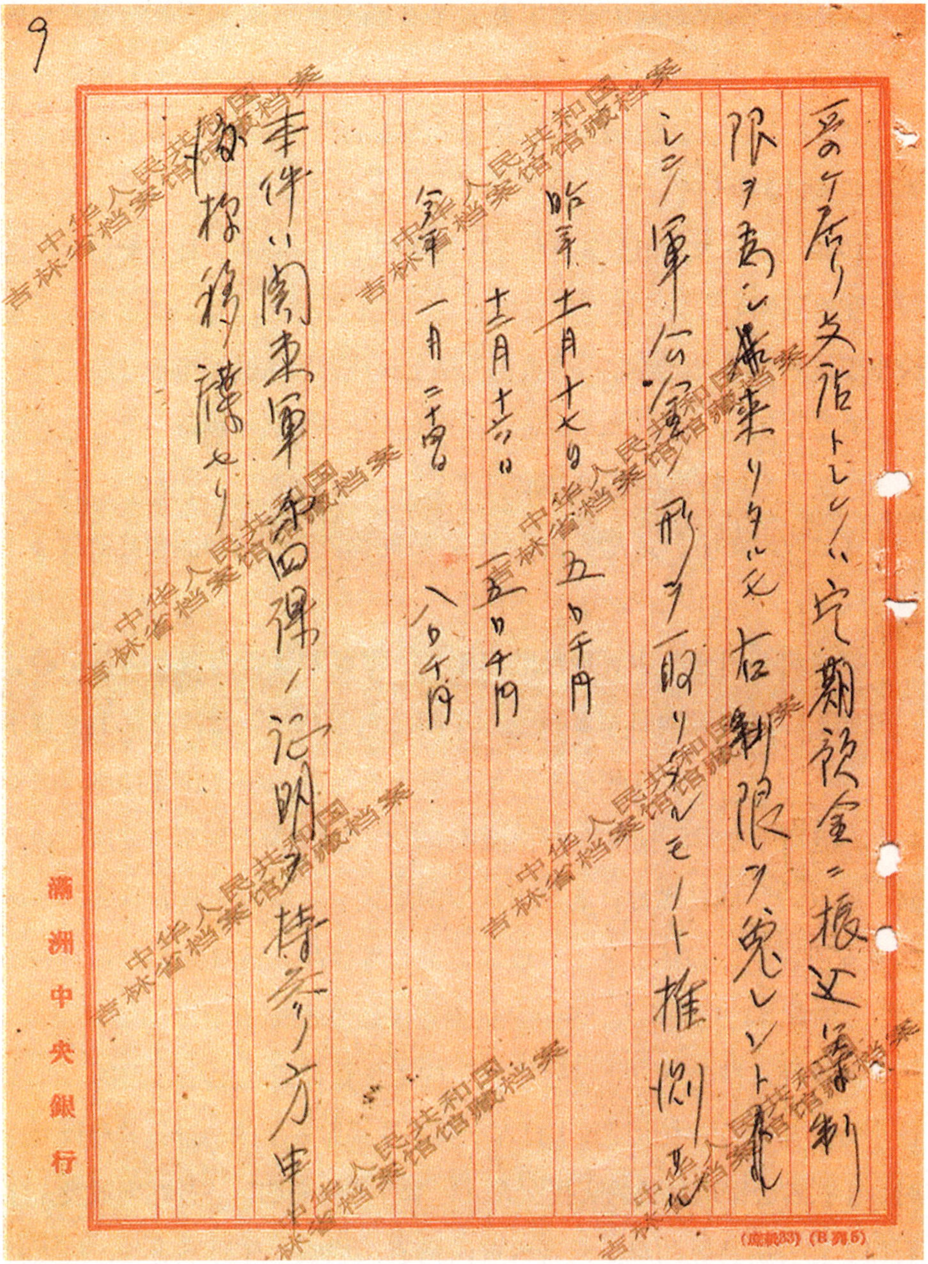

图 7-2“慰安妇”“采购”资金电话记录

吉林省档案馆馆藏伪满洲中央银行档案记载了日军以军用公款科目转账划拨给日军部队“购买”“慰安妇”专项资金相关内容，从1944年11月到1945年3月，先后有53.2万日元用于“慰安妇”“采购”，并“需持关东军第四课证明办理”。

1942年，日本首相东条英机在接受美国记者采访时，被问到对日军占领区秘密强制妇女充当随军军妓的看法，曾表示说：“我不能否认军队里会出现这种事情，就像你不能否定美军士兵能请假去驻军当地妓院一样。至于看法，我以一个东方人的观念看，女人是一种战略物资，并且是对胜利不可缺少的独特营养的战略物资。”

在这段采访中，女人被当成一种“战略物资”，可想而知其遭遇会如何。

据《宪兵月报》中《现役陆军军人、军属非法行为调查表》记载，“慰安妇”动辄遭遇日军暴行，如平阳二六〇八部队预备陆军上士森本直市酒后到平阳第二军慰安所，同“慰安妇”发生争执并殴打该“慰安妇”；老黑山七〇〇三预备陆军中尉宫崎丰饮酒大醉后到军慰安所，拔刀对“慰安妇”施以暴行；老黑山八四四部队一名军属饮酒大醉后，私闯军慰安所寝室，损坏了镜子、玻璃、电灯等物品，还殴打了数名“慰安妇”。对此等违纪的军人，宪兵队的处置仅是“通报、说教”而已。

不仅经常惨遭暴打，“慰安妇”的工作负荷量也是相当重的。东安街小林寺善男的信中也提到了日本士兵去往军慰安所的情景：“周日外出时，士兵都会排成长长的队找女人。”幸存“慰安妇”、曾在阿城及东宁石门子慰安所待过的李凤云老人曾回忆道：“不管你愿不愿意，每天都得接待日本兵，上午是小兵，下午是小官，5点以后是大官，一天不得消停。”跟她一起来的四个姑娘，有三人被折磨至死。

慰安所基础设施差，受害者年龄小，加上日本军人非人道的对待，使“慰安妇”的身心健康遭到了严重的破坏，最终导致“慰安妇”不能生育的情况也比比皆是。如上文中的李凤云老人便是如此，解放后老人在敬老院抱着一个布娃娃度过余生。

但是，中国作为“慰安妇”制度的最大受害国，却没有得到日本政府真正的谢罪。2012年，郭柯导演拍摄了一部记录“慰安妇”真实生活的纪录片《三十二》，当时中国国内尚有32名幸存“慰安妇”。2014年，郭导再次拍摄时，片名变成《二十二》，不言而喻，幸存“慰安妇”仅剩22人。到2024年，仅剩8人了！沉冤无法昭雪，希望她们有生之年能得到日本政府真正的道歉。

8. 重庆“六五”大隧道惨案

朱　楠

1937年7月7日，日本制造了七七事变，抗日战争全面爆发。11月，中国军队在淞沪会战中失利，南京陷入危机，国民政府于同月20日起迁往重庆，重庆成为战时首都。1938年2月至1944年12月期间，侵华日军对重庆及其周边地区进行了长达6年又10个月的无差别轰炸。轰炸造成重庆3万多人直接伤亡、6600多人间接伤亡，财产损失约100亿元法币（当时中国的法定货币），平民居住区、学校、医院、外国使领馆等均遭到轰炸。吉林省档案馆馆藏中有一件珍贵的档案，真实反映了1941年6月5日发生在重庆大轰炸期间的一起骇人听闻的惨案。

九一八事变后，日本陆续侵占东北三省，东北地区的邮政也由日本控制。为搜集情报，关东宪兵队针对电报、电话、书信和刊物等进行秘密检查，特别是对有碍“防谍”及反满抗日类的信件、刊物等，一律予以扣押，并根据收发信人的信件地址进行追踪。1936年3月，日本关东军制定《满洲国治安肃正大纲》，4月伪满洲国制定《三年治安肃正计划纲要》，“思想对策”正是其中重要政策之一，即在东北沦陷区施行“思想镇压”，强化警宪特，严格审查和监视各阶层民众的书信和谈话内容，排

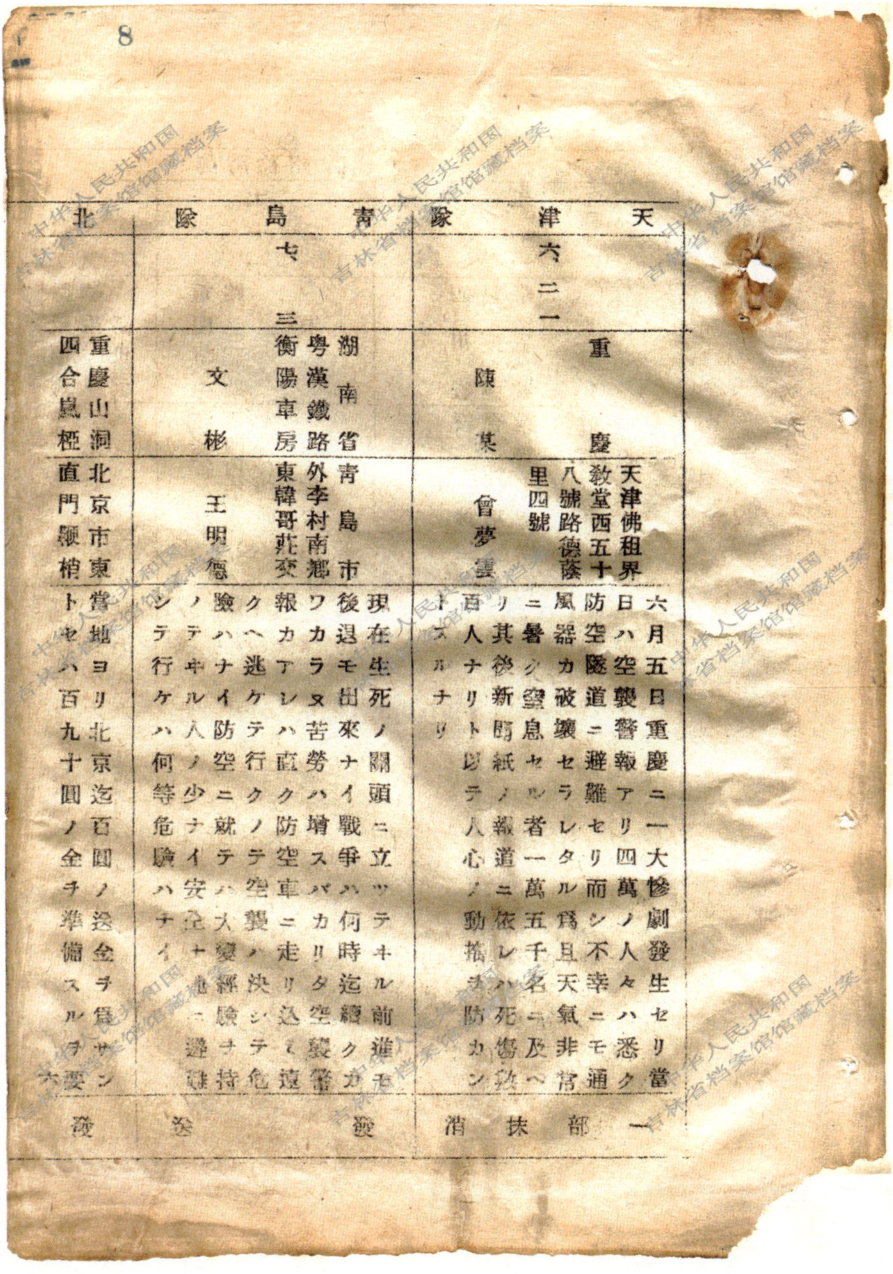

8

天津隊
六 二 一
重慶
陳某
天津佛租界
教堂西五十
八號路德藤
里四號
曾夢雲
六月五日重慶ニ一大慘劇發生セリ當
日ハ空襲警報アリ四萬ノ人々ハ悉ク
防空隧道ニ避難セリ而シテ不幸ニモ通
風器カ破壞セラレタル爲且天氣非常
ニ暑シ窒息セル者一萬五千名ニ及ヘ
リ其後新聞紙ノ報道ニ依レハ死傷致
百人ナリト以テ人心ノ動搖ヲ防カン
トスルナリ
一部抹消

青島隊
七 三
湖南省
粵漢鐵路
衡陽車房
文彬
青島市
外李村南鄉
東韓哥莊交
王明德
現在生死ノ關頭ニ立ツテヰル前進モ
後退モ出來ナイ戰爭ハ何時迄續クカ
ワカラヌ苦勞ハ增スバカリタ空襲警
報カアレハ直ク防空車ニ走リ込ミ遠
クヘ逃ケテ行クノテ空襲ノ決シテ危
驗ハナイ防空ニ就テハ大變經驗ヲ持
ノテヰル人ノ少ナイ安全ナ地ニ避難
シテ行ケハ何等危險ハナイ
發送

北
重慶山洞
四合嵐椏
北京市東
直門驍梢
當地ヨリ北京迄百圓ノ送金ヲ爲サン
トセハ百九十圓ノ金ヲ準備スルヲ要
六
發

图 8-1 重庆陈某发出的信件中关于“六五”大隧道惨案的描述

除共产主义等反日思想。随即又制定了《战时通信检查规定》，在关东宪兵队司令部成立“中央检阅部”，各地宪兵队及宪兵分队成立“地方检阅部”，秘密检查往来通信，将认定为涵盖有害内容的信件摘抄汇总，对其中反映日军暴行、战争实态，以及危害日伪殖民统治等方面的内容进行削除、扣押、烧毁、部分涂抹、原样发送等处理，并摘要辑录形成月报或周报，按照统一格式上报关东军及各级相关机构。

日军华北派遣宪兵队《通信检查月报（七月）》记录了1941年7月重庆陈某写给天津法租界教堂西五十八号路德阴里四号曾梦云的信件摘抄，档案内容如下：

> 6月5日，重庆发生了一件大惨案。当日，有空袭警报，4万人都钻进了防空洞避难，但非常不幸的是，通风器被破坏了，并且天气非常炎热，窒息者达15000人。其后的报纸报道说死伤者有数百人左右，这是为了防止人心动摇。

较场口大隧道是重庆市众多防空洞之一，位置在重庆市中区十八梯石灰市路口附近。该隧道是1936年设计的，洞内宽、高两米，有多处急弯，两旁有木板钉成的长凳，每隔30米左右洞壁上挂一盏油灯，大约可容纳5000人。隧道里没有相应的通风、防火、防毒、排水、医疗等设备，较为简陋。隧道原本是作为交通使用的，因设计失败而废弃，后作为防空洞使用。这个防空洞本应该保护市民免受轰炸的危害，但在1941年6月5日这天却变成了一个地狱般的存在。

1941年6月5日下午6时左右，雨后初晴，当重庆的市民们正准备吃饭乘凉时，突然空袭警报长鸣。得知日军的飞机要来空袭，人们纷纷涌向防空隧道的入口。当晚9点左右，日军出动24架飞机分三批轮番轰炸重庆，空袭时长达5个小时。由于袭击突然，人群来不及疏散，因此，防空隧道内聚集的人特别多，十分拥挤，洞内人数接近饱和。由于管理隧道口的宪兵及防护人员紧锁栅门，不准隧道内的市民在空袭期间出入隧道，人多空间小，隧道口又紧闭，隧道内的氧气越来越少，躲在隧道内的人们开始觉得呼吸不畅、浑身发软。婴儿和孩童在这样的环境中大哭起来，引得一些人开始焦躁不安、举止反常。

生还者朱更桃回忆当时情景说："在洞内，起初只觉得头脑发闷，大汗淋漓，渐渐身体疲软，呼吸困难，似乎淹在热水当中，脚下温度异常之高。左右的人都不由自主地把自己的衣裤撕碎，好像精神失常一般。"

生还者何顺征对当时的感觉也记忆犹新："开始感觉热得慌，心脏似欲下坠，如患急病，很想喝冷水。往外走，竟有人拉着，不能举步，黑暗中有人拉我的手乱咬，手和背到处受伤，衣服也被撕破了。"更有甚者完全失去了理智，如有一老妇人，将自己的头和脸碰烂，披头散发，大哭大叫，很是吓人。

就这样，在长达数小时的高温和严重缺氧的情况下，上万避难民众因通风不畅导致窒息，随时面临死亡，焦躁的人们再也按捺不住，开始拼命往隧道口挤，他们拥挤在一起，互相践踏，前面的人纷纷倒下，有的窒息死亡，而后面的人浑然不知，继续踩着尸体堆往外挤。等到日军停止轰炸，隧道口被打开时，已经太晚了，隧道内人员死伤无数，宛如人间炼狱，这就是骇人听闻的防空隧道惨案，史称"六五"大隧道惨案。当时的重庆市市长吴国桢对事件的描述令人心痛："洞内之（难民）手持足压，团挤在一堆。前排脚下之人多已死去，牢握站立之人，解之不能，拖之不动，其后层层排压，有已昏者，有已死者，有呻吟呼号而不能动者，伤心惨目，令人不可卒睹。”

为悼念在重庆大轰炸中遇难的同胞，1998年重庆市政府将6月5日定为防空警报试鸣日。每年6月5日10时30分至42分，重庆拉响12分钟防空警报，以此纪念抗日战争期间在重庆大轰炸中不幸遇难的同胞，激发全市人民爱国热情，增强国防战备意识。这不是为了延续仇恨，也不是咀嚼苦难，而是为了铭记历史。吾辈当自强，珍惜来之不易的和平，让悲剧不再重演。

9. 沦陷区儿童的悲惨生活

张 雪

九一八事变后，日本帝国主义侵占了我国东北地区，建立伪满洲国，接着又逐步蚕食华北，妄图把侵略的魔爪伸向全中国，中华大地狼烟四起，无数家庭妻离子散，百姓陷入水深火热之中，就连那些懵懂无知的孩子们也未能免于残害压迫，在悲惨的生活中苦苦挣扎却难以活命。

惨遭日寇残忍虐杀

日本关东宪兵队档案中有一份阿根廷杂志的节录，在一篇名为《在“支那”的战争持续进行中》的文章中描述了日本帝国主义在七七事变后空袭重庆时的惨状：“有好几个炮弹落在了英国总领事馆的区域内，导致25名‘支那’人惨死，在瓦砾堆里发现8名孩子的尸体。”在烽火连天的战争环境中，儿童惨死已是常态，在隶属于华北派遣加纳部队的一名士兵的书信中这样描述：“我们现在正在执行大扫荡任务。从本月10号开始讨伐共产军、烧杀抢掠共产村落，所有男子都遭到了枪杀。此情此景实在是悲惨，妇女及女孩子的哭声让人心痛，小孩子被扔弃等惨状令人不禁落泪。

但是一想到这是敌国的孩子，如果他们长大成人就不得了，于是就一狠心将其扔到了火中，当时的心情难以言表。”在侵华时期，此类惨案不胜枚举，这不仅是对人权的践踏，更是对人类文明的挑战。

被奴化教育控制思想

面对日本侵略者烧杀抢掠等种种暴行，中国人民奋起反抗，抗日爱国情绪愈发高涨，日本侵略者深感仅靠武力镇压无法真正使东北人民唯命是从，因此，开始在殖民区全面推行奴化政策，从思想上扼杀中国人民的反抗意识。日本侵略者也深知“三岁儿童之迄于百岁”的道理，在推行奴化政策的时候格外重视对儿童的初等教育，强调要“置重点于幼少年之国民教育”，并指出“初等教育以施行一般国民之基础教育及其事务教育，而涵养忠良国民之性格，提高其资质为本旨”，意图将中国儿童培养成效忠天皇、丧失民族尊严、甘受驱使、服务于日本帝国主义的“奴隶”。

此外，日本侵略者还从占领区掳掠儿童进行奴化教育，灌输军国主义思想，使其彻底沦为战争的牺牲品。1937年12月，一名《新华日报》记者从沦陷区死里逃生，他带回一则令人震惊的消息：日军正在苏杭一带抓捕8至12岁的儿童，运到日本，被抓儿童已经不下十万，但日军目的何在还不得而知。不久，《大公报》报道：“日军掳掠我国强壮少年运到日本，以奴化教养，待学成以补充华人之数，以‘支那’人制‘支那’人。”1941年，广东地区党组织编印的《抗战旬刊》刊登了一篇文章，写道：“日寇侵略我中国后，曾在许多地方抢夺我国大批十二岁以下之儿童，运输返日，施以奴化教育，以备将来做战争的牺牲品，香港报载潮汕已有类此事

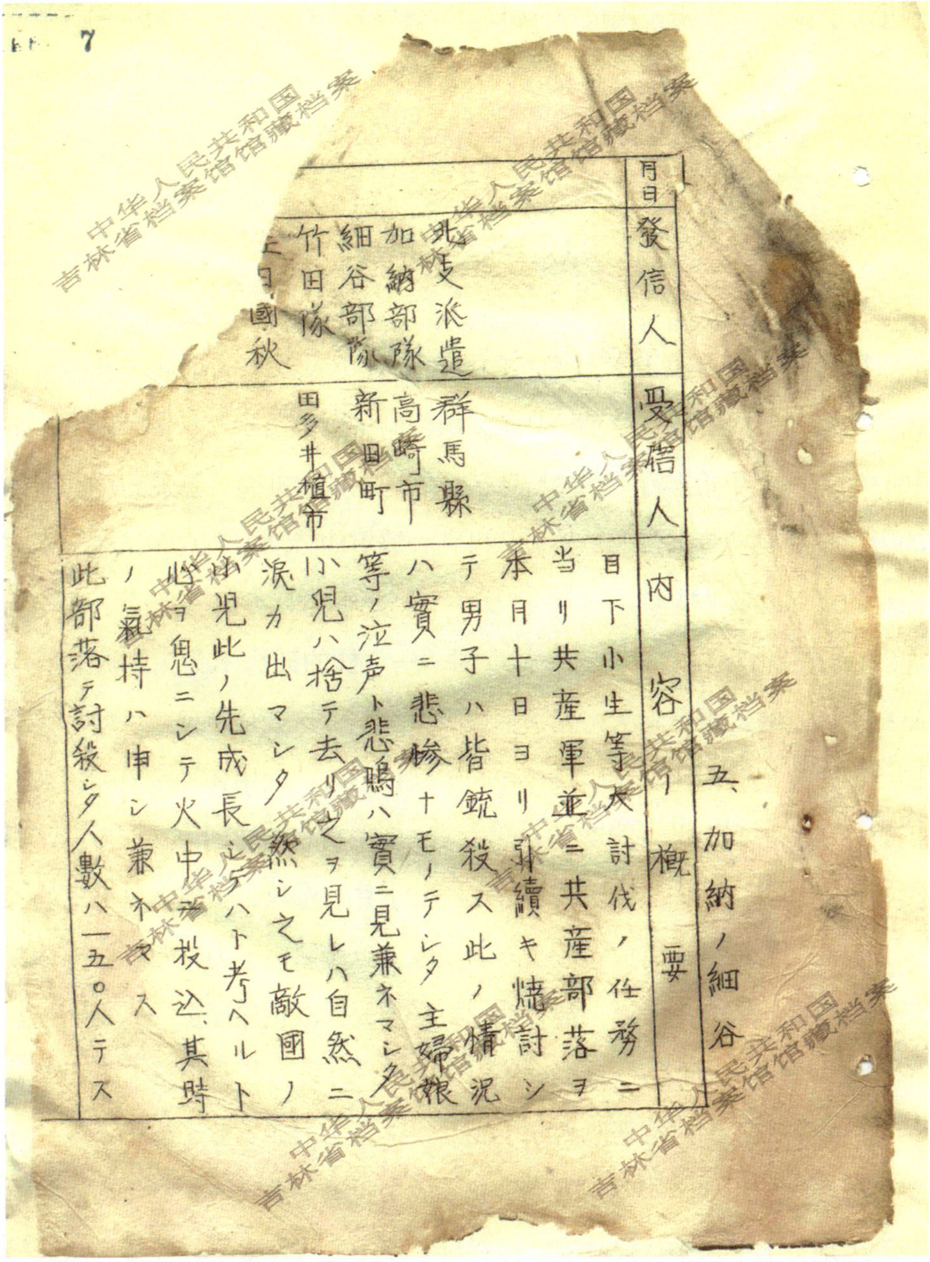

五、加納ノ細谷

月日	發信人	受信人	内容概要
	北支派遣 加納部隊 細谷部隊 竹田隊 上田國秋	群馬縣 高崎市 新田町 田多井植市	目下小生等ハ討伐ノ任務ニ当リ共産軍並ニ共産部落ヲ本月十日ヨリ引續キ燒討シテ男子ハ皆銃殺ス此ノ情況ハ實ニ悲惨ナモノテシタ主婦等ノ泣声ト悲鳴ハ實ニ見兼ネマシタノ小児ハ捨テ去リ之ヲ見レハ自然ニ涙カ出マシタ然シ之モ敵國ノ小児此ノ先成長シタラハト考ヘルト心ヲ鬼ニシテ火中ニ投込ミ其時ノ氣持ハ申シ兼ネマス此部落テ討殺シタ人數ハ一五〇人テス

图 9-1 日本士兵的信件中关于沦陷区儿童被扔入火中的描述

件发生，但却以收买替代抢夺，每名儿童值价伍佰元云云。”1942年9月，湖北省赈济会接到上级通报：有日军在沦陷区内诱骗儿童20多名送往日本教养，要湖北省赈济会设法阻止并杜绝类似事件发生。

小小年纪沦为苦役

随着“产业开发五年计划”的推行以及中日战争的全面爆发，日本帝国主义开始大量招募劳工，甚至采取强制、欺骗等手段扩充劳动力，至1943年，日本开始推行“国民皆劳”体制，老人、儿童、惩教机构和监狱的囚犯全都充当劳工苦力，被迫从事各种繁重的劳动，在众多日伪工程中出现的童工也越来越多。

在辽宁北票炭矿流传着一首歌谣——“枕的砖头木头头，披的麻袋破布头，吃的发霉窝窝头，死了捆块破席头”，这就是劳工生活的真实写照。据史料记载，北票炭矿仅在1940年到1943年，就用各种手段骗招来童工4213人，占当时劳工总数的13%左右，这些童工年龄小的只有9岁，最大的也才15岁。他们必须跟成年劳工一样下井、选煤，做着各种沉重的苦役，但他们的收入只有成年劳工的一半或者更少。由于力气不够，身体素质较差，在北票炭矿里童工被打死、折磨死的人数也是最多的，难以想象本该天真烂漫的他们经历了什么。1943年6月21日，乱石山军事工程施工场地内48名劳工因对待遇和薪酬不满而集体逃走，50名劳工趁警备人员不备翻越场内东侧地区的电网逃走，48人成功脱逃。据《逃走劳工名簿》记载，逃跑劳工中朱小八仅12岁。但在日军残酷的监管之下，能够成功逃出的儿童少之又少，大多数儿童都是惨死在日伪工程当中。

战争是残酷的，人在战争中会变成可怕的恶魔。据1938年9月《大公报》报道，在抗战全面爆发后的十几个月内，中国7000多万儿童中估计被敌人杀害的至少在10万人以上，被掳掠的儿童至少在15万人以上，因战争而流离失所的，至少在40万人以上，这尚不包括遭受意外刺激而精神失常或残疾的儿童。在日本帝国主义的侵略下，儿童们的遭遇令人痛心。

10. 关东宪兵队追查逃走的七三一建筑工人

赵玉洁

七三一部队是二战期间跳梁于我国东北的一支臭名昭著的日军细菌战秘密部队，其部队长石井四郎1932年任东京陆军军医学校防疫研究室主任时，就已开始研制细菌武器准备用于侵略战争。

伪满洲国成立后，石井将他亲手创设的研究基地，迫不及待地从东京转移到中国东北。这一举动，他实际是看中了关东军可以在东北为所欲为，能随时获取活人做细菌实验“材料”的便利条件。

1938年6月，关东军参谋部发布《在平房附近设立特别军事地区的布告》，石井开始在平房筹建细菌实验基地，准备用活人实施细菌感染、冻伤、烫伤、耐热、毒气、电击等各种测试人体耐受极限的实验计划。于是，设计建造符合各项实验标准的实验室、细菌培养室以及用来囚禁活体实验人员的特设监狱等工程被首先提上日程。

但是，这一时期日本侵略中国东北事件已经通过中华民国外交部对国际联盟的屡次申诉和李顿国联调查团的调查报告，被国际社会广泛知晓和共同谴责。如果利用活人做细菌实验的反人道恶行泄露出去，日本的国家形象势必损毁殆尽。

为了避免这一情况发生，日本军政当局制定了一系列保密制度规定，对策划实施这一罪恶活动的部队和人员也采取了极为严格的保密措施。比如，在军政当局内部限定知情范围；高层部署及文件制发列入绝密级管理；为七三一部队提供支持的外围行动也采取高级别的保密措施；等等。落实在行动上，比如为确保这支天皇敕令建立的恶魔部队不为外人所知，将其伪装成人畜无害的水净化部队，命名为“关东军防疫给水部”编入关东军序列；部队通过化名“加茂部队”“东乡部队”“石井部队”和不时改变番号，掩人耳目；公文表述“细菌战”时，以“细防”（即“细菌防疫”）字样替代，标注“极秘”；关东宪兵队向七三一部队移送人体实验人员需履行申请、指令和报告程序时，需使用“特移扱”（即“特别移送处置”）匿称；等等。

为了从源头上贯彻好日本军政当局的保密规定，七三一部队长石井四郎费尽心机，亲自制订各实施方案和应急对策，连平房基地所需建筑工人如何招募、如何管理这类非核心事务都不轻易假手于人。然而百密一疏，尽管石井处心积虑，令他意想不到的事情还是发生了！

1939年7月18日，哈尔滨宪兵队长加藤圭二向关东宪兵队司令官城仓义卫报告了一起他们正在调查的“严重事件”。

加藤称，据该队调查，驻哈尔滨平房的石井部队本年启动了一项建筑工程。4月份，石井部队委托哈尔滨市斜纹街（今经纬街）一家叫作日本特殊工业株式会社的公司作为中介，从日本内地招募了200名建筑工人启动了这项工程。然而务工不过百日，平房工程现场就不断有人提出辞职甚至直接逃走，暂留下来的工人思想上也出现了动摇。接到石井部队的紧急联络，目前加藤队正全力追查逃走工人。

本来，这些漂洋过海来“满洲”打工的工人就是为淘金赚钱而来的，那到底什么原因导致他们不愿继续留在薪资不低、供吃供住的平房工地？又是什么原因让石井部队对区区几名工人的逃离如此恐慌，要作为一起严重事件委托哈尔滨宪兵队紧急搜索，而哈尔滨宪兵队长还要急切地报知关东宪兵队司令部呢？

原来，石井四郎委托日本特殊工业株式会社招募这些工人的时候，曾开出过以下条件：第一，为缩小知情范围，七三一部队建筑工程必须由日本特殊工业株式会社独家承包。第二，参与工程建设的工人必须全部是日本人。第三，工人进场后必须全员在部队居住，并在部队长直接监督下劳动。

按照石井要求，日本特殊工业株式会社于1939年2月招募到整整200名工人。随后，七三一部队对这些人逐个进行了严格的身份调查。认定全部合格后，给他们支付了从日本到哈尔滨平房工程现场的足额交通费。

为了确保工程万无一失，石井四郎在给这些工人开出特高工资待遇的同时，要求每名工人签订如下誓约：一是不得带家属；二是不得谈论接触到的部队机密；三是无特别理由，六个月内不得辞工。为识别身份，七三一部队发给每名工人一个特别身份证件，承诺工程竣工后表现突出且本人自愿者，可作为雇员留在七三一部队继续工作。

然而这些工人兴高采烈地来到平房工地后不久，便发现自踏入这个部队大门的那一刻起，就如同囚徒一般丧失了人身自由。不仅日常生活处于罐头一样的全封闭状态，连工作、进出和相互交谈都受到了严密监视和严格控制。

时间一天天过去，这份工资高、待遇好的工作不仅不再像当初那么诱人，反而成了他们的痛苦折磨和枷锁。一些工人开始以各种理由怠工，或者干脆提出离职和返回日本等要求。

然而在七三一部队和承包这个工程的日本特殊工业株式会社看来，这种不遵守誓约的要求是无理的，是不会被允许的。对此绝大多数工人也选择了默默忍耐。然而，他们当中叫大泽勇吉和柴木新治的两个家伙却愈挫愈奋。终于，在两人的不断闹腾下，他们因“工作表现不佳”，幸运地被七三一部队默许离职了！

可大泽和柴木如愿脱离七三一部队后，并没有按照承诺返回日本，而是辗转来到了“新京”，打算留下来找份称心的工作。最后，两人被工资不算低、工作环境又相对宽松的“新京”服部工业株式会社聘用，算是在“新京”落了脚。

如果这两个家伙规规矩矩地选择在服部会社闷声发财的话，或许七三一部队也不会深究。可谁知他们工作一段时间后，就开始惦记起同来的几个好朋友来，于是秘密撺掇今井三四五、设乐朝治、阿部民治和滨川孝山等人离开七三一部队那个鬼地方，到自己所在的会社一同工作。今井等人认为机会难得，非常兴奋，但想到自大泽和柴木离职后，部队和公司更加强了对他们的管束和精神教育，几个人预感到正式申请离职获批无望，于是一番商议后，悄悄打点行装，带着部队发放的特殊身份证明，在一天中午下工后趁管理者不备，从宿舍逃了出来。

接到工人逃走的报告后，城仓义卫司令官意识到了事件的严重性。因为，平房工人的出逃，绝不只是给工程进度和工人管理带来负面影响的问题，更为严重的，是出逃工人随身携带的那份特殊身份证明，它们随时可能泄露七三一建筑的特殊用途和七三一部队的罪恶勾当，传扬开去，“帝国声誉”不堪设想。与此同时，身在平房基地的七三一部队长石井四郎比

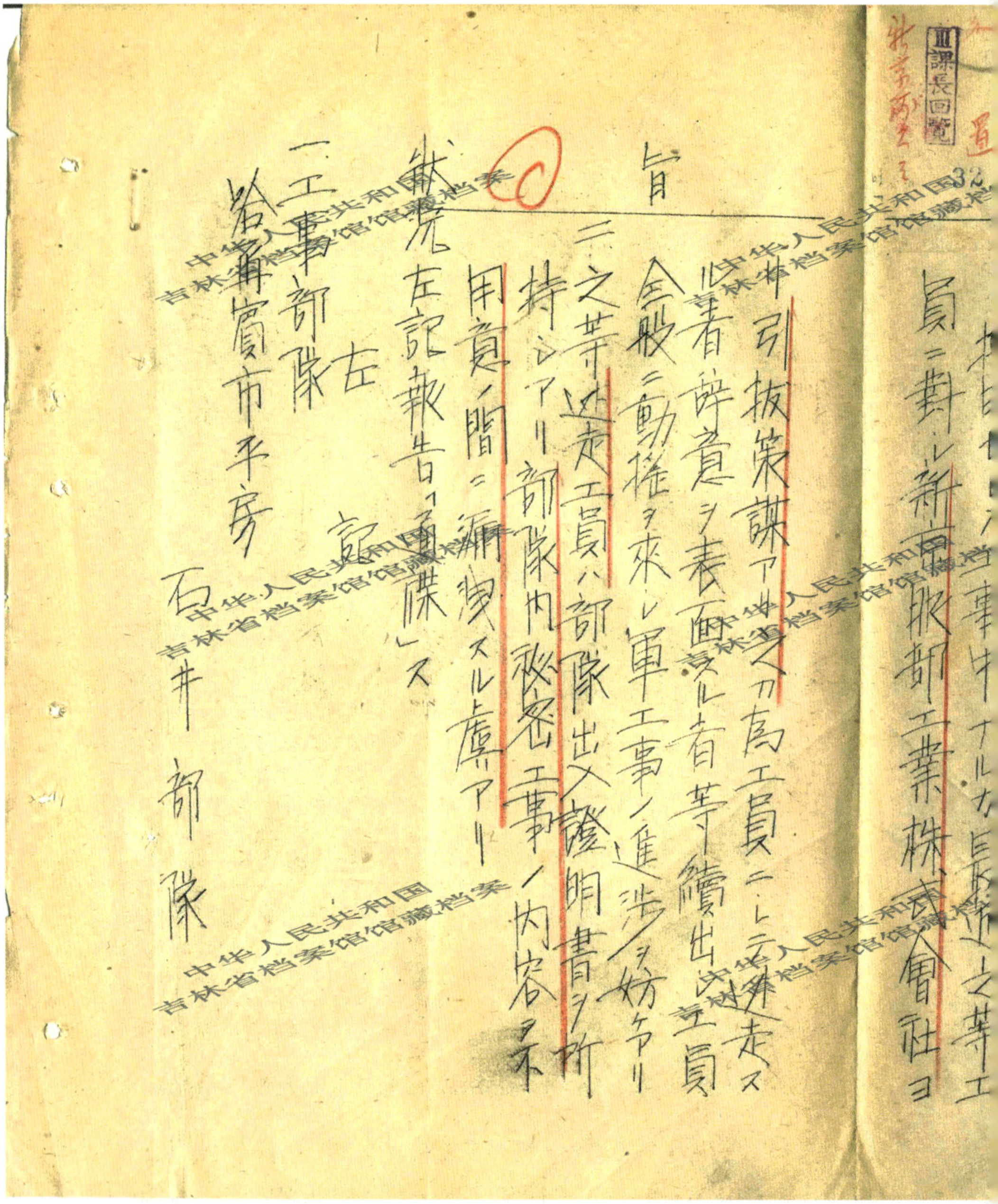
旨
引抜策謀アルモノノ如ク爲工員ニシテ逃走ス
ル者辞意ヲ表面化セル者等續出シ工員
全般ニ動揺ヲ來シ軍工事ノ進捗ヲ妨ケタリ
三、之等逃走工員ハ部隊出入證明書ヲ所
持シアリ部隊内秘密工事ノ内容ヲ不
用意ノ間ニ漏洩スル虞アリ
然モ左記報告(通牒)ス
左記
一、工事部隊
哈爾濱市平房
石井部隊

图 10-1 哈尔滨宪兵队关于应加强注意军事机密工程的报告

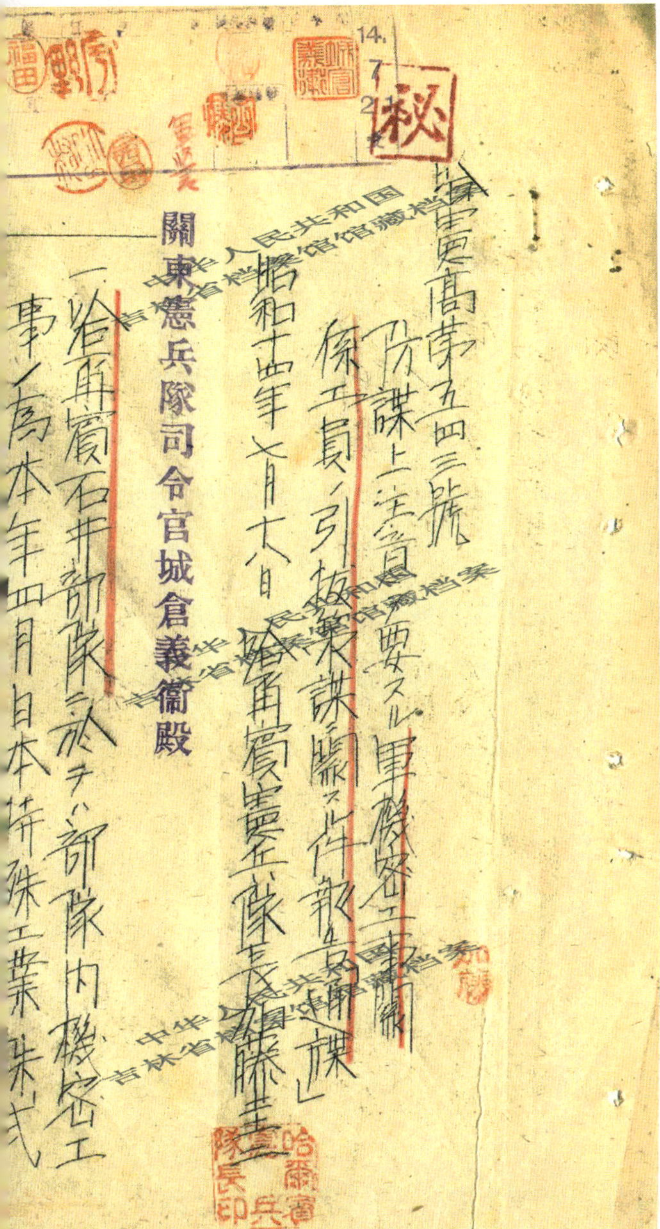
秘

14.7.21

哈憲高第五四三號

防諜上注意ヲ要スル軍機密工事ニ關

係工員ノ引抜策謀ニ關スル件報告（通牒）

昭和十四年七月十六日

哈爾賓憲兵隊長 加藤泊治郎

關東憲兵隊司令官城倉義衛殿

一、哈爾賓石井部隊ニ於テハ部隊内機密工

事ノ爲本年四月日本特殊工業株式

“新京”的城仓司令官更为恐慌。他被莫名的久违的恐惧一阵阵袭扰着，坐立不安……

7年前，石井把东京细菌实验基地转移到中国东北时，首选地点并不是现在的平房，而是距哈尔滨约70公里的背荫河镇。

1934年9月的一天，那个叫作中马城的背荫河基地，有16名在押的东北人民革命军战士成功脱逃。打那以后，坊间就有了中马城日军用活人进行细菌实验的传闻，且基地周边疑似有人时不时地抵近侦察。因为害怕罪行败露，石井这才痛下决心关闭了中马城基地，蛰伏一段时间后来到平房。

这一次，如果背荫河的“恶梦”再次上演，那么利用活人进行细菌实验和研制细菌武器的计划就会化作泡影。想到这，石井四郎抓起桌上的机密电话，声音急促地请求加藤队长，一定要报请城仓司令官批准采取断然措施，“对服部工业会社和几个逃跑者认不清时局的行为，给予彻底追究和坚决弹压”！

加藤圭二哪敢怠慢，立即按城仓司令官命令采取了紧急行动。最终，强制遣返从七三一部队逃跑的4名工人和撺掇他们跳槽的大泽、柴木回国；对企图挖墙脚的“新京”服部工业株式会社提出了严重警告。

为了在城仓司令官面前表现自己，加藤圭二完成任务后正式拟文报告了具体情况。同时提出，要对其他剩余工人进行更严密的监视和控制；同时建议七三一部队加快工程进度，确保万无一失。本节所录档案就是关于应加强注意军事机密工程的报告。

就这样，七三一部队在关东宪兵队的强力配合之下，严密控制这200个来自日本的建筑工人，如期建成了位于哈尔滨平房的食人魔窟，实施了惨绝人寰的活体实验，吞噬了数以千计无辜的生命。

11. 石井四郎导演下的“新京”鼠疫与“防疫”

赵玉洁

1940年6月中旬，距伪满洲国“新京”西北60公里的农安传出恐怖消息：县医院有人确诊鼠疫，病人、接诊大夫救治防护不及，接连死去，疫情正向周边急剧扩散。

农安疫情正让人惶恐不安，9月23日“新京”又传出不好消息。位于南广场、曙町、日本桥通三角地带的东三条通田岛犬猫医院附近有三人高热送医，其中有一位是关东军文职军人太田安次。紧接着，又有多人陆续发病，截至29日有7人病死。市卫生研究所对以上患（死）者进行了菌检，结果检出了不同类型的鼠疫菌。

“新京”鼠疫的突然暴发，让伪都当政者慌了阵脚。10月1日，伪满警务、卫生机关会同关东军、“满铁”和市红十字会紧急召开了防疫会议，决定成立“新京特别市防疫本部”，由田村副市长任总指挥，市卫生研究所和卫生技术厂组成防疫作业班、检索班，开始了防疫活动。

当时，“新京”作为日本扶植傀儡政权的统治中心，是一个拥有55.5万人口的新兴城市，其中包括12.7万日本人。虑及“新京”脆弱的防疫体系难以抵挡疫情蔓延，保护十数万日本人的安全，关东军司令官梅津美治郎于10月5日紧急下达关作命第699号令，要求“关东军防疫给水部迅速出动所需人员和材料担任防疫”。

命令中的“防疫给水部”，其实就是二战期间用活人做细菌实验的臭名昭著的七三一细菌部队。因所干勾当违反国际公约，即便在日军内部也只有少数人知道它的存在。平日里，这支部队跟其他日军部队一样以部队长姓氏或出身地代称。因七三一部队的始作俑者石井四郎出身日本千叶县加茂地区，因此这支恶魔部队也被称为“加茂部队”或“石井部队”。

石井接到命令后，立即调集哈尔滨总部业务骨干组成“关东军临时鼠疫防疫队”。石井亲任总指挥，于10月7日火速进驻了“新京”“国防”会馆。日伪当局像迎接救世主一样，为他提供了一切可堪调用的警、宪、医疗、防疫等人力、物力。短短三天，伪首都警察厅、“民政部”保健司、市卫生研究所、卫生技术厂、马疫研究处、千早医院、“满铁”医院、“新京”医科大学等机构统统被其揽于麾下。石井对这些机构、人员初步分工后，从明、暗两条战线开始了“防疫”活动。

明线方面，首先他派人把“关东军临时鼠疫防疫队”做成大大的条幅，从“国防”会馆楼顶高高地悬垂下来营造声势。接下来他启动了一系列街头“防疫”活动。

一是建立疫区隔离带。因鼠疫集中暴发于“满铁”附属地东面的南广场（当时称“三不管”）和露月町四丁目（今丹东路）“满铁”中国人宿舍一带，石井下令用亚铅铁板围成隔离带对两地实施封锁。为防染疫鼠、蚤外窜和隔离区内居民外逃，铁板采取下半部深埋土里，上半部大角度向内倾斜的特殊围挡方法。

二是隔离嫌疑患者。对高热患者（包括疑似鼠疫患者）直接送千早医院隔离；其他嫌疑患者则送临时建立的中间隔离所排查。档案显示，为纪念日本大正天皇登基十周年而建的“新京纪念公会堂”（今长江路581号）也被当作临时检查点之一。参加过“新京”“防疫”的铃木元之战后供认：“（‘防疫’）期间有130多名中国人被强制隔离，近30名中国人被活体实验而死。”

三是在重点染疫区、健康隔离区和车站、交通工具上，实施预防注射、大清扫、大消毒活动。

据不完全统计，仅1940年10月11日至12月14日间，针对“新京”车站上下车乘客就完成预防注射20余万人。针对其他军政团体公务人员、“新京”铁路沿线和重点区域居民也进行了预防注射。但疫苗效果各方却评价不一。档案记载，因市民风评“注射后似有病情加重感觉”，关东军参谋长在“防疫会报”会上特别强调“满人无常识”，要求进行“辟谣”宣传。石井本人则在10月18日“会报”会上解释注射效果不同的原因：“一是预防接种液的制法不同，效果就不同；二是预防接种的人体质不同，效果也不同。”

大清扫主要针对“饮食店等不够洁净的厨房、厕所及隔离区特别是三角地带污物处理不充分、排水路扫除不良地方”进行。市卫生研究所村川所长亲自制订清扫计划，并提出“附属地10月17日集中清扫；城区清扫5天需汽车50辆，清扫工250名”等需求，还制订了指导、监督、检查方案。日伪新闻报纸对此进行了密集宣传报道。

大消毒分为烧却消毒、瓦斯消毒、水式消毒（熏蒸）、消毒库消毒和一般消毒。具体实施时，针对不同地区采用了不一样的方式。比如，针对重点隔离区露月町“满铁”中国人宿舍采取了烧却消毒，即在警、宪监督

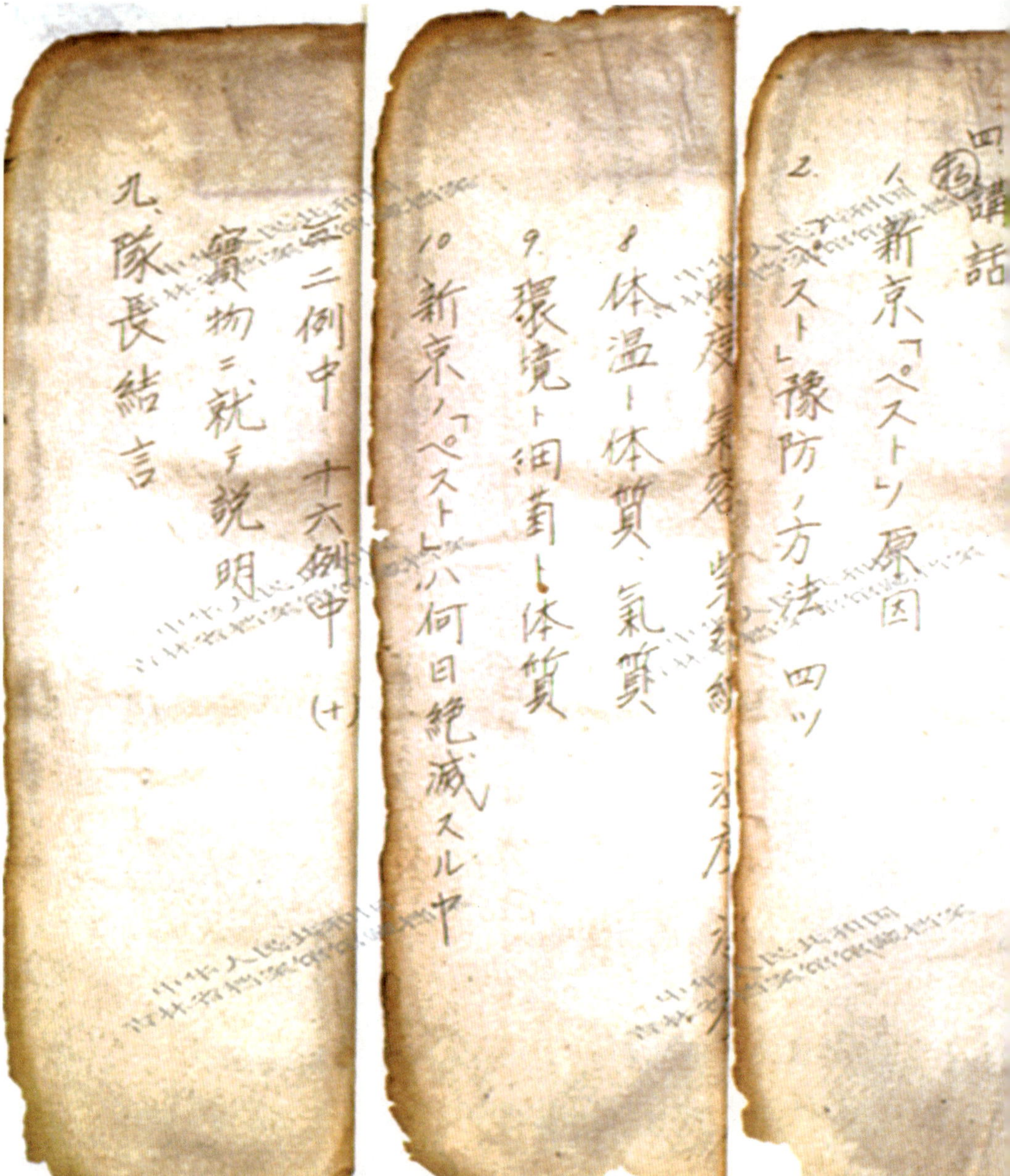

图 11-1 石井四郎关于长春鼠疫的讲话记录

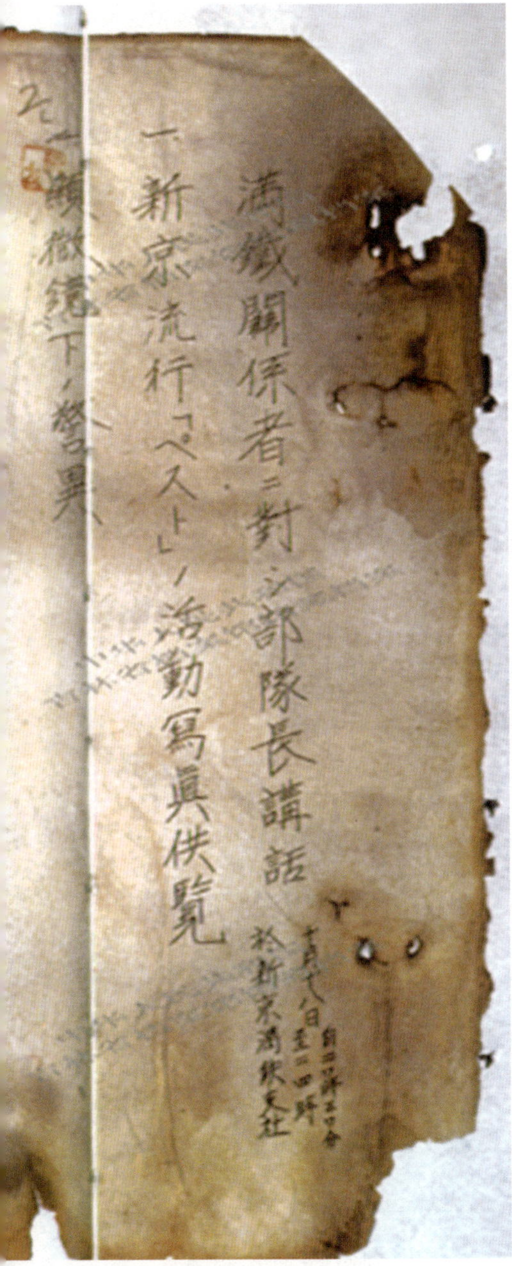
滿鐵關係者ニ對シ部隊長講話
十一月十八日
於新京滿鐵支社
一 新京流行「ペスト」ノ活動寫眞供覧

下，将围挡区内中国人发病者房屋连同衣物、被服等生活物品全部烧毁。“新京”宪兵队军曹冈野今吾供称，10月下旬，他协助石井部队进行了鼠疫“防疫”工作，除对因鼠疫死亡的50具尸体进行解剖，还破坏了50户民房。而相比烧却消毒，瓦斯消毒更加恐怖。所谓瓦斯消毒，就是用三氯硝基甲烷制成消毒剂，通过抑制人和动物肺泡活动，造成其呼吸困难直至死亡的方法。三氯硝基甲烷是二战时期日军毒气战的主要原料。据战犯回忆，石井在“大消毒”中，秘密指挥“防疫”队员针对染疫鼠、蚤及肠伤寒、赤痢、炭疽等多种传染病菌开展了瓦斯的效能实验，还对“消毒”后的死鼠进行了解剖。据说石井对结果非常满意。因为这次夹带私货的“防疫”活动，使他更精准地掌握了瓦斯对各种传染病菌的效能计量规律，为日后实施毒气战、细菌战提供了重要参考。

从以上活动中尝到甜头后，石井四郎胃口大开。10月20日他在会上提出了更惊人的设想：“要在满洲国尽快设置卫生省，同时要设置大研究所、大隔离医院、大消毒场”；“要在长春县和农安设置加茂部队出张所”。这个提议，把与会的伪民政部、伪满土地开发株式会社、“满铁”等部门代表彻底镇住了，等他们缓过神来后才纷纷附和，“应让加茂部队长担任满洲帝国卫生开发顾问”。

在10月23日关东军“防疫会报”会上，作战参谋武井也对石井大加吹捧，夸“石井大佐是司令官，是政治家，是学者，是参谋长”。关东军第四课长也流露出“关东军正考虑把石井大佐任命为满洲国民政部和新京特别市的防疫行政指导官”的想法。关屋副市长见状也赶紧表态，“鉴于这次鼠疫之祸，新京市防疫工作一定要按石井大佐规划做一个大调整”，“要把石井大佐聘为新京特别市的防疫顾问”。

可见，通过一系列的明线操作，石井着实在日伪当局那里捞足了政治资本。

而在暗线方面，石井更是有恃无恐。他首先网罗日本本土、哈尔滨本部和“新京”市的顶级细菌专家，秘密投入到“新京”、农安两地的人、鼠、蚤解剖和烈性鼠疫菌检菌、培养开发和效能实验中。为方便联络，关东军特许在“国防”会馆为他开通了直通哈尔滨本部、农安疫区和“新京”市防疫本部的专线电话。

石井还发起了大规模的捕鼠运动。同时聘请京城大学预科著名鼠类专家森为三口[①]指导研究。据推测，当时“新京”有鼠类50万只，石井计划捕鼠45万只。为此，他向市民、商号、学校发放捕鼠笼2万个，要求按指标上交活鼠。因母鼠不敷需求，甚至有人花钱购买。

按照正常逻辑，“防疫”首选应为灭鼠而非捕鼠。可见石井大张旗鼓的捕鼠行动背后一定包藏着祸心。

果然，据七三一部队训练部长西俊英在伯力审判中供述，1940年“新京”和农安鼠疫期间，石井四郎利用捕鼠检菌中培育的烈性鼠疫菌，配合日军开展了浙赣细菌战。从5月至12月，日军在宁波、衢州、金华、玉山、温州、丽水等地连续投放带有鼠疫菌的跳蚤和谷物，造成中国军民严重伤亡。西俊英供称，当时石井四郎亲自坐飞机前往指挥和观测，并于11月4日在“新京”“国防”会馆播放了投放过程的纪录片。片中飞机完成撒布细菌任务后回到机场，“然后有数人下机，首先下机的是石井四郎，跟随在他后面的是碇常重少佐”。

① 此处为原档缺字，且在相关史料中没有该人全名记载。

1993年12月，日本出版的《季刊·战争责任研究》第2号披露了另一则令人震惊的消息。前日本陆军省医务局医事课长大冢文郎大佐在1943年11月1日陆军省医务局会议上听到石井四郎报告："既往实绩：农安县，田中技师以下6名（投放），据密探报告，最有效果。"

这里所说的"既往实绩"，就是1940年石井部队在吉林省农安县撒布鼠疫菌的试验。

原来，"新京"、农安鼠疫的暴发与"防疫"，竟都是石井四郎一手导演的贼喊捉贼的恶魔把戏。

12. “特别移送”制度

刘红妤

在吉林省档案馆馆藏中，有一份题为《关东宪兵队关于特别移送苏联间谍李文刚、王国财的申请、指令和报告》的日军侵华档案。档案详细记录了李文刚、王国财被实施“特别移送”的完整程序。侵华日军一直将通过人体实验研制细菌武器情况的文件视为“绝密”文件加以保管，因此该档案是揭露关东宪兵队与七三一部队勾结实施罪行的重要证据。

1932年，在哈尔滨东南郊平房镇建立了一支细菌战研究部队，即关东军防疫给水部总部（七三一部队），石井四郎就是七三一部队的创立者。1938年1月，日本关东宪兵队司令部警备部发布了关宪高第58号《关于特别移送的规定》这一秘密命令。1938年6月，关东军参谋部公布了1539号命令，即《在平房附近设定特别军事地区的布告》。此后，石井四郎开始大规模研制细菌武器并大量使用活人进行惨无人道的细菌实验。为了得到大量的人体实验“材料”，军警宪机关在不经法庭审判的情况下，抓捕抗日人员、爱国人士、战俘、间谍等作为“马路大”（日语原意“原木”），并将其移送到七三一部队进行残酷的人体实验，获取所谓的研究成果。为掩盖向七三一部队运送人体实验“材料”这一过程，日军发明了一个特殊

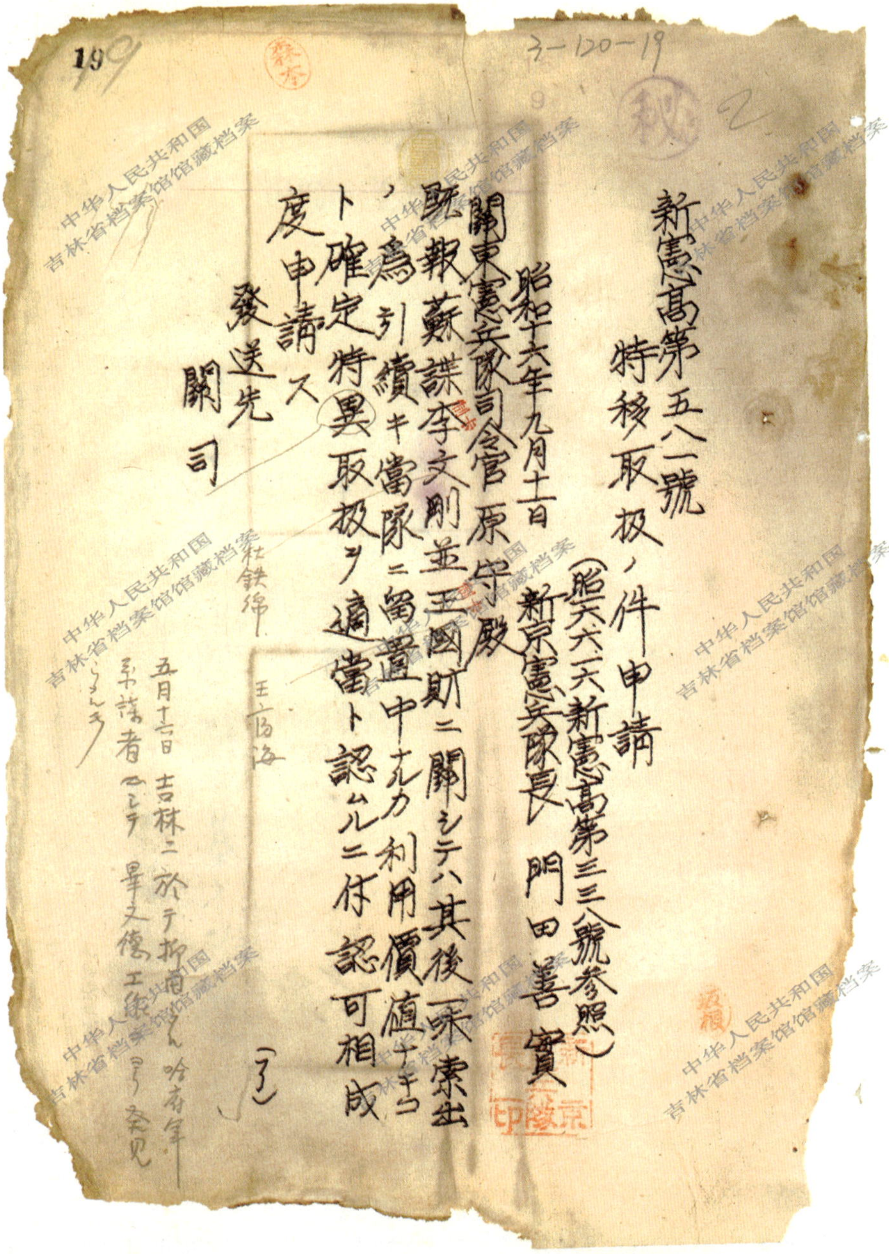

新憲高第五八一號

特移取扱ノ件申請

（昭十六、一、六新憲高第三三八號参照）

新京憲兵隊長 門田善實

昭和十六年九月十三日

關東憲兵隊司令官 原守殿

既報蘇諜李文剛並王國財ニ關シテハ其後一味索出ノ為引續キ當隊ニ留置中ナルカ利用價値ナキモノト確定特異取扱ヲ適當ト認ムルニ付認可相成度申請ス

發送先 關司

图 12-1“新京”宪兵队“特别移送”“苏谍”李文刚、王国财的申请

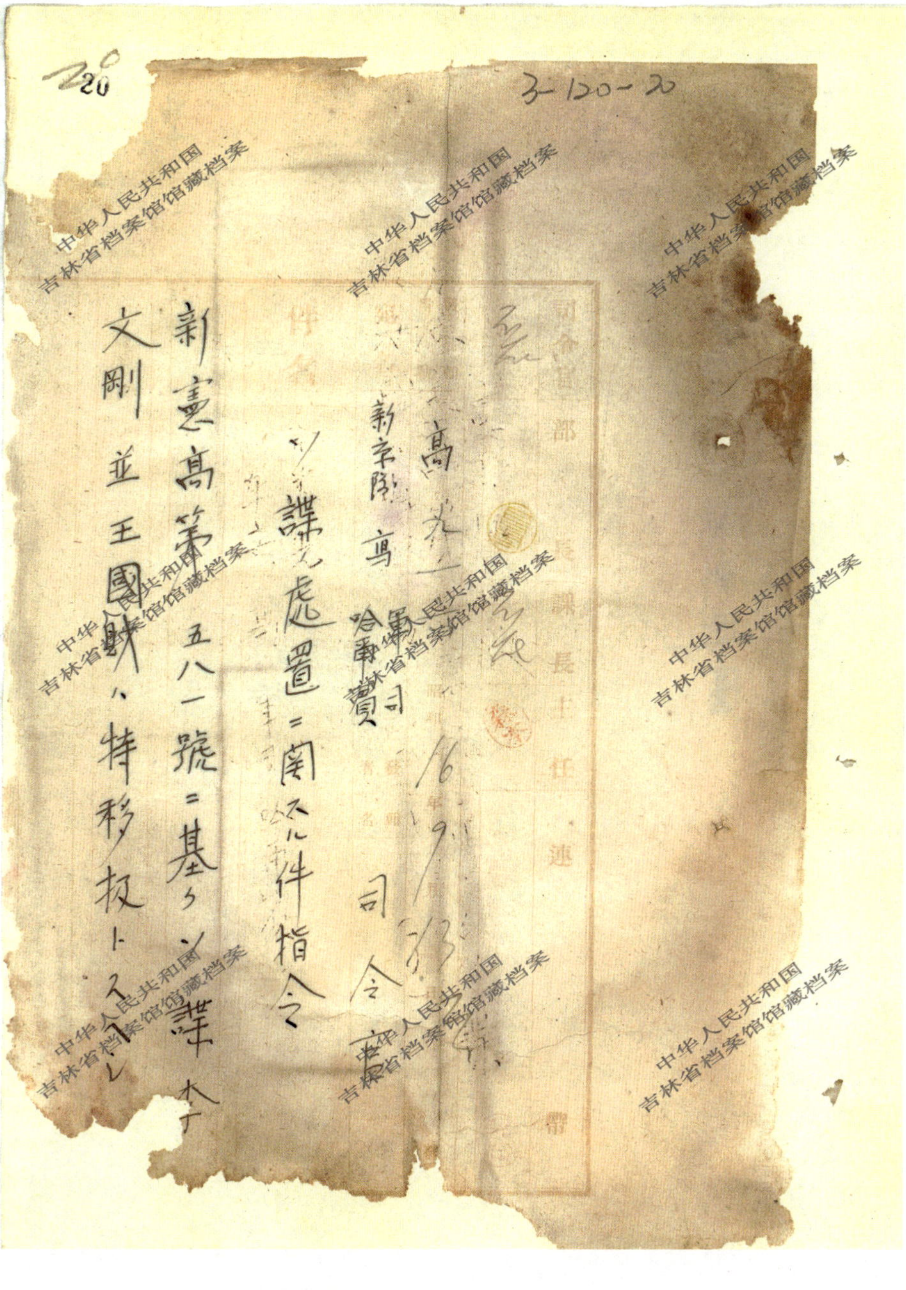

图 12-2 关东宪兵队处置指令

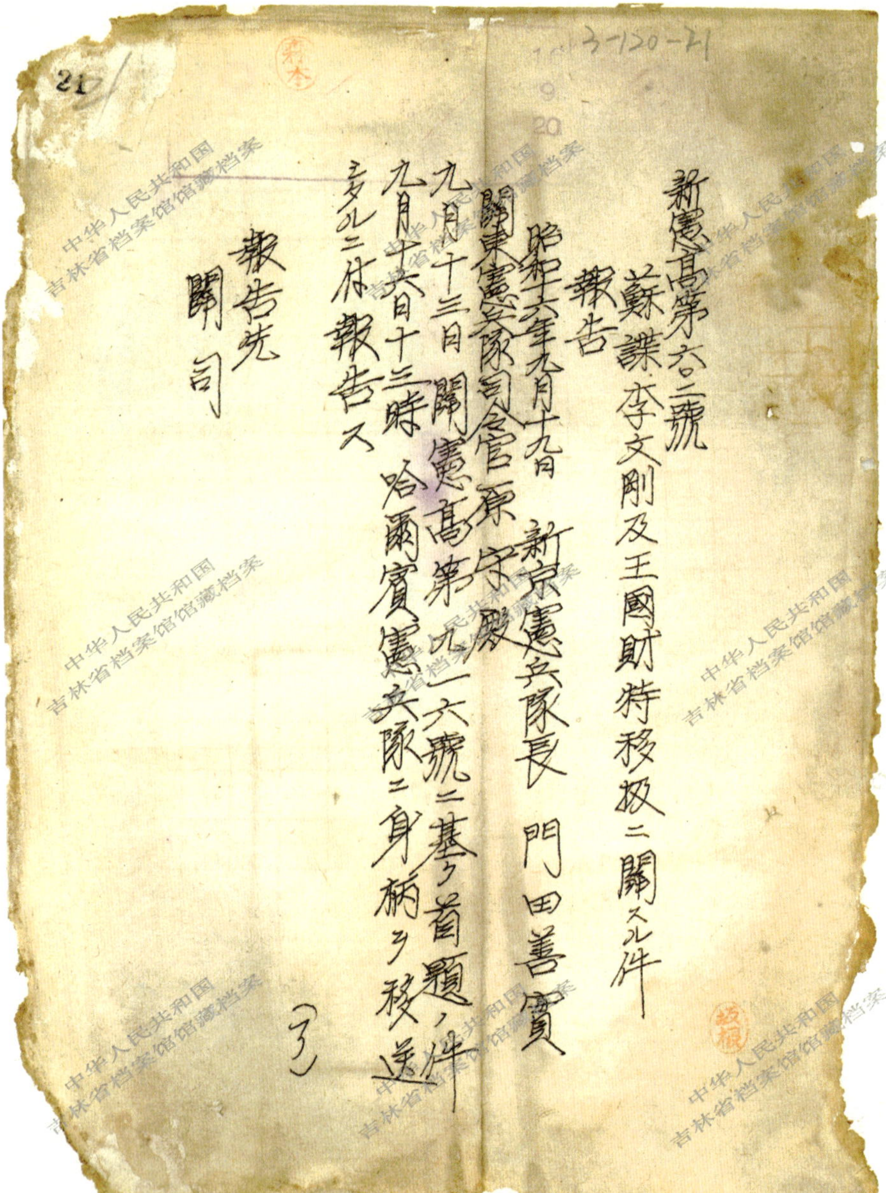
新憲高第六〇二號
蘇諜李文剛及王國財特移扱ニ關スル件
報告
昭和十六年九月十九日
新京憲兵隊長 門田善實
關東憲兵隊司令官原守殿
九月十三日關憲高第九一六號ニ基ク首題ノ件
九月十六日十三時哈爾賓憲兵隊ニ身柄ヲ移送
済ミニ付報告ス
報告先
關司

图 12-3“新京”宪兵队“特别移送”完毕的报告

用语，即“特别移送”。通过对“特别移送”档案的梳理，可以看出“特别移送”是七三一部队进行人体实验、细菌实验、毒气实验犯罪的关键环节。

“特别移送”程序极其严密。第一步，由关东宪兵队、特务机关等将其认为的“间谍嫌疑者、非法越境者、有思想问题者”抓捕扣留。第二步，为了获取更多情报，通过残酷的刑讯使其认罪，并创造“特别移送”的条件。曾任东宁宪兵队战务课长的森三吾供述：“为了造成特别移送条件，唯一的手段就是残酷的刑讯，即把人抓来后，采用灌凉水、殴打、过电、手指夹铅笔等刑讯，强迫其供认是谍报者。”第三步，各宪兵队或分遣队在对“犯人”审讯后，都要形成一份《关于×××的取调状况的报告》，报告上被捕者的基本信息非常清晰全面，详细记录了被捕者的原籍、出生地、住所、职业、工作名、教育状况等信息，还会提出对策意见。达到“特别移送”条件的犯人，将会由队长提出“特别移送”申请，上报给关东宪兵队司令部。如《关东宪兵队关于特别移送苏联间谍李文刚、王国财的申请、指令和报告》中详细记录着1941年9月11日，新京宪兵队以新宪高第581号向关东宪兵队提出“特别移送”“苏联间谍”李文刚、王国财的申请，申请中还特别注明了“移送原因”是“为找出同伙应继续留在该队，但确定（二人）没有利用价值，认为适合特移处理”。第四步，关东宪兵队司令部接到各地呈报的审讯报告后，经关东宪兵队司令官批准，提出申请的宪兵队便将此类人以“特别移送”的名义部分送到七三一部队。如关东宪兵队司令官以关宪高第916号文件下发的《关于处置苏谍的指令》，明令“苏谍李文刚和王国财应特移处理”。第五步，收到关东宪兵队司令官的指令后，各有关宪兵队长以文件或电报的形式通知各呈送报告的宪兵分队或分遣队。各宪兵分队或分遣队在接到指令后，即将拘捕在押的人员押送至哈尔滨。第六步，按照事先约好的车次，送交和接收双方在哈尔滨车站对被“特移”人员进行交接，承接“特移”人员的首先是哈尔滨宪兵队而不是七三一部队。最后，各地宪兵队在完成上述步骤后，上报实施情况报告。如据《关于特移处理苏谍李文刚及王国财的报告》记载，“新京”宪兵队向关东宪兵队报告“已将李文刚、王国财移送到哈尔滨宪兵队”。至此，“特别移送”过程完成。

一旦“特别移送”对象被送进七三一部队，他们就几乎没有生还的可能了。“特别移送”对象被关押在七三一部队“四方楼”中央秘密建立的“特设监狱”，并用号码称呼。这些号码在三位数以内，几个月便轮换一遍，大多数人都活不过半年。曾任七三一细菌部队生产部长的川岛清交代：“要是未受过致命细菌传染死去，那他也不免要受接二连三的实验直到因传染病死去为止。”“特别移送”对象主要被用于鼠疫、霍乱、赤痢疾、炭疽菌、坏疽菌、冻伤耐寒实验。曾担任七三一部队翻译的秦正氏供述称：“1944年冬季，吉村技师对分娩不久的苏联妇女进行了冻伤实验。首先让她将手指浸入水槽中，然后让她拿出来在寒冷的天气里冻着，进行冻伤病态生理学的实验，进而用各种温度的水对此‘治疗’，改日重新反复地实验，终于使其手指被冻伤而坏死脱掉。”被实验者在极大的痛苦中煎熬，最终七三一部队也只是得到了一个简单结论，即37摄氏度的温水浸泡是治疗冻伤的最佳方案。七三一部队还利用“特别移送”对象进行过脱水实验、穿刺实验、烧烤实验，实验种类五花八门。1945年8月9日，苏军进攻中国东北，关东军溃不成军。这时，处理剩余的人体实验受害者成为七三一部队的最大任务。他们将装满毒气的瓶子投入各个牢房，毒死了剩余的人，还逼迫一部分人自杀，并将被焚烧过后的“马路大”骨灰和残骨装进麻袋，投入松花江。

1946年5月3日至1948年11月12日，以美国为首的审判官们举行了东京审判，又称远东国际军事审判。然而，对侵华日军进行人体实验并开展细菌战的罪行，在东京审判中被秘密掩盖起来。美国向世界隐瞒了七三一部队的滔天罪恶，以豁免七三一部队石井四郎等战犯的战争责任为条件，秘密换取七三一部队的生物实验数据，还为此支付了25万日元。这些数据和资料，包括大量七三一部队的实验报告书，以及8000多张有关用细菌武器做活人实验和活人解剖的病理学标本和幻灯片等。为了反击美国的卑劣行径，1949年12月25日至30日，苏联在哈巴罗夫斯克（即伯力）举行了关于前日本陆军军人准备和使用细菌武器的审判，向世人公布日本开展细菌战的情况，后称伯力审判。但是在美国的庇护下，七三一部队成员大多逃脱了法律的制裁。

“特别移送”是日军进行细菌战实验的关键环节，是日军在二战期间犯下的滔天罪行。这些遗留的历史档案对揭露日本侵华战争责任和日本军国主义反人道、反人类伦理的残暴罪行有重要意义。

13. 日军掩盖诺门罕战争的真相

孙佳宁

诺门罕，这片位于中蒙边界的广袤地区，在1939年见证了一场震惊世界的战争——诺门罕战争。诺门罕战争是日本、伪满洲国与苏联、蒙古国之间爆发的一场大规模军事冲突事件，从1939年5月到9月，历时4个月。日军和伪军在黑龙江省和蒙古国交界的哈勒欣河地区向蒙古国边防军发起进攻，试图占领哈拉哈地区作为进一步进攻苏联的跳板。苏联红军则迅速成立以朱可夫为司令的第一集团军群，集结大量兵力进行反击。

这场战争最后以日本关东军的惨败收场，对第二次世界大战的局势发展影响深远。吉林省档案馆保存着多份战争亲历者——日本士兵写给家乡的信件摘抄，包含诸多涉及战争惨败的内容，最大限度地还原了战争的真相。本节所录海拉尔牛江孝发出的信件便是其中之一。

日本关东军为得到日本国内支持，其惯用伎俩就是虚假宣传。九一八事变后，靠着关东军提供的报道信息，日本各新闻媒体铺天盖地歌颂关东军的“奋战”和“胜利”，使得日本社会各界几乎无一例外地支持关东军在东北的所作所为。为维护军国形象，鼓舞前方士气，欺骗后方民众，在关东军严厉的新闻审查制度和一切为了战争胜利的命令下，有关战争惨败的消息被无限压制下来。

1939年6月5日，海拉尔平野部队本部福田园在信中对虚假报道表达了不满："我所在的部队损失了十分之一，情况十分悲惨。东部队全军覆没。载有战争死伤者的卡车被炮弹击中，引起了火灾。报纸上记载了很多，但是与事实相去甚远。对于了解事实的人来说，会觉得非常愚蠢。"此部分内容在邮政检查①中被做了"削除"处置。

7月16日，海拉尔小松原部队宫川松夫发给日本国内的信件写道："报纸的报道过于虚假。我军现在的困境已经达到惨不忍睹的程度。"此内容也被"削除"。

8月20日，海拉尔山本部队我蛭召司发往日本的家信也写道："报纸上说我空军非常厉害，事实并非如此。日本的飞机根本不堪一击。追击的时候一下子就让敌人逃脱了，而被追击的时候又立刻被追上。场面难以形容。"此内容当然也被"削除"了。

日本关东军对战争的伤亡情况极力掩盖。海拉尔陆军医院HOS（人名）在信件中写道："在海拉尔方面，尤其是在官公署还摆放着大量事变中战死者的遗骨。虽然他们发表说伤亡合计是1.8万人，但事实却不是那样。如果把这些遗骨一起送还会对防谍不利，所以他们就在晚上秘密进行，或是交由换班的部队避开众人把遗骨送还。即便是遗骨，家乡的老父

① 关东宪兵队出于"思想对策""防谍""治安肃正"等目的，对东北沦陷区内军民的往来通信——电报、信件、电话等进行严格检查，一旦发现有反日活动或不利于日伪当局的言论等，便做出削除、没收、扣押、秘密侦查收发信人等处置，并将信件中认定有违禁等典型内容的部分每月摘抄汇总，形成《邮政检查月报》或《通信检查月报》，报送上级机关。

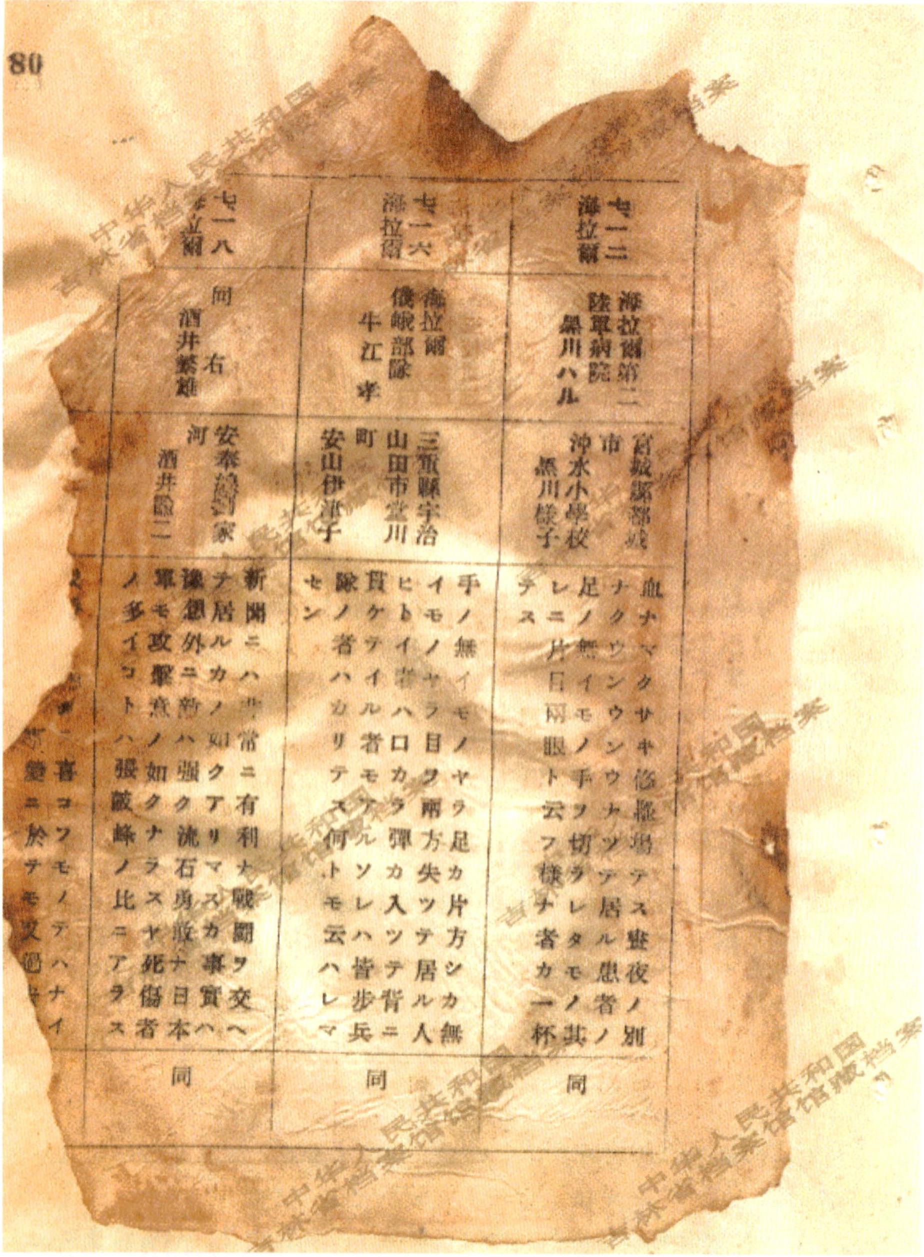

80

七一二 海拉爾	海拉爾第二陸軍病院 黑川ハル	宮城縣部蔵 市 沖水小學校 黒川様子	血ナマクサキ修羅場テス晝夜ノ別ナクウンウンウナツテ居ル患者ノ足ノ無イモノ手ヲ切ラレタモノ其レニ片目両眼ト云フ様ナ者カ一杯テス	同
七一六 海拉爾	海拉爾 僞蛾部隊 牛江孝	三重縣宇治山田市堂川町 安山伊津子	手ノ無イモノヤラ足カ片方シカ無イモノヤラ目ヲ両方失ツテ居ル人ヒトイ者ハ口カラ弾カ入ツテ背ニ貫ケテイル者モアルソレハ皆歩兵隊ノ者ハカリテス何トモ云ハレマセン	同
七一八 海拉爾	同 右 酒井繁雄	安奉線劉家河 酒井臨二	新聞ニハ非常ニ有利ナ戦闘ヲ交ヘテ居ルカノ如クアリマスカ事實ハ豫想外ニ敵ハ強ク流石勇敢ナ日本軍モ攻撃点ノ如クナラスヤ死傷者ノ多イコトハ張皷峰ノ比ニアラス……喜コフモノテハナイ……變ニ於テモ又過半	同

图 13-1 海拉尔牛江孝发出的信件记载了诺门罕战争的惨状

母也在焦急等待着……战争实在太悲惨了。为国奉献了自己的生命，可遗骨却要同死囚的骸骨一样避开众人的眼睛。”谙于控制言论的宪兵对这封信直接做了简单粗暴的处理——没收。

战争的惨状到底如何呢？亲历者的信件让我们如同置身战场一般，真实感受那种残酷。海拉尔仪峨部队的牛江孝写道：“也有没有手的人，也有只有一条腿的人，还有失去了两只眼睛的人。更有甚者，子弹从嘴里进入，将背部贯通。他们都是步兵队的人，但没有人去安慰他们任何一句话。”满洲里志坂部队池田繁保则描写因伤员造成医院人满为患的场景：“因敌人优势大炮而失去手脚的士兵甚至挤满了○○○[①]医院的走廊。”海拉尔酒井部队岩永武更是写出了惨烈的战场实况：“炮弹将沙尘以及黑烟刮了起来。其中战友的脚、手或是脑袋就像抹布一样飞了起来。下面躺着的是战友的尸体，没有手没有脚的战友的尸体。”

而伤兵的善后工作同样表明了战争的惨烈。10月30日，齐齐哈尔仓田岩在信中写道：“诺门罕事件（即诺门罕战争，下同）已告一段落了，但善后工作十分困难。齐齐哈尔陆军医院聚集了很多没有手脚、一只眼睛、一只脚，还有脸都看不出人样的伤残士兵。我再一次深深感受到战争的悲惨。”

为了彻底封锁战争惨败的信息，诺门罕战争结束后不久，日本关东军参谋部马上向各部队下发了紧急通知：“参加此次诺门罕事件的部队将兵，特别是战伤者，在谈话或通信中出现了很多夸大描写战况的情况，有酿成流言蜚语之虞。鉴于此，无论是参战将兵，还是非参战人员，均要更

① 为“防谍”起见，关东军要求士兵在通信中略去部队番号、兵员数、医院名称等信息，一律用○○○代替。

加谨言慎行。各部队长需进一步彻底强化通信检查，防止再度出现此种情况。”

诺门罕战争的结果不仅对于当时的国际形势产生了深远影响，而且对于二战的历史进程也具有重要的意义。它沉重打击了日本军国主义嚣张的侵略气焰，揭示了其侵略扩张野心的脆弱性，为其最终战败埋下伏笔。同时，日本不得不重新评估自己的战略方向。

14. 身陷囹圄的“特殊工人”

李 星

“特殊工人”也称“特种工人”，在日本关东军1943年颁布的《关东军特殊工人管理规定》中，对“特殊工人”有明确的定义，即“关东军把从驻华北日军移管过来的俘虏、投降兵用做军用劳工者称为特殊工人”。日本关东宪兵队对这类人群以“特殊工人”身份压榨管理，他们丧失一切生存权利和生活自由，随时都有可能被杀戮。因生存环境恶劣、劳动强度极大等原因，身陷囹圄的“特殊工人”频繁发生逃跑、暴动事件。

从1940年开始，日本公然违背国际公约，将华北驻屯日军逮捕的俘虏暂时拘禁于俘虏收容所或劳工训练所后，不间断地移交给日本关东军，并由日本关东军配属到各部队，在残酷的监管下从事繁重劳役。日本关东军司令官梅津美治郎1943年6月5日签署了一份《关东军命令》，指示第七〇部队6月5日在山海关地区接收来自华北方面军的1000名俘虏，命其从事道路工事。同年6月23日，文件编号为关总作命丙第189号的《关东军命令》记载：“第三六一九部队接收华北方面军俘虏1500人，到双桥地区从事道路工程劳役。”东宁宪兵队1943年7月《关于特殊工人状况的报告》记载：“管辖区域内于3月和5月分两次接收华北军移交管理的特殊工人共

1935人，其中60%是盘踞在山东省附近的蒋直系军，其他的是八路军和杂牌军，这些工人被配属到满洲第一二七一、一六〇、八四四、三六一一部队从事劳役。”从以上档案记载来看，仅1943年3月、5月、6月，日军华北派遣军就4次向关东军移交俘虏充当“特殊工人”，每次移交人数均在千人以上。

为了加强对“特殊工人”的管理，《关东军特殊工人管理规定》中设置诸多条款对“特殊工人”进行严密监管。同时，对“特殊工人”的运输方式、劳动条件、劳动强度等方面的要求也极为苛刻。从华北地区移交到东北的“特殊工人”，在进入东北后一般用铁路进行运输。押送劳工的是运送货物的封闭式闷罐车，为了防止劳工中途逃跑，车门全被反锁，每人每天只发勉强充饥的食物。劳工们一路的吃喝拉撒睡都在车厢内解决，冬冷夏闷的车厢空气污浊、细菌滋生，许多劳工在运输途中就因体力不支而生病死亡。据幸存“特殊工人”刘治祥回忆：“日军把我们都送到闷罐车上，那天正是五月节，天气热得很，一个车里装得满满的，透不过气来。车门紧锁，车外边顶上有日本宪兵押车，当车到达北京时，车里的人就死了三分之二了。”由于“特殊工人”绝大多数为曾经在抗日战场上驰骋的抗敌人员，日本关东军对这批特别队伍实施了有别于普通劳工的极端严酷的防范和管制措施。1941年6月，日本关东军司令部《筑城工程就劳[①]特殊工人处理规定》提出：“在筑城劳役地点设置特殊工人收容所，并与一般工人隔离，周围设外栅栏，必要时设铁丝网，以进行监视……特殊工人如有不服从行为，得以监禁、绑缚和其他惩戒上必要的处分，发生企图逃跑

① 就劳在日语中指从事劳动或工作的行为。

的场合，以兵力防止，不得已时得以杀伤。”

“特殊工人”都是从华北各个战俘收容所或劳工训练营等地押送到东北，他们斗争意识强，且比普通工人更有组织性和策略性。虽然受到严格监管，但是他们以各种方式反抗、怠工、暴动、逃跑，给日本关东军带来极大“麻烦”。在被押送的途中，就有劳工冒死逃跑。有的逃跑成功，有的被当场击毙，有的则被宪兵队抓回严刑拷打。“特殊工人”被押送到各地后，除温饱难以保障，劳动强度极大外，还受到严厉的监管和限制。面对如此残酷的生活，工人们疾苦难耐，频繁反抗逃跑，而关东宪兵队却将劳工们的逃跑原因粉饰为“思乡之情驱使”，甚至奸诈狡猾地利用思想软弱的“密侦”，随时掌握工人的言论动态。1943年7月东宁宪兵队《关于阵地构筑作业就劳特殊工人结伙入苏未遂事件的报告》记载，在东宁满洲第二九九部队“就劳”的两名“特殊工人”赵润吾和宋积勋，具有强烈的抗日思想，二人“煽动”55名工人趁夜间浓雾或风雨天气袭击日军卫兵所和兵舍，抢夺武器弹药逃走。报告详细记载了以上述二人为首的工人的逃跑计划动机及准备夺取武器入苏的具体细节，但此谋策被宪兵队安插在工人中的“密侦”举报，最后被镇压。

关东宪兵队对企图逃亡的“特殊工人”的处置手段也尤为恶劣残忍。本节所录档案为1941年海拉尔宪兵队《关于发现并处置企图逃亡的特殊工人的报告》，档案记载，一名在乌奴耳地区军事工程中劳动的“特殊工人”企图逃跑，他对工友们宣传“我们这些俘虏在工程结束后都将被杀死，逃跑才是上策”等秘密言论。配属宪兵谍报人员知晓此事后，根据部队长的命令以该人是传染病患者为由将其逮捕调查，并将其秘密杀害。报告第三部分处分情况明确写道：“配属宪兵探知以上情报后直接向部队长

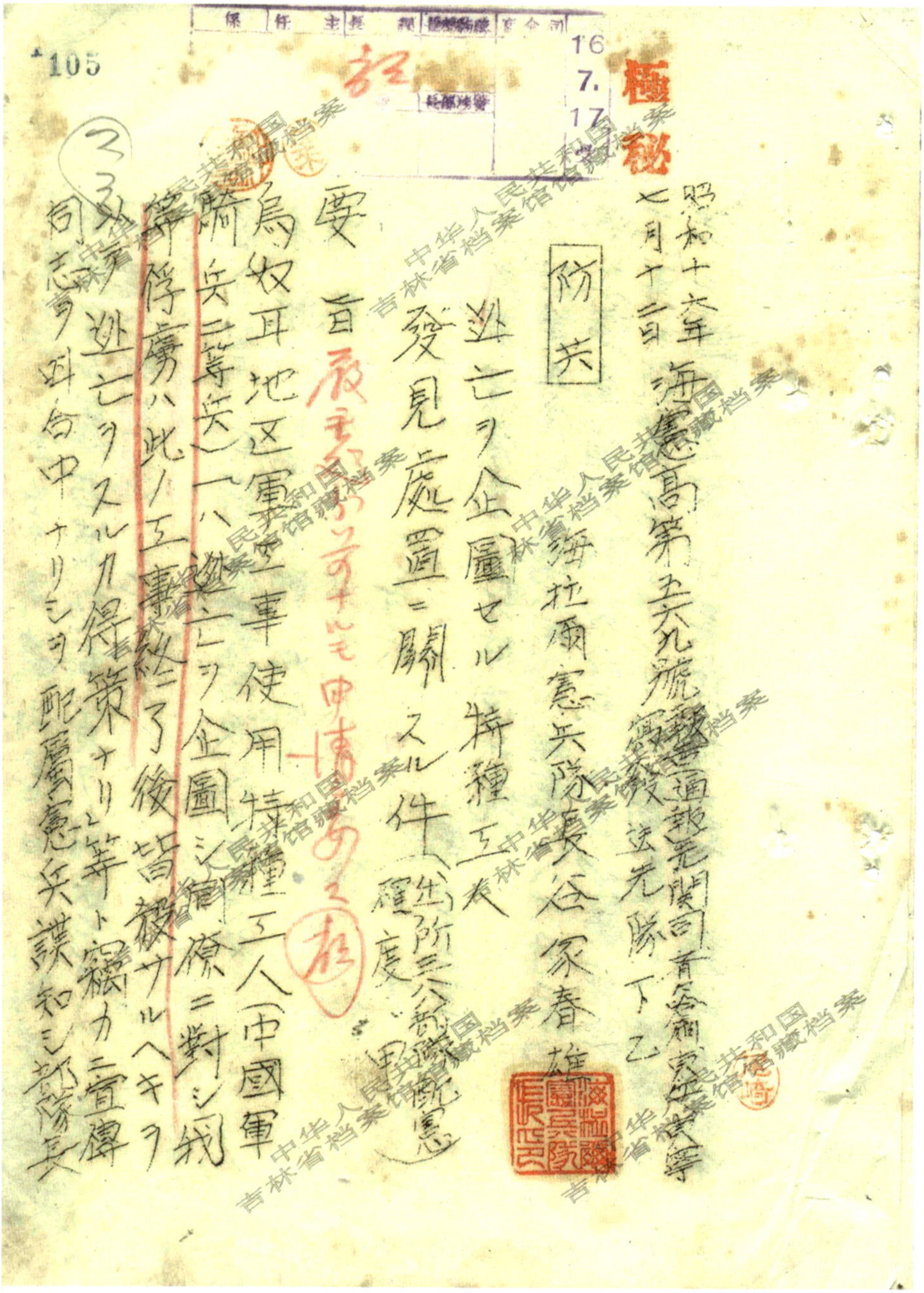

昭和十六年七月十七日 海憲高第五九九號

防共

海拉爾憲兵隊長

逃亡ヲ企圖セル特種工人發見處置ニ關スル件

要旨

烏奴耳地区軍事工事使用特種工人(中國軍隋兵二等兵)一八名ハ逃亡ヲ企圖シ……

……人ハ此ノ工事終了後皆殺サルヘキヲ以テ逃亡スルカ得策ナリト等ト窺カニ宣傳同志ヲ糾合中ナリシヲ配屬憲兵謀知シ部隊ト……

图 14-1 海拉尔宪兵队关于发现并处置企图逃亡的“特殊工人”的报告

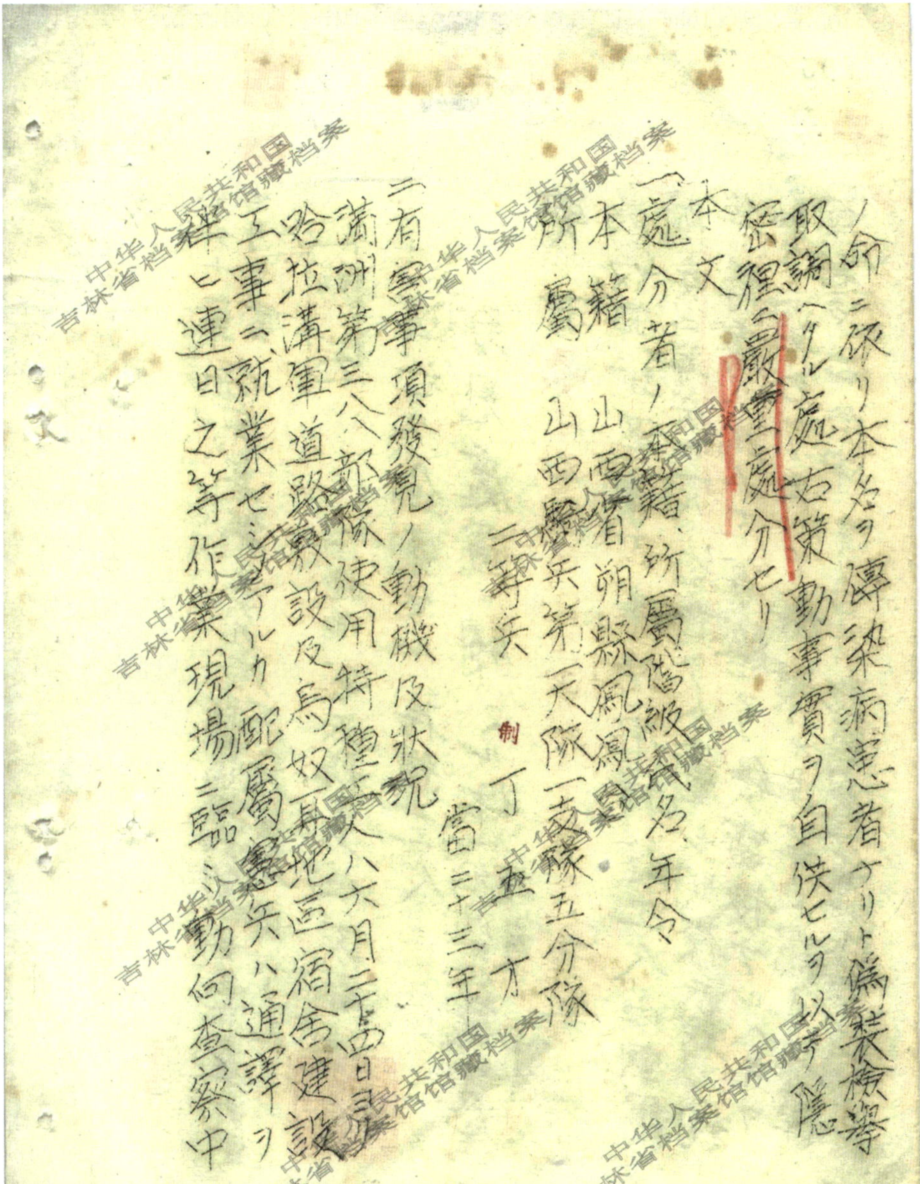

ノ命ニ依リ本名ヲ傳染病患者ナリト偽装検疫
取調ヘタル處右策動事實ヲ自供セルヲ以テ隠
密裡ニ厳重處分セリ
本文
一處分者ノ本籍、所属階級、氏名、年令
本籍　山西省朔縣鳳凰
所属　山西軍兵第一大隊一中隊五分隊
二等兵　丁五方　當二十三年
二有害事項發見ノ動機及状況
滿洲第三八部隊使用特種工人八六月二十四日
哈拉溝軍道路建設及烏奴耳地區宿舎建設
工事ニ就業セシメアルカ配属憲兵ハ通譯ヲ
率ヒ連日之等作業現場ニ臨ミ動向査察中

图 14–2 海拉尔宪兵队关于发现并处置企图逃亡的“特殊工人”的报告

报告，随即于9日16时左右，派遣军医到哈拉沟作业现场出诊，对全班及各班生病人员进行形式性的诊断，以传染病患者为由将上述的丁五才隔离，并告知班长及成员。后将其带回部队本部进行严密调查，结果即为上述事实。据该人供述曾多次煽动此类有害言论，若放置不顾必将产生很大的恶劣影响。将此状况向部队长报告，并呈报意见。依据命令于当天20时，得到警备队应援，在乌奴耳东北方向三千米的山林中将其秘密处死。”此种暴动逃跑付出的代价是惨痛的，但工人们也表现了不畏强暴、不怕牺牲的革命精神。他们的整体行动也充分体现出“特殊工人”反抗斗争的组织性、策略性和斗争性。

“特殊工人”被俘后虽然无法在战场上继续同敌人作战，且受到了日本军国主义极为残酷的奴役和迫害，但他们在受奴役期间进行的反抗斗争，在一定程度上打击了日本侵略者，也是全民族抗日的组成部分。

15. 1943年的一次劳工“越狱”事件

徐 冲

吉林省档案馆保存着一份档案，是关东宪兵队司令官呈报关东军司令官的《军事工程中使用的特殊工人集体袭击日军后逃跑的报告》，较为详细地反映了1943年的一次劳工“越狱”事件。

据档案记载，1943年7月初，日军驻东宁县碱厂沟第五七〇部队的43名“特殊工人”在高安村采沙劳动时，听翻译说对岸就是苏联，便开始策划“越狱”事件，计划逃到苏联去。劳工队长陈恩带领劳工们进行商议，确定了袭击、逃跑计划和注意事项等内容。

9月11日星期六，日军准备进行第二期检阅，劳工集体放假，监视的哨兵也是轮岗，劳工们决定趁着监视不严时开始行动。按照计划，“特殊工人”将分成三个班，用铲子、洋镐袭击工人宿舍和卫兵所。工人宿舍大门哨兵由第一班班长王伸负责；工人宿舍小门哨兵及翻译由第二班班长张凤鸣负责；卫兵所由队长陈忠负责。少部分人员进行袭击，大部分人员在袭击后强行逃跑。

20时左右，劳工们袭击了工人宿舍的警备日军，杀伤卫兵，夺取了武器弹药，又袭击了卫兵所。把守小门的哨兵和控兵各一人，两个劳工伴

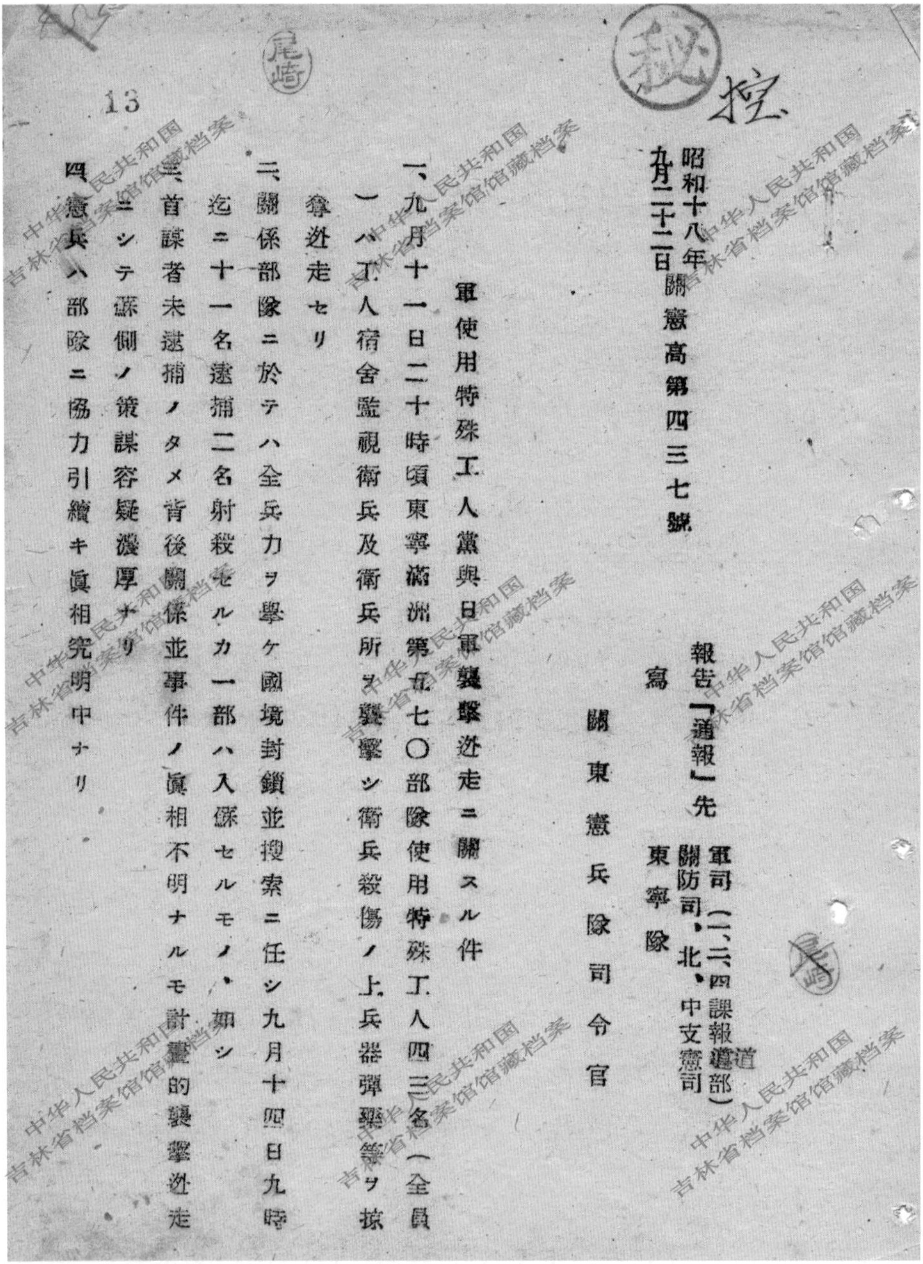
13

控

秘

昭和十八年九月二十二日 關憲高第四三七號

報告「通報」先 軍司（一、二、四課報道部）

關防司、北、中支憲司

寫 東寧隊

關東憲兵隊司令官

軍使用特殊工人黨與日軍襲擊逃走ニ關スル件

一、九月十一日二十時頃東寧滿洲第五七〇部隊使用特殊工人四三名（全員）ハ工人宿舍監視衛兵及衛兵所ヲ襲擊シ衛兵殺傷ノ上兵器彈藥等ヲ掠奪逃走セリ

二、關係部隊ニ於テハ全兵力ヲ擧ケ國境封鎖並搜索ニ任シ九月十四日九時迄ニ十一名逮捕二名射殺セルカ一部ハ入蘇セルモノヽ如シ

三、首謀者未逮捕ノタメ背後關係並事件ノ眞相不明ナルモ計畫的襲擊逃走ニシテ蘇側ノ策謀容疑濃厚ナリ

四、憲兵ハ部隊ニ協力引續キ眞相究明中ナリ

图 15-1 关东宪兵队关于军事工程“特殊工人”集体袭击日军后逃走的报告

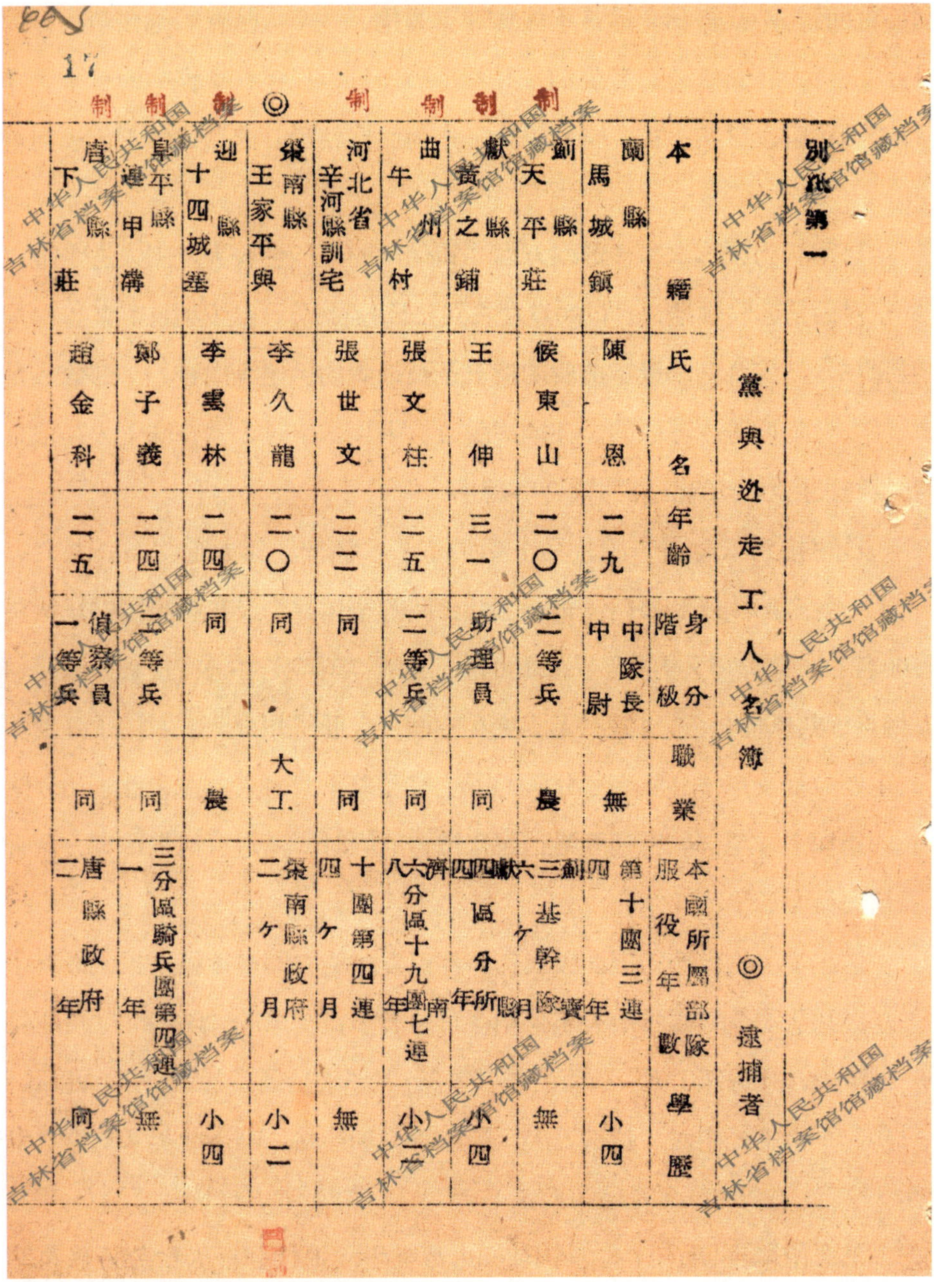

別紙第一

叢與逃走工人名簿 ◎逮捕者

本籍	氏名	年齡	身分階級	職業	本國所屬部隊服役年數	學歷
灤縣馬城鎮	陳恩	二九	中隊長中尉	無	第十團三連 四年	小四
劍縣天平莊	侯東山	二〇	二等兵	農	劍三基幹隊實 六ヶ月	無
獻縣黃之鋪	王伸	三一	助理員	同	獻縣四區四分所 四年	小四
曲州午村	張文柱	二五	二等兵	同	濟南六分區十九團七連 八年	小二
河北省辛河縣訓宅	張世文	二二	同	同	十團第四連 四ヶ月	無
灤南縣王家平與	李久龍	二〇	同	大工	灤南縣政府 二ヶ月	小二
遷縣十四城塞	李雲林	二四	同	農		小四
阜平縣邊中溝	鄭子義	二四	二等兵	同	三分區騎兵團第四連 一年	無
唐縣下莊	趙金科	二五	偵察員一等兵	同	唐縣政府 二年	同

图 15-2 集体逃走工人部分名单

装方便时与哨兵搭话，趁其不注意夺下佩枪，一个人从背后抱住哨兵，而后两人合力将其杀死。劳工们一开始先破坏灯，放置在菜窖中的铲子、洋镐等因菜窖没锁实，被“特殊工人”作为武器使用。之后，劳工们逃向对岸。

日军认为，这次事件苏联方面“策动”的可能性较大。工人逃走地点的正对面是苏联领地，11日20点左右到12日4点15分，共发射红、蓝、白信号弹15发。综合判断袭击前后的情况及被捕者的供述等内容，一部分人是从高安村附近进入苏联的。在购买蔬菜、采集木柴时，“特殊工人”很容易与村民接触，给出逃提供了有利条件。

日军接到紧急报告后，马上动员东宁“满洲”第五七〇、三九六、七七七各个部队以及石门子第一〇八部队的全体兵力及东绥报国农场队员100名、“青少年义勇队”队员100名，封锁“国境”并进行搜索。截至14日9点，共抓捕11人，打死2人。宪兵方面，大肚子川分队、石门子分遣队的主要力量及东宁分队等三分队的下士官及以下共21人，在大肚子川分队长的指挥下，与部队密切联络，配合搜查的同时，还进行情报搜集、调查抓捕人员等工作。

这次暴动给日伪的震动极大，事件自发生后立即被逐级上报，最终由关东宪兵队司令官报告给关东军司令官，涉事日军第一“国境”守备队第一区队长、“特殊工人”收容所长及警备司令3人受到了禁闭处分。此后，日伪在军事工程中对“特殊工人”的监管更加严格，唯恐此类暴动再次发生。

东北沦陷期间，日本在中国东北乃至华北地区强征大量劳工修筑军事工程，这些被强征的劳工大多数是平民百姓，还有一些“特殊工人”，即在关内与日伪作战时，被日军抓获秘密运送到东北的战俘劳工。劳工们在作业场所从事繁重的非人苦役，遭受着劳累、毒打、饥饿和传染病的折磨，随时都和死神做伴。一处核心工程完工以后，劳工们就会被秘密屠杀，或被扔进万人坑。这些骇人听闻的罪行在吉林省档案馆馆藏《通信检查月报》档案中都有记载。

1939年8月的《通信检查月报》记载，“虎林县募集的约3万劳工大半死掉了，除了殴打就是辱骂，还不给任何报酬，完全是乞丐一样的待遇。”1939年5月的《通信检查月报》记载，“日军在中国与朝鲜、满洲、苏联边境秘密修筑军事工程。劳工不能离开工地，不仅有警备员看守，在外面的围栏上还拉上了铁丝网，而且铁丝网还通着电，所以一步也不能靠近。”东宁大肚川工程现场的小山水平写给大阪小山德太郎的信中写道：“目前大肚川地方流行着伤寒疾病。藤田组的苦力在20日的时候有24人死亡。……狗或者苦力如果得病的话也不会给他们吃药，更不会带他们去看医生，而且医生也绝对不会进行医治，所以当然会死去……”看到档案中记录的劳工的遭遇，劳工们为何“越狱”也便十分明了了。

前事不忘，后事之师，我们谴责侵略者的强暴，强调牢记历史，不是要延续仇恨，而是唤起人们对和平的向往和坚守，以史为鉴、面向未来，共同珍爱和平、维护和平。

16. 勃利机场军事工程劳工大罢工事件

李　岩

1937年初，日本提出在中国东北地区实施“满洲产业开发五年计划”，为解决劳动力不足问题，于当年10月通过伪满洲国政府发布《关于劳动力的应急供需对策之要件》，提出劳工可强制募集。其后日伪当局陆续发布多条法令，以“募集”“斡旋”等名义向伪满各省、县、旗等摊派所需征用的劳工数量，并成立相关机构加强对适龄劳动者的登记和管理，逐步形成劳工“行政供出”制度。实际上，“行政供出”制度的本质就是强抓劳工。

在劳工“行政供出”制度下，1943年，为满足修建伪东安省勃利县勃利机场工事所需劳动力，伪吉林省的长春、九台、怀德各县于3个月内总计“供出”1319名劳工派往勃利满洲第四一二部队（机场工事管理部队）进行工事修筑。因劳动管理者德田公司与“供出”县约定提供劳工时间为5月下旬至8月下旬，劳工们认为完成勃利机场的工事就可以按时返乡，然而在7月26日，其中约300名劳工被派往距离机场北方1公里的采石场劳动。

巧合的是，去采石场劳动的劳工们在工地遇到了勃利松本组组员，这让他们开始担忧起自己的未来。从勃利机场到采石场，接下来是不是要由松本组接手？之后还会不会被继续送到其他地方？强烈的不安笼罩着他们。回到宿舍，他们立刻将自己的所见所闻讲给工友，表达了对将要被强制劳动的恐惧。

当夜，朱永明、何发、杨在林、林海堂4人便开始在劳工们中间传递反抗强制劳动的信号。他们认为，想要摆脱被压榨、被奴役的命运，大家就一定要团结起来，将意图贯彻到底，绝不妥协。他们说："去年劳工在工地杀了一名日本人，但日本人对此感到恐惧，并没有处分劳工，这正是我们所希望看到的。"这让大家看到了反抗成功、摆脱苦难的可能性。为了最大程度地聚集劳工力量进行反抗，他们定下"严禁劳务人员单独行动，应采取团体行动"的规矩。一场改写命运的罢工行动就此展开。

7月27日，全员罢工行动开始了。突如其来的大规模罢工行为让管理部队感到危机，他们立即上报并伙同劳务管理方德田公司对参与罢工的劳工们进行镇抚，试图平息这场罢工风波，但劳工们拒不接受且坚决反抗。管理方又试图聚集劳工干部，仍被阻拦，双方发生口角，冲突就此展开。约半数的劳工携带各自的小铁铲等器械包围了管理人员事务所等地，敲碎了窗户玻璃以示抗议，并高声谴责赶来制止的部队工作人员及日本监督员，双方冲突一再升级。为了解决愈演愈烈的紧张局面，机场工事管理方只能向相关机关及各"供出"县进行通报以请求帮助，并于8月1日和5日两次集中各方在伪勃利县公署会议室制订后续对策。

由于罢工人数众多且双方对峙时间较长，不仅严重影响了机场修建的工期，也容易引起其他工事劳工的骚动，在接到管理部队的通报后，各个部门迅速采取措施。平绥地区防卫司令部后方主任参谋、宪兵队本部军官和伪东安省次长等亲至勃利机场，宪兵队派遣本部军官、分队长及属下开

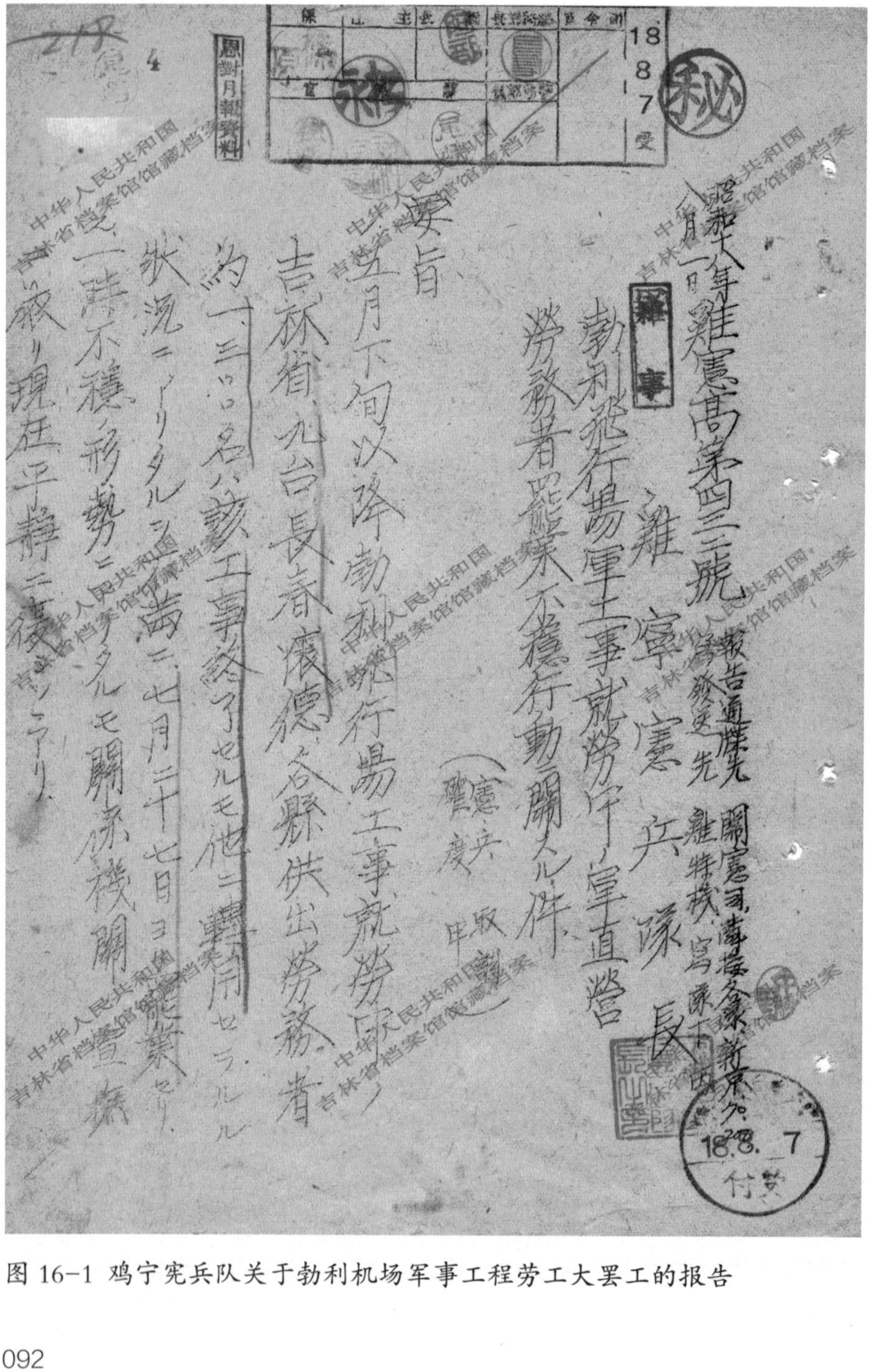

图 16-1 鸡宁宪兵队关于勃利机场军事工程劳工大罢工的报告

展镇压工作，各“供出”县也派遣负责人进行配合，同时组建安抚班，试图以半威胁的镇压和安抚尽快解决此次罢工事件。最终，由于罢工人数众多，在劳工们的坚决抵抗下，“满洲”第八〇〇部队发布指令，决定让全体罢工劳工于8月11日返乡。至此，劳工们通过近10天的罢工，得以在机场工事结束后按时返乡，罢工行动到此结束。本节所录档案就记载了这次罢工事件。

在日本强占东北期间，尤其是抗战全面爆发之后，大批军事工程和基础设施建设全面铺开，解决劳动力不足的问题迫在眉睫。日伪当局开始诱骗、强征当地劳工，从初期的“自行募集”招骗劳工到后期的“行政供出”“勤劳奉公”“紧急募集”等摊派和抓捕手段，以“法令”的形式规定劳动任务，以政治威压和武力压迫强制推行，试图最大限度地掠夺东北劳动力资源，征用整个伪满洲国的可用劳力以满足日本战时工业需求。劳工们劳动繁重，且食宿条件极差，经常被体罚、虐待，伤亡惨重。

哪里有压迫哪里就有反抗，劳工们用逃跑、罢工、怠工等方式反抗侵略者的压迫。日本侵略者对劳工们的反抗极尽镇压之能，但是只有反抗才有希望，只有团结一心才能取得胜利，勃利机场的劳工集体罢工的胜利就是一个例子，中国人民十四年的抗战历程更是证明。

17. 日本关东军严防军事工程机密泄露

董沁源

和平时期，军事工程是一切主权国家的国防战略措施和战备工作的重要内容，是国防威慑力量的重要组成部分，是遏制战争爆发的有力手段，能起到“不战而屈人之兵”的作用。战争时期，军事工程能为军队创造良好的战场环境和作战条件，保障指挥体系的稳定，掩护军队的战略、战役展开，对争取战争中的主动权，最后赢得战争具有重要作用。可见，无论和平时期还是战争时期，军事工程的重要性都不言而喻。

九一八事变后不久，日本关东军为防止苏联进攻，一直秘密地在中苏、中蒙边境大规模修筑军事工程。有关研究显示，关东军沿中苏边境，南起东宁，沿乌苏里江，再至黑龙江，由北而西至满洲里之东，大兴安岭至海拉尔，共计修筑了13个防御据点。为了防止军事工程机密外泄，关东军采取了多种严苛的信息封锁手段，直到20世纪90年代有关信息才逐渐出现在公众的视野当中，目前仍有许多未解之谜。

吉林省档案馆馆藏大量日本关东宪兵队非法查处的信件，其中就涉及了秘密军事工程建设的内容。就职于伪交通部东宁土木建设事务所的高井安一发往东京的信件写道：“军用道路一日能修6千米左右。新建工程位于三岔口正下方，能够清楚看见俄罗斯。要塞地点挖到了军用道路和地下道的○○。弹药库在山的○○，从天上看不见，当地民众看不见，也不知道在哪里，道路在里面。”东宁要塞是关东军防御与进攻苏联的重要军事堡垒，从1934年关东军开启军事工程的修筑开始，到1945年投降，从未停止修筑、加固，一个一直修筑中的庞大工程，为什么“天上看不见，当地民众看不见”呢？这是因为关东军在开启军事工程之前，便就保密工作进行了周密部署。1936年1月16日，时任关东军司令官南次郎大将签发关作命第749号《关于东宁要塞筑城工事的实施细则》，规定：“筑城工事实施中容易暴露，要设置遮挡物，防止从阵地外或上空视察工程实施状况，另外还要配置对空监视及射击队，使飞机难以实施侦察。”为防泄密，这些内容在日本关东宪兵队进行邮政检查时做了“削除”处理。

要想防范军事机密外泄，对劳工的监管也必须相当严格。1939年，在延吉市延吉街的北山安井发往日本的信件便证明了此点：“我这里离朝鲜、满洲、苏联都很近。因为是军事工程，所以都是秘密工作。苦力一步也不能离开工地，不仅有警备员看守，在外面的围栏上还拉上了铁丝网，而铁丝网通着电，一步也不能靠近，管得非常严。”档案中有劳工误触通电铁丝网而死亡的记载。在关东军眼中，劳工的人权乃至生命在军事机密面前“一文不值”。

此外，被日本关东宪兵队处理的信件透露了关东军对经过军事工程沿线旅客的防范措施。本节所录档案为1939年11月，海拉尔中尾部队土屋芳三郎发给大分县土屋千代松的信件，信件中写道：“从扎赉诺尔来到满洲里大概是7里，宪兵严格行动，每到一个火车站，便拉上火车窗户上的窗帘，防止他们眺望附近地区。”关东军为了防止军事机密外泄以及统

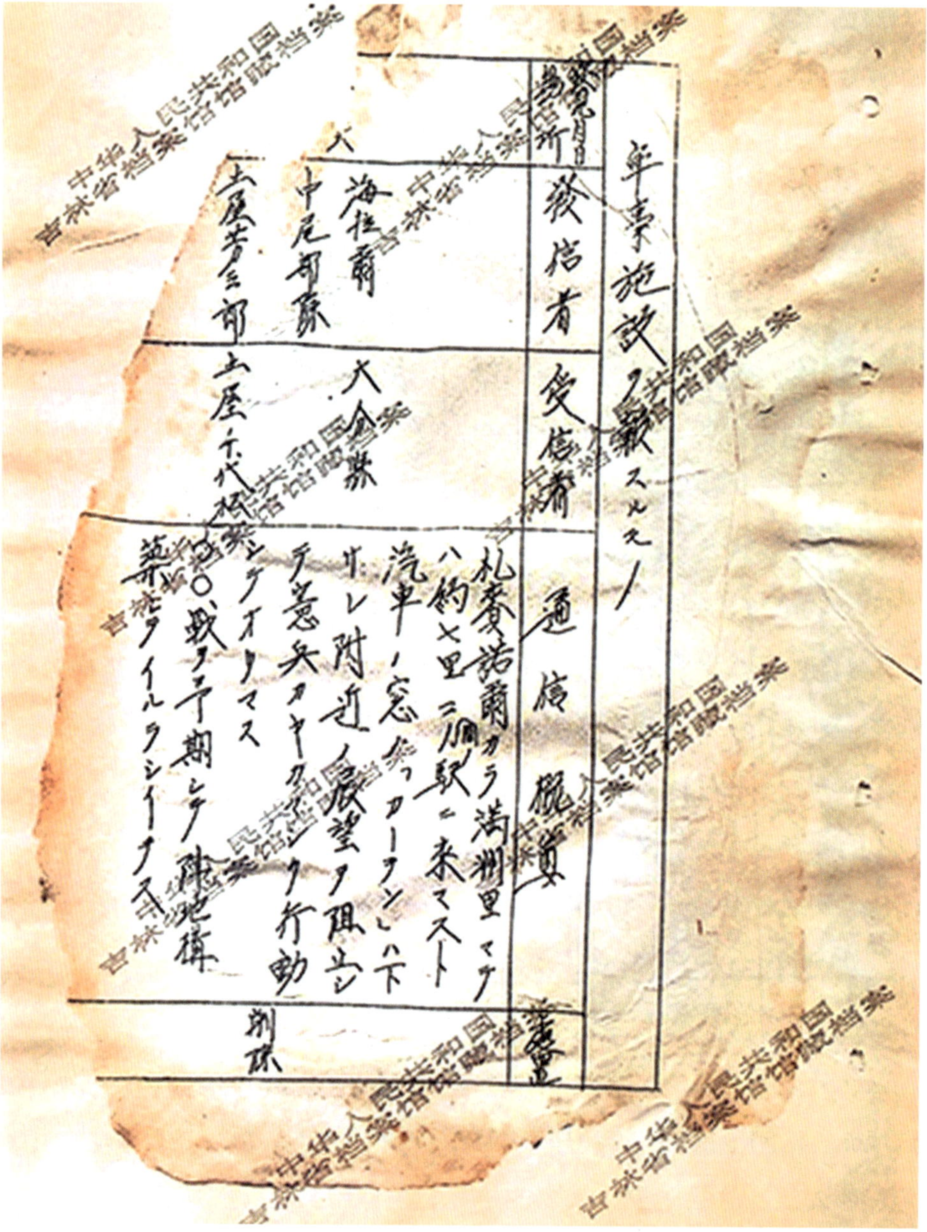
軍事施設ノ漏洩スルモノ

発見月日 場所

発信者 海拉爾 中尾部隊 土屋芳三郎

受信者 大分県 土屋千代松

通信概要 札賚諾爾カラ満洲里マデハ約七里ニ個駅ニ来マスト汽車ノ窓ニカーテンヲ下サレ附近ノ展望ヲ阻止シテ憲兵ガヤカマシク行動シテオリマス ○○、戦ヲ予期シテ陣地ヲ築キツツアルラシイデス

処置 削除

图 17-1 海拉尔中尾部队土屋芳三郎发给大分县土屋千代松的信件中关于日本关东军严防军事工程机密泄露的记载

治东北民众，通过发放旅行证明书的形式限制民众出行。对于经过申请后准予出行的民众，则采取了严格的限制措施，如信中所写一到要塞地带就拉上窗帘，防止途经军事工程的旅客将看到的建筑情况散布出去。这种防范措施在军事工程存续期间一直持续，如1941年海拉尔营林署浅野治男发给岐阜县高桥舍次郎的信件，其中也写道："当地的列车和日本本土的不一样，有很多士兵持枪乘坐进行警戒，一到铁道沿线的要塞地带就拉上窗帘，让人看不到。有很多'碉堡'和'壕沟'之类，多数位于俄边境附近。"

为防止军事工程机密通过劳工信件泄露出去，日伪当局对劳工的通信实施了严格检查。伪民生部制定的《关于入满劳工通信联络之件》规定：劳工到达工地后需第一时间给家人发平安信，支付所定费用后也要及时发送信件告知，但发送的所有信件均要进行严格检查，还规定信中要多写"对劳务管理满足""对福利制度满意""五族融合"等内容。

1940年后由于劳力紧缺，关东军开始使用日本华北驻屯军俘虏的八路军、国民党军以及华北抗日根据地平民组成的"特殊工人"进行军事工程建筑。对于这些"特殊工人"的通信问题，关东军实施了更为严格的监控措施。关东军司令部于1943年7月发布了《关东军特殊工人管理规定》，第二十条规定："特殊工人收发的所有电信、邮品，预先均要进行检查。"

尽管日本关东军在防范军事工程机密上用尽心机，但是1945年8月，苏军长驱直入进攻东北，号称"东方马奇诺防线"的要塞工程阻挡不了苏军的进攻，也阻挡不了日本战败的历史进程。

18. 珲春五家山要塞

王　放

五家山位于中、俄、朝三国交界的珲春敬信平原以北，海拔325米，因清朝光绪年间曾有五户人家在山下建屯而得名，又因此山距离日本海仅4公里，是距离日本海最近的地方，而被誉为“海湾第一峰”。山似卧龙，崎岖陡峭。站在山顶放眼望去，南面广阔的敬信平原上玉带般的图们江蜿蜒而过，众多湖泡像银珠般点缀其中；东南方向，蔚蓝色的日本海尽收眼底。侵华日军曾经修筑的庞大军事要塞群便隐蔽在这山明水秀的风景中。

日本侵略中国东北后，一直觊觎苏联远东地区。为使东北成为进攻苏联的战略基地，实现对内巩固对东北的统治，对外进攻苏联的野心，1933年10月，日军参谋本部作战课长铃木率道在视察东北边境地带后，提出配合“北进”计划，沿边境地区修筑军事要塞。吉林省档案馆馆藏档案记载，1934年5月12日，关东军司令部下达关作命第589号命令，即《关于在国境地带东宁、绥芬河、平阳镇、海拉尔附近修筑阵地的命令》，要求：“一、我军将在国境地带之必要地点修筑阵地；二、第三师团长在东宁、绥芬河及平阳镇附近，第十六师团长在海拉尔附近，分别根据阵地修筑实施计划尽快施工……”这份文件拉开了侵华日军在东北绵延5000余公里边境修建要塞工程的序幕。

1934年至1945年，侵华日军历时10余年，在沿东北中苏、中朝、中蒙边境的战略要地修筑了17处庞大的秘密工程——地下军事要塞。从吉林珲春、黑龙江东宁一带开始，沿绥芬河市、鸡西虎头镇，再到富锦市、孙吴县、黑河市，又到海拉尔、阿尔山地区，包括珲春、东宁、鹿鸣台、绥芬河、观月台、半截河、庙岭、虎头、富锦、霍尔莫津、瑷珲、黑河、法别拉、海拉尔、乌尔诺、阿尔山要塞等。要塞群相连约1700公里，共有8万个永备工事。此外，还包括数以千计的永久性地下仓库、电站、通信枢纽部、给水站等附属军事设施和大量二、三线一般阵地和野战阵地及军用机场、军用铁路和公路等。关东军将东北军事要塞自诩为“东方马奇诺防线”，认为东北边境日军要塞防线“远胜于德法在莱茵河国境的齐格菲防线和马奇诺防线”。

东北边境要塞工程浩大，且要塞的修筑在当时属高级机密，关东军司令部下达关作命第589号命令中第五条专门提出“有关保密问题，须做到万无一失”的要求。伪珲春煤矿会社田中操三写给长野县半田彦七的信件中写道：“在国境线各处的山背后建造了营地和飞机场，负责警备工作。从张鼓峰到东宁的国境线地下，还修筑了不逊于马奇诺防线的重要要塞。”信件因暴露了对苏秘密军事工程而被关东宪兵队在邮政检查中做了删除处理。伪满交通部东宁土木建设事务所高井安一写给东京市品川区志村关造的信件中提到中苏边境修筑秘密军事工程的情况，信中有“从天上看不见，当地民众看不见，也不知道在哪里”的字样。

珲春五家山要塞是东北边境要塞防线最南端的起点，修建于1939年到1940年。五家山要塞四处相连，堡垒纵横交错，地下工事设施齐全，有弹药库、发电室、医疗所、指挥室、无线电室、炊事室、兵舍、监视所、卫生间和浴室。洞里设计精巧，四通八达，洞中有洞，堡垒相连，工事全部采用钢筋混凝土制成。山洞高约1.80米，宽1.60米。吉林省档案馆馆藏延吉宪兵队延宪高第368号《关于五家子军事工程施工中劳工使用状况的报告（通牒）》中，记录了五家山要塞修建的一些情况。

这份档案是1939年7月14日延吉宪兵队长矶高麿上报关东宪兵队司令官城仓义卫，关于珲春县敬信村五家子军事工程募集的劳工到达、死亡、患病、逃跑等情况的报告。档案记载，五家子要塞工程初期由小泉部队负责。1939年4月15日至5月31日，在山东等地招募的1026名劳工在大连、普兰店等地集合后，分9批辗转来到珲春敬信村五家子地区参加军事施工劳动。劳工到达后，到7月中旬为止，陆续有19人死亡、78人患病、8人逃跑。经调查，死亡和患病的原因主要是气候反常以及居住地湿度较高。8名逃跑者中，有7名在逃跑之后的一到两天之内就被抓捕回去。

由于五家山军事工程地处中苏边境，在要塞修筑过程中日军十分重视对苏保密。为避免在保密方面出现意外，对劳工的运送、管理、患病医治等均采取了十分谨慎的措施。在《关于五家子军事工程施工中劳工使用状况的报告（通牒）》中提到："这些劳工的运输，先是从集合地点大连及普兰店等地通过列车运送到北鲜线阿吾地车站，然后徒步，到达庆兴。从庆兴到五家子之间，为防谍起见，尽量避开苏联的眺望，为此利用夜间徒步向目的地运送。"

珲春五家山要塞在1945年8月被苏联红军炸毁，其遗址如今已成为日本军国主义侵略历史的实物见证，是日本军国主义侵略罪行的铁证。

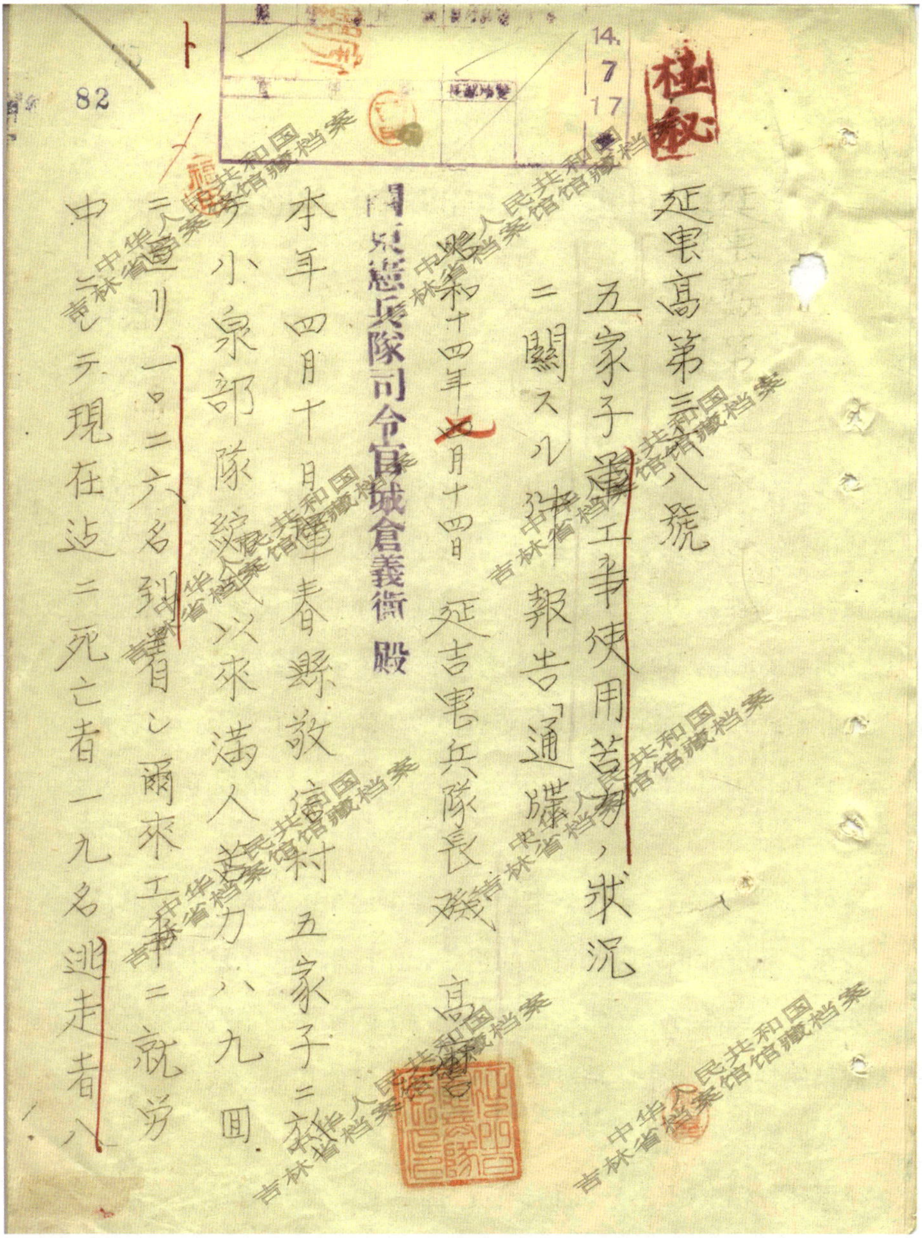
82

極秘

14.
7
17

延憲高第三六八號

五家子軍工事使用苦力ノ状況
ニ關スル件報告「通牒」

昭和十四年七月十四日　延吉憲兵隊長　高

關東憲兵隊司令官城倉義衛殿

本年四月十日琿春縣敬信村五家子ニ於
テ小泉部隊起工以來満人苦力八、九四
ニ迫リ一、〇二六名到着シ爾來工事ニ就労
中ニテ現在迄ニ死亡者一九名逃走者八

图 18-1 延吉宪兵队关于五家子军事工程施工中劳工使用状况的报告（通牒）

19. 日本关东军的“军人形象”

张钰晗

日本关东军是侵华日军驻中国东北的一支军队，是近代日本陆军的重要组成部分。1905年，日本通过日俄战争，从俄国手里得到了“关东州”租借权和南满铁路的一切权利。日本为了维护其殖民统治，派遣2个师共4万人的兵团进驻，并设立关东总督府，1919年驻军被正式命名为“关东军”。此后，1931年的九一八事变、1937年的七七事变、1941年的太平洋战争一直到1945年日本投降，关东军一直在日本侵略战争中充当着重要角色。

日军标榜“军纪、风纪整肃是彰显皇军建军本义的绝对要求，军人即使身处恶劣环境，也要履行肩负的重任，保持精锐，布皇道扬皇威”。事实是如此吗？虽然日本在战败投降时进行了国家性的销毁档案行为，但一些未被彻底焚毁的档案还是暴露了蛛丝马迹，使我们得以见证日本关东军的“军人形象”。

在吉林省档案馆馆藏《通信检查月报》中，形成者日本关东宪兵队对需进行处置的信件进行分类，1939年的一份报告中涉及关东军军纪涣散的信件有102件，数量仅次于“防谍有害信件”，占据第二位；到1943年的报告中便猛然上涨到694件，远远高于其他“有害信件”，位列第一。可见关东军的军纪涣散早已出现，且愈发严重。正如海拉尔第一陆军医院的森胜富信中所写：关东军中存在顽固的军纪涣散。

关东军军纪涣散其一表现在频繁发生的官兵酗酒后对民众施暴事件上。

在“新京”的山口繁信中写道：“酒鬼就算到了部队也还是酒鬼……能让我干劲十足的只有喝酒这件事了。”喝完酒后，所谓的“军人形象”荡然无存，据吉林省档案馆馆藏《现役军人军属主要非法行为调查表》记载，四平五二五部队的一名陆军军曹酩酊大醉后拔刀恐吓普通民众；鸡宁八二〇七部队的陆军技术员在外出期间饮酒酩酊大醉，进入军人军属禁止出入区域与“满人”发生口角；宝清五〇二五部队的陆军一等兵在外出期间饮酒酩酊大醉，闯进“满人”家中拔刀施暴；佳木斯四三〇部队陆军兽医中佐饮酒酩酊大醉后，在市内的“满人”商店，因小事生气拔刀，破坏了陈列架和窗户玻璃；等等。对此非法行为，所属部队仅仅做了“通报”处分，这对改善军纪涣散所起的作用可谓微乎其微。而当地民众对关东军也是相当厌恶，“满洲”电业东安分店西笃雄信中（被没收）写道：“一说到军队，就令人感到一种威慑力，他们走在大街上，喝酒施暴，遭到了当地人的厌恶，一点也不值得尊敬。”

关东军军纪涣散其二表现在被灌输忠君爱国思想的士兵满脑子想的不是战争而是找女人。

1939年6月8日发现并扣押的奉天工藤部队木村镇雄的信中写道：“边境地区的士兵不分昼夜地强奸满人妇女。听特务机关的人说，战线上的士兵只要占领了敌方村落，便发疯似的找女人，很多女人被几百个男人侵

六一	東安	満洲電業東安支店 西篤雄	北見國網走郡東二條正一〇 戸島正雄	兵ナンテ僕等ト變リナイヨ嘘軍ト云フ威力ッ持ッテ市街へ出テ飲ンテ暴レテ地方人カラ嫌カラレテ居ル位ノモノタ数フヘキ何者モナイヨ第一線兵トシテ送ラレルノナラ兎ニ角警備ニ就ク位ナラ早ク結婚テモシテ幸福ニ暮ス方カ得策タヨ	没收 注意 中
六一	東安	東満 満鐵建設工事區東安事務所 中村良男	東京市高橋區明石町二八 中村一規知	獨乙モ愈々復仇ニ出テ居リ痛快至極新聞ニテ漸ク我鐵軍カ兵器研究ニ乗リ出シタ様テスカ今更一驚シタ如ク思ハレマス二十世紀ノ半ナル今日科學的研究等トハ片腹痛ヒ陸軍ノ頭腦ッ疑フ位ス如斯テハ科學的見地ニ於テ東洋人ニ果シテ日人ニ敵シ得サルモノト残念ニ思ヒマス 外交ニ道義自主的外交アリト有田高言ス外交ニ果シテ他主アリヤ日本人ニ人物ナシ呵々「ドイツ」ハ痛快淋漓日本軍モ獨乙陸軍ニ追ッテハ叶ハン	没收

24

图 19-1“满洲”电业东安分店西笃雄发出的信件摘抄

犯。”同年10月30日，鸟取部队第一机关枪中队信本幸保也在信中写道：“没有比士兵工作更令人扫兴的了……我现在的乐趣就是周日外出时喝喝酒，找找女人……”1940年2月1日，富锦浅野部队本部齐藤仁作则在信中直接写道没有女人的日子令人感到淡而无味。“满洲”第二八三部队、“满洲”第一八部队、“满洲”第一五一部队陆军士兵明知部队禁止去军慰安所以外的娱乐场所，仍去游兴。此类事件，不一而足。

日本人大久保佐吉如此评价关东军：“来到满洲后令我印象最为深刻的是，军人和官员的势力十分强大，对待普通民众就如对待小虫子一样，其言语和行为十分粗暴蛮横，尤其是在靠近国境线的当地，这种情况简直是忍无可忍了。原本应该是正因为有军人的守护我们才能安身立命，但他们的言行却走向了极端遭人厌恶。”可见，“布皇道扬皇威”的关东军早已是一支军纪涣散的部队。

从1939年的《通信检查月报》开始，便可以频繁看到日本士兵厌恶军队生活、期盼满期退伍的信件，可见日本士兵厌战情绪至少贯穿了侵华战争的半段时期。田中部队中藤一写给家乡的信件被没收处理：“无论战争还是事件都是令人苦恼的事情。拖着软绵绵的身体和深入骨髓的疲惫，继续行军打仗。横躺在草席上，在寒冷中打盹，做了个梦。那个时候的寂寞无法释怀。对下士官一年左右不能回家这样的事情，用深深的忧愁与无法释怀的倦怠之拳将空虚打破……”海拉尔冈部部队生目田辉夫写道：“我想早一天回国。我说想回国并不是因为我对国内的执着与思念，而是因为我想从现在这样的生活中逃离出来。”此外，“告别讨厌的部队生活”“一看见军队就觉得讨厌”“一提到士兵就毛骨悚然”“想回家！想回家！再多待一天都受不了”的内容比比皆是。“精锐之师”关东军早已是一支弥漫着厌战气氛的部队。

军纪涣散加上厌战情绪，使得关东军的战斗力大打折扣。太平洋战争爆发，大量关东军被抽调到南方作战。1945年，苏联对日宣战，以迅雷不及掩耳之势进攻东北，关东军溃不成军，一度在中国战场上横行无忌的关东军受到了历史的审判。

20. “一分委员会”惨案

朱 楠

日本关东宪兵队对往来邮件进行严厉检查，特别是对有碍防谍及反满抗日类的信件、刊物等，一律予以扣押，并根据收发信人的信件地址进行追踪。1935年5月上旬，日伪在实施邮政检查时，发现了锦县私立育贤中学匿名者发往奉天的一封信件，其中含有“反帝、反战、苏联、拥护”等词句，随后又发现了一封“诅咒现时社会制度”的信件，由此拉开了日伪血腥镇压“一分委员会”的序幕。

九一八事变后，面对日本帝国主义的侵略，一些知识分子燃起了抗日救国的思想。1932年3月，在锦县私立育贤中学教师张上民的提倡下，在奉天发起和组织了以王隼先、屈秋然、张上民、牛光仆（刘广普）等人为会员的“一分储蓄会”。该会通过每人每天捐出一分钱的形式进行募捐，资助上学困难的人，为祖国培养人才，为收复失地准备力量。此外，该会还秘密进行抗日活动，其中相当一部分人员信仰并向往共产主义，曾接受中国共产党的指导，由此被日伪判断为“有共产党背景的秘密组织”。经过两年的努力，该会逐步扩大，培养了优秀青年学生，又在奉天启东烟草公司内发展了会员，于1935年6月改称“一分委员会”。然而，这个秘密的、先进的、进步的爱国组织，在日伪特务、警察的严密监视下，终未能避免被镇压的命运。

1935年2月左右，关东宪兵队在奉天市内发现了“有共产党嫌疑的秘密结社”，由此开始搜查，并特别严格实施邮政检查。5月上旬，日伪发现了私立育贤中学无名人士给奉天成京诊疗医院内王一先发送的信件，其中含有“反帝、反战、苏联、拥护”等共产主义运动相关词句。随后，在王一先和张上民往来信件中又发现了一封含有反对和诟病现存社会制度的信件。以此为线索，伪满警察厅特务对“一分委员会”展开了大肆搜捕。

1935年10月12日，对“一分委员会”的所有人来说都是一个噩梦般的日子。伪满洲国奉天警察厅特务科科长筑谷章造命令特务科全体人员集合，另有伪警察署特务人员加伪省警务厅人员，共计40余人，对“一分委员会”成员进行大肆搜捕。本节所录档案记载了逮捕情况——日伪首先在奉天城小河沿盛京施医院（现为沈阳市大东区小河沿路附近）、启东烟草公司（现为沈阳市沈河区小西路奉天街附近）搜查，后派人前往锦州、吉林、“新京”等地进行搜捕，前后共计抓捕58名会员。

58人被抓捕后，筑谷章造命令特高股盐冢指挥迅速拷问。被捕会员有的被押送到伪锦州警察厅、锦州宪兵队，有的遭受了灌凉水、灌石油水、用火烧、用皮鞭抽打、柔道摔、刮肋条等令人发指的酷刑，被折磨得奄奄一息，有两人在酷刑中直接死亡，一人被活埋，一名学生出狱后不久去世，其余幸存者也患上了各种后遗症，一直活在被监视的恐惧之中。幸存者陈守礼曾在控诉笔录中描述受害情况：“这些敌特对我们施行灌凉水、挖脚心、枪弹刮肋骨、上大挂、举火盆、举木棍、摔绊、皮鞭抽、木棒打、蹲木笼等毒刑，进行逼供，使我们的身心受到严重的摧残。”

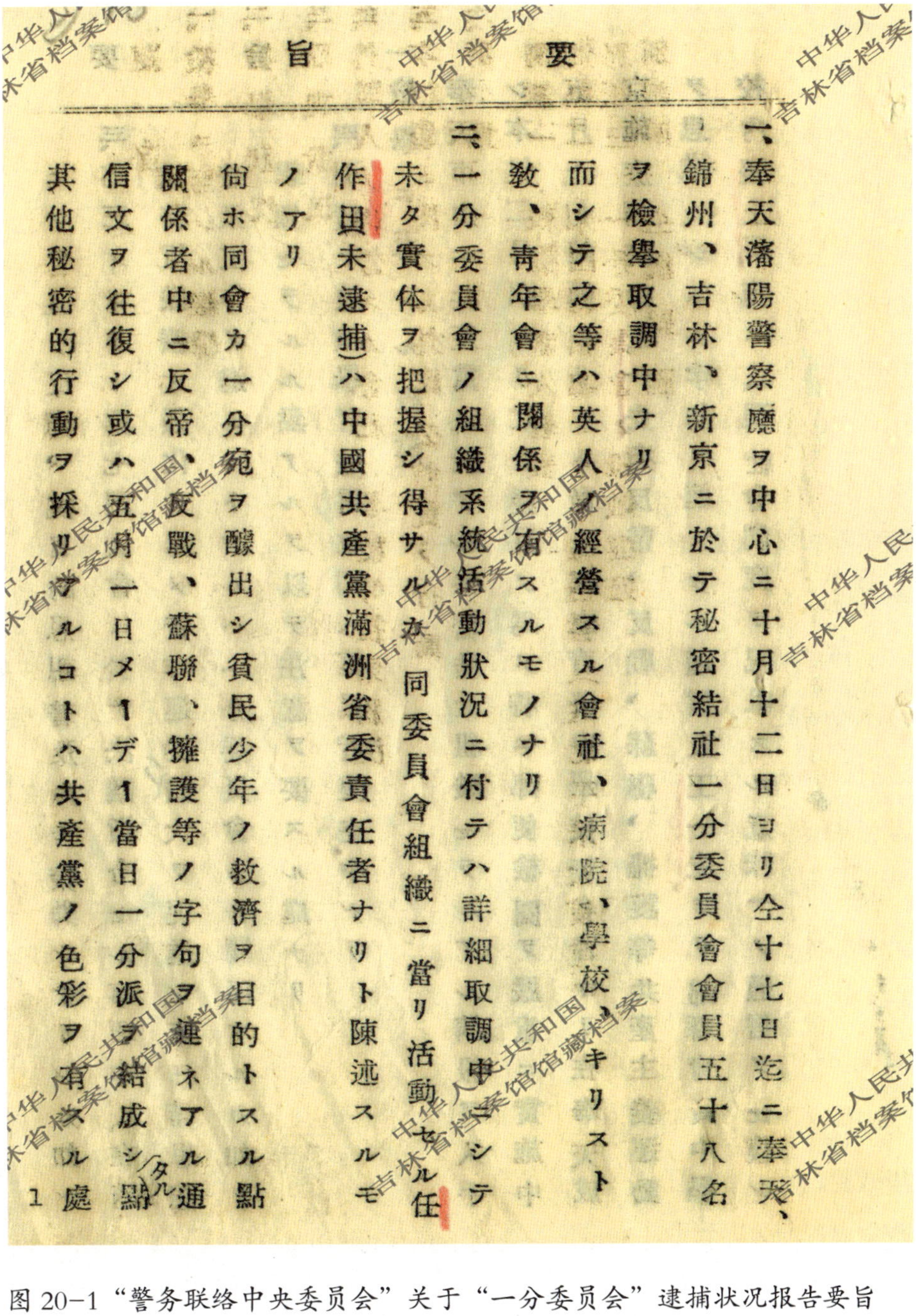

要旨

一、奉天瀋陽警察廳ヲ中心ニ十月十二日ヨリ仝十七日迄ニ奉天、錦州、吉林、新京ニ於テ秘密結社一分委員會會員五十八名ヲ檢擧取調中ナリ

而シテ之等ハ英人ノ經營スル會社、病院、學校、キリスト教、青年會ニ關係ヲ有スルモノナリ

二、一分委員會ノ組織系統活動狀況ニ付テハ詳細取調中ニシテ未タ實体ヲ把握シ得サルカ同委員會組織ニ當リ活動セル任作田(未逮捕)ハ中國共産黨滿洲省委責任者ナリト陳述スルモノアリ

尚ホ同會カ一分宛ヲ醵出シ貧民少年ノ救濟ヲ目的トスル點關係者中ニ反帝、反戰、蘇聯、擁護等ノ字句ヲ連ネアル通信文ヲ往復シ或ハ五月一日メーデー當日一分派ヲ結成シタル點其他秘密的行動ヲ採リアルコトハ共産黨ノ色彩ヲ有スル處

1

图 20-1“警务联络中央委员会”关于“一分委员会”逮捕状况报告要旨

“一分委员会”只是一些爱国人士自发组织的进步团体，但是，为了把他们“认定”为党的负责人，筑谷章造等人运用自行捏造供词、诱供、趁人刑余昏迷之际强行画押、欺瞒大众假意释放、安排假证人等手段，最终以“组织共产党反满抗日”的罪名，将他们送交法院判刑3个月到15年不等。幸存者牛平甫在控诉书中写道：“我们一案的被害者完全是硬凑在一起的，没有组织也没有共同的行动。刑讯的口供也必然是互不相关的。这件事使他们很伤脑筋。但筑谷为了达到镇压屠杀中国人民的目的，不惜采用任何卑鄙的手段……检察官与筑谷一起玩了一套他们经常玩弄的花招，公然违背伪满有明文规定的刑事诉讼程序，把我们在名义上由监狱释放，而实际却又送回警察厅再次刑讯……在酷刑折磨之后，要我们照抄他们已经弄现成的材料或已经组织好的口供。”

1945年8月15日，日本宣布无条件投降。新中国成立后，接管和关押的日本侵华战犯达1109名，分别关押在抚顺、太原两地。1954年，中央人民政府最高人民检察署（后改称中华人民共和国最高人民检察院）负责对日本侵华战犯的侦查、起诉工作，对他们在侵略中国战争中侵夺中国主权，策划、推行侵略政策，进行特务间谍活动，制造细菌武器，施放毒气，屠杀、抓捕、奴役和毒化中国人民，强奸妇女，掠夺物资财物，毁灭城镇乡村，驱逐和平居民，违反国际准则和人道主义原则等各种罪行进行了审讯。1956年6月至7月，中华人民共和国最高人民法院特别军事法庭分别在沈阳、太原对45名战犯进行了公开审判，其中筑谷章造作为第33名日本侵华战犯，因血腥镇压“一分委员会”、以“鬼畜都不忍的手段”拷问地下党等罪行被判处有期徒刑15年，受到了应有的惩罚。

21. 日伪对中共柳河县委的破坏

宁建珲

1936年以后，由于日本法西斯在东北进行的残酷军事“讨伐”和血腥的政治镇压，东北的抗日运动进入了极度困难时期。在白色恐怖中，抗日队伍中的一些人发生了动摇，作为政治镇压的别动队——“长岛工作班”正是在这种背景下，采取诱降手段，将中共柳河县委及基层组织完全破坏。吉林省档案馆保管着一份伪满军政部顾问部1937年5月25日形成的档案，为我们还原了那段历史。

“长岛工作班”是以日本宪兵长岛玉次郎的姓作为称谓的宪兵“特别工作班”，成员主要包括日本宪兵和伪满警察，并网罗操纵了大批叛徒。活动的主要目标是中共南满省委及基层组织、东北抗日联军第一军及通化一带的义勇军。该班活动的主要方式是配合“讨伐”开展诱降活动。“长岛工作班”曾先后三次编成，其中第一次是1936年7月到1937年3月，主要“成绩”之一便是破坏了中共柳河县委。

1936年7月，奉天宪兵队长加藤泊治郎派遣长岛玉次郎前往山城镇破坏中共柳河县委。长岛接到任务后，与一名翻译组建了“长岛工作班”，并化装成工人进入柳河县五道沟地区开始秘密活动。经侦察，发现了东北抗日联军第一路军第三师位于843高地山林中的根据地，那里“盘踞着”第三师第五团，以及“老常青”、“四海山”、赵明思等义勇军部队500余人。为进一步窥探柳河县委的实际状况，“长岛工作班”首先派人潜入“匪团”中，利用赵明思的朋友作为密探，对赵明思实施“怀柔”，怂恿其“归顺”。8月，赵明思加入“长岛工作班”。随后，又将“归顺”的赵明思等4人派遣至“四海山”部队中，在赵明思等人的“帮助”下，山城镇宪兵分队与当地的“特务警察”于1936年9月对“四海山”部队实施镇压。其后，派遣赵明思部下5人至“老常青”部队之中，将“老常青”抓捕，其部下共计120余人叛变。

长岛根据赵明思部下严守光、于宪福提供的情报，连夜指挥人员袭击了柳河县委游击队在孤山子的驻地，抓捕了2名游击队员。将这2人押到孤山子日本警察署进行严刑审讯后，掌握了柳河县委游击队长车任清的踪迹。随即，长岛又指挥日伪警察袭击了游击队驻地，抓捕了游击队长车任清及抗联第五团副官处长侯德清等人。由于侯德清等人的相继叛变，“长岛工作班”又在柳河县三源浦、孤山子、五道沟、四道沟等地抓捕了柳河县委游击队员杨玉林、杨景阳、陈仲山及柳河县委工作人员崔洋焕等数十人，逐渐掌握了中共柳河县委的活动情况，目标逐渐集中到县委书记冯剑英身上。

1937年1月，长岛指挥四道沟伪警察分署抓捕了与柳河县委有直接联系的4名中国农民，刑讯后他们又供出了柳河县委的2名重要联络员，1月下旬，“长岛工作班”在五道沟将其中1名重要联络员秘密抓捕，刑讯后完全掌握了柳河县委主要领导人的活动。

1937年2月，在日伪宪警的协助下，“长岛工作班”包围了中共柳河县委书记冯剑英的驻地，冯剑英等3人仓促应战突围，长岛命令不准射杀，结果冯剑英等3人跳入柳河、清原两县交界的河中，游至对岸逃跑。3天后，“长岛工作班”将秘密监视的另外一名柳河县委重要联络员抓捕，经审讯后确认：3天前跳入河中逃跑的3人中，除柳河县委书记冯剑英外，其他两人中一人是冯剑英的妻子，另一人是柳河县委组织部部长郭喜明。当夜，他们3人跳入河中均受了冻伤，该联络员将冯剑英的妻子用爬犁送到了柳河县城西门外。

长岛根据联络员提供的情况，当即指挥人员乘汽车到西门外，在一户中国农民家中将冯剑英的妻子金某抓捕，押到了五道沟伪警察分署。为了探出冯剑英逃跑后的下落，长岛将抗联叛徒侯德清与冯剑英的妻子金某监禁在一起，以此打探冯剑英的下落。结果侯探知，冯剑英等3人跳入河后都受了冻伤，由于无法再进行活动，遂决定分散隐蔽，金某去柳河县城西门外，冯剑英去清原县草市，组织部部长郭喜明去东丰县。决定待养好伤后，冰雪融化时集合重新开展活动。

根据侯德清打探到的情况，长岛玉次郎派翻译朝鲜人申宪补带领部分人员赶到了清原县草市，通过当地伪警察将所有朝鲜族村庄的屯长召集到伪警察分署，了解各村外来人的情况。当得知没有人来后，申宪补向各朝鲜族屯长训话：“最近可能有人要来，发现后要迅速向警察分署秘密报告，协助逮捕。如隐匿不报，定要严加处罚。”随后，申宪补命令伪警察分署：“逮到犯人后，要将其迅速押送山城镇领事馆警察署或宪兵分队。”

两天后，冯剑英拖着冻伤的身子刚刚逃到草市的朝鲜族村庄，就被村民告密而被捕。冯剑英被押到山城镇宪兵分队后，长岛立即派汉奸侯德清去辨认，当确认其是中共柳河县委书记冯剑英后，遂将抓捕的重点转向组织部部长郭喜明。不久，长岛又通过山城镇宪兵分队，指挥东丰县伪警务局将郭喜明逮捕。

冯剑英、郭喜明等中共柳河县委主要负责人全部被捕后，长岛立即指挥该工作班从柳河县返回山城镇，开始了对冯剑英等人的诱降活动。

长岛为瓦解冯剑英的抗日意志，首先对他解除了监禁，把工作班翻译都南植的房子让出来给冯剑英夫妻居住，并为他治疗冻伤。接着不时派朝鲜族汉奸和抗联叛徒去游说劝降。当冯剑英的冻伤好一些时，长岛亲自陪冯剑英去逛大街，以示对他的信任。在长岛的物质引诱下，在生与死的选择面前，冯剑英变节投敌，供出了中共柳河县委在五道沟、四道沟、河南的8个支部，及在五道沟、四道沟、三道沟、孤山子、三源浦、河南的6个外围团体救国会的情况。

1937年3月9日，根据冯剑英的供述，“山城镇地区警务统制委员会”指挥日伪警察，将中共柳河县委的各级组织完全破坏。接着，长岛又利用当地农民将冯剑英、车任清等人的劝降信送到了柳河县游击队，最后以改编成伪满军为条件，将这支20余人的抗日武装诱降。至此，中共柳河县委领导下的地下组织和抗日武装全部被“长岛工作班”破坏。本节所录档案记录了中共柳河县委被破坏的情况。

1937年4月，“山城镇地区警务统制委员会”召集东丰、海龙、柳河县伪警察局首席警务指导官（即后来的局长）、“日本领事馆”警察署长、伪铁路警护段长开会，研究对“长岛工作班”诱降人员的处理办法，会上决定：

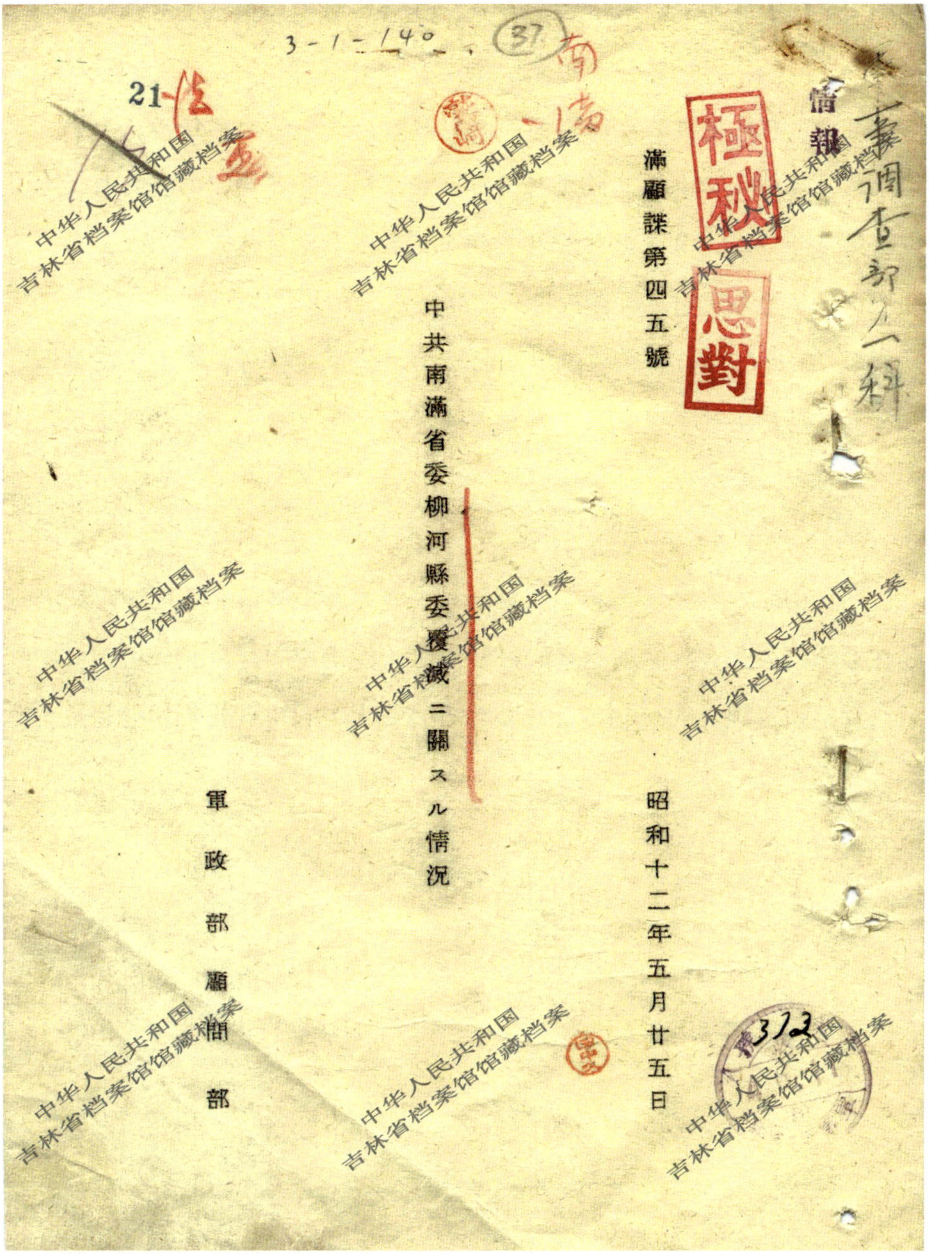
極秘
思對
滿顧諜第四五號
昭和十二年五月廿五日
中共南滿省委柳河縣委覆滅ニ關スル情況
軍政部顧問部

图 21-1 伪满军政部顾问部关于中共南满省委柳河县委“覆灭”的报告

1.将抗日义勇军“老常青”、赵明思部70人及柳河游击队24人，移交给山城镇独立守备队第5大队执行严重处分。

2.中共柳河县委组织部部长郭喜明，游击队长车任清，游击队员陈仲山，县委工作员杨玉林、杨景阳、崔洋焕，副官处长侯德清等18人，及中共柳河县委领导下的基层党员、干部34人，由山城镇警务统制委员会执行严重处分。

3.为配合长岛工作班以后的活动，将中共柳河县委书记冯剑英，冯剑英的妻子金某，工作员张德福、张庆祥、于宪福移交给通化宪兵分队。

在日伪的残酷镇压下，中共柳河县委遭到严重破坏。然而，正义必定战胜邪恶，关东宪兵队的这种破坏行动并不能击垮中共东北党组织，中共东北党组织所领导的东北抗日武装斗争最终为中国抗日战争的胜利做出了不可磨灭的历史贡献。

22. 日伪军警对“战时有害分子”的监视和抓捕

张建宇

日本帝国主义在中国东北建立了由关东军操纵的伪满傀儡政权后，利用对伪满政权的控制，逐渐建立起了以关东军为中心，集日伪军警宪特与行政于一体，实行“官军民”的“一体治安肃正”体系。具体举措方面，既要军事上“彻底肃清在满共产党”及其领导下的抗日武装，又要建立“集团部落”，制造无人区，推行保甲连坐制，还要施行“思想工作”，用“思想对策”处理中共地下党组织和一切有抗日思想或有民族独立思想的人员，最终以军事“讨伐”与政治镇压相结合的方式，实现“巩固的治安基础”。“思想对策”是这一体系中极重要的一环。

而日伪当局实行“思想对策”的主要手段就是根据宪警特掌握的情况，对包括共产党及其他反日党派、团体在内的“战时有害分子”进行“检举”“强化视察”等活动，“检举”即突击逮捕，“强化视察”即用跟踪、蹲点等方式加强监视，确保随时可进行逮捕控制，破坏共产党及其他反日党派、团体。

从各地宪兵队的《战时有害分子对策实施计划》可以看出，根据宪警特所掌握的“嫌疑人”过去的情况以及现在主要活动情况可将“嫌疑”内容划分为两大类别：其一是“防谍关系”，主要针对“苏谍、米谍（即美谍）、英谍”——原宪兵橘武夫供述，所谓间谍，是指被控替外国充当间谍或与外国情报机关联系的嫌疑者。其二是“思想关系”，主要针对共产党以及有抗日、反伪满政权、民族独立等思想的人员。日本宪兵队依据这两点制作出三类名单，分别为“需要逮捕的有害分子名单”“需要强化视察的可疑分子名单”以及“战时防谍逆利用者[①]名单”。

“需要逮捕的有害分子”强调危害性和嫌疑。以东宁宪兵队1941年“战时有害分子”对策计划及名单的报告中的记载为例，宪兵队依据“防谍关系”逮捕一名叫许安平的“满人”，该人49岁，从事农业（走私），住在东宁县城北夹心子。宪兵队的逮捕理由是怀疑其为“苏谍”：“该人过去从事走私生意，曾与俄语翻译毕于仁交好，娶其长女。因此，他从毕处接受指令，对东宁附近一带军情进行调查的嫌疑浓厚。”宪兵队还依据“思想关系”（“共产抗日”）逮捕了居住在绥芬河的曹殿奎，逮捕理由是认为该人“抱有共产主义心理，存在煽动他人，对日满军情进行收集向苏联汇报的可能性”，这里重点强调了由于其思想倾向导致存在“有害嫌疑”。

“需要强化视察的可疑分子”同样按照“防谍关系”和“思想关系”进行划分，只是就宪兵所掌握的情况比需要逮捕的人员嫌疑较轻，如“满人刘宝山，37岁，现住东宁县东宁神风街，为东宁饭店厨师，在三岔口居住时，装作非常亲日，但收集军情的嫌疑浓厚，且该人曾多次前往哈尔滨旅行”。

---

① 逆利用即反向利用。“战时防谍逆利用者”指的是“有害分子”中被日本宪兵队认为可能有情报价值或其他利用价值而重点关注的人员。

“战时防谍逆利用者”则更加强调情报价值或影响力等可利用的因素，如“满人张咸明，25岁，现住东宁县东宁协和街，该人在东宁县转角楼出生长大，曾在奉天大同学院学习，有学识，懂日语。该人一家从父祖辈开始就在转角楼很有威望，作为地主在当地居民中居领导地位，现在东宁街经营柴火煤炭生意，是满人中的有识之士”。

日伪对于“需要逮捕的有害分子”的处置是最严厉的。其逮捕计划“严谨而详尽”，逮捕过程强调“稳准狠”，旨在对“有害人员”一网打尽。就如大连宪兵队1941年6月《战时有害分子名单和逮捕计划》中所强调的“逮捕要领”中所述，“迅速逮捕，彻底地审讯，以此为基础，而后查明在大连情报网及不逞团体组织，从根本上铲除”。这份档案中还详细记载了计划中的准备工作，比如在逮捕日前，要派一名监视者明确被逮捕者的动向。执行逮捕任务的班长要提前侦查附近的地形和其他情况，指定逮捕之时班员任务部署，同时安排逮捕后审讯人员、翻译人员和留置地点。在逮捕前还要明确需要使用的车马、刑具及各种物件（手镣、脚镣、催泪弹、防毒面具、手电筒、照相机等等），并指定专门的整备员。逮捕时还要求“宪兵亲自极为隐秘地实施”，控制影响。

在各类确定的“有害分子”中，共产党及其领导的武装部队成员是日伪军宪警特的最重要打击对象。1936年，关东军司令官以命令的形式发布了《处理共产党人有关人员要纲》，规定在“思想对策”工作中被逮捕的共产党地下组织成员和与共产党有关的武装抗日人员，逮捕后可不经任何法律程序，由宪兵执行“严重处分”，即就地处死。1938年1月，关东军司令部向各地宪兵队下达《特别移送处理规定》，将“因有某种犯罪嫌疑”而被逮捕的犯人，无须经法庭审判，直接送“七三一部队”。1943年3月，

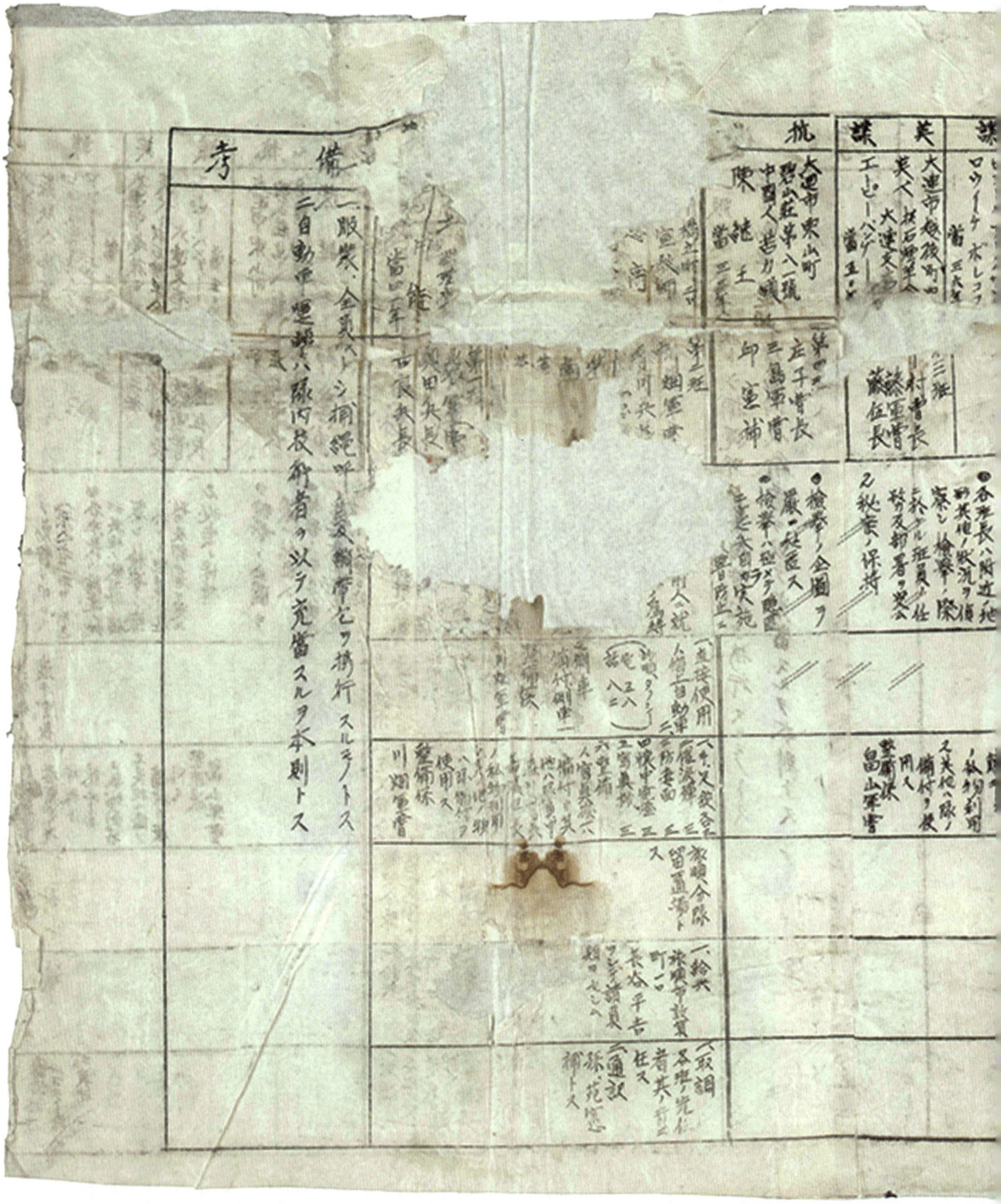

图 22-1 大连宪兵队“战时有害分子”逮捕计划

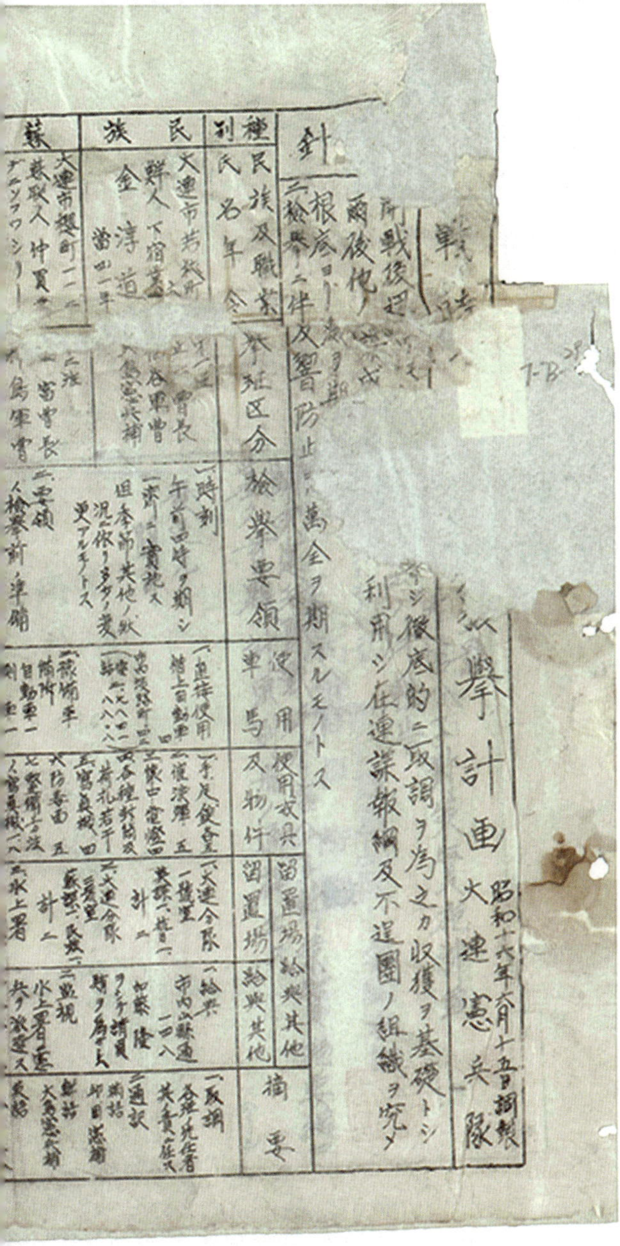
挙計画
昭和十六年六月十五日調製
大連憲兵隊
シ徹底的ニ取調ヲ為之カ収獲ヲ基礎トシ
利用シ在連諜報網及不逞團ノ組織ヲ究メ
萬全ヲ期スルモノトス
民族及職業
氏名年令
検挙要領
摘要

关东军宪兵司令部下达《关于“特别移送”之件通报》中提到，被“特别移送”的犯人主要指“间谍”与“思想犯”。

日伪军警对“战时有害分子”的鉴别条件是相当宽泛的，存在某种嫌疑或某种可能即会被列入名单，要在其“表现出具有不稳定因素举措或出现反战的言行前对之进行搜查逮捕”，可谓“防患于未然”。逮捕的行动则是严密周详，“有害分子”一旦被捕，要面临残酷的严刑拷打，在这之后或被长期关押，或被“严重处分”，或被“特别移送”，生还之路极其渺茫。在这样的残酷的战争暴行之下，许多中共党员、抗日团体成员、反日爱国人士等被以“战时有害分子”的名义逮捕，遭到严刑折磨，甚至失去生命，但他们抗击日寇的信念从未因此动摇过。

23. 日本关东军为“关特演”所做的准备

孙佳宁

1941年6月苏德开战，德国向日本寻求协助，日本关东军企图根据苏德战争情况，找准时机参加对苏战争。为掩饰攻击苏联的企图，日本关东军以演习的名义进行军事部署，发动了“关东军特别演习”，简称“关特演”。

1941年4月，日本参谋本部在苏德开战的预想下，就陆军应该如何行动产生了分歧。第一种观点是果断“南进”，入侵东南亚地区和中南半岛，获取石油、矿产等资源继续支援战争；第二种观点是与德军呼应，“北进”参加对苏战争；第三种观点则是南北同时备战。又因1940年日本与德国签订了《德意日三国同盟条约》，条约正式确立了德意日三个轴心国的同盟关系，最终参谋本部结合各种意见，于1941年6月14日制订出一份陆军草案，以南北两个方面做好战略准备姿态为基本方针，再根据苏德战争情况，趁德军占据有利形势时，参加对苏战争，坐收渔翁之利。

根据日本参谋本部的计划，实施“关特演”需从日本本土、朝鲜境内及中国战线集结大量士兵与军事物资到“满”苏边境。如此大规模的调动引起参与运输的部队官兵及铁路从业人员的警觉与担心，大家纷纷预测要有大战争爆发，于是便出现了众多报知关东军军事部署的信件。吉林省档案馆保存着关东宪兵队邮政检查后所形成的信件摘抄，从侧面揭示了关东军为“关特演”所做的准备。

在兵力运输方面。日本预定对苏作战兵力需集合不少于25个师团。据估计，日苏两军每个师战斗力对比，在动员时加上军直部队的战斗力，约为一比一，再加上苏军受德苏战争欧洲战场牵扯分身乏术，因而远东地区战斗力只有日本的七成半，因为苏联远东军的15个狙击师相当于日本11个师，“不少于25个师团”是对苏2倍多的战斗力，极大保持了对苏战争优势。将这些兵力集中到“满洲”境内，至少需要2个月的时间，如此大规模的兵力运输自然受人关注。东安宪兵队发现并没收的伪东安省滴道电业发电所关世谆的信件写道：“每天有大量日、鲜、满军从南满来到此地。发电所的前面正好有铁道，列车每天运行4至6次，十分频繁。”营口地方检阅宪兵发现并扣押的营口市神明街福岛淳的信件写道：“日本本土从大约一个月之前便开始出现好似四年前的光景，满洲也有一些迹象，兵力向北满集结。”鸡冠山“满洲”第六九〇三部队陆军军曹中森庄作就写出了其所在车站的运输兵力：“出征部队似乎分别经由三个不同地方离开。通过本站的部队一趟列车约有1000人，每天会有五六趟列车通过。”

在物资运输方面。当时中国东北铁道的输送能力是540万吨/月，但需要输送的物资包括军需230万吨、总动员物资270万吨、“满铁”用品180万吨、其他120万吨，共计800万吨。全力运输800万吨的物资，就需要45天时间。为保证军事运输，提高运输效率，普通列车几乎全部停运。除铁道外，可用于货物运输的汽车，除官厅使用外几乎均被征用。安东市大和区兴亚兴业株式会社金谷益男的信件写道：“我皇军目前因为进驻了法属印

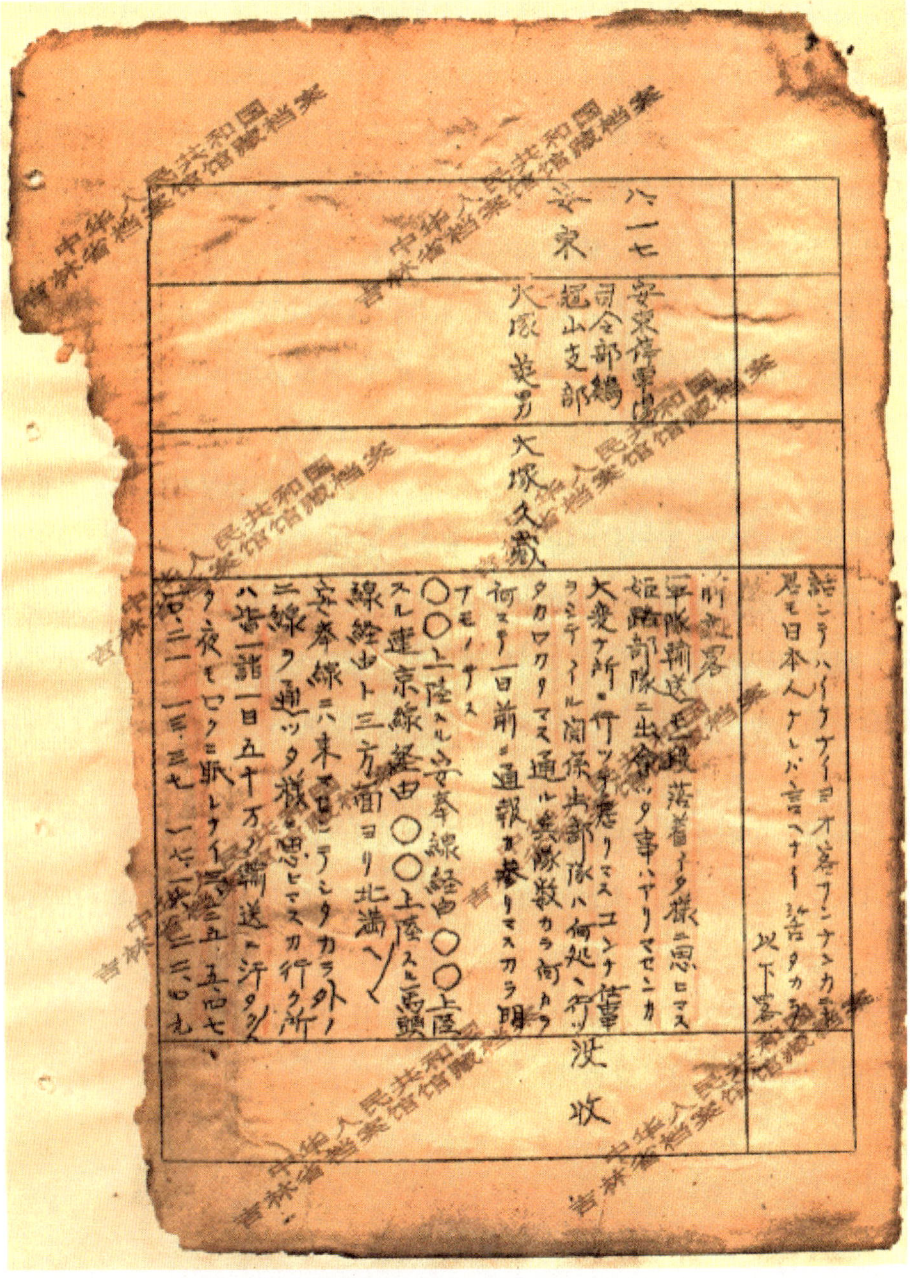
八一七
安東
安東停車場司令部鶏冠山支部
大塚英男
大塚久藏
没収

前略
軍隊輸送モ一段落着イタ様ニ思ヒマス
鉄路部隊ニ出命ツタ事ハアリマセンカ
大変ナ所ヘ行ツテ居リマス コンナ[illegible]
コミテイル関係上部隊ハ何処ヘ行ツ
タカワカリマス通ル兵隊数カラ何カラ
何デモ一日前ニ通報ガ参リマスカラ明
ナモノデス
○○ニ上陸スル安奉線経由○○上陸
スル連京線経由○○上陸スル[illegible]
線経由ト三方面ヨリ北満ヘ
安奉線ニハ[illegible]テシタカラ外ノ
二線ヲ通ッタ様ニ思ヒマスカ行ク所
ハ皆一諸一日五十万ノ輸送ハ[illegible]
夜モロクニ眠レナイ[illegible]
[illegible]
話シテハイケナイ[illegible]
君モ日本人ナレバ言ヘナイ[illegible]
以下略

图 23-1 安东停车场司令部鸡冠山支部大塚英男的信件记载了军事运输信息

度南部而受到了关注，但是在满洲和苏联边境地区正蕴藏着更大的危机。这里只发特快列车，卧铺车已全部停运，在安东出发和到达的火车也不足四分之一。”伪珲春县公署经理科渡边三喜夫的信则直接写道：“因为与苏联的战争，军用列车陆续到达当地，旅客列车一节也联系不到，而且运送的全部是兵器、弹药、粮食和被服等物资，通过这一件事情就可清楚地知道要开战了。”安东地方检阅宪兵发现并没收的安东停车场司令部鸡冠山支部大塚英男的信件更是直接写出了准确的军事运输信息：“我们每天负责输送50万吨军事物资的任务，累得满身是汗。运输使用的是335、547、1021、1337、1716、2209军用火车。”以上可能会暴露关东军军事部署的信件均被检查宪兵以“没收”“削除”处理。

正当日本关东军紧锣密鼓地输送士兵与物资，积极准备对苏作战之际，德苏作战却并未如日军预料那般发展，据日本关东军的部署，对苏作战的原则是苏联远东军兵力缩减一半，但苏联的远东军并没有支援欧洲战场的迹象，兵力仍保持在30个师团，坦克约2300辆，飞机1700架，且在“关特演”开始之后，苏联方面察觉到日本的异动，多次派侦察小组进入中国东北，军用飞机多次越境侦察军事，采取了严密的防控措施，再加上向南方侵略扩张的日军又遇到极大阻力，1941年8月9日，日军参谋部决定“专心致力于南方作战”。至此，此次大规模“关特演”计划宣告放弃，日军进攻苏联的如意算盘也就此落空。

24. 日本关东宪兵队“防谍费”

王永伟

伪满时期，日本关东宪兵队司令部向各地宪兵队下拨大量“防谍费”（又称机密费），用于侦查反日活动，监视、逮捕反日团体及个人，以达到法西斯殖民统治的目的。

关东宪兵队正式成立于1905年，原本隶属于日本宪兵队，1906年划归关东都督府隶下。日本军方最初对宪兵队的职责定义为对日本驻军执行军事警察责任，对“关东州”“满铁”附属地执行行政与司法警察任务。九一八事变后，关东宪兵队不断扩编，1932年6月转为关东军作战序列。

伪满洲国成立后，东北人民的反抗愈加强烈，给日本的侵华活动造成了很大阻碍。关东宪兵队开始在相应区域内执掌治安与军事警察业务，主要任务就是镇压东北人民的反抗活动。1936年，日伪当局发布了“满洲国治安肃正计划大纲”，主要实行“治安肃正”和“思想对策”两方面的政治镇压措施。宪兵队配合关东军的“治安肃正”，在东北地区对起义武装进行残酷的军事扫荡，迫使很多抗日力量不得不转入地下。而另一个工作——“思想对策”，就是专门负责研究和处理中国各阶层人民和日伪机构要人等的思想动向，审查和监视人们的书信和谈话，从思想上控制东北的百姓。

在吉林省档案馆馆藏日本关东宪兵队司令部档案中，保存着各地宪兵队提交给关东宪兵队司令部的《机密费收支计算书的报告》，内含《机密费收支账单》《机密费用途划分表》等，从中可以探知各地宪兵队“防谍”工作的内幕。

“新京”是伪满洲国的政治、经济、文化中心，发生任何事件都会影响全伪满，动摇民心。“新京”宪兵队任务重大，他们的职责即“保卫首都的军政机关，确保首都治安，防患于未然。特别是思想对策和防谍工作，更须做到万全”。1941年3月，“新京”宪兵队长门田善实报给关东宪兵队司令官竹内宽《关于2月份机密费使用情况的报告》，记载了1941年2月关东宪兵队司令部向“新京”宪兵队下拨“防谍”费，以及“新京”宪兵队密探使用“防谍”费的明细情况：“新京”宪兵队当月支出290元，费用用途包括拨给“新京”宪兵分队准尉杉平幸士等人搜索潜入各补给厂、“满洲”第七七部队的“间谍”；拨给伍长西泽胜政等密探防卫和搜索在“满洲”第一九部队、第九〇九部队、第一三二部队工作的“间谍”；拨给公主岭分队大尉伊东恒、密探赵克文等人侦查潜入公主岭补给厂的抗日分子和“间谍”。

哈尔滨地处中东铁路交叉点，是北满经济、文化的中心，又因其历史上曾是沙俄侵略远东的据点，许多苏联、白俄人居住在哈尔滨，因此该地成为日伪宪警治安工作的重点地区，哈尔滨宪兵队也较其他宪兵队更重视“防谍”工作。1941年2月，哈尔滨宪兵队长加藤圭二报给关东宪兵队司令官竹内宽《关于1月份机密费使用情况报告》，记载了1941年1月哈尔滨宪兵队接受机密费1650元，当月支出550元，剩余机密费后续补充使用。费用

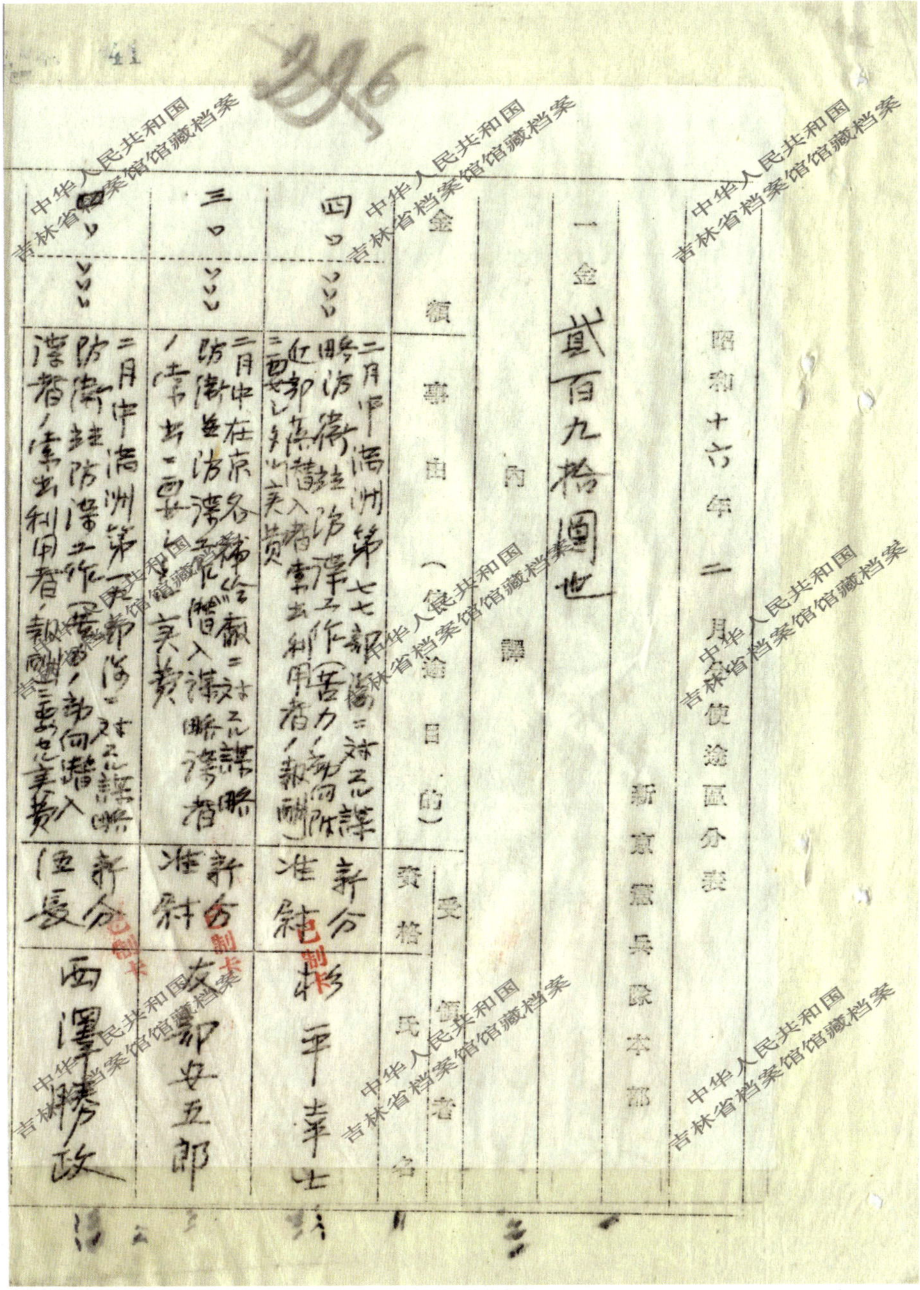

图 24-1“新京”宪兵队“防谍”费用途类别表

用途包括拨给本部密探搜索韦子沟仓库附近“间谍”和联防组织运用费；拨给道里分队密探秘密侦查在哈尔滨的苏联嫌疑人的行动，秘密侦查顾乡屯方面军队所使用劳工及附近民众的动向，以及侦查军队仓库第二分库的雇佣劳工动向；拨给道外分队侦查哈尔滨第一军队仓库出入劳工动向；拨给平房分队侦查早川部队以及加茂部队雇佣劳工的动向；拨给阿城分队搜索亚沟关部队常雇劳工防谍嫌疑人员；拨给香坊分队搜索韦子沟仓库附近部落间谍，监视关东仓库劳工和上田部队劳工中有抗日倾向的人员，操纵韦子沟仓库附近部落、上田部队和关东仓库的内外联络人员。

奉天是南满的心脏，与“关东州”联系紧密，政治、经济地位十分重要，加之此地抗日活动高涨，因此也是宪兵队重点监视地区。1941年3月，奉天宪兵队长中井传报给关东宪兵队司令官竹内宽的《机密费（补给厂防谍费）精算报告》，记录了1941年2月奉天宪兵队本部密探和各分队密探领取“防谍”费的明细情况。奉天宪兵队当月支出630元，费用包括拨给本部密探赵殿举等人搜索和秘密侦查从外部针对奉天各补给厂进行抗日策动的人员，秘密侦查在奉天的苏联谍报网，秘密侦查来往关内要人的动向；拨给兵工厂分遣队密探秘密侦探在南满陆军兵器分厂及所属火药制造工厂、坦克制造工厂和弹药制造工厂工作的劳工思想动向及外部交际情况；拨给铁西分遣队秘密侦查出入关东仓库奉天分库的“满人”动向，秘密侦查关东仓库奉天分库所属的小卖部、卫生材料库、消耗品库、劳军品库、兽医材料库和粮草库从业人员的动向，秘密侦查奉天被服分厂、奉天兽医资材分厂、物品修理工厂、研磨工厂和马蹄铁工厂中国劳工的动向。

以大连为中心的“关东州”是日本的殖民地，从1905年日俄战争结束后至1945年日本投降为止，其都是独立于伪满洲国之外的日本“租借地”。大连宪兵队因此成为九一八事变后日本帝国主义设在伪满洲国以外地区唯一的一支独立宪兵队，其所辖区域包括大连市及辽东半岛瓦房店以南地区。1941年1月，大连宪兵队接受机密费1230元，当月支出410元，剩余机密费后续补充使用。费用用途包括拨给本部密探秘密调查大连码头仓库内工作的劳工及附近民众的动向，秘密调查出入周水子军队相关仓库劳工及其交友关系；拨给大连分队密探秘密监视“满洲”第七六六部队、第五八一部队谷队、第七二〇部队、第二三七部队、第八七九部队林队和第七四三部队使用的劳工在工地和宿舍内的言行等。

通过上述各地报给关东宪兵队司令部的《机密费收支账单》和《机密费用途划分表》，可以明确看到日本关东宪兵队无孔不入的反“间谍”网络。日本侵略者通过侦查民众的思想动态，禁锢民众的思想自由和言论自由，镇压广大民众的抗日活动，妄想达到巩固殖民专制统治的目的。

25. 日本宪兵对战俘信息管控与情报收集

吕春月

太平洋战争爆发初期，日军可谓占尽了优势，其突袭和凌厉的攻击使得英美联军措手不及，大量盟军成了日军俘虏。从1942年12月到1945年日本投降为止，日军将太平洋战场上俘虏的美英等国战俘，分批运往日本函馆、福冈及中国的奉天临时成立的俘虏收容所，其中运往奉天俘虏收容所的战俘从菲律宾乘船，经朝鲜釜山港到达奉天。1943年7月，奉天俘虏收容所迁往位于现沈阳市青光街的新建的永久性集中营。在这所战俘营里先后关押美国、英国、澳大利亚等国官兵2000多人，很多战俘在这里遭受毒打、体罚、饥饿等虐待。为防止战俘营的详细信息泄露出去，看守的日本宪兵对战俘实施了极为严格的信息管控。

信息管控的力度到底有多大呢？据有的战俘回忆，集中营的看守经常采用突袭性的地毯式搜查，目的是搜出并销毁日记和有文字记载的东西。1944年2月5日，奉天宪兵队便向关东宪兵队司令部报告了一则英军俘虏的“有害手记”。

这名英军俘虏名叫霍纳·罗伯特，被俘前是陆军大尉，俘虏编号30。他有个习惯，一有休闲时间便作诗，诗作完成后请同一房间的美军中士威廉·维特（俘虏编号1005）帮其打印出来。诗作主要描写了战俘营的生活，即“在满洲的一个大城市（奉天）收容着1200名俘虏”，他们工作的“满洲”工作机械株式会社被“吹嘘为共荣圈，提供奇怪的工作机械，实际却未运送出任何产品”，“一个严峻的事实，这里只有高粱米和豆子”，“三种颜色的名牌区分了我们，红色可以随便吃，黄色为不良少年，黑色则是我们这样的平庸之辈”，“这里夏日酷暑，冬日严寒”，“假如和平来得很晚，我们走出这道门的时候，会对如今的生活愤慨，而走出去的也只有衰弱的身躯”。因为管控严格，这首诗只打印了两页，罗伯特小心地将其夹在书页之中，但仍没有逃脱魔鬼式的搜查。一位林姓少尉发现了诗，立即没收，并马上上报，奉天宪兵队派出两名宪兵立即展开突击审问。因诗作内容涉及收容所的地点、收容人数及“满洲工作机械株式会社”的性质、生产状况、劳动状况和待遇等，相关责任人受到“警告”处分，两名当事人受到处罚。从奉天俘虏收容所所编的《俘虏人员名簿》中查到，在诗作打印者威廉·维特的名字后面，有“重谨慎5日”字样。所谓“重谨慎”是禁闭的一种，令其单独坐在自己铺位的固定位置上，不许乱动，不许说话，在那里反省5天。但诗作的作者霍纳·罗伯特受到何种惩罚，目前还没有明确线索，估计很有可能是另一种更加严重的刑罚——“重营仓”，即重禁闭，即将人关在条件相当恶劣的禁闭室内，出来的人不死也会严重影响身体健康。

日本宪兵对战俘文字管控力度如此之大，那么战俘可以和外界通信吗？如果可以又会受到何种对待呢？

根据相关国际公约规定，交战双方可以通过国际红十字会安排，互派船只，接回驻在对方国家的外交官和希望归国的侨民。1942年6月起，日本

68
奉憲戰第七七號
俘虜將校ノ防諜上有害手記發見處置ニ關スル件報告
奉天憲兵隊長
關東憲兵隊司令官

图 25-1 奉天宪兵队关于发现并处置俘虏将校（罗伯特）不利于“防谍”手记的报告

政府和美国政府互相派遣了商船担负此项任务，这些船只同时也负责送达战俘家属寄送给战俘的信函和包裹等邮件。例如日本邮船株式会社“帝亚丸”号于1943年11月14日抵达日本横滨港时，就带回了战俘家属寄给战俘的信函及包裹，其中转递到奉天的有5661封信函（其中5658封来自美国）及985个包裹（皆来自美国）。

有邮件，日军必然会检查。日军战俘管理当局随即组成了邮件检查组，制订了俘虏邮件检查计划，利用每天午饭后的一个小时，在军官食堂对俘虏邮件及小包裹进行检查，目的是从各个角度搜集敌国的内情，作为施策、谋略、宣传，特别是窥知敌方战斗力的资料。检查的重点是军事、军需生产以及劳动、国内思想及动向、经济生活、宣传、特殊事项、关于日方取缔俘虏的视察、防谍以及美国官府抹消的地方。作为宣传资料的通信以及无法检查的部分在月末汇总，送交俘虏情报局。关于秘密墨水以及科学的处理，则委托奉天宪兵队处理。

日军通过对战俘的邮件检查，整理出有关美国国内政治动向、经济配给、民众动态、战斗意识、战斗力等方面的情报，分批次呈报关东军司令部，防卫军司令部，朝鲜军司令部，关东宪兵队司令部，奉天宪兵队本部，奉天特务机关，东京、大阪、福冈等英美盟军战俘营，作为战略情报参考。

根据吉林省档案馆馆藏档案，日军通过对战俘邮件的检查，至少形成了5次通信检查调查报告。除第一次没有找到相关档案外，其他4次均有记载。第二次通信检查时间是1944年1月10日至2月10日，检查了来自罗得岛州、康涅狄格州、特拉华州以及新泽西州等4州共375件战俘家属的邮件以及972个小包裹；第三次通信检查情况的报告时间是1944年7月19日，检查了来自纽约州、马里兰州、弗吉尼亚州、西弗吉尼亚州等4州共1184件战俘家属的邮件；第四次通信检查情况的报告时间是1944年7月27日，检查了来自宾夕法尼亚州、佛蒙特州、新罕布什尔州、缅因州、马萨诸塞州等5州共1207件战俘家属的邮件；第五次通信检查情况的报告时间是1944年8月3日，检查了来自北卡罗来纳州、南卡罗来纳州、佛罗里达州、乔治亚州等4州共790件战俘家属的邮件。虽然每次重点检查的美国地域不同，但形成的报告制式是一样的，均是从美国的战争目的及指导原理、战争资材、男子不足、经济、宣传、思想六方面收集美国国内情报。

寄往奉天俘虏收容所的信函在离开美国之前经过美国官宪的严格审查，能直接暴露美国重要机密或重要军事情报的可能性极小，但日军邮件检查组还是通过蛛丝马迹发现了一些美国国内的状况。通过收集到的情报，邮件检查组得出结论：敌国（指美国）内的战争士气普遍有所增强，但国民尚未明确把握战争目标及指导原理，战争意识的提高不过瞎起哄而已；战争资材如铁类、皮革、汽车、石油均被统制，生活必需品的统制也早在1942年便开始实施，美国国内出现了转业乃至废业的状况；美国男子不足，男子征召基本达到了上限；等等。

26. 二战末期日本和伪满洲国试制陶币、炻币始末

赵玉洁

九一八事变后，日本扶植清废帝溥仪在中国东北建立伪满洲国，数月后又操控成立伪满洲中央银行，借此全面掌控了东北的金融经济命脉。

1932年6月，伪满洲国按照日本当局旨意颁布施行了《货币法》，对原东三省官银号、边业银行、吉林永衡官银钱号、黑龙江省官银行等行号发行的货币实施强制收缴。与此同时，以纯银23.91公分[①]作为价格单位“圆”，授意伪满洲中央银行从速发行伪满“国币”。

伪满洲中央银行一边委托日本内阁印刷局操作印刷纸币，一边于1932年12月从伪满财政部接管了原张学良主政下的奉天省立造币厂，准备生产硬币。但由于九一八事变日军的破坏，该厂停业已一年多，部分房屋建筑损毁、设备锈蚀遗失、技术人员逃散，无法立即投入伪币生产，遂组织修缮房屋、设备，又从日本造币局聘请作业部长广濑亚夫等技术人员，购进该局部分先进的造币设备，选用该局设计的伪币样式和图案等，一番紧锣

---

① 此处的公分为克的旧称。

密鼓操作之后，于1933年元月正式启动了伪辅币的铸造工作。

在造币准备阶段，因无法叫停货币的正常流通和使用，作为暂行措施，日伪当局授权伪满洲中央银行临时取用收缴库存中的原东三省官银号1929年发行的美钞版壹圆券和拾圆券，加盖上红色“满洲中央银行”和发行依据字样，作为过渡货币流通使用，称“改造券”。“改造券”在伪币正式发行两年内被逐步回收弃用。

自伪币正式发行到1945年，伪满洲中央银行共印制了甲号券、乙号券、丙号券、丙改券和丁号券五个套组。纸币面额分别为百圆、拾圆、伍圆、壹圆和伍角辅币。伍角以下采用金属铸币，面值有壹角、伍分、壹分和伍厘4种，分别以青铜、白铜、铝、锡、镁5种金属铸成。

随着侵略战争的不断推进，日军制造杀人武器和其他军需品所用铜、铁材料捉襟见肘。为了满足日本军需，伪满傀儡政府搜刮民脂民膏，采取全民动员方式回收全“满”范围内的黄铜、青铜、白铜等铜制品。据亲历这一剥夺过程的老人们战后回忆，当时不管是伪满官府衙门的铜质门环拉手，还是大户人家的铜香炉、铜摆件，抑或是平民百姓日常使用的铜盆、铜碗和箱柜铜活儿配件，均要上交，甚至流通中的铜质铸币也不能幸免。

1941年12月，日军偷袭美国珍珠港挑起太平洋战争，派出庞大数量的战斗机群决战美军。初期，因其启用具有转弯半径小、速度快、航程远等优越性能的“零式战斗机”，致使美国及其盟国空军频频失利，从而创造了二战史上的“零式神话”。但到了1943年前后，相对美国出品的新机型，零式战机在机体强度、装甲保护方面的设计缺陷日益显露，在被击中后很容易起火燃烧乃至损毁。而杀红了眼的日军指挥者却不顾军人死活，疯狂鼓动青少年官兵发扬“武士道”精神，组成所谓“神风特别攻击队”，对美国及其盟国空军展开自杀式袭击，人亡机毁事件频频发生，致使日军对航空机用铝需求剧增。

为应日军急需，日本和伪满洲国同时下令“民间保有铝货尽数交出”，伪满洲中央银行发行的金属铝币遂跟之前的铜币一样结束了金融使命，被全面回收。

青铜币、白铜币、铝币等金属硬币的全面“充军”，使日本和伪满洲国正常的货币流通均受到极大影响，金属硬币代用品的研制工作提上日程。

伪满方面经多番论证后，把新硬币使用材料锁定在无碍军需、储量又很丰富的陶土上。同时考虑流通货币必须具备实用性、耐用性、艺术性等要求，决定采用日本六大古窑之一的“伊贺烧”工艺试验烧制。

1944年5月，伪满洲国宫内府出面，正式委托日本三重县伊贺市佐那县陶瓷器研究所的技术专家小森忍，领衔伪币代用品的试制工作。小森忍迅速组织技术团队，从获取原材料的便宜性和储量等方面谨慎权衡后，确定以辽宁省海城县所产滑石为主体进行陶币配方的调试。经不断尝试改进配方和调整烧制温度，他们发现海城滑石加入2%菱镁矿石调合制泥，再佐以高温烧制完成的陶币制品比较符合当局预期。

当远在奉天的伪满洲中央银行造币厂得知这个初步试验结果时，伪厂长异常兴奋，迅速于5月18日以造考第30号文件，将这个“好消息”汇报给伪满洲中央银行发行部长。而身在日本的小森忍也不拖沓，随后便把6枚陶币试制品实物从日本佐那县陶瓷研究所发给伪满洲中央银行造币厂进行首轮审鉴。伪造币厂长6月7日接到陶币试制品实物，进行了为期一周的验看研究后，于6月12日再以造考第41号文件向伪满洲中央银行发行部长进行汇报，并随封寄送了小森忍发来的全部陶币实物。由于实物有破损，造币厂长特在汇报文件中注明“所收六枚陶币，有两枚破损”字样。伪满洲中央银行发行部6月15日收到文件及实物如获至宝，于是按照伪满洲中央银行文件的管理规定，在来文上逐一加盖发行部收文章、发行部发行课铸货係收文章及发行部长石川、发行课长松本及铸货係责任人个人名章后，才办结了陶币试制品的全部收存手续。

时光飞逝，如今，距这些陶币试制品的新鲜出炉已整整过去了80年。作为举世罕见的孤品文物，它们完全没有了诞出时的炉火气，被静静地陈列在吉林省档案馆的特藏室里。仔细端详，它们仍一如当年伪造币厂长发文描述的一般——完整的4枚、破碎但尚能完整对接的1枚，外加若干无法拼接的小碎片。而4枚完整的陶币呈正圆形，大小相当于人民币2分硬币。图案一面是具有浓郁中华特色的双喜字，另一面是中国人喜爱的兰草。由于矿物质含量及烧成温度的差异，这些样品看上去颜色并不统一，分别呈灰蓝色、乳白色和褐色。据小森忍报告描述，该试制品硬度高，耐磨性好，烧制时极少弯曲；但缺点是脆性大、易碎、易伪造、收缩比大，因此不易批量制造同一规格的硬币。此外，小森忍还认为，其多样的色彩虽可以用来区别币值、币种，但置于暗处则很难辨识。且这几枚烧成品手感差，易污染，虽可洗涤，但作为硬币使用仍有很多技术问题需要进一步攻克、解决。基于上述原因，当局没有大量生产的意向。

而日本方面，由于战时所需，在伪满洲国紧锣密鼓组织试制代用硬币的同一时期，日本大阪造币局也出面委托日本军需省所属“京都伏见陶瓷器试验所”，启动了日币金属硬币代用品的开发研制。

据伪满洲中央银行档案显示，1944年9月，京都伏见试验所秋月透所长也成功试制出了日币金属硬币的代用品——炻币。

炻币原料采用了日本本土极易入手的含铁量在7%—8%的红土和天草瓷土（把红土中铁元素含量增加到10%—20%）。烧成后的炻币性质介于陶器与瓷器之间，具有比陶器坚硬，比瓷器脆性小、韧性好，烧制温度比滑石瓷器低等特点。研制者认为，与其他炻瓷器比，炻币省略了素烧和上釉等一类复杂的工序，适合批量生产。且从技术上讲，这时炻币的造币条件比第一次世界大战时德国萨克森州迈森地区发行的同类币种的造币条件更为优越。

基于以上原因，日本大藏省曾意向性地准备一年后（即1945年）大量生产，以换下更多的金属铸币作为制造杀人武器的原材料，供应日本侵略战争。所幸的是，这个造币意向没有来得及付诸实施，日本就无条件投降了。

图 26-1 日本试制的陶币（正面）

图 26-2 日本试制的陶币（背面）

27. 伪满洲国“王道乐土”真相

赵颖鑫

伪满时期日伪所鼓吹的“王道乐土”真的是“乐土”吗？究竟是什么样的“乐土”？究竟是谁的“乐土”？通过吉林省档案馆馆藏的邮政检查档案，我们能够看到一些真相，了解到这个“乐土”实际上是一个民众食不果腹、毫无自由的“乐土”，是殖民统治者施行的残酷而非人道的“乐土”。

伪满洲国建立之初，日伪当局便通过所谓的《满洲国建国宣言》抛出了“实行王道主义”，之后又借助溥仪的《执政宣言》，宣布了“以道德仁爱为主，除去种族之见，国际之争，王道乐土，当可见诸实事”这一“新国家”的政治理念，将赤裸裸的侵略通过中国儒家思想与佛教思想进行伪装，一边欺骗民众，一边标榜所谓“新国家”的优势。

吉林省档案馆馆藏日本侵华档案中的邮政检查档案是日本关东宪兵队在进行通信检查时形成的报告，报告中截录的信件内容完全出自历史的亲历者，是日本侵华史的真实记录。

在所谓的伪满洲国“王道乐土”，民众失去了基本的自由，被日本人强征做苦力，手段极其残忍。据吉林省档案馆馆藏海拉尔地方检阅部1941

年10月《通信检查月报》收录的一封从齐齐哈尔发往日本富山县的信件记载："建设军事工程招用一万多苦力，逃跑的人被捉回来立即挖坑就地掩埋。"信件中提到的"军事工程"是连接南龙门和黑河的铁道，是在极端秘密的情况下因日苏关系恶化而作为紧急工程修筑的，投入了一万多名劳工。信件提到："军队的命令非常森严，逃跑被捉回来的人就挖个洞，用土将他们埋到齐肩处，给他们灌水、殴打，之后把他们关起来。"从信件中这些劳工的处境可以看出，伪满洲国并非真正的"王道乐土"。

在所谓的伪满洲国"王道乐土"，民众连维持基本生存的粮食都无法保证。吉林省档案馆馆藏关东宪兵队、"中央检阅部"1939年8月《通信检查月报》收录的一封从营口市发往天津的信件记载了一些中国人的言论："拿出来发放的面粉配给票！作为施政者的日本人到底在干什么？作为事实上指导者的日本人，难道只能是漠然地旁观满人的苦难吗？"另据一封1942年6月从奉天发往天津的信件记载："现在奉天的生活非常艰苦，粮食实行配给制度，配给的分量比以前减少了一半，而且配给的日期是固定的，人们必须不分昼夜地在粮食店前排着长队领取配给物品。"七七事变以后，日伪开始筹划粮食供给的统制购销，强制性地控制了粮食的来源及去处，粮食产量的很大一部分为关东军军用，沦陷区民众失去了基本生存权。

在所谓的伪满洲国"王道乐土"，民众有家不能回，为了躲避强征兵役，只能选择逃亡。吉林省档案馆馆藏关东宪兵队、中央检阅部1940年1月《通信检查月报》收录的一封从吉林市发往桦甸县的信件记载了吉林市征兵的一些情况："日本使用武力占领东北后，东北陷入了前所未有的危机，日军对待沦陷区民众非常残暴，农村大量农民或是被强征为劳工，或

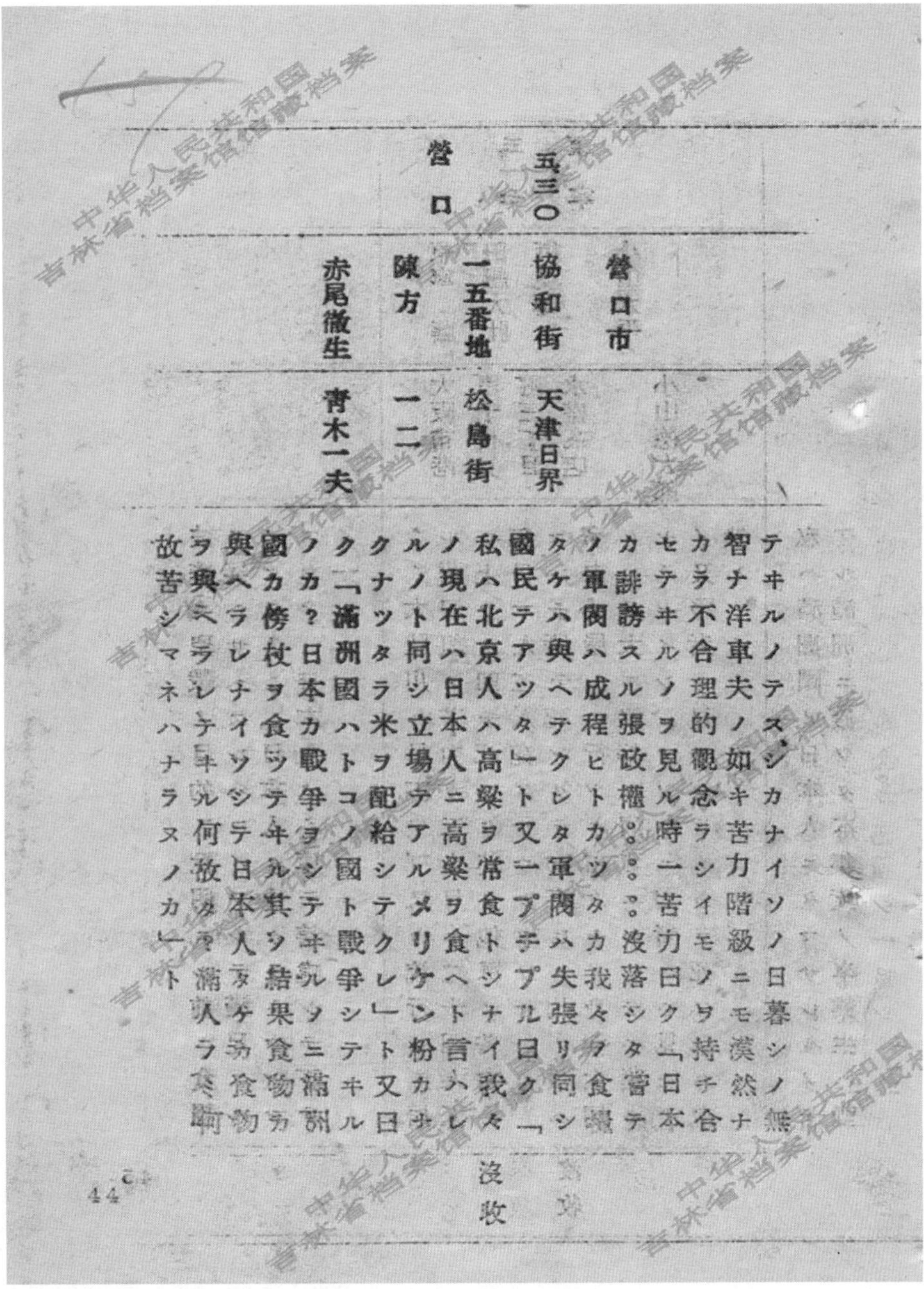

五三〇
營口

營口市
協和街
一五番地
陳方
赤尾徹生

天津日界
松島街
一二
青木一夫

テヰルノテス、シカナイソノ日暮シノ無
智ナ洋車夫ノ如キ苦力階級ニモ漠然ナ
カラ不合理的觀念ラシイモノヲ持チ合
セテヰルノヲ見ル時一苦力日ク「日本
カ誹謗スル張政權。。。没落シタ當テ
ノ軍閥ハ成程ヒトカッタカ我々カ食糧
タケハ與ヘテクレタ軍閥ハ失張リ同シ
國民テアッタ」ト又一プテプル日ク「
私ハ北京人ハ高粱ヲ常食トシナイ我々
ノ現在ハ日本人ニ高粱ヲ食ヘト言ハレ
ルノト同シ立場テアルメリケン粉カヰ
クナツタラ米ヲ配給シテクレ」ト又日
ク「滿洲國ハトコノ國ト戰爭シテヰル
ノカ？日本カ戰爭ヲシテヰルノニ滿洲
國カ傍杖ヲ食ッテヰル其ノ結果食物カ
與ヘラレナイソシテ日本人ダケ良食物
ヲ與ヘラレテヰル何故[illegible]滿人ラ[illegible]
故苦シマネハナラヌノカ」ト

44

沒收

图 27-1 营口发往天津的信件记载了中国人的不满言论

是参加义勇军，农事荒废。”另据一封1940年2月从佳木斯发往牙克石的信件记载：“我刚刚回到店里，22日警察方面又来征兵，于是我又第三次藏了起来，终于躲过此劫，恐怕下次就无法逃脱了。”据不完全统计，截止到日本战败时有16万东北青年被迫服了兵役。

在所谓的伪满洲国“王道乐土”，殖民统治者对待民众相当残暴。据吉林省档案馆馆藏关东宪兵队、“中央检阅部”1940年6月《通信检查月报》收录的一封从吉林市发往“新京”的信件记载：“在乡里，这几年日军的残暴程度已经难以言状，所有乡民都东奔西逃，没有一天能安于一处。此外，粮价高涨，有人连续几天仅仅吃到三顿饭，而且还被强征高额税金。若要反抗会被立即烧杀，真是没有办法。我已有两名亲戚被他们杀死。”这些暴行让沦陷区民众日日夜夜生活在心惊胆战之中。

对于东北沦陷区的民众来说，日本占领时期是“黑暗时代”，他们日日夜夜都在恐怖与不安中度日。吉林省档案馆保存的几则档案真实地记录了民众的心理状态，而民众心理揭露了伪满洲国“王道乐土”的真相。

28. 被处置的书信见证伪满生活实态

段佳欣

1931年，日本帝国主义发动九一八事变后，迅速占据整个东北，并扶持清废帝溥仪建立傀儡政权——伪满洲国。作为日本帝国主义对华侵略殖民的产物，伪满洲国时期，日军为了掩盖自己的暴行，日伪政权为了掩饰其犯下的无耻罪行，极力营造出伪满洲国富裕、和平、安定的形象，通过一系列宣传手段，把伪满洲国吹嘘得极度美好。

日本侵略者在借伪满洲国的外衣统治东北的十余年中，利用各种舆论工具，大肆宣传伪满洲国。1941年，由伪满洲国通信社发行的《满洲国现势》宣传伪满洲国建立前后人们的生活状态："建国前满洲人生活在军阀的虐政、匪害、无秩序的压制下，加之天灾和战乱，生活水深火热。建国后，其生活宛如隔世。"报道上将伪满洲国建立前后进行强烈的对比，通过对伪满洲国建立前军阀统治的黑暗进行披露，反衬伪满洲国建立之后给人民生活带来的"积极改善"。又如，1942年3月，伪满洲国"建国"10周年之际，《戏剧报》在当月3—5日，持续三日连篇累牍地报道"满洲建国实绩"："满洲建国以来，国运隆昌，无论在政治、经济各方面，均蒸蒸日上，有着飞跃的进步……关于经济，若通货之巩固，银行之统制，工商业之管理，物价之调整，农业之改良，林矿畜水产业之增产等……满洲国十年来之建树，理想的王道乐土业已呈现在吾人的眼前了。”报道中极尽溢美之词，伪满洲国俨然已变成“理想之国”。株式会社满洲映画协会拍摄于1942年的影片《王道灿烂》，采用影像和文字结合的方法，着意于介绍从1932年溥仪“即位”到1942年的十年间，伪满洲国在政治、经济、文化、社会各方面取得的“成就”，来凸显伪满洲国在日本“建设”下的“复兴”。此外，在日伪时期各种各样的宣传画中，也有许多宣传伪满生活安定富足的场景。有一张宣传画上写着“王道之光普照全球”，伪满洲国上空全是和平鸽，在这块土地上没有枪林弹雨，只有和平安稳。另一张宣传画则把中国划分成两片区域。右侧画面把日伪统治下的东北描述成“快活的满洲国”，而左侧画面中民国政府统治下的地区充斥着杀人与掠夺，一幅战乱频仍、民不聊生的“混乱败坏的中国”景象。

但是，从日本关东宪兵队扣押、没收的信件中，从这些伪满社会亲历者的表述中，却展现出与日伪政权描述截然不同的生活实态，民众生活苦不堪言。

民众在日伪控制下不得不忍受因配给不足导致的粮食匮乏。1941年9月，一封满洲里市某居民的书信中写道：“生活必需品的配给严重不足，给日常生活带来了诸多不便，致使生活陷入了困境。此前一直喂小鸡的东西已经成为我们的重要粮食了，时代已经改变了。”生活必需品严重不足已然成为城镇居民生活的最大障碍，粮食的短缺也导致人们被迫与鸡“争食”。在其他的一些信件中，同样可以看到在一些核心枢纽城市也存在粮食配给不足的情况，这使得广大居民怨声载道。例如，1942年8月，佳木斯南大街鸿洲在信中写道：“现在佳木斯给满洲人的配给包括高粱及其他杂粮在内，10天每人仅4斤，这种配给一天连一顿饱饭都吃不上。”1943年4月，奉天发出的信件写道：“由于粮食匮乏，每天都饱受饥饿之苦。配给不足，奉天市民全都食不果腹。”百姓的信中出现了很多诸如“饿死的人横在大街小巷”“已经到了鸡不鸣、狗不叫的地步”“饿死的人数不胜数”“有很多人死去，还有很多人逃亡”“今年春天有很多人都饿死了”的内容。

严酷的经济统制使得民众维持生活的经营活动难以为继。日伪政府对物资实行严格统制，加之军事运输极大地影响了民用货物运输，种种原因导致商店无法正常经营。从一些来往的书信中便可看到其中的端倪。1941年9月，佳木斯市没有一家商店备齐商品，糕点店、酱油店、酱汤店也合并了，食品店无法经营。同年10月，满洲里也有不少民众反映：“各种商品都实行了配给，连一件物品都没有。自己也有想买的东西，但是不能买。购买是件很困难的事情。”“现在商品贸易也没有开展，也没有东西卖。”1942年5月，由于统制严重，物资很难到手，东安很多大商人都叫苦不迭。1943年1月，伪黑河省孙吴县由于物资统制无东西可卖，加之没有营业额、税金很高，有四成商店破产。1943年2月，齐齐哈尔市泰安大街有名的商店二十几家停业。日伪政府对此不闻不问，正如兴城县市民田瑞丰在信中写道——“对于这种现状，政府冷眼相对，丝毫不关心我们的死活。”

与此同时，物资短缺导致商品价格上涨也使得百姓苦不堪言。在日伪当局无为统治下，配给不足、购买无门，各地市民不得已开始高度依赖黑市交易，导致普通商品的价格高出天际。以百姓赖以生存的粮食为例，当时官方给出的配给价格是“高粱米1斗1元90钱，大豆1斗1元30钱”。然而，黑市的价格要高出10倍之多，如海城县的黑市物价：“高粱米1斗15元，白米1斗30元。”奉天市的黑市物价：“高粱米1斗30元，大豆1斗40元。”而据关东宪兵队1944年上报的非公开的月报显示，一些稀缺物品，如布料类，黑市的价格竟为公定价格的100倍之多。高涨的物价使得民众叫苦不迭，正如东丰县民张庆余所言：“家人很多，但工作的很少，物价高涨，一家人的生活实在难以为继了。”营口市民同样说出了对高物价的不满：“我们的工资是无法维持生计的。每月的负债越来越多。”

另外，在伪满洲国境内生活的青年人还要面临被强制征兵或者充当劳工的境遇。1940年，伪满政府在关东军的授意下颁布《国兵法》，在伪满全境强制征兵，青年人一到规定的年龄，无论是政府人员、公司职员还是从商者，都必须去接受身体检查，合格的去当“国兵”（伪军），不合格的“国兵漏”就被编入“勤劳奉仕队”，“义务”为军部的马割草、烧制木炭等。本来百姓的收入连自己糊口都很难，此举更进一步减少了百姓的经济来源。

更令百姓生活雪上加霜的是，日伪当局还列出种种名目抓“免费工人”。1943年，伪满洲国各城市大约有30万失业者，日本侵略者称其为“浮浪”，认为这是“紊乱社会治安的忧患”，提出实行所谓“保安拘禁制度”，以“维护治安”。为了抓捕“浮浪”，警察机关不时进行突然搜捕，有的小商贩、临时工以及在娱乐场所、街道行走的民众，都难逃被抓的厄运，然后他们将被送进“矫正辅导院”，强迫劳役6个月至2年不等。日本关东军将各种不堪忍受的负担强加给东北人民，对东北民众的经济乃至肉体剥削已达到极点。

这些信件展现出了伪满洲国的真实情况。就连当时在伪满境内的日本

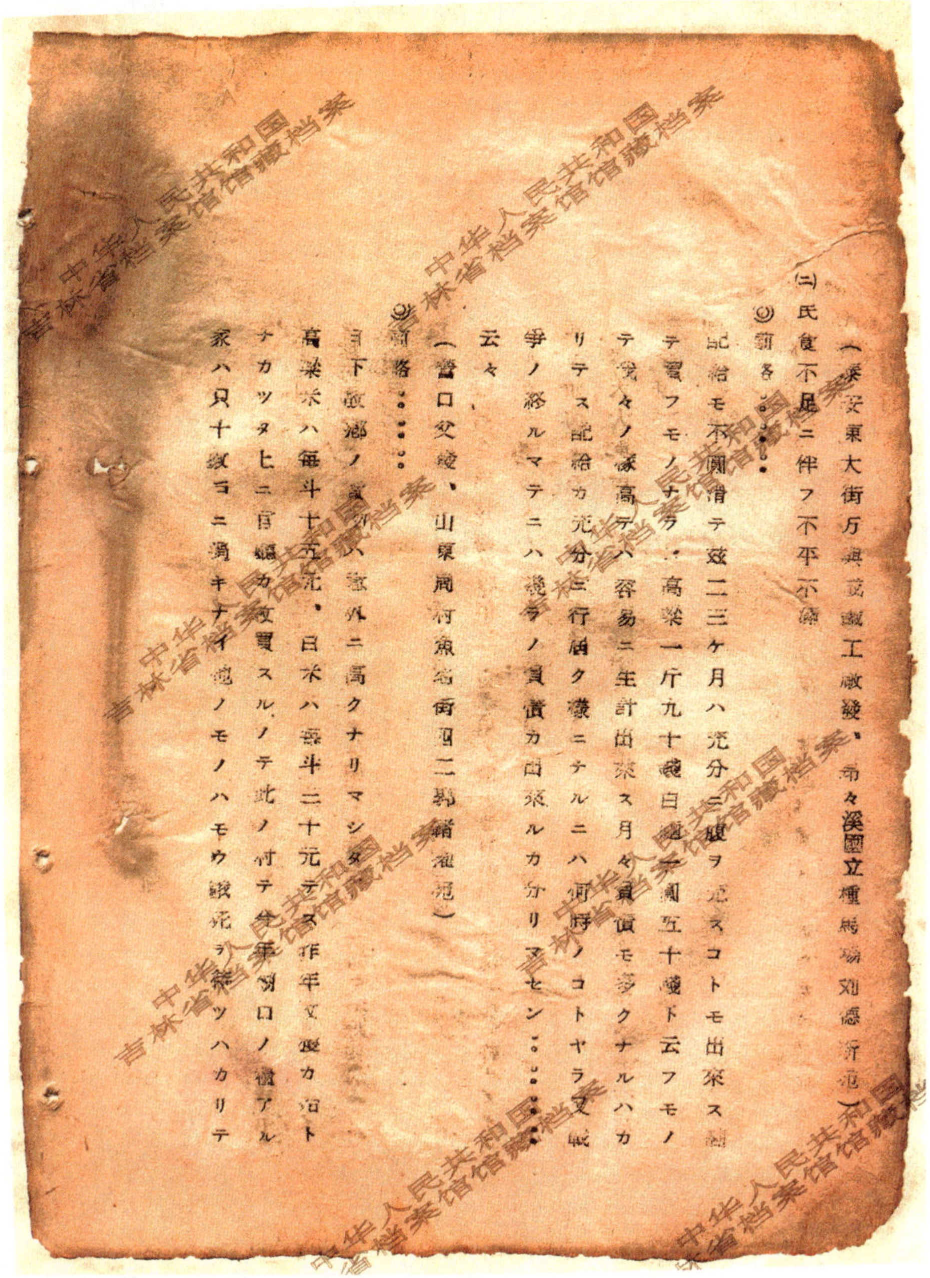
（興安東大街斤與哉織工廠發、本溪國立種馬場劉應沂宛）
(二)民食不足ニ伴フ不平不滿
(ロ)前略。。。。
配給モ不圓滑テ茲二三ヶ月ハ充分ニ腹ヲ充スコトモ出來ス闇テ買フモノナラ：高粱一斤九十錢白麺一斤五十錢ト云フモノテ我々ノ様高テハ容易ニ生計出來ス月々負債モ多クナルハカリテス配給カ充分ニ行屆ク様ニナルニハ何時ノコトヤラ又戰争ノ終ルマテニハ幾ラノ負債カ出來ルカ分リマセン。。。。。。云々
（營口發、山東周村魚市街四二號緒維宛）
(ロ)前略。。。。。
目下故鄉ノ物價ハ意外ニ高クナリマシタ高粱米ハ毎斗十五元、白米ハ毎斗二十元テ昨年ノ数倍カ上トナカツタヒニ官廳カ收買スルノテ此ノ村テ全部ノ口ノ糧アル家ハ只十数戸ニ過キナイ他ノモノハモウ餓死ヲ待ツハカリテ

图 28-1 馆藏档案中记载的海城县黑市物价

人在书信中都写道："报纸上说什么满洲是乐土，国民信赖亲邦，其乐融融等，但事实却正好相反，国民为恶政所苦……无须等到最后，现在就有很多百姓濒于饿死状态。"

对于上述不利于日伪统治的"有害"信件，齐齐哈尔地方检阅部给出的处理意见为："满洲国内的出荷工作及经济统制的强化给民生带来相当大的影响，导致民众不平不满情绪逐渐高涨，而敌国的思想宣传谋略越发积极，鉴于此，我方需严格观察民众思想动向，同时还要进一步强化通信检查。"但伪满洲国民食严重缺乏，社会矛盾非常尖锐，仅仅依靠扣押、没收几封信件来封锁民众的呼声，已然不能掩盖伪满洲国民众生活实态。日本在中国侵略掠夺的本质，昭然若揭！

29. “粮谷出荷”政策给东北农民带来的苦难

段佳欣

日本关东军在东北扶持建立起伪满洲国后，便开启了大规模的殖民掠夺，为疯狂掠夺东北农业资源，全面推行“粮谷出荷”政策。“粮谷出荷”中“出荷”源自日语，意为出售货物或商品，是日伪政府强制农民将其所生产的大部分粮食，按照日伪政府所规定的收购数量和最低的收购价格交售的政策，其收购价格远远低于市场销售价。

“粮谷出荷”政策于1939年末制定，1940年实行，一直持续到1945年日本宣布无条件投降。农民“出荷”数量依据土地数量和贫瘠程度确定，旱田上等地每垧“出荷”一石二斗至一石三斗五升，中等地八斗至一石。水田一等地每垧“出荷”九石，二等地八石，三等地七石。随着1941年太平洋战争爆发，日伪当局又实行了“决战搜荷方案”，要求以“决战下绝对需要之数量”强行缴纳粮食。到了日伪统治后期，随着侵华战争的扩大和战线的拉长，源源不断的日本士兵被作为兵员补充运往东北，以及此时出现的大量劳工都对粮食有紧迫的需求，“粮谷出荷”任务逐年攀升，农民的负担愈发沉重。“粮谷出荷”任务成为伪满各项政策中的重中之重，日伪大小官员、督励班、警察署、协和会、兴农合作社成员便一齐出动，来完成关东军交代的任务。同时，组建“出荷工作班”“取缔班”“情报班”“配合班”“宣传班”“青年特别工作班”及“少年特别工作班”等，强行农民“出荷”，发现私自买卖粮食和瞒产不报的，轻者没收粮食，重者“法办”。各地粮食出荷率一度达到当地粮食年度产量的一半以上，这就意味着农民一年收获的粮食在交完“出荷粮”后所剩无几，许多农民连口粮、种子都没有了。生活最苦的是家无寸土或仅有少量土地而被雇佣的农民，不交出荷粮就得不到生活必需品——“配给”票证。因此，相当一部分农户夏无单衣护体，冬无棉衣御寒，多数孩子赤身裸体，身披麻袋片守着火盆过冬。严重的饥荒，使农民体质状况急剧下降，疾病、死亡率增高，导致了许多骇人听闻的惨案。

另外，每到粮谷出售期，各地暴力殴打农民的事件层出不穷。在1942年的“粮谷出荷”中，90%以上的农户惨遭浩劫，只有极少数地主、富农以及当权者能幸免于难。大户人家卖车卖马买粮食进行“出荷”，小户人家逃荒要饭，甚至沦落到卖掉妻子儿女。这场浩劫中，几千人受到严刑拷打，被逼出逃者几千人，冻饿而死者上百人。严苛的粮食“出荷”政策，给东北人民带来了深重灾难，当时郊外残垣断壁，哀鸿遍野，凄楚场景随处可见。“粮谷出荷”造成的人间惨剧，比比皆是，令人倍感心寒。

在日伪政府种种暴力催逼下，农民不得不把口粮和种子全部上缴，各地粮食严重短缺，农民处于极度饥饿状态，生活困苦不堪。吉林省档案馆馆藏日本关东宪兵队邮政检查档案记录了当时的惨况。富锦县农民在信件上对他的遭遇这样叙述：“他们派遣督促员到省县驻扎，严格督促收缴粮食，要求全量上缴，无论是民食还是种子都要一粒不留地收缴上去。”又如，1943年1月，鸡宁县新平村鸡林屯金承俊叙述了粮食收缴的严格程度：

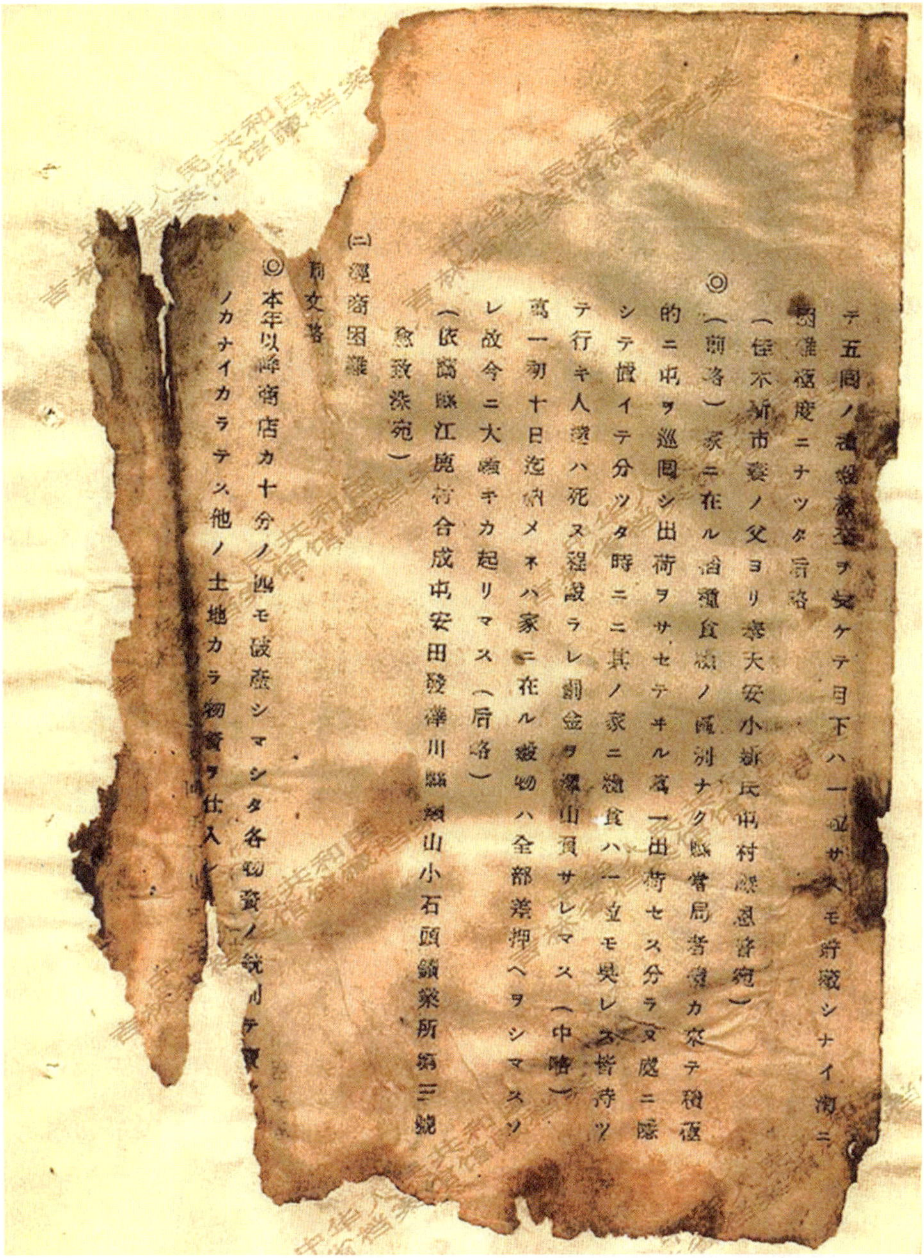
テ五個ノ[illegible]ヲ受ケテ目下ハ一粒サヘモ貯蔵シナイ[illegible]ニ
[illegible]難極度ニナッタ（后略）
（佳木斯市妻ノ父ヨリ泰天安小新民屯村[illegible]恩[illegible]宛）
◎（前略）家ニ在ル糧食ノ區別ナク縣署局書記カ來テ徹底
的ニ屯ヲ巡回シ出荷ヲサセテヰル為一出荷セス分ラヌ處ニ際
シテ置イテ分ッタ時ニハ其ノ家ニ糧食ハ一粒モ與レス皆持ッ
テ行キ人達ハ死ヌ程毆ラレ罰金ヲ澤山貢サレマス（中略）
萬一初十日迄納メネハ家ニ在ル穀物ハ全部差押ヘヲシマスソ
レ故今ニ大騒キカ起リマス（后略）
（依蘭縣江鹿村合成屯安田發樺川縣鶴山小石頭鑛業所第三號
[illegible]致[illegible]宛）
(二)經商困難
前文略
◎本年以降商店カ十分ノ四モ破産シマシタ各物資ノ統制テ買[illegible]
ノカナイカラテ又他ノ土地カラ物資ヲ仕入レ[illegible]

图 29-1 依兰县农民安田发出的信件摘抄

“警察突然出动，督促缴纳粮食。不要说粮食了，就连农家用的耕作种子也全部收缴上去了。”除此之外，伪鸡宁县公署行政科周某发往四平的信中写道：“根据本县命令，1月19日开始全体职员前往各地，开展为期15天的收缴监督工作……在所到之处，对每家每户进行了严格的搜查，甚至连谷物种子都搜出拿走了，男女老幼的哭声响彻天际……经过如此严格的搜查，收缴上来的物资也还不足任务量的40%。”依兰县农民在信件中叙述了自己的境遇：“县当局者们来到这里，在屯内加强巡视，命将家中的稻种和粮食全部上缴。万一谁被发现没有上缴，隐藏粮食，那么就不给他家发一粒粮食，还把所有粮食都拿走，对其往死里打，处以大量罚款。”另外，鸡宁县新平村鸡林屯金承俊的信中也写道：“他们（日伪警察）还挨家挨户严格搜查，查看有无残留的粮食，一旦发现有隐藏的粮食就立即扣押，不仅不给配给，还要投入监狱。进监狱的人数不胜数。”

“粮谷出荷”政策是日伪统治时期东北农民一项极为沉重的负担，为了满足日本侵略战争的需要，东北农民遭受敲骨吸髓式的压榨，一直生活在饥饿线上，其生活是否如日伪统治者所说“宛如隔世”，一目了然。

30. “抓壮丁”下惶恐不安的日子

张建帮

1940年伪满政府在日本关东军的授意下颁布《国兵法》，强制规定年满19岁的男子须服3年兵役，为此在伪满全境强制征兵，无论是政府人员、公司职员还是从商者，都有“义务”被征为“国兵”。所谓的“国兵”其实就是现在我们通常说的伪满洲国的伪军。当伪军意味着不仅要给日本人卖命且背上汉奸的骂名，还要冒着在战场上被打死打伤的风险，自然受到沦陷区人民的强烈抵制。

日军在占领区采用十分严格的信件检查制度，凡被认为有可能动摇军心或者影响日伪统治的信件都会进行没收、扣押、削除等处置，总之很难被收信人看见。在进行处置前，检查者会将信中典型内容抄录留档。馆藏日本关东宪兵队形成的《通信检查月报》中便有大量躲避征兵的内容。

伪满政府规定男子到19岁就要服兵役，所以很多人在申报户口时故意少报年龄，以此来躲避兵役。1940年5月10日，辽阳旗仓街天成号王子轩发给伪热河省滦平县公署王文牧的信件中就写道：“早年由于有被征兵之虞，所以在户口申报时就将年龄少报了几岁，这么算来我今年21岁了，已到了征兵制度规定的适当年龄。实际上我已经26岁了，对户口调查簿进行修改也不是轻易就能办到的。所以，没办法，我想变更住址，搬到别的地方，改回实际的年龄，以免服兵役。”该信件被没收。

伪满洲国“募兵制”改为“征兵制”后，当兵变成了强制性的，也就是抓壮丁。这在1940年1月24日吉林市河南街天德堂禹吉勤发给桦甸县天益堂新记药店程济人的信中就有明确的记载：“现在吉林市内的征兵都是强制性的，而且其情况越来越严峻，导致大家四处逃亡。听说刘仪和吴络清二人为了逃避征兵，今天还搬了家，藏了起来。”

检查人员发现这条线索后，马上上报伪警察厅，可以想象这两名试图逃避兵役的人最后的结果。

有人为了躲避兵役不惜搬家，已经在外的人自然不能回来。1940年2月15日在营口的父亲发给关里临榆县海阳镇小落安寒村刘洪泉的信中就叮嘱道：“满洲在不断征兵，你暂且不要回来，如果可以还是在那边找份工作吧。征兵年限是从20岁到25岁，如果要返乡的话，还是等你过了这个年龄段再回来吧。”

还有的人为了躲避兵役，不惜应聘为伪警察。1940年2月16日，伪察南省永宁镇郭玉队张迟发给伪热河省丰宁窄岭村葭村德转长宅张德甲的信中写道：“我进入警察学校，一是为家计，一是因康德八年（1941年）要实行的兵役法制度。根据那一制度，任何机关都要实施征兵，只有警察被排除在外。”

这样的人绝不是个例。1940年7月10日，伪富锦道德分会发给佳木斯地方伪警察学校滑庆德的信中也写道：“哥哥，光阴似箭，转眼已经过了6个月，我现在心情非常不好。这是因为8月1日要接受征兵检查，若要合格就得当三年国兵，过三年苦日子。一想到这些苦恼，我内心就特别害怕。

为了躲避征兵，我想申请当警察官，请告诉我办理的手续，我不想当国兵。”

没有被征兵的人想尽各种办法躲避兵役，那些迫不得已当了伪军的人又是怎样的想法呢？在通信检查档案中，我们找到了答案：一是嘱托亲人千万不要被“抓壮丁”，二是想方设法脱离兵营。

1940年7月8日，富锦伪治安部医院内科原德金发给牡丹江大平路日本国际观光局刘庆汉的信中写道：

> 我不能脱离之前的生活，每当听到战友说“最近将有新兵入伍”，我就想起你的境遇。我们青年真的很悲惨，你的征兵检查也快临近了，你有没有采取什么好办法？不管你采用什么手段，一定要努力不让自己合格。不管怎么说，军队也不是人该来的地方，因为军人的任务就是杀人、放火以及其他非法行径。军队除了艰苦还是艰苦，能等到什么？有何希望？我们为官衔、金钱而沦为奴隶，生命如此轻贱。你现在跟日本人住在一起，不要掉以轻心，看完这封信立即烧毁。

这个被迫进入伪军的原德金在叮嘱亲人一定要想办法躲避兵役的同时，还不忘提醒对方看完这封信立即烧毁，他显然没想到这封信最终会落入日本人手里，其接下来将面临的境遇可想而知。

无独有偶，黑龙江绥芬河有一个名叫郭义明的人，他也于1943年被迫加入伪军，部队驻地离家有100多公里，为了逃脱兵役，他曾给父亲写信，精心安排了“逃兵计划”，并且也收到了父亲的回信，可是最后却没能成

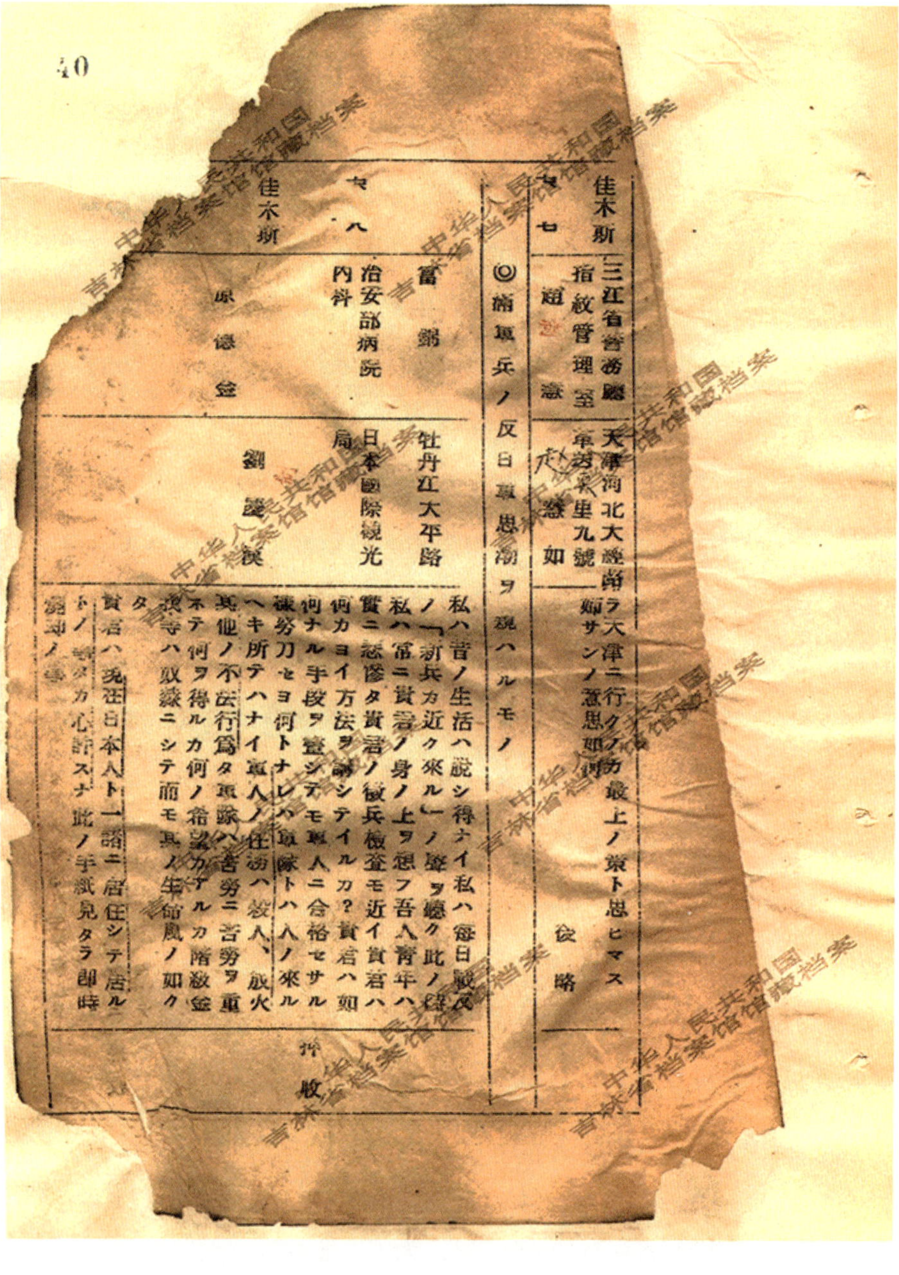
40

佳木斯 三江省警務廳 指紋管理室 趙憲

七 天津河北大經路年壽里九號 趙憲如

ラ天津ニ行クノカ最上ノ策ト思ヒマス
姉サンノ意思如何 後略

◎滿軍兵ノ反日軍思潮ヲ現ハルモノ

佳木斯 原德金

七八 富錦 治安部病院 內科

牡丹江大平路 日本國際觀光局 劉慶漢

私ハ昔ノ生活ハ說シ得ナイ私ハ毎日戰友ノ「新兵カ近ク來ル」ノ聲ヲ聽ク此ノ際私ハ富ニ貴君ノ身ノ上ヲ思フ吾人青年ハ實ニ悲慘ダ貴君ノ徵兵檢查モ近イ貴君ハ何カヨイ方法ヲ講シテイルカ？貴君ハ如何ナル手段ヲ盡シテモ軍人ニ合格セサル様努力セヨ何トナレハ軍隊トハ人ノ來ルヘキ所テハナイ軍人ノ任務ハ殺人、放火其他ノ不法行爲ダ軍隊ハ苦勞ニ苦勞ヲ重ネテ何ヲ得ルカ何ノ希望カアルカ階級金[illegible]等ハ奴隸ニシテ而モ其ノ生命ハ風ノ如クタ

貴君ハ現在日本人ト一諸ニ居住シテ居ルトノ[illegible]タカ心許スナ此ノ手紙見タラ即時燒却ノ事

图 30-1 富锦伪治安部医院内科原德金发给牡丹江刘庆汉的信件摘抄

功脱离部队，反而受到上级无端殴打与处分。为何如此，郭义明百思不得其解。吉林省档案馆保存着一份宁安宪兵分队形成的《通信检查月报》，其中记录：

发信人：郭义明

收信人：郭福全

通信内容：厌战、试图与其父串通以逃避兵役

审批意见：原信发送

原来日本宪兵早已知道他的“企图”，开始暗中施以惩戒。

为了能够成功回家，甚至有人委托家人发假电报，制造回家的借口。吉林省“讨伐”第三大队第二中队第三小队四分队孟云生曾给妻子发去信件，让其找个人，发出一封“母亲病重速归”或“妻子病重速归”的电报。无奈这封信被没收了。我们可以想象他们无尽的期待——转化为失望——再到绝望的心理，他们在信中的呐喊，他们在黑暗中的哭啼，再也没人能听到。据档案记载，有的部队“这样的电报堆满桌子”，可见日本帝国主义为扩大侵略战争的需要，强制青年为其充当炮灰，试图逃脱兵役的人不在少数。

31．伪满强制储蓄政策

桑绍宸

个人非自愿的储蓄，又称“强制性储蓄”，是由英国经济学家于19世纪提出的概念。强制储蓄不同于消费者为节省消费而将一部分收入用于储蓄的自愿储蓄，是由政府强制实施的非自愿储蓄。

1931年9月18日，日本帝国主义发动震惊中外的九一八事变。侵略者为了达到“以战养战”的目的，对东北实施经济掠夺，通过设立伪满洲中央银行、建立殖民地金融体系，打压民族经济、强制储蓄等金融手段，掠夺东北财富资源、榨取东北人民血汗，为扩大侵略战争提供物资保证。

1932年7月1日，具有殖民地银行性质的伪满洲中央银行正式营业，这是伪满洲国傀儡政权的“国家银行”，参与伪政权反动经济金融方针和资源掠夺计划的制定，也是伪满强制储蓄政策的主要推行机构。为配合战争经济，伪满洲中央银行通过名目繁多的强制储蓄措施为支持战争提供了大量的资金，给广大人民带来了深重灾难。

1939年6月起，日伪当局先在城镇后扩展至农村，强制人民储蓄，疯狂进行搜刮，所谓的“国民储蓄运动”随之开始。为保证“国民储蓄运动”的顺利实施，日伪政权先后出台了各种经济政策，将储蓄作为一种强占民众资金的手段，使居民完全丧失了自由选择储蓄的权利。1940年，伪满洲国的年度储蓄指标从上一年的5亿元增至8亿元，1941年又增至11亿元，1942年再增至15亿元，1943年则达到16亿元，1945年达到惊人的60亿元。强制储蓄名目繁多，如“兴农储蓄债券”“满洲储蓄债券”等，1945年还发行“必胜储蓄票”。名义上这些储蓄都属于储户自己的合法财产，实则“除职员退职或死亡者外概不发还”。由此可见日伪对东北民众的搜刮已经到了无孔不入的地步。

伪满洲国的强制储蓄政策对象从伪满“官吏”开始，逐步扩大到一般职员再到普通工人、农民、消费者等，最终覆盖了伪满洲国全体民众，给东北民众的生产生活带来了严重的影响，引起全社会的强烈抵触。

本节所录档案即为延吉宪兵队调查管区内居民针对32万日元储蓄计划的反响后形成的报告。经过调查，延吉宪兵队发现“由于没有贯彻政府奖励国民储蓄的宗旨以及粮食连年歉收，这次32万日元分配额的实施使农村经济更加窘迫，汪清县春明村一部分居民为此感到非常担忧。”据宪兵队对民心动向的暗查，该村村长谈到被摊派储蓄额时说：“这意味着我们必须将收入的三成拿出来储蓄。本村连年遭遇冻害，正处于疲惫不堪之时，此事件可能产生严重的问题。”春明村村民们也表示：“强制储蓄虽为国策，但实在是太苛刻了！”

为顺应《国民储蓄法》的实施，各种强制储蓄政策逐一推行。面对这些政策，锦州市民流露出怨气：“这种储蓄是需要交付国家的，永远不会归还，好不容易获得的利益都被储蓄起来，现在更讨厌做生意了。”“以现在的工资还要储蓄的话，根本一文不剩，连饭都吃不起。”

民众对日伪强制储蓄的不满情绪，还体现在一些“流言”之中。伪满

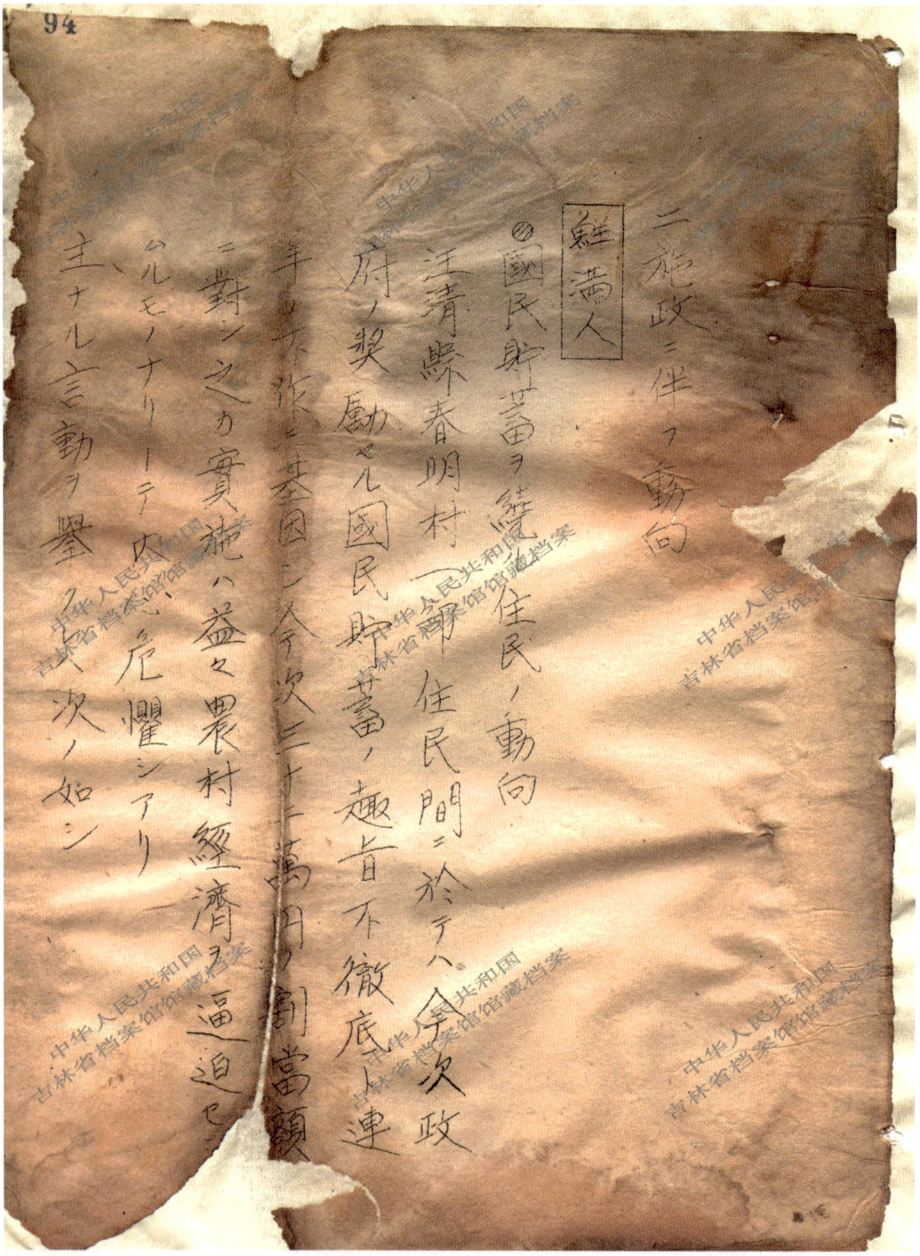
94

二、施政ニ伴フ動向

鮮滿人

㊂國民貯蓄ヲ繞ル住民ノ動向

汪清縣春明村一部住民間ニ於テハ今次政府ノ奨勵セル國民貯蓄ノ趣旨不徹底ト連年ノ不作ニ基因シ今次三十二萬円ノ割當額ニ對シ之カ實施ハ益々農村經濟ヲ逼迫セシムルモノナリトテ内心危懼シアリ

主ナル言動ヲ擧クレハ次ノ如シ

图 31-1 汪清县居民对国民储蓄计划的反响之一

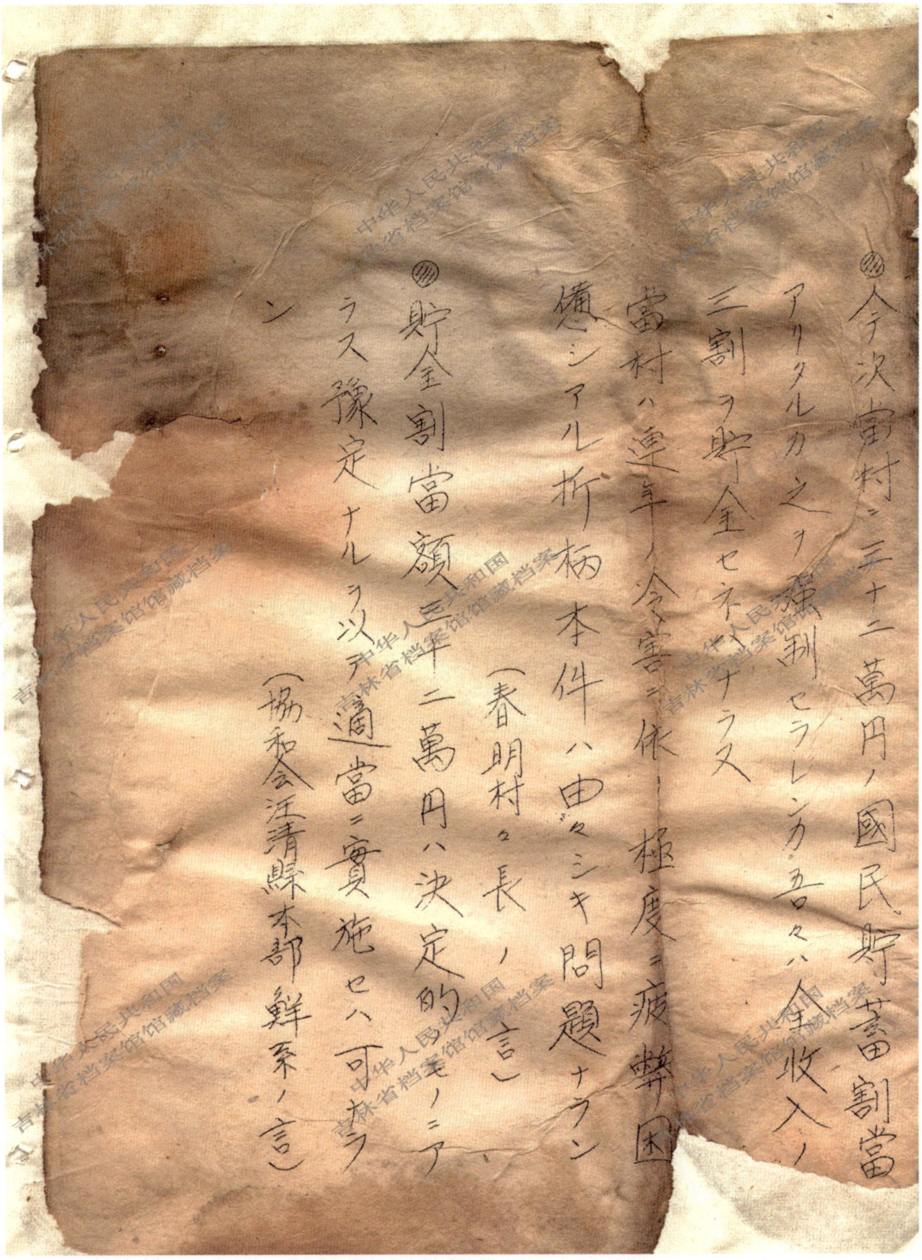

◎今次當村ニ三十二萬円ノ國民貯蓄割當アリタルカ之ヲ強制セラレンカ吾々ハ全收入ノ三割ヲ貯金セネハナラヌ
當村ハ連年ノ災害ニ依リ極度ニ疲弊困憊シアル折柄本件ハ由々シキ問題ナラン
（春明村々長ノ言）

◎貯金割當額三十二萬円ハ決定的ノモノニアラス豫定ナルヲ以テ適當ニ實施セハ可ナラン
（協和会汪清縣本部鮮系ノ言）

图 31-2 汪清县居民对国民储蓄计划的反响之一

警务总局特务处特高科1944年6月的侦查结果显示，1944年上半年各地民众关于储蓄问题产生了如下“流言”——伪滨江省东兴县民间传言当地计划“强制性存储开拓用地收买金”，也就是说农民世代耕作的土地不但被低价卖给日本“开拓团”，而且获得的“收购”金还要直接被用于强制储蓄，这种与明抢无异的行为引发农民恐慌；伪热河省承德县出现“由于日本战败，储蓄票会变得如纸屑一般一文不值”的说法；伪锦州省黑山县传说：“对于卫生检查不合格者，要强制性存款2000—5000元。”这些“流言”反映出居民因强制储蓄政策的推行而产生的不安和恐惧，同时也充分体现了民众对于抗战早日胜利、苦难生活尽快结束的企盼。

居民进行储蓄，其本质是将自身利益最大化，而伪满洲国通过强制储蓄政策侵吞居民储蓄本金，使伪满洲国居民不堪重负，社会矛盾更加激化。长年累月的强制储蓄，使沦陷区的东北民众本已艰难的生活更加雪上加霜。

32.“五族协和”的真相

柯俊波

1890年，在日本第一届帝国议会上，以中国为主要扩张目标的日本“大陆政策”已初步形成。其后发生的甲午战争、日俄战争，直至侵略中国东北，实际上不过都是“大陆政策”的一步步具体实施。1931年1月，曾任“满铁”副总裁的政友会众议院议员松冈洋右在帝国议会上发表演说，提出“满蒙对我国来说，无论在国防方面，还是民族经济生存方面，实际上已成为一条生命线”。同年春，松冈又在《动荡之满洲》小册子的自序中提到“如果日本在满蒙的既得利益被侵夺，满蒙对于日本的特殊地位就会被动摇”。由此之后，日本军部发布命令，大力宣传“满蒙生命线论”。

为了保证日本对于中国东北的长久控制和统治，并麻痹民众，关东军在扶植建立伪满洲国时，提出了“五族协和”的“建国思想”，并通过所谓的《建国宣言》公之于众：“凡在我国家领土内居住者，皆无种族之歧视、尊卑之分别。除原有之汉族、满族、蒙族及日本、朝鲜各族外，即其他国人，愿长久居住者，亦得享平等之待遇，保障其应得之权利，不使其有丝毫之侵损……必使境内一切民族熙熙皞皞，如登春台，保东亚永久之光荣，为世界政治之楷模。”还在伪满设立了“协和会”“宣抚委员会”“满洲国民众指导会”等机构，对民众宣扬“五族协和”思想，推行相关方针政策。但事实是，“五族协和”的真实面目根本就是当时日本帝国主义强取豪夺中国土地资源和人民财富的遮羞布。

1932年5月20日，《西北新闻日报》报道了伪满洲国与日本所订的密约，其第一条规定：“日本为满洲国之管理国……该国（即伪满洲国）须绝对服从其（即日本）指导。”1933年8月8日，日本内阁阁议通过的《满洲国指导方针要纲案》规定：“在现行体制下，由关东军司令官兼驻满帝国大使幕后对满洲国进行统一指导，并通过日系官员实行。”而中国人民，上至“皇帝”溥仪，下至平民百姓，则基本处于被剥夺政治权利的状态。伪黑河省公署参事官祖宪章的信件反映出伪满重要机构几乎皆为日人官吏的状况：“黑河因为数年前开始的经历与状况，加之又是边境的关系，所以省长、次长、厅长均由日本人担任。在科长中，只有民政科长是一名满人。参事官有3人，仅我一个满人，其他一切行政组织都由日本人组成。”由于伪总理郑孝胥与关东军政见不统一，1934年1月24日，时任关东军参谋长的小矶国昭发给陆军省次官一封秘密电报，建议：“对满洲国宪法中之若干条款应予修正，以免选用可能不顾关东军司令官意旨之‘倔强人物’出任总理。又谓有政务可能因总理本人之态度，而有延误停顿之危险。”郑虽然出任了“满洲帝国”第一任“总理大臣”，但因反对日本方面的压制，一年后便失势，并被迫辞官，就连关东军承诺的“建国”功劳金也被冻结。为增加日系官吏，日方还于1932年及1933年进行了两次“清除机关中之不良分子运动”，使伪满洲国内的重要职位大半由日本人直接担任。据统计，1932年4月至12月期间伪中央政府共任命1488人，其中日本人624人，占比42%。由此可见，沦陷后的中国东北在政治上已是关东军统辖下的、日本帝国殖民地体系的一部分。东北民众的信件也言及了关东军的无上权力。1940年1月9日，哈尔滨“中央银行”松本三郎在信中写道：“满洲和日本不同，只要关东军的命令一下，满洲就会听从指挥，‘官僚万能’进一步强化。”在东安的日本人竹内贞子则一语中的：“现在满洲都在日本人的掌握之中。”

日本在侵占东北后，虽倡导“万民平等”，却赤裸裸地实施人种差别待遇。一是日本人的工资要远高于其他民族人民。关于工资的差别，《满洲国政府公报》也有记载，以1939年2月为例，日本工人平均日工资为男子3.66元，女子1.50元，而中国工人为男子0.94元，女子0.52元。而同一级别的官吏，日本人也是“满人”的3—11倍。对于工资的巨大差别，日本人的辩解是：日本人生活水平高，加之属于在外工作，所以薪俸自然要高。

二是粮食等物资配给方面日本人远优于其他民族。由于战争的长期化，战略物资越发不足，为了更多地搜刮伪满民众的粮食，1938年起伪满政府在关东军的授意下制定了《米谷管理法》和《特产物专管法》等农作物统制法令，并从1940年开始实施粮食配给制度。伪满国务院总务厅长古海忠之战后关于粮食配给问题说道：“名义上采取适合各民族生活方式的配给制，实际上是欺骗群众，完全是以日本人为中心的配给制。”东北居民的信件也证实了这一点。1940年6月，珲春一名中国人（信件署名为弟弟，被没收）写道：“满洲的物资全部实行统制配给，给每人发一个粮本，按月配给粮食等物资。但是，无论是物品还是粮食，日本人都只用最好的，剩下的分配给满人、鲜人和汉人，配给的都是质量不好的东西。”1940年12月26日，伪兴安北省长官房民生科财务股秦敏丰在信中写

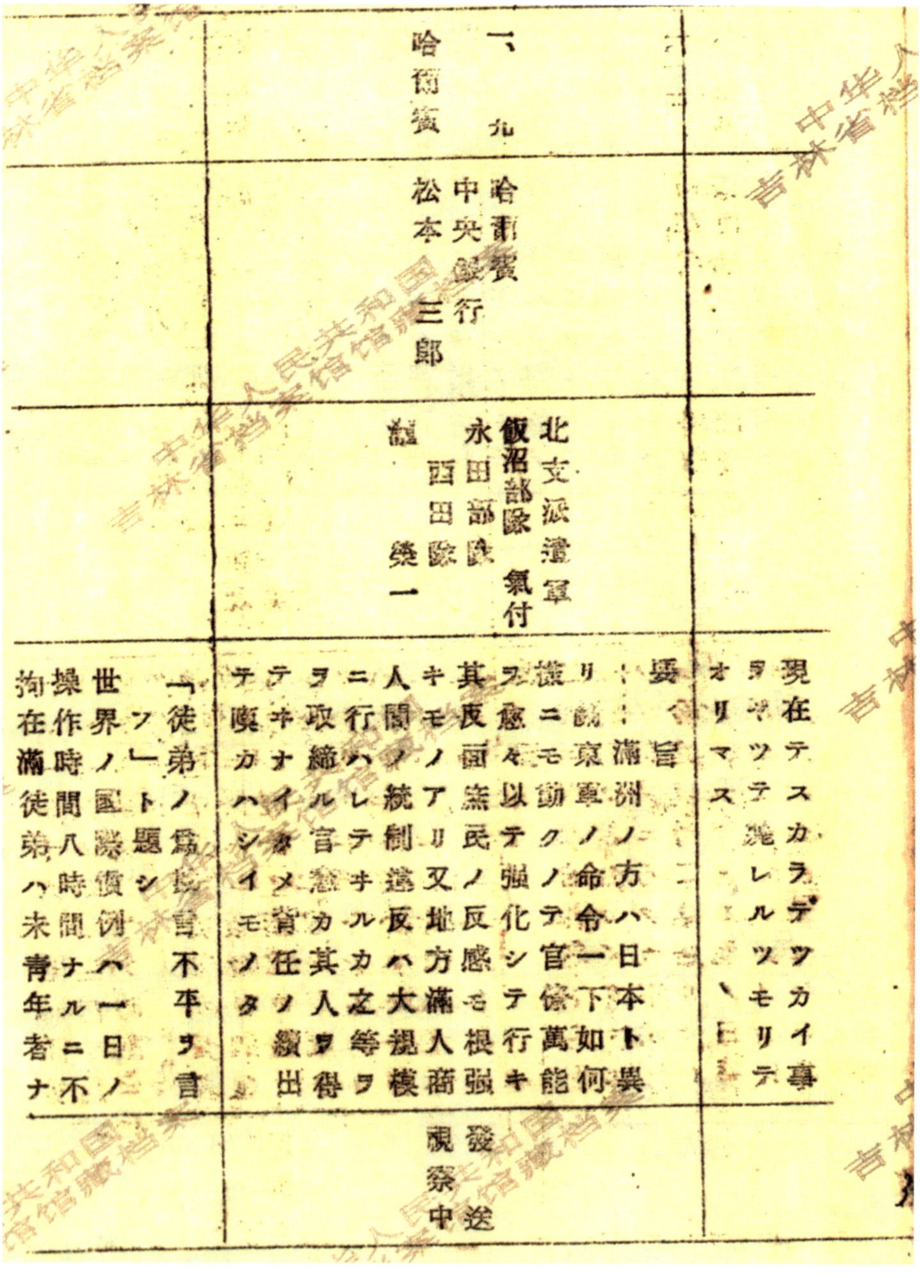

一、九
哈爾濱

哈爾濱
中央銀行
松本三郎

北支派遣軍
飯沼部隊氣付
永田部隊
西田隊
西田榮一

要旨
：：滿洲ノ方ハ日本ト異
リ飭京軍ノ命令一下如何
様ニモ動クノテ官吏萬能
ヲ愈々以テ強化シテ行キ
其反面庶民ノ反感モ根強
キモノアリ又地方滿人商
人間ノ統制違反ハ大規模
ニ行ハレテヰルカ之等ヲ
ヲ取締ル官憲カ其人ヲ得
テヰナイタメ責任ノ續出
テ嘆カハシイモノタ
「徒弟ノ爲長官不平ヲ言
ン」ト題シ
世界ノ國際價例ハ一日ノ
操作時間八時間ナルニ不
拘在滿徒弟ハ未青年者ナ

發送
視察中

现在テスカラデツカイ事
ヲヤツテ逃レルツモリテ
オリマス、日

图 32-1 哈尔滨“中央银行”松本三郎的信件摘抄

道："所有物资都以日本人为中心的原则进行配给，我们满人的生活被限制得非常悲惨。""满人"的生活被限制到什么程度呢？"一年内只有过节才配给一次白面，棉布一年配给两次。满人没有吃米的资格，所以不配给大米。"这是1942年伪热河省"满人"的配给状况。而被戴上"准高等民族"帽子的朝鲜人，其待遇也比日本人低得多。1943年1月，家住承德狮子沟送信所社宅的松原庆子（朝鲜人）写道："日系和鲜系被区别对待，前者的配给要比朝鲜的多得多，所以我们非常痛苦……到哪都有面子的只有日本人。"民族歧视在粮食配给上表现得淋漓尽致。

在伪满洲国时期，日本人的社会地位也远优于其他民族。一是日本人从事的工作要优于其他民族。全面控制农村经济的兴农合作社，其重要职位皆为日本人，1940年9月20日，延吉兴农合作社朴炳卢在信中写道："从此次公布的内容看，日本人中连书记级别的也全部被提拔为理事，而朝鲜人即便从专业大学毕业也只能担任干事。"国策会社"满铁"的人员安排同样如此，1941年9月3日，图们站吴昌范在信中"抱怨"道："满铁会社的重要职位和内务仅录用日本人，外勤即现场和杂役则使用鲜、满人，一看服装就知道他们之间的差别了。"二是日本移民可以欺压伤害其他民族而不受任何惩罚。根据档案记载：1943年3月4日，桦甸县公吉村庙岭"开拓团员"与酗酒干部发生冲突，十名"开拓团员"将已经就寝的二人叫出来，用柴火将其殴打致死。另一份记载：1943年五常县朝阳川"开拓团"向驻地的百姓收取"买路钱"，对搬运薪材的"满人"查验通过许可证，强行索要现金后才允许其通过；山河屯"开拓团员"在民众粮食不足的时候，高价贩卖大豆给"满人"从中牟利，获取了百余元利润。三是日本人在日常生活中可以随意歧视对待其他民族。例如：居住在东宁的日本人石田康子在信中不加掩饰地宣示着作为日本人的“优越”：“因为我们是日本人，可以随便吩咐满洲男孩去买东西，还可以随时烫头发。”伪东安省公署内马美代写道：“在北满日本人特别爱耍威风，满人看起来就像奴隶一样。”在齐齐哈尔的日本人海野德次郎（军人）在信中也写出了“满人”的卑微处境：“满人对于日本人的态度，即使不喜欢，即使自己难受，也绝不说。只要是日本人，即便是日本小孩子所说的话都要绝对服从，就像是动物一样。”就连维持治安的警察也完全不把“满人”放在眼里，在鸡宁的齐藤松枝信中写道：“满人因冻伤死在路上，警察认为死的是满人没关系，路上行人都用脚踢这些尸体。”

正如在“满”日本人佐佐木英雄（国民学校老师）所言：“日满协和根本行不通……现实生活中，其实是日尊满卑。日本人始终对满人进行镇压和征服。”

真正的历史无法被抹去和扭曲，曾经所谓的“五族协和”只不过是日本帝国主义侵略东北、强取豪夺的一块遮羞布而已！

33. 从一本被延吉宪兵队处置的小学教材说起

刘亭均

1943年2月27日，延吉宪兵队向关东宪兵队司令部报告，并通报所属各队：2月25日，珲春宪兵分队居民地查阅班在移动检查中发现珲春县志勇村桦树屯村民住宅中保存了“满洲建国”前使用的小学教材。宪兵队经过调查，确认“持有人在思想上无可疑之处”，对持有人严加训诫后，将书没收。

为何一本旧版教科书会成为宪兵队报告的主题并通报至关东宪兵队各队？这要从日本对东北人民的思想控制和文化渗透说起。

作为山环水绕、物产丰盈的膏腴之地，日本对中国东北垂涎已久。早在清末，日本就通过吸引留日学生和派遣教习人员的方式对我国东北进行文化渗透和扩张。日俄战争后，日本攫取了俄国在辽东的权利，遂开始以办学为主要形式在东北进行大规模的文化渗透，企图在思想上控制东北人民。

20世纪20年代，随着民族意识觉醒，反抗帝国主义文化渗透、收回教育权运动蓬勃开展。1924年，东北教育界响应号召，以谢荫昌、王永江为代表，向日本总领事、“满铁”地方部交涉，要求其尽快交出铁道附属地教育权。由于奉天人民对殖民奴化教育的强烈反对，日本做出部分让步，但从未放弃对东北人民的思想控制。

1931年日本悍然发动九一八事变，1932年扶植末代皇帝溥仪建立傀儡政权“满洲国”。伪满洲国建立后，日本殖民者通过控制伪政权设立教育行政机构、改革教育方针，极大地强化了对东北教育的控制。当然，这种教育的最终目的并非提高东北人民的知识和文化水平，而是强迫和役使东北人民成为日本法西斯侵略扩张的牺牲品。正如溥仪在《关于大东亚圣战的诏书》中所说的“官民一心，万方一志，举国人而尽奉公之诚，举国力而援盟邦之战，以辅东亚勘定之功”，日本当局的殖民侵略之心昭然若揭。

1937年，伪满政府公布了《学制纲要》（即开始施行“新学制”），规定学校教育只允许使用日语和满语，禁止使用汉语，并通过伪文教部编订“国定教科书”，篡改历史，将“满洲”与中华民族割裂，为日本侵略者歌功颂德。据统计，伪满洲国施行“新学制”后，1937年中等教育文化课占总课时比重由原来的90%下降到40%，1942年中学入学率由1939年的38.5%下降到25.2%，学生知识水平显著下降。

日本在伪满洲国时期实施的思想控制远不止于此。在政治领域，建立控制舆论宣传、文化艺术活动的机构——隶属于伪国务院的弘报处，成立向东北人民灌输“建国精神、王道主义和民族协和”思想的伪满协和会。在教育领域，一方面查禁、焚毁知识书籍；另一方面，以“训育忠良之国民”为目的篡改教材，宣扬“王道乐土”，向学生灌输“日满亲善”的奴化思想。同时，肆无忌惮地迫害爱国文化人士，甚至盗掘遗址、洗劫典籍……凡此种种，无所不用其极，意图在东北断绝中华文化的根脉。

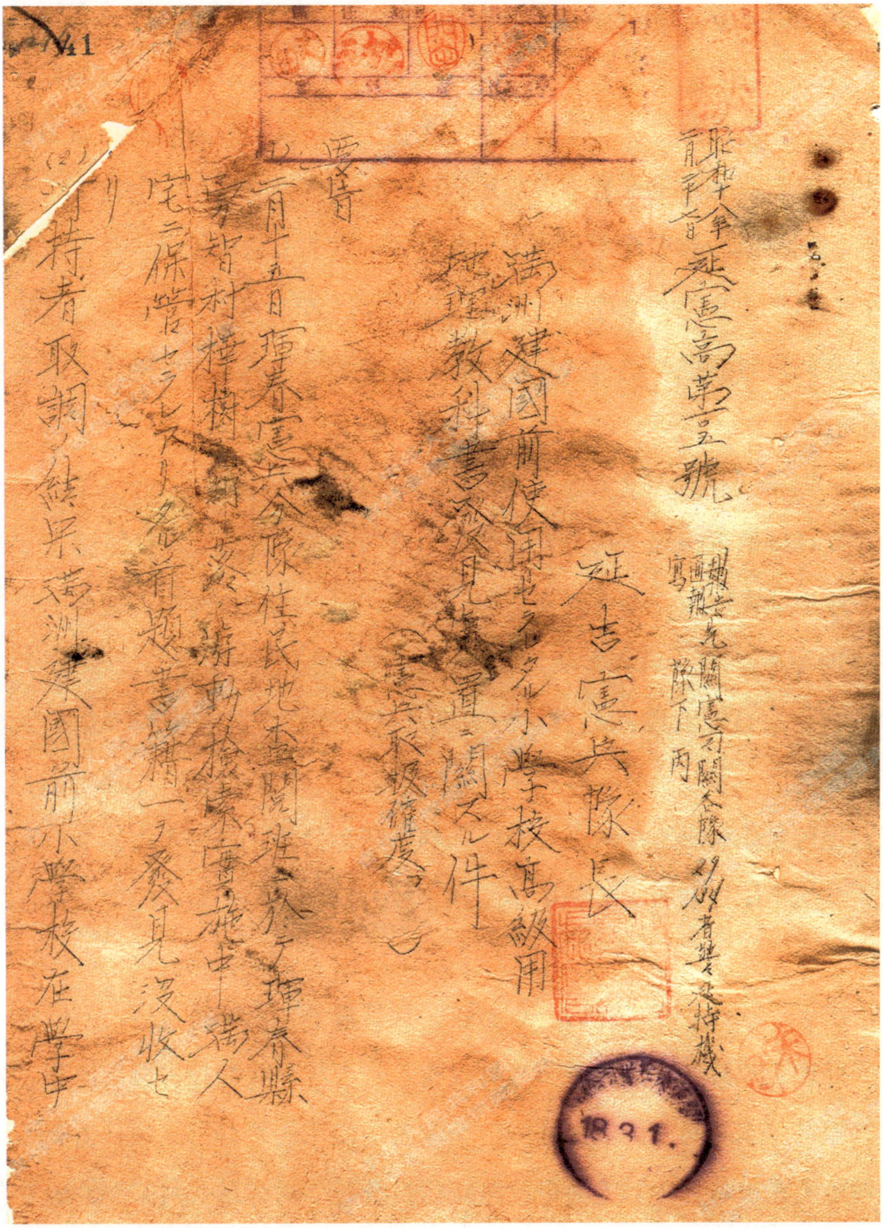

图 33-1 延吉宪兵队发现并处置“满洲建国”前使用的小学高年级用地理教材的报告

文章开头提到的那本教科书的持有者李国仁是桦树屯的一个普通村民，曾在当地小学学习4年，后居家务农。这本教科书是他上学时的课本。1932年，伪民政部发布训令，强令“废止三民主义党义及其他与新国家建国精神相反之教科书或教材。”李国仁“觉得上学时使用的书籍不可继续保管，于是决定将所有书籍烧毁。第二年十二月十日搬家时，落下该教科书忘记烧毁，且一直未发现，夹杂在杂志中放置于一处”。延吉宪兵队居民地查阅班对居民家进行移动检查时，在李国仁家的杂志中翻出了这本教科书。

从档案记载看，这本地理教科书结合当时的国际局势，介绍了各大洲的人文地理情况，如“佛教发源地古印度”“美洲民族北美的富强”“亚洲被压迫的民族”“西亚的新形势”等。在对日本的描述中，教科书直言不讳地写道：“（日本）从大陆方面入侵朝鲜釜义（釜山、新义州），建设铁路，直通我国东三省，与南满洲铁路连接，其势力有日益扩大趋势。”然而，就是这样对事实平铺直叙的描述，也不能被日本侵略者所容忍，足可见伪满洲国的教育并非以开启民智为目的，而是希望民众在日本殖民统治下闭目塞听，忘记中华民族，成为日本殖民侵略者的奴仆，任其予取予夺。

由于李国仁小学毕业后一直务农，且其妻子儿女都是文盲，所以宪兵队的处理是对其严厉训斥并将教材没收。延吉宪兵队的报告最后提到了处理意见：“本教科书为满洲建国前全满各地使用的教科书，预计遗漏处理的数量不在少数，内容上有借此进行抗日教育、对大东亚共荣圈的确立有阻碍之虞，故有必要迅速回收。”

从延吉宪兵队对待中华民国教科书的态度和处置方式，足可见侵略者对东北民众思想控制的重视。相较于侵占领土、烧杀抢掠这类赤裸裸的暴行，文化渗透和思想控制更具隐蔽性、欺骗性。日本殖民者利用教育上的奴化政策，泯灭东北人民的反抗观念和国家、民族意识，以期达到对东北地区长期殖民并将其作为战争工具的目的。

摧毁一个民族有很多方式：掠夺领土、摧毁政权，是政治上的侵略；凌辱践踏、压迫屠戮，是肉体上的摧残；而篡改历史、斩断文脉则是精神上的消灭。国家之魂，文以化之，文以铸之。中华文明中深厚的国家情怀和深沉的历史意识是人类文明长河中的瑰宝，也是中华民族历经千难万险而不断复兴的精神支撑。赓续历史文脉，传承文化精髓，才能真正让中华民族青蓝赓续，薪火相传。

34. 日本的移民侵略政策

段兴丽

九一八事变后，为了让“满洲在事实上成为帝国领土”，日本把向中国东北移民作为侵略中国的重要措施之一。至1945年日本投降，日本向东北植入的“满洲开拓团”达32万人之多。

1895年日本侵占台湾及澎湖列岛，其军政界认为，向台湾大规模移民是统治台湾的有效手段，并以此为侵略经验，逐步向库页岛、朝鲜、中国大陆等地推广。日俄战争后，“满铁”、关东军直插东北腹地，在中国土地上建立起一个“国中国”。当时的日军参谋总长儿玉源太郎及“满铁”第一任总裁后藤新平竭力提倡向东北移民，以此来确保日本在我国东北利益的持续化，并积蓄势力，静待进一步侵占的时机。

1931年九一八事变的爆发直接促成日本“满洲移民”计划的发酵，日本进一步研究制定向中国东北移民的侵略政策。关东军极力主张向东北移民，1932年8月关东军制定了《满洲国农业开发及移民要纲案》，10月以退伍军人为主体的“武装移民”的序幕便火速拉开，“弥荣村开拓团”植入伪黑龙江省永丰镇（今属桦南县孟家岗镇）。1936年，为了解决日本农村疲弊困顿问题并兼顾对苏作战而出台的《满洲农业移民百万户移住计划案》和《暂行甲种移民（即集团移民）实施要领案》，构建了20年内向中国东北植入100万户、500万名特别农业移民的庞大计划，势要在东北建立起“以大和民族为核心，日满不可分”的人口结构，兵不血刃地把“满洲”真正“消化”成自己的殖民地。“百万户移民计划”最终被定为日本的“七大国策”之一，于1937年开始正式实施，日本帝国主义对中国东北的移民侵略进入正式的、大规模的实施阶段，大量东北农民遭受欺压和奴役。

1939年2月起，为了缓解中国人民的仇日、抗日情绪，日本政府便花费心思玩弄文字游戏，把政府主导的政治移民行为美化为大和民族对“满洲”进行的“开发”与“建设”的行为，试图误导与欺骗中国人民。日本军国主义决定以“开发满洲”为名，把与“满洲移民”相关的名称一律更换为“开拓”，此后“移民团”改称“开拓团”，给殖民行为披上“建设”甚至“援助”的外衣。

事实上，“开拓团”从来不是什么披荆斩棘的艰苦拓荒者。在“开拓团”到来之前，日本当局便假手“满洲拓植公社”，为其准备好了耕地、房屋、耕畜和农具等一应物品，“开拓民”在到来之初就可轻松获得一份中国农民若干年也未必能挣下来的家业。为了确保“开拓民”的耕地面积，日本甚至把掠夺、强占东北农民的即耕地列入《满洲开拓第二期五年计划要纲》的文件之中，以象征性的价格强行“征购”中国农民手里的熟地。以当时地价而论，一垧地的买卖价格一般是60—120元，而日本当局“征购”时却仅支付1—10元。截至1945年日本战败时，“开拓团”掠夺到的土地面积高达3.9亿亩，是当时日本本土耕地面积的3.7倍。因讷谟尔河横贯境域而得名的讷河县，位于黑龙江省的西北方，物产丰富，良好的

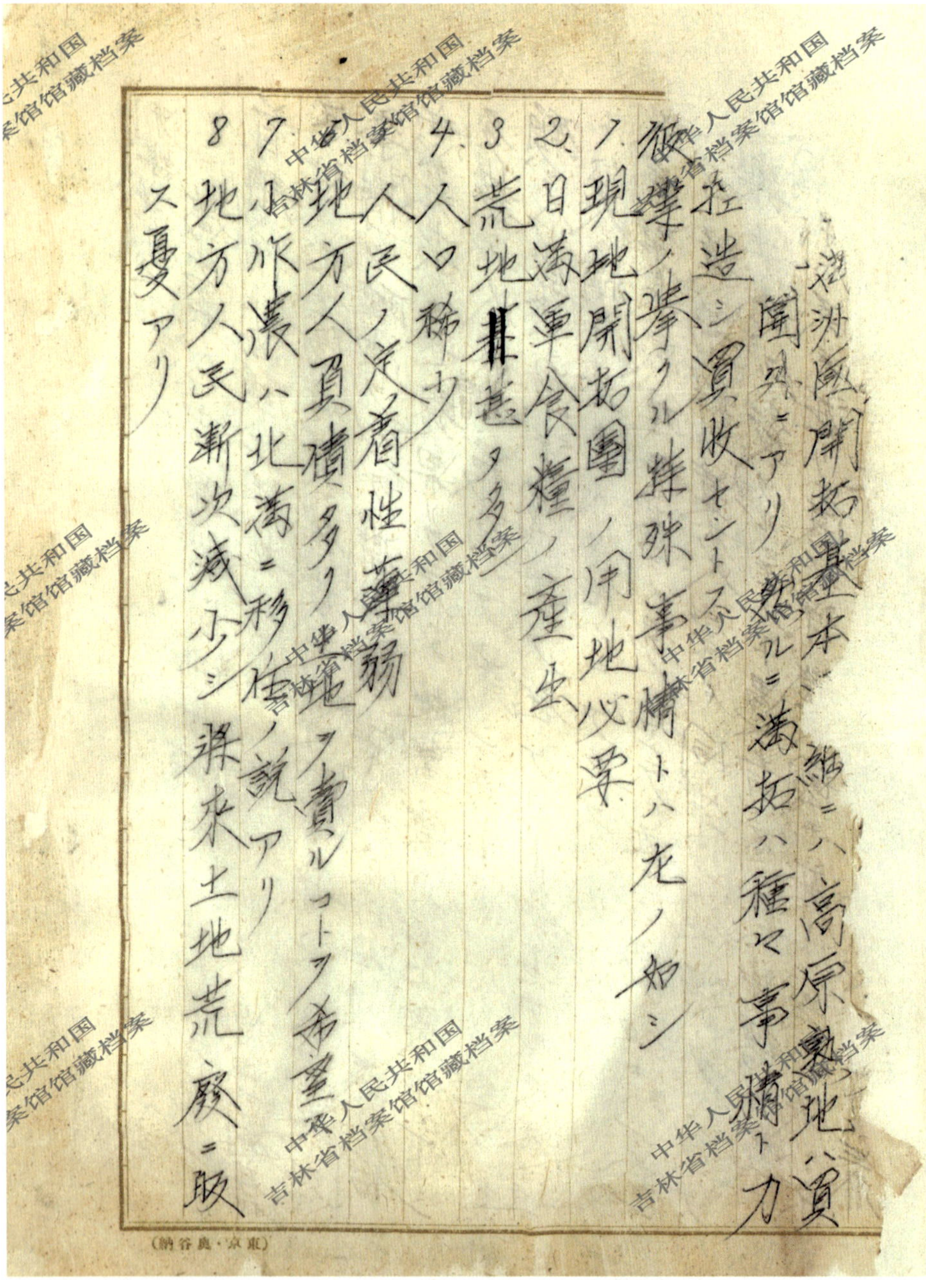
满洲國開拓基本要綱ニハ高原未墾地ハ買
圏外ニアリ然ルニ満拓ハ種々事情ト力
捏造シ買收セントス
彼等ノ挙クル特殊事情トハ左ノ如シ
1.現地開拓團ノ用地必要
2.日満軍食糧ノ産出
3.荒地甚タ多シ
4.人口稀少
5.人民ノ定着性薄弱
6.地方人負債多ク土地ヲ賣ルコトヲ希望
7.小作農ハ北満ニ移住ノ説アリ
8.地方人民漸次減少シ将来土地荒廢ニ瞭
ス憂アリ
(東京·奥谷納)

图 34-1“开拓团”列举诸多特殊情况以进行土地“收购”

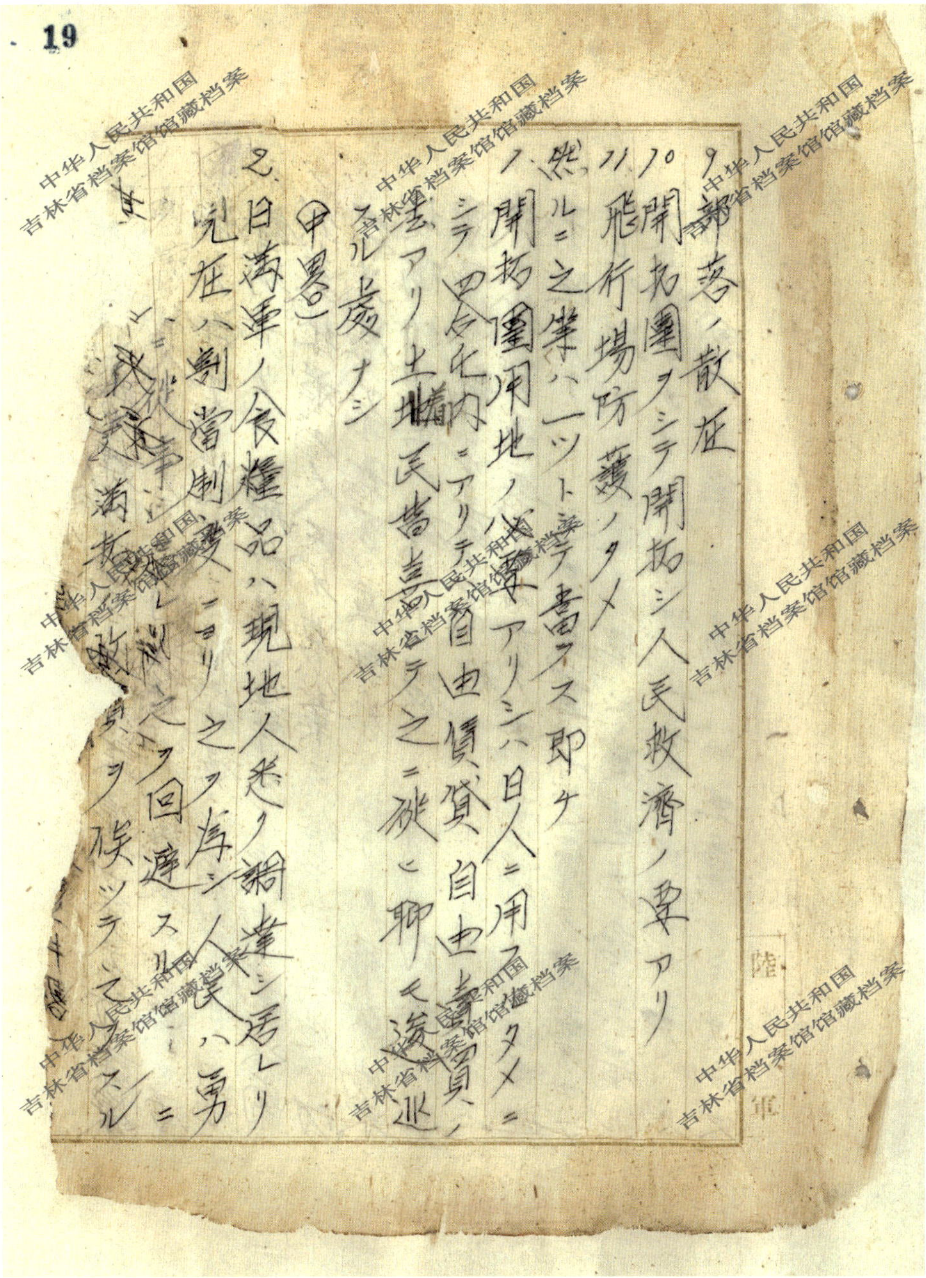
19

9 部落ノ散在

10 開拓團ヲシテ開拓シ人民救濟ノ要アリ

11 飛行場防護ノタメ

然ルニ之等ハ一ツトシテ書ヲ為ス即チ

ノ開拓團用地ノ八割アリシハ日人ニ用スタメニ

シテ四分ノ内ニアリテ自由賃貸自由買賣ノ

要アリ土地ハ満民ニ書ヲ之ニ被ヒ聊モ逡巡

スル處ナシ

（中略）

之日満軍ノ食糧品ハ現地人ヨリ調達シ居レリ

現在ハ割當制度ニヨリ之ヲ為シ人民ハ勇ニ

[illegible]

图 34-2“开拓团”列举诸多特殊情况以进行土地“收购”

农耕条件和优越的地理位置，使其深受移民侵略之害。据统计，1937年至1944年间，日本在讷河县相继移入14个开拓团，计1430户、2714人，强占耕地面积6万多亩。档案记载：“在满洲国开拓基本纲领中，高原熟地在开拓之外。然而满拓却捏造种种事项企图进行收购。”他们列举了很多特殊情况，如“当地开拓团用地需要”“日满军粮食生产”“当地老百姓负债多，希望通过买卖土地还债”“开拓团进行开拓需要人民的救济”等等。

“开拓团”不仅侵占东北土地，还残酷欺压东北农民。伪北安省铁骊县（今黑龙江省铁力市）后郑家屯还先后发生了多次“开拓团员”寻衅伤人事件。1940年11月，当地“开拓团”发生了一起疑似盗窃事件，“开拓团员”不问青红皂白，就将正投宿在该村的一名中国人当成嫌疑人进行殴打，其后20名“开拓团员”又对该村村民使用了蛮横手段，导致多名中国人受伤。

由于“开拓团员”伤害中国人事件根本无人追责，因此类似恶性事件屡次发生。1941年1月，伪北安省庆城县拉林“开拓团”的椙目民男等共19名“开拓团员”，在前往作业场时发现堆积的2石稻谷丢失，未经任何证实就认定是当地中国村民所为，因此椙目等4人以稻谷丢失为借口前往附近的后郑家屯，在伪牌长李正和的陪伴下对村内进行搜查。调查中，在村民张广财家发现其购买了过年用的柑橘，即便伪牌长以及张广财明确制止，椙目等仍然强硬地吃了柑橘，并且要把剩下的全都带走。伪牌长制止道：“这是过年用的物品，不能拿走。”双方争执不休，附近约30名村民纷纷赶来围观。椙目等人立即紧急赶回作业场，召集其他14名团员回到后郑家屯，殴打村民并施加暴行，致使4人受伤。在村民四散之后，他们又杀掉了村内的1头猪、28只鸡和2只鸭子，连同掠夺的谷物一起带走。

最终，此次借口疑似被盗而殴打村民、掠夺物品、伤人等系列行为仅仅被官方归为“饮酒引发的事件”。伪警察署以“开拓团员”进行了道歉为由，草草了事。

“开拓团员”欺压东北农民的情形在档案记载中屡见不鲜。“朝阳川开拓团”“龙王庙开拓团”向搬运木材的“满人”收取通过许可费；“个顶开拓团”以高价向“满人”出售粮食；“神户开拓团”抢夺“满农”木材；黄泥河村“宇检开拓团”因“满人”的猪吃了“开拓团员”的农作物，造成约3元的损失，强迫“满人”无偿提供30辆牛马车搬运农作物；等等。

日本的移民政策从策划到组织实施，无不建立在对中国人民的民族压迫和阶级压迫之上。这些打着“建设”幌子的日本“开拓民”，在日本侵华进程中，在政治、经济、文化、教育等各个方面，都扮演了重要的角色。

35. 日本关东军“征购”军事用地

王 枫

“以时价四分之一或五分之一的价格收购土地为军事所用，这也太蛮横了吧！”

“我们不得不拿着低廉的收购款搬离早已住惯的土地。在这个世上，我们最怕的就是关东军了。”

“又是收购军事用地，又是督促出荷农作物，一直在折磨农民。”

上述激愤的民怨，摘自吉林省档案馆馆藏档案中日本关东宪兵队调查伪满时期东北民众不满言论的记录。这些档案揭露了日本关东军因侵略扩张的需要在东北扩建军事用地，霸占东北人民土地的罪恶行径。

关东军是1905年日俄战争后日军侵驻中国东北的军队。1919年4月，关东军正式成立，司令部设在旅顺，驻军范围为“关东州”和南满铁路附属地。1931年日本帝国主义悍然发动侵略中国东北的九一八事变，不到半年的时间里侵占东北全境，炮制傀儡政权伪满洲国。1932年9月，伪满国务总理郑孝胥与关东军司令官兼日本驻“满”特命全权大使武藤信义签订《日满议定书》，明文规定日军可驻扎在伪满洲国内，承认了关东军对东北的“驻军”权和“治安”权，使整个东北在军事上沦为日本殖民地。随着日

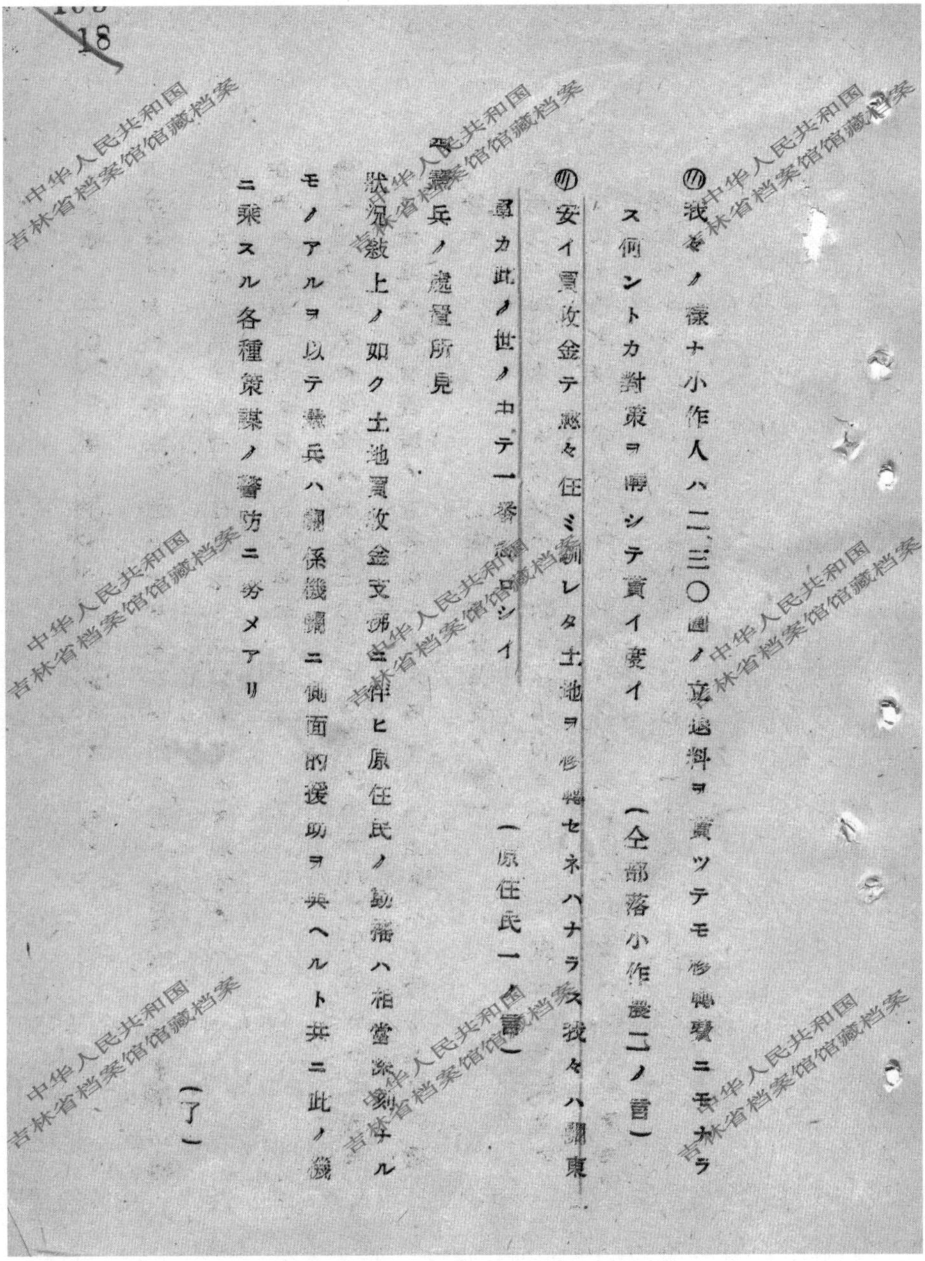

18

(リ)我々ノ様ナ小作人ハ二、三〇圓ノ立退料ヲ貰ツテモ移轉費ニモナラ
ス何ントカ對策ヲ講シテ貰イ度イ　（全部落小作農二ノ言）
(ヌ)安イ買收金テ歎々住ミ馴レタ土地ヲ移轉セネハナラヌ我々ハ關東
軍カ此ノ世ノ中テ一番恐ロシイ　（原住民一ノ言）
四、憲兵ノ處置所見
狀況叙上ノ如ク土地買收金支拂ニ伴ヒ原住民ノ動搖ハ相當深刻ナル
モノアルヲ以テ憲兵ハ關係機關ニ側面的援助ヲ與ヘルト共ニ此ノ機
ニ乘スル各種策謀ノ警防ニ努メアリ
（了）

图 35-1 原住民对日本关东军“征购”军事用地的不满言论

本侵略步伐的加快，驻扎在伪满的兵力也在持续增加。1937年日本发动全面侵华战争，关东军总兵力增加到5个师。1941年苏德战争爆发后，关东军为发动对苏作战而实施特大战备演习——“关特演”，总兵力增加到16个师、70万人。至1945年战争末期，关东军在东北总兵力达31个师、13个旅，近百万人。

关东军兵力和军事工程的激增，急需更多土地以供军用。被划为“军事用地”的土地，不论是农民经年耕作的熟地，还是百姓居住的村落，甚至世代沿用的祖坟，都会被立即“征购”、毁坏。

日本关东军以军用地的名义剥夺东北人民视为生命的土地，与日本开拓移民侵略政策等行径性质相同，都是对东北土地的公然掠夺，是日本侵略者对中国人民犯下的严重罪行。

关东军所谓的“征购”，表面上与正规土地收购无异，实际上却恶意压低土地收购价、肆意抢夺农作物和生产资料、拖欠支付款，给农民带来巨大经济损失。

1941年1月，随着关东军“满洲”第一〇七部队驻屯阿城县成高子镇，军队决定征收哈尔滨郊外香坊区庙台沟附近6个村落作为军事用地，这些村落的1400户村民需要搬离。军队还表示，为使用该地而对农作物造成损害时，军方对其相应损失不承担任何责任。由于当地大部分村民为佃农，而“土地收购金”为地主所得，佃农只能得到寥寥无几的搬家费，他们非但得不到“土地收购金”，还要将自己的生产资料赔偿给地主作为地租。农民们叹怨道：“关东军不仅要把我们赶出这片土地，还没收我们的马或马车抵账，这样一来我们该如何生活啊？希望多少考虑一下我们的死活吧！”“说是军事用地，难道我们农民就要一直被人折磨吗？多少也要考虑一下我们底层农民吧！”

1941年4月，关东军在哈尔滨附近增设“满洲”第三二七部队及四二八部队，“收购”拉（法）滨（哈尔滨）线周家站（今哈尔滨市双城区）附近大约1500垧土地作为军事用地。军队给出的“收购”价格仅为时价的一半，且一年未支付“收购款”。而在“收购”土地之前，日伪在当地推行“奖励增产”，将农作物掠夺殆尽。农民辛苦劳作一年，既失去了耕地和农作物，又没有收到支付款，生产生活陷入了困境。当地一位屯长无奈表示：“‘奖励增产’以后又收购土地，而且还不付钱，新年和第二年春天都是最需要钱的时候，这样下去农民还能活吗？”

在关东军的暴力驱赶和日伪当局的威逼恐吓下，被霸占土地的住民即便尚未找到合适的住所和谋生手段，也必须立即搬离，这导致大量住民流离失所，失去生计。有些走投无路的小农再次变成佃农，遭受地主的剥削和压迫，有些则只能在城市打零工，朝不保夕。

1941年春，关东军在公主岭县规划了一片军事用地，指使伪县当局着手“收购”土地，并准备让该地村民搬迁到长岭县。大部分村民认为长岭县的地质不好而不愿意迁移，其中还有3人为了躲避“出售”土地而逃跑。7月，宪兵队逮捕了逃跑的王玉山和韩庆元二人，强迫其“出售”土地，并派他们去劝说地主徐振声同意“卖”地。农民对“收购”价格、搬迁地等问题十分不满，他们私下议论：“当局以时价约一半的价格收购祖传下来的土地，把长岭的不良土地作为我们的迁入地，这种政策就是对我们的无视。”但百姓终究敢怒不敢言，1942年3月底，在日伪当局的威逼下，当地完成了土地“收购”工作。

1942年1月，关东军延吉“满洲”第八一四部队为扩张军事用地，打算

“收购”延吉县延吉街河南区及长安村部分土地，要求预定“收购”地区内243户中的43户在1月下旬之前搬走，其他200户居民也要在5月下旬之前搬离。时值冬季，搬家和另寻耕地都十分困难，且当地农民许多是贫农，离开固有土地后生活难以为继。农民哀叹：“耕地是农民的生命。然而，现在只是一味地收购耕地用作军事用地，而没有替我们的生计着想，令人心寒。”

1942年4月，关东军与伪齐齐哈尔市公署商议“收购”齐齐哈尔市玉堂街一带面积约26万平方米的土地作为军事演习用地，勒令居民2个月之内搬迁到齐齐哈尔站北部王家屯及青云街南部空地。当地居民大约有4000人（约2000户），他们主要从事农业、马车业和经商等，生活水平普遍较低。关东军“征购”此地，丝毫未考虑农耕发展，更无视居民后续生存问题。搬迁时间正值春耕期，农民错过了耕地时机，直接影响下一年的收成。此地还有一些商人，他们被迫从城市迁移到农村，几乎断了生计，有些人暗自哭诉：“如果让我们这样家里人口多且经商的家庭搬去农村，那么生意也难做，孩子也吃不上饭。”日伪当局对各行各业民众的切身权益熟视无睹，使其生计难以维系，足见日伪殖民统治的罪恶本质。

日军在东北占领大片土地用作军事用地，最终还是为其扩大侵略战争提供便利条件。1934年起，日本为了实施侵略苏联计划，在伪满东、北、西部与苏联边境相毗邻的各地区部署兵力，并在东起珲春，西至海拉尔、阿尔山，途经东宁、密山、虎林、饶河、孙吴、黑河等地的中苏、中蒙边境地带修筑起绵延数千里的军事要塞工程，包括附属的机场、公路、铁路、隧道、桥梁、仓库等军事设施。由于军事工程的修建需要大量劳动力，因此当地村民能够搬迁离开已算幸运，有些地区的村民甚至连同土地一起被“征用”，作为苦役从事军事基地建设，他日沦为万人坑中的累累白骨。

关东军以军用地的名义强占东北土地，使广大农民被迫离开世代生活的土地，失去了美好的家园和赖以生存的生产资料，给他们造成了巨大的经济损失和精神创伤。档案中的记载为我们真实还原了这段令人悲愤的历史，深刻反映了东北民众在国家存亡之际的沉重苦难和抗争精神。

36. “满洲开拓青年义勇队”的恶行

马银爽

东北沦陷时期，日本在进行军事侵略的同时，还在中国东北实行了移民侵略政策，企图通过移民完成后形成的人口优势改变东北的民族构成，达到彻底、永久占领中国东北的目的。

日本侵略者为更好推行移民侵略计划，1938年开始编组“满蒙开拓青少年义勇军”（来到东北后，为掩饰其军事性改称“满洲开拓青年义勇队”），将他们作为移民分期分批地送往中国东北。1939年以后，日本政府为掩盖侵略行径、避免外界指责，以开发伪满洲国没有使用过的土地为名，把移民更名为“开拓民”，移民团更名为“开拓团”。

随着移民侵略政策推行范围逐步扩大，日本移民的暴徒行径变本加厉，特别是在伪牡丹江、北安省等“开拓团”集中地，各类欺压、霸凌、掠夺、伤人甚至虐杀的事件频频发生。

1940年5月，伪牡丹江省宁安县（今黑龙江省宁安市）的“满洲开拓青年义勇队”宁安训练所第二中队的8名训练生在分遣工作期间，与20多名中国当地居民发生了争斗，过程中使用手枪、消防钩等武器，造成1名37岁的中国人被射杀、4名中国人受伤。

事发后，训练所极尽包庇之能，以其也出现1名负伤者为由，并未对这8名训练生采取实际惩戒举措。训练所干部还强词夺理，表示3月下旬训练所附近的中国人村落发生火灾时，“训练生迅速赶来努力灭火，同时拿来包子蔬菜等救济受灾百姓，如实地显示了五族协和的实际情况，受到满人方面莫大的尊敬”，以此为犯罪嫌疑人开脱。所辖沙兰镇伪警察署将实施暴行的主谋佐藤博以伤害和过失致死罪论处，其帮凶7人以伤害罪论处，分别附上酌情审讯的意见，仅以一案文件向牡丹江区伪检察厅解送事件，引渡至训练所反省。日本关东宪兵队的调查报告也避重就轻，反复提及该事件仅由“一时感情亢奋”引起，借此回避训练生罪行及其作为侵略者一员残害当地无辜居民的罪恶本质，掩人耳目。

同年5月12日，同样位于伪牡丹江省宁安县的海浪村五道梁子，“满洲开拓青年义勇队”海浪训练所先遣队的训练生与正在进行新建工程作业的中国劳工发生集体冲突，引发了更为严重的伤害中国人致死事件。

此次事件并不是一朝一夕形成的。1940年4月2日，50名训练生在队长和军务指导员的带领下，从宁安县沙兰镇的“满洲开拓青年义勇队”宁安训练所一起被先遣至现驻地。这些人经常摆架子，肆意妄为。在近一个半月的时间里，这些训练生经常到在该训练所从事新建工程的中国劳工工地捣乱，他们到工棚偷吃劳工的馒头，到作业现场恶作剧，爬上好不容易完成的路基使其倒塌，故意妨碍工程进度，还不管不顾地经常出入唯一一家为中国劳工经营的饮食店，使劳工无法就餐，等等。一系列的卑劣行径，引起了劳工们的厌恶。

5月12日12时左右，训练生清水正木等二人到海浪村五道梁子，想要出售其盗取的由训练所官方供给的4双日式布袜。他们在饮食店用汉语向2名

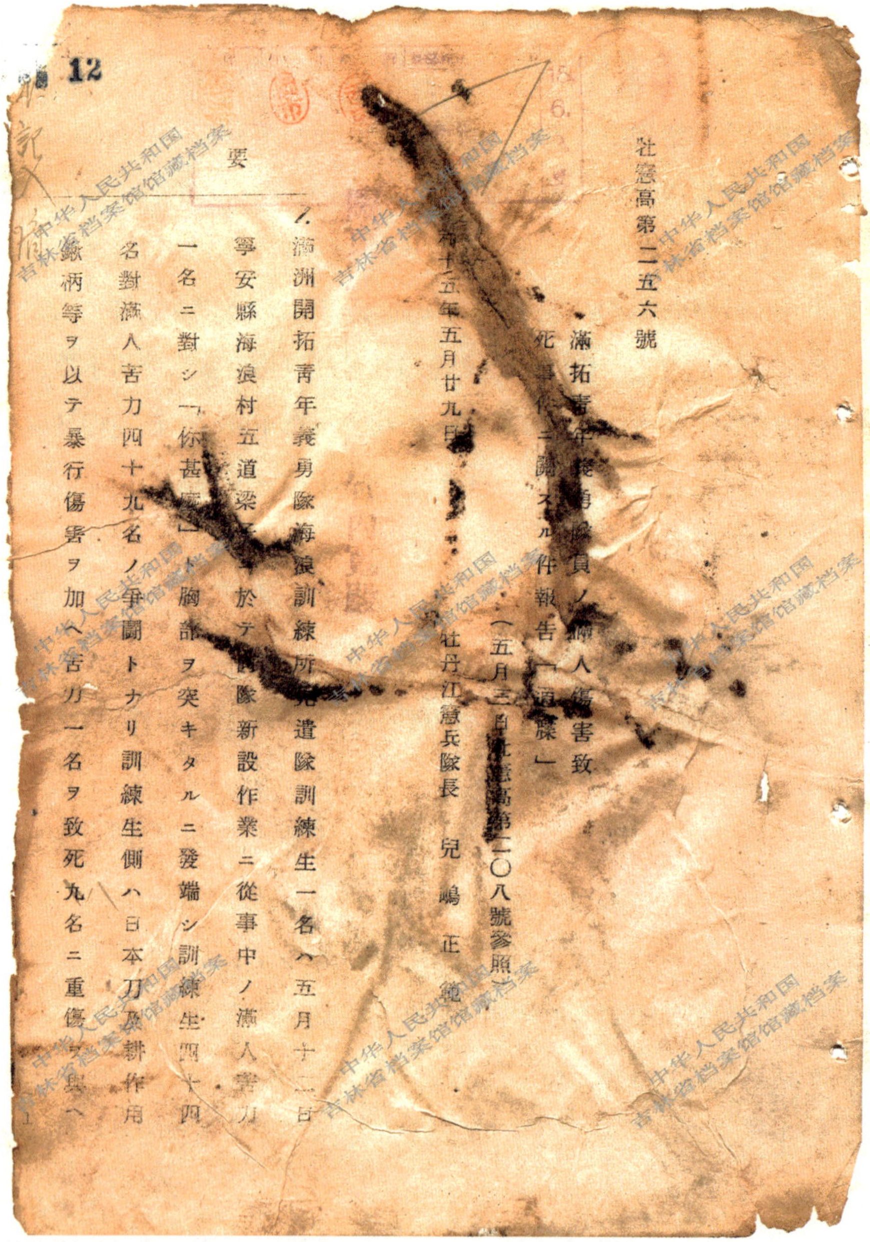

12

牡憲高第二五六號

滿拓青年義勇隊員ノ滿人傷害致死事件ニ關スル件報告「通牒」

（五月三日牡憲高第二〇八號參照）

昭和十五年五月廿九日　牡丹江憲兵隊長　兒嶋正範

要旨

一、滿洲開拓青年義勇隊海浪訓練所先遣隊訓練生一名ハ五月十二日寧安縣海浪村五道梁子ニ於テ同隊新設作業ニ從事中ノ滿人苦力一名ニ對シ「你甚麼[illegible]」ト胸部ヲ突キタルニ發端シ訓練生四十四名對滿人苦力四十九名ノ爭鬪トナリ訓練生側ハ日本刀及耕作用鍬柄等ヲ以テ暴行傷害ヲ加ヘ苦力一名ヲ致死九名ニ重傷ヲ負ヘ

图 36-1 牡丹江宪兵队关于“满洲开拓青年义勇队”队员伤害“满人”致死事件的报告（通牒）

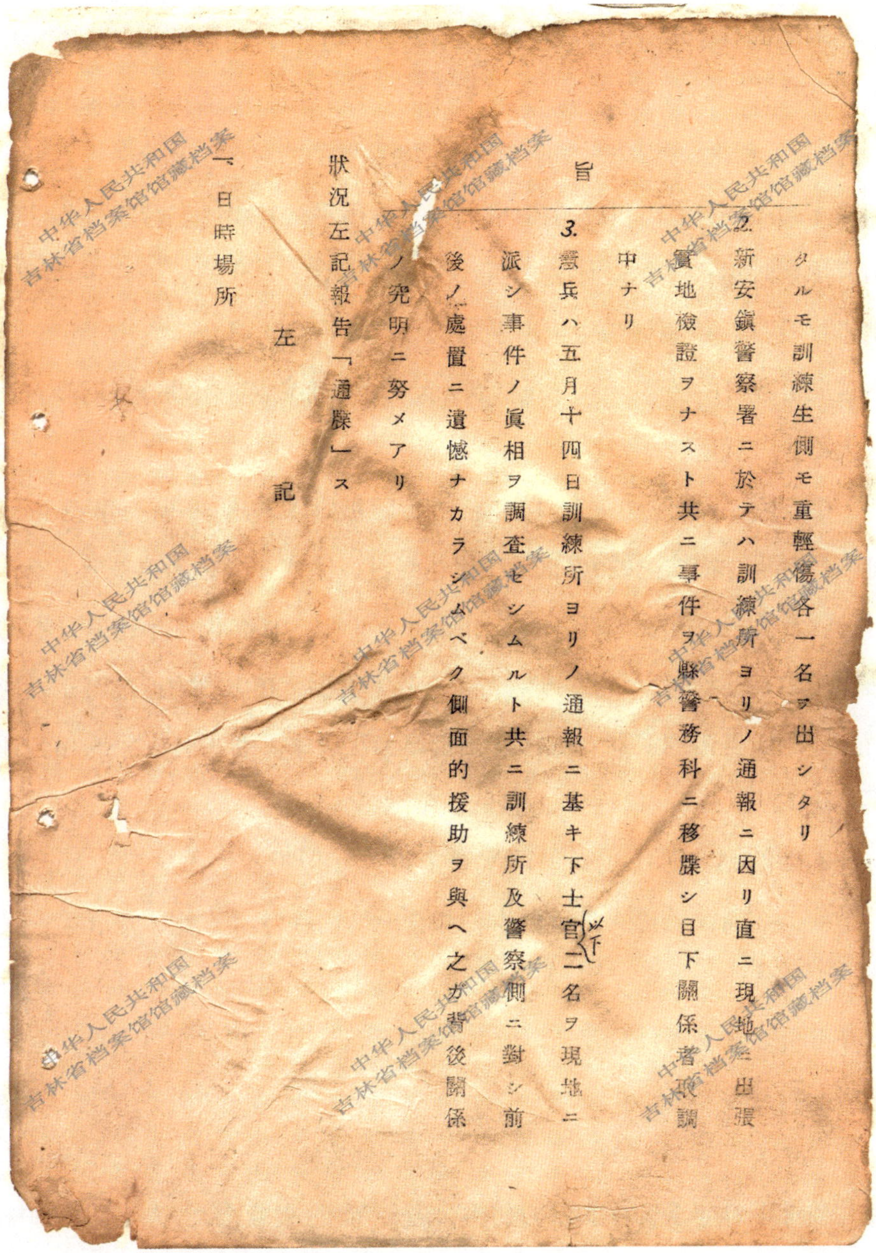

タルモ訓練生側モ重輕傷各一名ヲ出シタリ
2.新安鎭警察署ニ於テハ訓練所ヨリノ通報ニ因リ直ニ現地ニ出張
實地檢證ヲナスト共ニ事件ヲ縣警務科ニ移牒シ目下關係者取調
中ナリ
旨
3.憲兵ハ五月十四日訓練所ヨリノ通報ニ基キ下士官二名ヲ現地ニ
派シ事件ノ眞相ヲ調査セシムルト共ニ訓練所及警察側ニ對シ前
後ノ處置ニ遺憾ナカラシムベク側面的援助ヲ與ヘ之ガ背後關係
ノ究明ニ努メアリ
狀況左記報告「通牒」ス
左　記
一、日時場所

图 36-2 牡丹江宪兵队关于“满洲开拓青年义勇队”队员伤害“满人”致死事件的报告（通牒）

正在喝酒的劳工兜售，劳工说“没有钱买不了”，而被拒绝的训练生用日语谩骂道：“有钱买酒喝，没钱买袜子，浑蛋！”跟清水一起来的还有中村等5人，在饮食店隔壁的前院看到刚刚被骂的两名劳工和另外七八名中国劳工一起瞪着他们。训练生中村上前一边用手戳其中一名劳工的胸部，一边言语挑衅道：“你是什么东西？”随后又追上走开的劳工并将其按倒在地进行殴打，其他训练生也出手加入了殴打行列。其余劳工出于正义，出手援助被殴打的劳工，双方扭打到一起。8名训练生在主动施暴后没有尝到太大甜头，就返回了先遣队的临时本部。

中村等人为售卖被劳工拒绝、随后被瞪又施暴未果一事感到“羞耻”，对当时宿舍内的9名训练生讲述经过，他们一致认为这是劳工有计划地侮辱日本人，叫嚣着劳工应为此谢罪。于是，16名训练生带着日本刀和耕作用的长度约为2米的铁锹柄去袭击劳工工棚，在工棚附近被劳工发现，就立即用所携带的武器对劳工开始了第二次袭击。袭击劳工后的16名训练生去往训练所建筑事务室，后被队长带回了本部。

本部的43名训练生对前两次袭击行为非但没有悔改之意，反而不甘心于此，在商议后再次带着日本刀和铁锹柄前往劳工工棚，开展第三次报复。工棚外的少数劳工发现了逼近的训练生后向山里逃去，训练生在后追赶并不断地砍或者殴打劳工，一直追到3千米之外，19时左右全员才返回先遣队本部。

至此，历时7个小时，涉及43名训练生袭击中国劳工的暴力伤害事件结束。训练生对劳工实施的暴力伤害，致使劳工1人死亡，9人头部、颈部、肩部重伤，还有40人受到不同程度的损伤。日本以“相关劳工都是外出务工人员，引起的反响较小”为由，未对实施暴行的43名训练生采取任何实质性的惩戒处置。

日本关东宪兵队的调查报告中，附带训练生商议地点、训练生三次行进路线等地图，可谓形成了完整的施暴证据链，但却得出结论："海浪训练所先遣队训练生是由宁安训练所选拔的优秀者组成的，从派到该地以来，没有看到与村民之间发生过值得担忧的现象"，并强调此次事件仅由"训练生年少且指导者监督不力"导致，极力为施暴者开脱。

这一桩桩、一件件，都揭示了日本移民对当地中国人无端实施暴行的罪恶本质，这些事件并非偶发事件，而是名为"训练生"的日本移民以日本帝国主义为"后盾"，以伪满政权软弱可欺为条件，实施的霸道的掠夺和无尽的欺凌。日本关东宪兵队、所辖伪警察署也从未实际处分或惩戒施暴者，所谓的安置或补偿措施也未落到实处，均以"公平处置""圆满解决"等结果避重就轻，妄图掩盖暴虐行径。

37. 日本“开拓团”对东北农民的欺压

高 瑛

从1905年日俄战争结束到1945年8月日本战败投降的40年间，日本政府对中国进行军事侵略的同时，也对中国东北实施了有计划、有组织、有步骤的移民侵略，妄图以移民人口来积聚势力、占领土地、进行殖民同化，吞并中国东北，进而侵略整个中国。为推行移民侵略政策，日本侵略者大肆掠夺东北地区的土地，低价“收购”、强行“买卖”中国东北农民土地的暴行屡屡发生，遭到东北农民的强烈反对。吉林省档案馆保存的日伪自身形成的档案中便有大量关于东北农民抵制日本“开拓团”低价强买霸占土地的记载。

1939年12月，公主岭山路乡集合“开拓团”因移民增加130户，在“开拓团”所在地刘房子以及邻接的朝阳、大榆树三处林地内实施“收购”3000町土地的方案。收购的地域与公主岭飞行部队的飞机场、关东军兵器厂用地接壤，因此“开拓团”要收购该区域，“有利于防谍、演习及警备”。1940年2月，154名“地主”以“本次收购为日本移民驱逐满洲原住民的措施”“军事上的重要土地无需开拓团进行防谍”为由，向伪满洲国产业部及其他“中央机构”提交了“收购撤回陈情书”，“陈情书”中还指出，“他们是在选择肥沃的土地，舍弃贫瘠的土地，所谓防范上的必要只是一个遮掩罢了”。随后，反对“开拓”活动越发激烈并逐渐扩大。4月9日，有106名林民向伪县当局提出反对陈情。反对活动从2月份一直持续到5月份，5月11日伪县当局派伪副县长到大榆树和朝阳对林民进行“安抚”，然而全部林民采取“不出席”战术，致使伪副县长无功而返。恼羞成怒的日伪当局以“妨碍公共安全”为由，将“尖锐分子”刘房子林袁家屯陈静波等3人逮捕。最终，“开拓团”“收购”了计划土地的六分之一后不得不终止。

1942年，伪锦州省台安县部分“地主”反对收购“开拓”用地的斗争规模也比较大。吉林省档案馆馆藏伪治安部警务司长谷口明三给关东宪兵队司令官的两份报告记录了当时一些情况。档案记载，伪锦州省台安县的“开拓”用地选定黄家村北的500垧肥沃土地，本来就有限的肥沃土地这样被低价“收购”，极大地损害了当地农民的权益，他们认为地价等级不均衡、地价低贱，于是向日伪政府提出陈情，反对收买土地。但日伪政府根本没有受理他们的陈情，土地“收购”的事情依旧在按计划推进。

1942年6月16日早上8点左右，伪县当局和“开拓总局”的6名职员在4名伪警察官的护卫下（其中1名是日本人），携带30万元现金来到黄家村公所准备现场支付“收购款”。这一行人刚到村公所，只见160名农民挥舞着镰刀、棍棒，杀到村公所，怒吼道：“我们绝对不卖土地。杀了日本人！我们也不活了！”在村公所内外集合的农民也按捺不住，爬上村公所的土墙，连连喊道：“日本人太坏了！我们无论如何都不卖地！”下午1点，“开拓总局”派来的人拿上钱，狼狈地乘车返回，但是村民们堵在卡车前面，依旧表达自己的诉求和不满，大声喊道：“无论如何也不卖土地！日

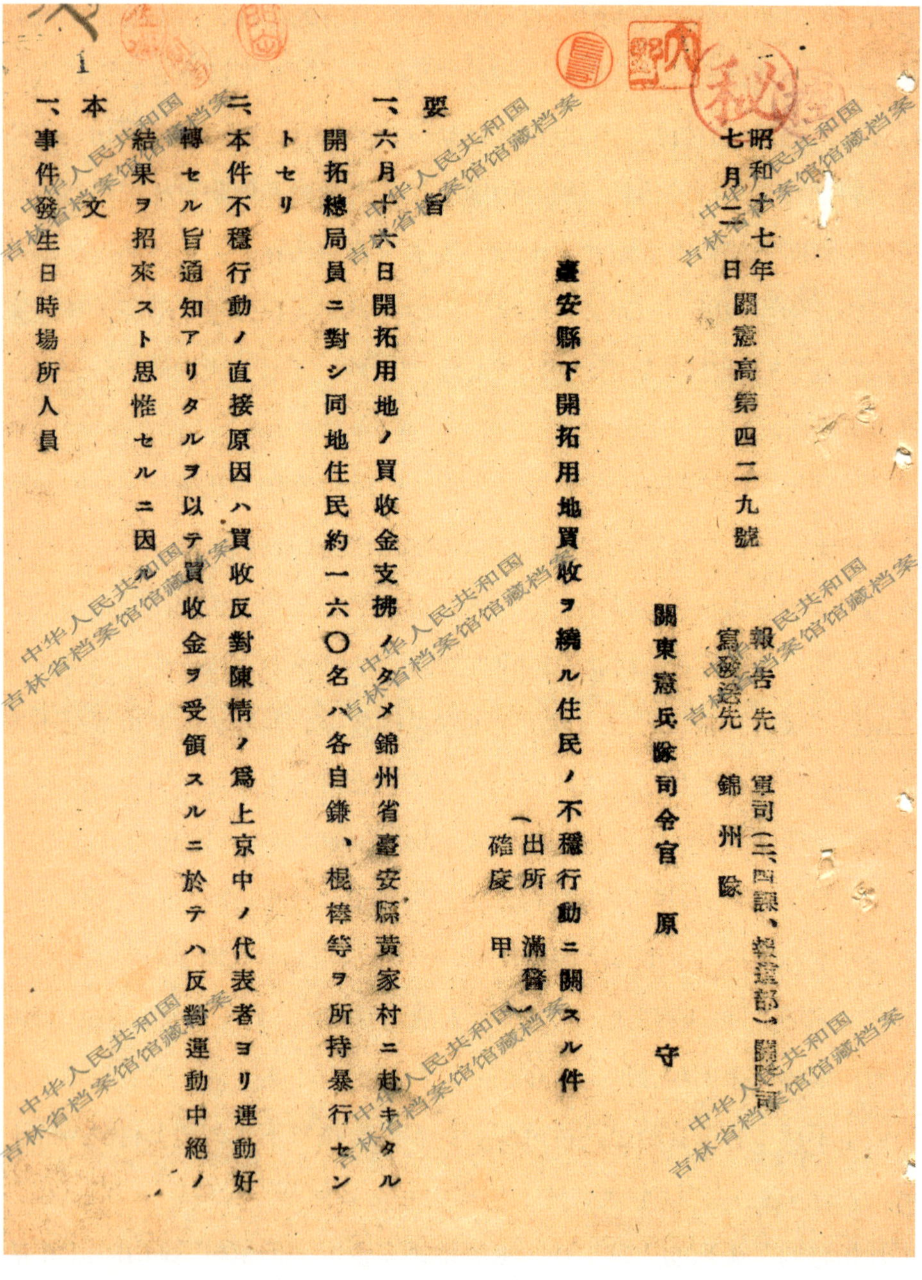

昭和十七年
七月二日 關憲高第四二九號

報告先 軍司(三、四課、報道部)關防司
寫發送先 錦州隊

關東憲兵隊司令官 原守

臺安縣下開拓用地買收ヲ繞ル住民ノ不穩行動ニ關スル件
(出所 滿警)
確度 甲

要旨

一、六月十六日開拓用地ノ買收金支拂ノ爲メ錦州省臺安縣黃家村ニ赴キタル開拓總局員ニ對シ同地住民約一六〇名ハ各自鎌、棍棒等ヲ所持暴行セントセリ

二、本件不穩行動ノ直接原因ハ買收反對陳情ノ爲上京中ノ代表者ヨリ運動好轉セル旨通知アリタルヲ以テ買收金ヲ受領スルニ於テハ反對運動中絕ノ結果ヲ招來スト思惟セルニ因ル

本文

一、事件發生日時場所人員

图 37-1 关于居民针对台安县内“开拓”用地“收购”的不稳行动的报告

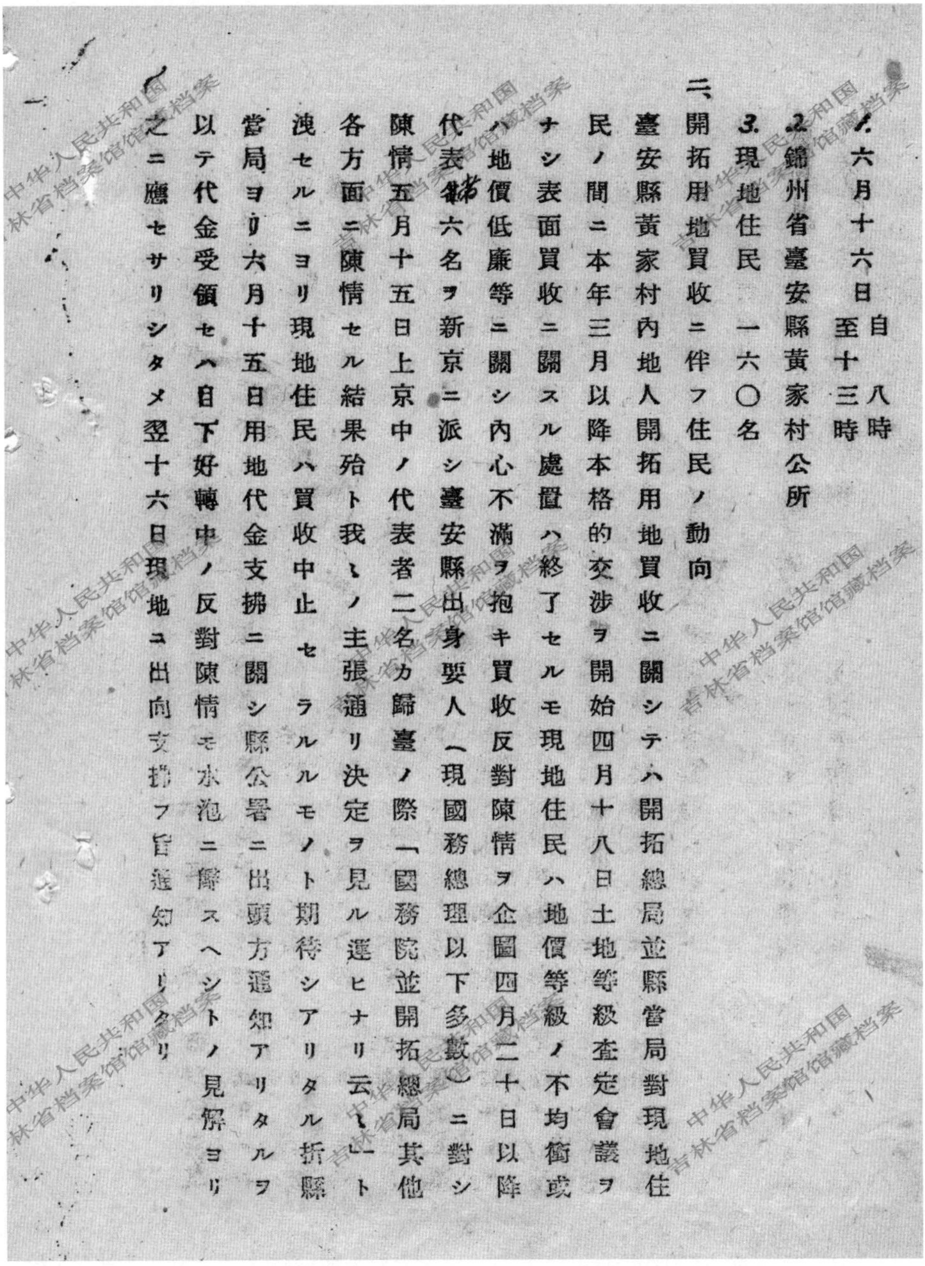

1.六月十六日 自八時 至十三時

2.錦州省臺安縣黃家村公所

3.現地住民 一六〇名

二、開拓用地買收ニ伴フ住民ノ動向

臺安縣黃家村內地人開拓用地買收ニ關シテハ開拓總局並縣當局對現地住民ノ間ニ本年三月以降本格的交涉ヲ開始四月十八日土地等級查定會議ヲナシ表面買收ニ關スル處置ハ終了セルモ現地住民ハ地價等級ノ不均衡或ハ地價低廉等ニ關シ內心不滿ヲ抱キ買收反對陳情ヲ企圖四月二十日以降代表者六名ヲ新京ニ派シ臺安縣出身要人（現國務總理以下多數）ニ對シ陳情五月十五日上京中ノ代表者二名カ歸臺ノ際（國務院並開拓總局其他各方面ニ陳情セル結果殆ト我々ノ主張通リ決定ヲ見ル運ヒナリ云々）ト洩セルニヨリ現地住民ハ買收中止セラルルモノト期待シアリタル折縣當局ヨリ六月十五日用地代金支拂ニ關シ縣公署ニ出頭方通知アリタルヲ以テ代金受領セハ目下好轉中ノ反對陳情モ水泡ニ歸スヘシトノ見解ヨリ之ニ應セサリシタメ翌十六日現地ニ出向支拂フ旨通知アリタリ

图 37-2 关于居民针对台安县内“开拓”用地“收购”的不稳行动的报告

本人最坏！”

据伪满国务院弘报处《旬报》第166期载，截至1944年末，日本“开拓民”共占地152.1万公顷，约占东北全部耕地面积的十分之一。日伪当局推行的移民政策极大地损害了东北农民的权益，他们在武力的支持下，以“收购”土地的名义，赶走东北民众，强制掠夺和侵占东北农民的土地和私有财产，以“开拓”之名行侵略之实的险恶用心昭然若揭。

下篇

浴血奋战铸忠魂

38. “九一九”长春抗敌

王玉梅

武装占领中国东北，是日本“大陆政策”的重要组成部分。为此，日本帝国主义不断制造事端，积极扩军备战，伺机侵占中国东北。1931年9月18日晚上10点半左右，盘踞在中国东北境内的日本关东军炸毁沈阳北郊柳条湖附近一段南满铁轨，并栽赃陷害中国军队所为，震惊中外的九一八事变爆发。一夜之间，日军攻占沈阳。几乎与侵占沈阳城同时，关东军发动了侵占长春的行动，长春宽城子护路营和南岭边防军大营的驻军在毫无戒备、又有“不准抵抗”命令的情况下顽强抵抗，自发地进行了一场英勇抗击日寇的斗争。这就是被日本媒体称作“出乎意外的伤亡”的长春“九一九”抗敌。

长春是重要的铁路枢纽，吉林省城的门户，战略地位十分重要。九一八事变发生时，驻守长春的中国军队总计约5900人，炮约50门。其中，二道沟宽城子兵营步兵650人，南岭兵营步兵2350人、炮兵及其他2000人、炮约42门，城内步兵320名、炮8门。9月19日，关东军司令官本庄繁命令驻扎在长春附近的第二师团第三旅团向长春进击。第三旅团旅团长长谷部照俉立即抽调第四联队的两个大队以及公主岭独立守备队总兵力约1000

人向长春进犯。

凌晨4点10分，日本关东军第四联队第一大队、机关枪队、步兵炮队和山炮队，在大岛联队长的指挥下，趁天色未明，从长春车站附近出发北进。据日方资料《日军政府参谋本部关于长春附近的战斗经过概要》（1931年9月19日）记载："于午前4点30分，对驻在长春宽城子的东北军中东路护路军二营南方约300米线，发动突然袭击。但敌已察觉我方行动，于是立即开始了攻击。"护路军官兵仓促应战，利用坚固的俄式防护墙和多处枪眼奋起还击。其间，日军企图利用中国宪兵队"再三交涉"，但无济于事。"交涉"中，二营营长傅冠军不同意"缴械"，被日军击倒在地，中弹身亡，双方陷入苦战之中。6点30分左右，日军先头部队占领了东侧营房一角，其后续分队在通过营房东面的开阔地时，受到我东北军的猛烈火力截击，死伤众多。8点30分，日军第一大队的第二、第三中队占领部分兵营，但西兵营仍在顽强抵抗。日军第一中队寻找兵营入口，从北、东两面突击，但因入口狭小，不能全部进入。日军不得已占领该兵营北侧的建筑物，敌我之间展开激烈的火力战，日军伤亡严重，熊川小队长被击毙。9点30分，日军大岛联队长随军旗进至散兵线后百米处督战，并命令于上午10点集中重机枪、步兵炮及山炮火力，向东北军营房疯狂射击，东北军伤亡惨重。此时，吉林副司令长官公署参谋长熙洽下达了"紧急传令，避免冲突"的命令，东北军守军士气受挫，不得不停止抵抗，除一小部分撤离外，大部分被解除了武装。11点10分，日军占领了宽城子兵营，长春的北大门失陷。我护路军阵亡35人，被俘380余人。据日方资料《日军政府参谋本部关于长春附近的战斗经过概要》（1931年9月19日）记载，日军在宽城子死24人（其中1名少尉），伤23人。

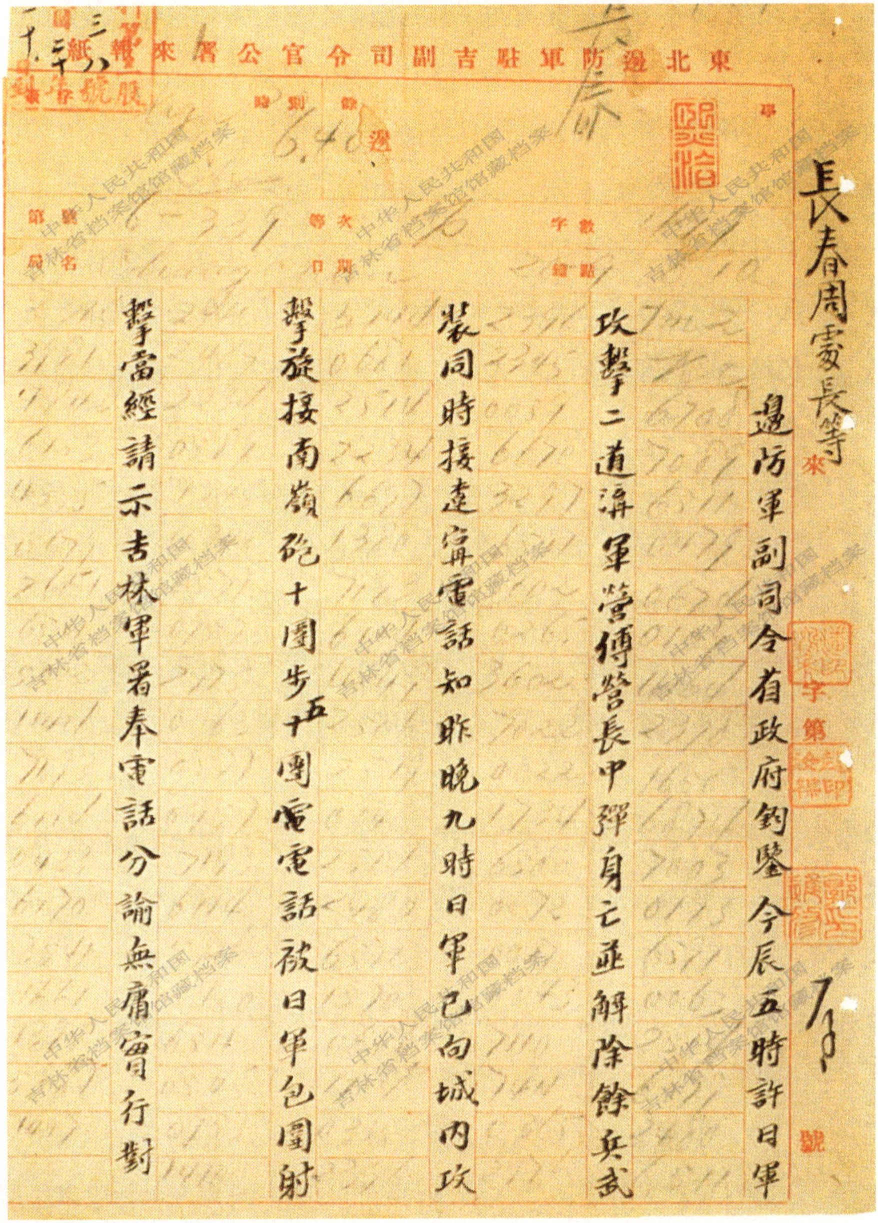
東北邊防軍駐吉副司令官公署來報紙

長春周秘長等來

邊防軍副司令省政府鈞鑒今辰五時許日軍攻擊二道溝軍營傅營長中彈身亡並解除餘兵武裝同時接寬城電話知昨晚九時日軍已向城內攻擊旋接南嶺砲十團步五十團電話被日軍包圍射擊當經請示吉林軍署奉電話分諭無庸留行對

图 38-1 九一八事变后长春市政筹备处于 19 日 6 点 40 分发往省城吉林的电报，报告了二道沟兵营被日军攻击的情况

《长春市政筹备处给东北边防军驻吉副司令官公署和吉林省政府的电报》（19日6点40分收）报告："今晨五时许，日军攻击二道沟军营，傅营长中弹身亡，并解除余兵武装。同时接通辽宁的电话，知昨晚九时日军已向城内攻击。旋接南岭炮十团、步五十团电话，被日军包围射击。"此份报告记录了日军突击二道沟兵营的过程。19日凌晨3点10分，袭击南岭的黑石第二大队，利用夜幕降临向南岭大营疾行。5点左右，黑石首先命令两个中队及重机枪小队向东北军南岭大营炮兵第一营发起攻击，被惊醒的一营官兵立即进行猛烈阻击。炮兵团团长穆纯昌请示参谋长熙洽，熙洽复电："上方已请示过中央，坚不许可还击，恐惹起国际交涉；叫士兵们听候命令。"对比宽城子驻军，驻扎南岭的吉林军拥有一个步兵团和一个炮兵团，又有战壕壁垒做屏障，具备抗击敌军的实力。此时日军围攻甚急，机枪声、炮声不绝。士兵们怒不可遏，认为与其等死不如拼命。守军冒着敌人的弹雨，砸开军火库，取出弹药，凭借围墙、门窗及壕沟，猛向日敌反攻。在重重包围下，连续冲锋三次，然未能冲出。穆纯昌下令向吉林方向突围集结，而炮兵第三营营长张瑞福因无法脱身，亲自部署山炮向敌军猛烈反击。连续平射十余发子母弹，击毙日军数十人，大挫敌军士气。无奈重武器库已被日军控制，无法长期坚持战斗，经过1个多小时的激战，炮兵团被日军占领，并于6点40分左右撤离营地，16门大炮被日军破坏。

日军初战得手后，天已大亮，虽然想继续攻击东北军第二、第三营，自觉兵力不足，未敢贸然深入大营，暂时将兵力集结在袁家窝堡隐蔽。9点，驻公主岭日军独立守备队步兵第一大队的两个中队乘火车到达袁家窝堡增援。10点，日军对我南岭驻军再次发起进攻。第四联队第二大队从大营的西侧正面进攻我步兵第六七一团营房，独立守备队步兵第一大队从大营的东南侧向六七一团侧方迂回进攻。我守军以堤防为掩护，使用步兵炮、迫击炮、轻重机枪、步枪等向日军发起猛烈反击，致使日军强行通过开阔的练兵场时遭到惨重伤亡，大挫了敌军的气势。随后双方进行了5个小时激烈的近战、肉搏战。战斗持续到13点左右，我南岭守军1400余名官兵，在上有“遵令退让”的军令、外无援军的情况下，被迫从大营的东北和东侧两个方向突出重围，分三股撤离营地。14点30分，南岭大营落入日军之手。据日本陆军省调查班的报告，南岭战斗中，日军被击毙42人（其中大尉、中尉、少尉各1人），负伤56人，伤亡总计98人。中国军队有200余人阵亡。

日军攻占南岭兵营后，长谷部照俉又率骑兵第二联队等返回长春城内，在新到达的步兵第三十联队第一大队的增援下，对驻长春二道沟的中东路护路军及东省特区第二警察署、特警长春分署和路警进行了攻击，先后侵占了公安局及各分局和派出所以及无线电台等要害机关。19日半夜，日军占领了整个长春。据日方资料统计，日军攻击沈阳时共死伤25人，攻击长春时共死伤140余人，比攻击沈阳北大营的伤亡大得多。

“九一九”长春抗敌，是日本关东军在九一八事变后遭受的第一次重挫。长春守军面对日寇的侵略，奋起抗击，虽然最终没有击退侵略者，但他们用英勇果敢的行动捍卫了民族尊严。“九一九”长春抗敌揭开了吉林军民同仇敌忾、喋血抗日的序幕。

39. 中国共产党领导的东北抗日武装主要创始人罗登贤

张洪秀

九一八事变后，国土沦陷，山河破碎，生灵涂炭。在民族危亡的紧要关头，时任中共中央驻东北代表、满洲省委书记的罗登贤在中国共产党的领导下，组织创建东北抗日武装。在罗登贤不幸被捕后，宋庆龄在上海报纸上发表《告中国人民——大家一致起来保护被捕的革命者》，称罗登贤是“中国的反帝战士”，是“中国人民应该为之骄傲的典型”，在社会各界引起强烈反响。这份报道被日本侵略者翻译成日语，收录在吉林省档案馆馆藏的关东宪兵队司令部档案内。

罗登贤，1905年出生于中国广东南海一户贫苦人家。3岁时父母相继去世，11岁时跟随姐夫到太古船厂当童工，1922年参加香港工人大罢工，1925年加入中国共产党。贫寒的家境和来自帝国主义、资本家的长期剥削压迫之苦，铸就了罗登贤坚强的意志和革命斗争精神。

自1931年起，日本帝国主义便不断在我国东北地区寻衅滋事，挑起事端。在这种严峻的形势下，罗登贤以中共中央驻满洲特派员的身份来到东北，不料当年11月中共满洲省委遭到日本帝国主义破坏，于是罗登贤临危受命，担任中共满洲省委书记。

九一八事变后，罗登贤在中共满洲省委组织部部长何成湘陪同下，化名达平，秘密前往哈尔滨地下党联络点冯仲云、薛雯夫妇家。在冯仲云家中紧急召集中共北满特委领导干部开会，分析政治局势新变化，研究斗争对策。会中，罗登贤坚定表示："蒋介石国民党以不抵抗政策出卖东北同胞，我们中国共产党人要与东北人民同患难共生死，争取东北人民的解放。""敌人在哪儿蹂躏我们的同胞，我们共产党人就在哪儿和人民一起抗争。党内不许任何人提出离开东北的要求，谁如果要提出这样的要求，那就是恐惧动摇分子，谁就不是中国共产党员。"

随后，罗登贤根据抗日局势，领导中共满洲省委，不断号召武装抗日。1931年12月1日，发表宣言，号召广大群众纪念广州暴动、争取武装、建立工农兵代表会议及驱逐日本帝国主义出东北；1932年1月15日，发表《关于满洲事变第三次宣言》，号召民众武装起来，推翻日本帝国主义在东北的直接统治，驱逐日本侵略者；1932年2月6日，发表《关于满洲事变第四次宣言》，认为"满洲民众更坚决的自己武装起来进行对日战争，反抗日本帝国主义的进攻，驱逐日本帝国主义出一切占据地与满洲"；1932年3月31日，发表《告满洲各地义勇军书》，号召各地义勇军战士与广大劳苦民众团结一致，与工人、农民、灾民、失业者密切地联合起来，武装工人和农民，勇敢坚决地和他们共同将日本帝国主义的一切军队驱逐出"满洲"。但很快罗登贤便发现仅仅依靠这种各地自发的武装力量进行抗日斗争，力量分散且组织混乱，想要真正地形成合力，必须有中国共产党的直接领导。

1932年3月，罗登贤在党内周刊《红旗》上看到了周恩来发表的文章

《日本帝国主义占领满洲与我党当前的任务》，深受鼓舞与启发，于是召集杨林、周保中、冯仲云等中共满洲省委主要领导人，将文章反复读给大家听，组织讨论，并起草了《抗日救国武装人民群众进行游击战争》这一纲领性文件，明确提出只有在党的领导下，建立党领导的武装队伍，才能保证抗日救国的彻底胜利。

罗登贤领导中共满洲省委向各地派出优秀的共产党员，到各地创建中国共产党领导的抗日武装。从1932年春开始，先后向南满派出了杨林、杨靖宇等同志，向北满派出了赵尚志等同志，向东满派出了童长荣等同志。这一年里，先后组建的抗日游击队有：北满第一支人民抗日武装——巴彦反日游击队；东满珲春县游击队、延吉县游击队、汪清游击队、和龙游击队；南满磐石游击队等。这些抗日武装在中共满洲省委的领导下，与日本侵略者进行了不屈不挠的斗争。游击队的建立为东北人民革命军、东北抗日联军的创建奠定了坚实的基础。

1933年3月28日，由于叛徒出卖，调回上海开展工作的罗登贤被国民党特务以“反动分子”的“罪名”逮捕，并进行“公开审判”。这在当时引起轩然大波，《申报》《中央日报》《大陆报》均有所记载。审讯时，罗登贤被问“什么是反革命？”罗登贤义正词严地回答道：“你们给我定的罪名是‘反动分子’，我要告诉你们我的经历，我在1925年帮助组织与领导了香港罢工。我刚从东北回来，在那边我同义勇军一道作战，打击日本强盗。我曾在上海日本纱厂帮助组织罢工。那些全是反对帝国主义的斗争。难道这就是我被控告为从事‘反革命活动’的理由吗？”中国民权保障同盟主席宋庆龄多方奔走、奋力营救，4月1日，宋庆龄在上海报纸上发表《告中国人民——大家一致起来保护被捕的革命者》，表示这是“中国

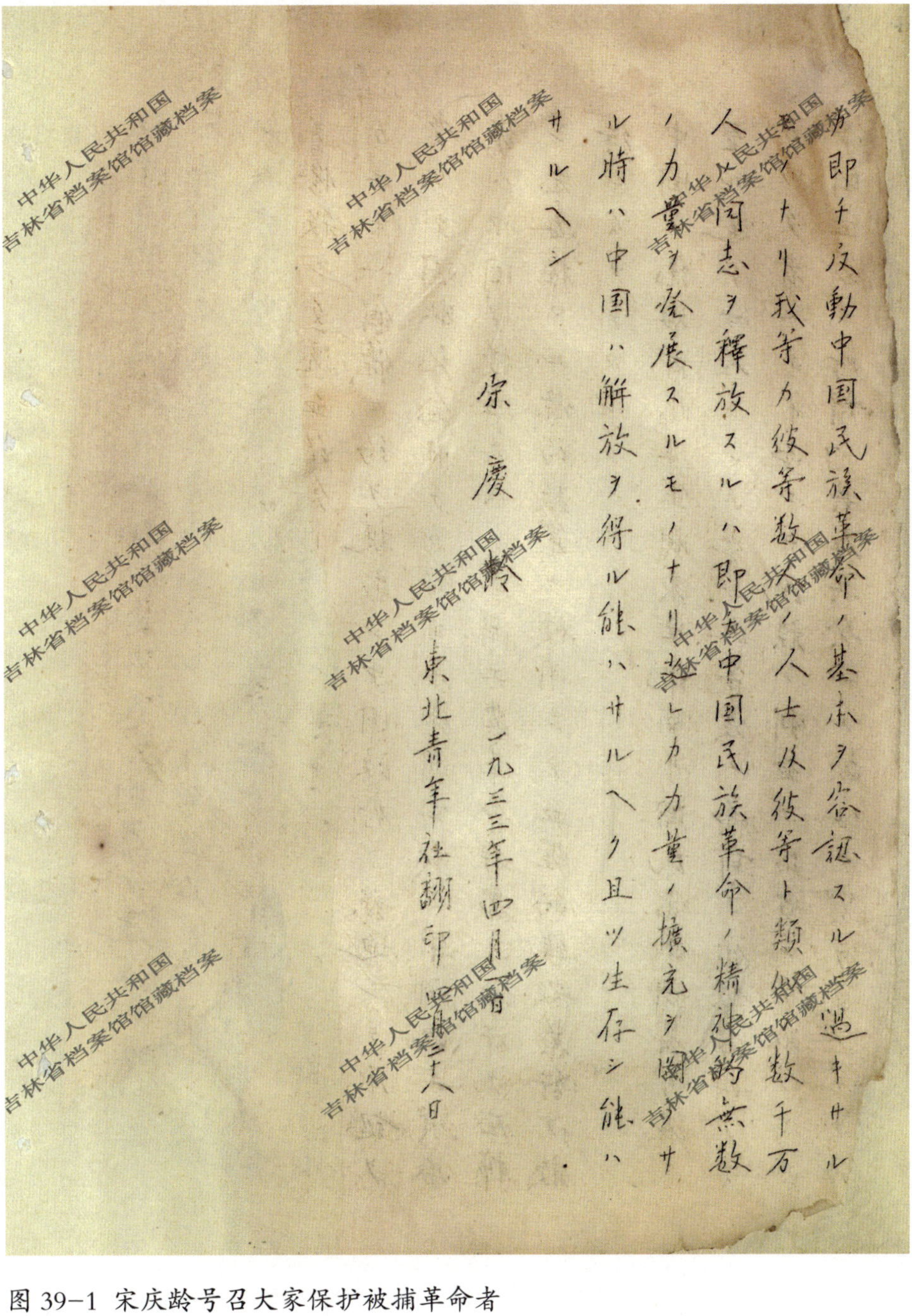

ガ即チ反動中国民族革命ノ基本ヲ否認スル過キサル
モノナリ我等カ彼等数人ノ人士及彼等ト類似ノ数千万
人ノ同志ヲ釋放スルハ即チ中国民族革命ノ精神的無数
ノ力量ヲ發展スルモノナリ[illegible]レカ力量ノ擴充ヲ圖サ
ル時ハ中国ハ解放ヲ得ル能ハサルヘク且ツ生存シ能ハ
サルヘシ

宋慶齡

一九三三年四月一日

東北青年社翻印

[illegible]二十八日

图 39-1 宋庆龄号召大家保护被捕革命者

政府与帝国主义分子狼狈为奸、压迫中国人民的反帝抗日战士的鲜明例证”，称罗登贤等人“是中国人民最高尚的代表人物”，号召“全国人民一致起来要求释放他们”。遗憾的是8月29日凌晨，敌人在南京雨花台将罗登贤秘密杀害。

罗登贤在南京监狱4个月，受尽酷刑，遍体鳞伤，几次昏死过去。《大陆报》称狱中的罗登贤表示自己已经做好了死亡的准备，即使备受折磨，也不会吐露半个字。牺牲前他更是大义凛然地说：“我个人死不足惜，全国人民未解放，责任未了，才是千古遗憾。”在生命的最后一刻，他想到的是全国人民的解放事业，想到的是他身上的责任未了。很遗憾罗登贤未能亲眼看到全国人民的解放，但他的光辉事迹和革命精神指引后来者们前赴后继地完成了先烈遗志。

罗登贤牺牲后，1933年11月30日，上海进步刊物《中国论坛》刊登了题为《在中国革命运动史中罗登贤的名字永远是光辉灿烂的！》的文章，高度赞扬其革命功绩。1935年，中华苏维埃政府、中国共产党中央委员会发表的《为抗日救国告全体同胞书》（即《八一宣言》），称赞罗登贤是“民族英雄为国而捐躯”。1948年，中国共产党中央委员会明确将罗登贤等人誉为中国工人阶级的英雄人物。英雄，不会被遗忘，他的精神将在历史长河中亘古长存。

40. 冯占海抗日义勇军兵围吉林

孙艳波

冯占海被称为“吉林抗日第一人”。1931年九一八事变爆发，冯占海在当时的吉林省城吉林市举旗抗日。他联合李杜、丁超等人成立吉林自卫军，战斗在哈尔滨及其周边一带。1932年5月下旬，在吉林自卫军受到重重围困的艰难时期，冯占海独立率队，部队改称“吉林救国军”，先后血战宾县、阿城、拉林、榆树、五常、舒兰，给侵略者以沉重打击。其中尤以1932年夏秋攻袭吉林市的壮举最令日伪闻风丧胆。

1932年7月4日，冯占海亲自指挥兵马向五常疾进。冯军兵临五常城下，广大官兵以一往无前、压倒一切的气概扑向城池。守城日伪军招架不住冯军的猛烈攻势，残敌逃往山河屯。冯军入城后，冯占海传令各部队安抚商民，不得骚扰民众。次日，冯占海命王锡山、赵维斌两个旅继续追击残敌，迷惑敌人，给敌以错觉，使其无法觉察冯军的真实意图。王、赵旅进至山河屯，残敌略施抵抗，败走水曲柳，王、赵旅紧追不舍，在水曲柳与日伪军激战一昼夜，歼敌大半，残敌钻进舒兰城。冯占海见机不可失，传令王锡山、孙贺喜快速拿下舒兰，扫清进击吉林的最后一处障碍。7月7日，不待日伪军喘息和清醒过来，冯军便忽然出现在舒兰城下。舒兰守城的部队有日军500余名、伪军赵广礼一个团，日伪当局还派出10余架飞机增援，轮番轰炸冯军阵地，冯军被阻在舒兰城外。

7月13日夜晚，冯占海下死令指示前方各部队，务要攻下舒兰，否则以军法处置。前线各旅长接令后指挥人马冒着日机的骚扰拼死向城中冲锋，王锡山、孙贺喜旅长亲临前线，带头冲锋。舒兰城内外尸横遍野，血流成河，冯军终于以血的代价攻进舒兰城。冯占海部在孤军南下的征途中又连克两城，大军逼近吉林市，全军上下士气高昂，决心一鼓作气拿下吉林市。冯占海所率领的这支抗日武装面临着誓师以来规模最大、最壮烈的一场征战。

本节所录档案记载了冯军当时的动向，即7月20日，冯军“先发队约二三百名，已于正午在省垣东南约70里处的蚂蚁河（驿马河）附近驱集松花江船舶，正在架设桥梁中。查彼等胁逼江峰及老爷岭方面，或系密由东南方绕自西南方而袭攻省城”。

冯占海素来注重与大刀会、红枪会、绿林队伍等民间抗日部队的合作，团结了许多抗日力量，攻袭吉林省城之战中更是得到了多方协助。7月28日，冯占海一部在桦甸县蚂蚁河与大刀会等会合，向磐石县黑石镇转移渡过松花江。另一方面，冯军右路副指挥兼第三旅旅长宫长海、第三旅前敌司令“草上飞”也率队与在桦甸县蚂蚁河江口的冯占海部下张广喜会合。“殿臣”、“三江好”、李子阳及大刀会头领“明月”等20余人为配合袭击省垣，特编组成3000名救国义勇军，袭击吉林、桦甸、磐石各县。

7月末，冯占海率领的救国军已编成二十二个旅，十几个支队，号称十万大军（包括收编的地方民众武装）。这支队伍是在吉林省边防军长官公署卫队团的原班人马和武装的基础上起家的，从起事以来历时10月有

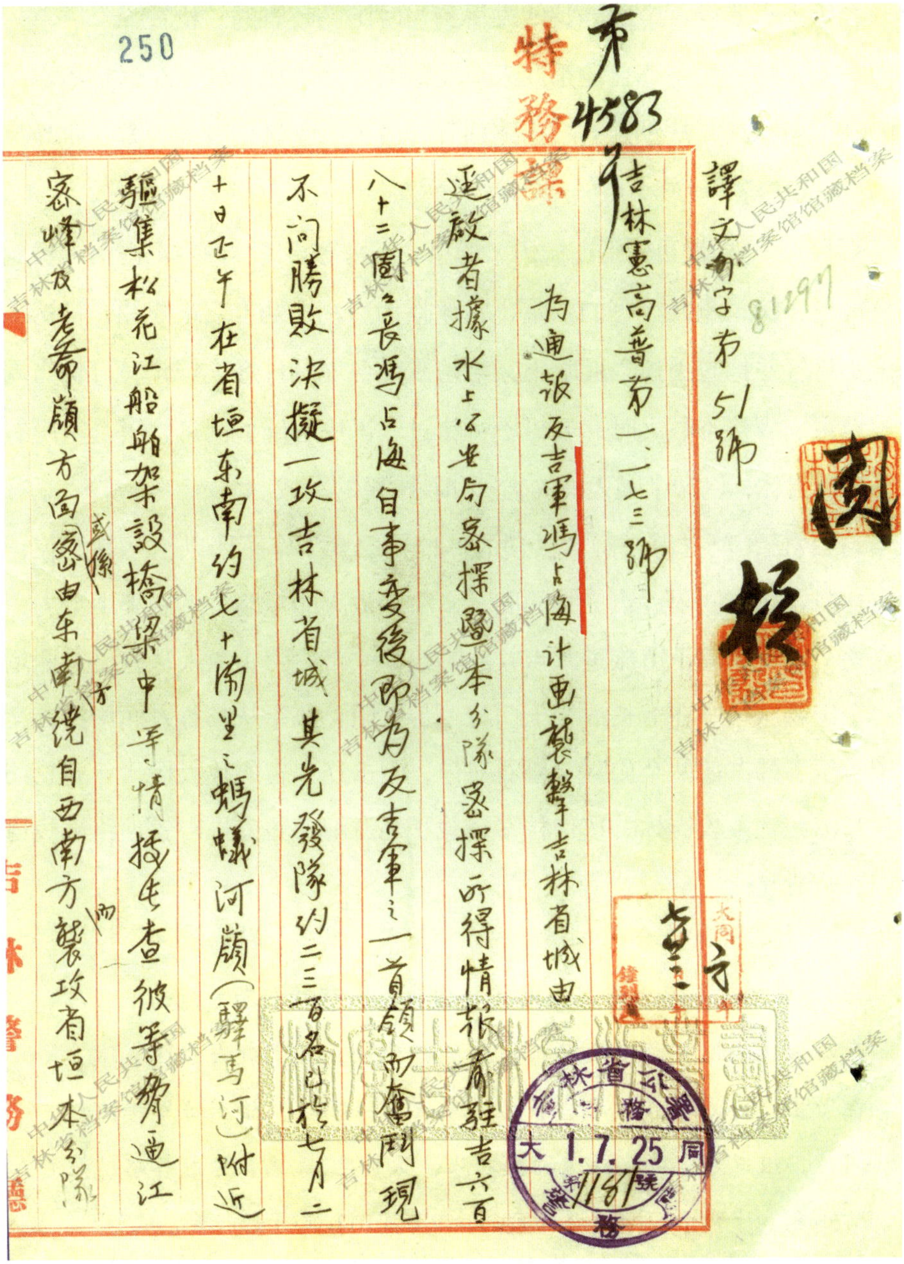
250
特務課
第4583號
譯文衛字第51號
81297
吉林憲高普第一一七三號
為通報反吉軍馮占海計畫襲擊吉林省城由
逕啟者據水上公安局密探暨本分隊密探所得情報前駐吉六百
八十二團之長馮占海自事變後即為反吉軍之一首領而奮鬥現
不問勝敗決擬一攻吉林首城其先發隊約二三百名已於七月二
十日正午在省垣東南約七十滿里之螞蟻河嶺(譯馬河)附近
驅集松花江船舶架設橋梁中等情據查彼等勢通江
密峰及老爺嶺方面(或係)密由東南(方)繞自西南方(而)襲攻省垣本分隊
大同 1.7.25
第1181號

图 40-1 吉林宪兵队儿岛正范关于冯占海计划袭击吉林的通报

余，经历大小战役百余次。其间未得到当时国民政府的一枪一弹、一草一粟的补充，物资均是夺自敌手或来自民众的慷慨支援。就是在这种极端困苦的环境中，冯军从小到大、由弱到强，成为一支纵横敌人后方、叱咤风云的抗日劲旅。

8月初，冯军官兵分别在榆树、德惠、五常等县境休整。冯占海考虑到吉林市是日伪军重兵盘踞的要塞，它濒临伪京，地处吉敦路要冲，日伪当局绝不肯轻易把它丢掉。而眼下又恰是东北各地抗日烽火频起，日伪当局六神无主、应接不暇之时，战机不可错过，冯决心破釜沉舟，集全军所有兵马攻袭吉林，以振中国人民的志气和救国军的军威。

8月27日，冯占海在舒兰县境的珠琦川召开了全军团以上军官会议，决定切断吉林市同附近市、县的联系，断绝敌人的援路，然后集中主力一举克之。他特令陈玉清旅进入吉敦路的蛟河一带，阻止敌人从敦化方面增援；令田霖旅布守在吉长线的土门岭一带，阻止敌军从长春方面增援；又令李子玉、韩占德两个旅驻守磐石一带，阻击辽宁省的敌人援兵；副总司令宫长海统辖主攻吉林。日伪档案记载了冯占海部署安排吉敦铁路沿线协同作战的情况：

> 8月29日，冯占海派遣副官赴吉敦路额穆站东南方荒山子，与盘踞该地的匪首草上飞及田霖等进行会议，决定袭击吉林省城。在袭击前计划一齐破坏吉长、吉敦、吉海各路，阻止日军援队。同时，组建专门破坏铁道的便衣队，队员共150名，分赴各路，每路50名。计划于9月4日潜入目的地，9月10日前开始行动。

9月5日，冯占海把司令部设在其塔木，为进一步研究进攻吉林市的计划和兵力部署，召开了大型军事会议，最后决定组织五路人马进攻吉林。第一路以宫长海为指挥，统率三旅之众计2万余人，从莲花、焦家岭一带出发，溯松花江而上，向龙潭山和吉敦路江桥方向挺进，目标直指吉林东部的日军兵营；第二路指挥姚秉乾，率15000人由苇子沟出发，迂回到吉海路攻吉林西部；第三路以王锡山为指挥，率3个旅向欢喜岭进攻，然后配合其他各部进攻市区；第四路以赵维斌为指挥，率3万人沿吉长线向九站、哈达湾挺进，直插莲花泡敌军兵营；第五路为总预备队。冯占海亲临第四路行动。

9月7日，冯军各路兵马开始抢渡“第二松花江”，日伪当局出动14架飞机在大江上空投弹阻击。仅冯占海所在的第四路军就有500余名官兵牺牲在日机的炸弹之下，“第二松花江”变成了一条血河！然而，敌机的肆虐并没有挡住各路兵马前进的脚步，官兵们冒着敌人的炮火奋勇前进。苦战两日后，冯军各路兵马相继渡江，进入指定地点，如数把钢刀一起指向敌人最顽固的堡垒。

9月10日黎明，冯军攻城总指挥宫长海一声令下，炮声如夏日的惊雷在吉林市上空炸响！子弹如飞蝗，枪声响云霄，千军万马向着城池及各敌军要塞冲去。日伪当局早有准备，在飞机、重炮和优势兵力下，冯军第一天攻城受挫。同日，冯占海亲督赵维斌的第四路军，与一队开进吉长路下九台至桦皮厂之间的日军展开了血战。第四路军全体官兵一举击溃了这支日军援队，毙敌200余人，其中有日军中佐、少佐、大尉军官各1人，并生擒日军官兵57人。张海鹏伪军2000余人为解吉林之围，也分别从德惠、长春出动，在大青嘴被王锡山、孙贺喜等部截击，激战一昼夜，我方歼敌百余人。张海鹏伪军突不破冯军封锁线，仓皇逃往张家湾。此外，田霖、李子玉等部也分别在吉林外围展开了打援、毁路活动，外围应援之敌被死死卡在吉林城外，为攻城部队解除了后顾之忧。

9月11日，冯军宫长海亲督先锋队再次攻城，战斗一打响便呈白热化状态，两军厮杀在一起，枪来弹去，血染城池。最后，终因敌军火力凶猛，防备甚严，宫部伤亡惨重，第二次攻城不果。9月12日，宫长海组成一支“敢死队”，将名单呈报冯总司令。冯占海见了这份名单，立令上校处长李雁天将这份名单登记造册，万一这些战士牺牲，也好找到其亲属给予抚恤，让子子孙孙记住他们的英名。

9月12日夜，冯占海十万大军会攻吉林市，几百名敢死队员在夜幕的掩护下架起云梯，爬上城池，在城头抡起大刀与敌展开血战。但因冯军后援不济，敢死队员们在市区孤战多时，大部英勇殉难，余部循原路撤出城外。吉林市久攻不下，部队伤亡惨重，外围之敌又步步紧逼，加紧了攻势，冯军继续在吉林城下拖延，将给部队的生存造成极大威胁。冯占海当机立断，决定撤去吉林之围，折路西进，寻找新的战机。

此后，这支队伍又开始了漫长而艰巨的抗日历程。冯部官兵不畏强敌、敢于拼搏、勇于牺牲的精神在东北人民抗日斗争的史册上留下了闪光的一页。

41．朱庆澜与东北义勇军后援会

李 洋

国歌的每一次奏响，那激昂雄壮的旋律和铿锵有力的歌词都澎湃着每一名中华儿女的热血。《义勇军进行曲》作为电影《风云儿女》的主题歌，在创作之初，田汉和聂耳的曲名原稿只题为“进行曲”，是爱国民主人士朱庆澜先生在“进行曲”前面加上了画龙点睛的“义勇军”三个字，从此，《义勇军进行曲》响彻华夏大地，被称为中华民族解放的号角，最终成为中华人民共和国国歌。朱庆澜与东北义勇军到底有何渊源，让我们翻开一卷卷尘封的档案，探寻历史的真相。

朱庆澜，字子桥，1874年生于山东历城县（今济南市）。早年赴东北投军，以军功崭露头角，深受东三省总督赵尔巽赏识。1907年，朱庆澜担任陆军步队第二标标统，1911年升任陆军第十七镇统制。1912年返回东北，先后任黑龙江督署参谋长、黑龙江护军使兼民政长、黑龙江镇安右将军兼巡按使等职。1916年，任广东省省长。1922年，应张作霖之邀，再次回到东三省担任东北特区行政长官。1925年，他脱离军政界，开始从事慈善救济事业。朱庆澜从军时巩固边防，回收航权，收复国土，维护国家主权；从政时整治贪腐，放荒拓垦，移民实边，兴办卫生文教事业。他从事慈善事业时公而忘私，劝捐赈粮，保护古迹，被称为民国第一善人。

1931年，九一八事变爆发，隐退多年的朱庆澜基于民族义愤，以个人名义通电全国，呼吁各方势力停止内战，一致抗日。9月21日，《大公报》刊登了朱庆澜通电的全文："朱庆澜代全国灾黎向蒋张汪等呼吁和平……尚望各地贤杰，禀衰栋之将崩，系苞桑于一念，举国团结，一体兴奋，同舟风雨，共济艰危。"

随着日军的侵略扩张，大量东北同胞被迫逃至关内，沦为难民。1931年11月，朱庆澜在上海召集各界人士成立了"东北难民救济协会"，并担任理事长。与此同时，在国民政府不抵抗和不援助的情况下，眼看东北的大好河山相继沦陷，东北义勇军揭竿而起，但苦于经费不够，抗日救亡运动时常陷入困境。为推动东北民众抗日斗争的发展，帮助东北义勇军筹集军费，朱庆澜于1932年4月26日在上海创建了"东北义勇军后援会"（简称"后援会"），《东北义勇军后援会组织大纲》中明确提出："本会以援助东北义勇军各军抗日作战，收复失地，完成救国工作为宗旨"，"凡为收复东北失地而在东北自动抗日作战之武力组织，无论用何名称，属何部曲，皆视为东北义勇军，得受本会之援助"。此后，后援会对东北抗日义勇军和地方部队的粮食、枪械、弹药、服装、医药等款项提供援助，并深入黑龙江、吉林一带，联络马占山、苏炳文、丁超、李杜、王德林等抗日部队，宣传抗日义勇军的事迹，鼓舞了全国军民联合抗日的热情。同年5月，因国民政府颁令禁止国内一切抗日活动，"东北义勇军后援会"改名为"辽吉黑民众后援会"，朱庆澜任会长，何遂任副会长兼总干事长。后援会机构逐步发展健全：总务组，负责对外联络；财务组，负责掌握募捐款项的收支、审查与拨付各路义勇军申请款项等各种手续；运输处，负责给义勇军运送械弹粮秣，接运伤病员及物资保管等；电讯总台，负责与义勇军的电讯联络。

1932年11月，辽吉黑民众后援会由上海迁至北平，与东北民众抗日救国会联合组织成立了“东北义勇军总司令部”，朱庆澜任总司令。后援会专注募集抗日资金，支援义勇军抗日；救国会则协助朱庆澜谋划义勇军对日作战事宜。此后，后援会不断将全国人民、海外侨胞捐助的武器弹药和急需的物资源源不断地送到抗日前线，并对牺牲的义勇军官兵家属给予抚恤。

1933年1月，日军侵略热河的企图日益明显，朱庆澜召集后援会成员商议决定成立“辽吉黑热抗日义勇军民众后援会”进驻热河，北平只留办事处。后援会募捐和支援各抗日部队款物数量最多的是在热河保卫战期间。朱庆澜先后五次携带慰问品和武器弹药赴热河参与抗战。

为阻断日军的侵略扩张之路，东北义勇军各路部队纷纷举兵抗日，其中包括冯占海将军，他被称为“吉林抗日第一人”。1932年冬，驰骋黑吉、浴血奋战的冯占海为保全抗日队伍、支援热河，率部长途行军，于12月到达热河。因在转移途中轻装前进，抵达热河后部队供给极度匮乏，随即发表了“入热宣言”，请各方贤明给予援助。朱庆澜及时施以援手。吉林省档案馆馆藏的档案记录了他们互相联络的部分电报，让后人有幸了解了后援会在抗日战争时期为东北义勇军提供的援助以及东北义勇军抗战到底、为国捐躯的凌云壮志。

关东军参谋部《1933年度特种情报》（第23号）记录了冯占海发给热河朱庆澜、何将军的电报：

我部前后共领到了六十四万九千六百发七九式步枪子弹，平均给每名士兵配发了十七发。另外共计领到了两千发迫击炮弹药，手榴弹也领到了一千二百多颗。此外炸药及防空火箭、连发子弹等都还没有领到。在此军情紧急之际……再补给我们一些各式弹药以充实军事实力，以利战机。

关东军参谋部《1933年度特种情报》（第34号）记录了北平李春华发给冯占海总司令的11日附电：

10日附电已得到军事委员会的同意。弹药的数量种类如下：

一、六五步枪子弹一百七十万发

二、马克沁机关枪子弹七万发

三、三八式机关枪子弹五万发

四、十五厘米迫击炮炮弹二百发

五、七五克虏伯式炮弹六百发

六、三七平射炮炮弹五百发

七、八四迫击炮炮弹两千发

以上各个名称的炮弹因防地紧急需要，已经向后援会请求着手紧急运送。

关东军参谋部《1933年度特种情报》（第36号）记录了东北抗日义勇军第九军团总指挥冯占海发给北平朱庆澜将军的16日附电：

我方报告日寇来袭的警报日益紧张，国难日益逼近，所有充满血气之辈无不切齿扼腕。……想来我是军人，以准则行事，为了国家，当然要誓死效力……目前阜新、绥东的防线已配备完毕，坚阵整齐如山，不可动摇。您的来电内容迅速通知给全体部下，已严格遵守。另外，我们枕戈待命，与全部下属誓死争当前

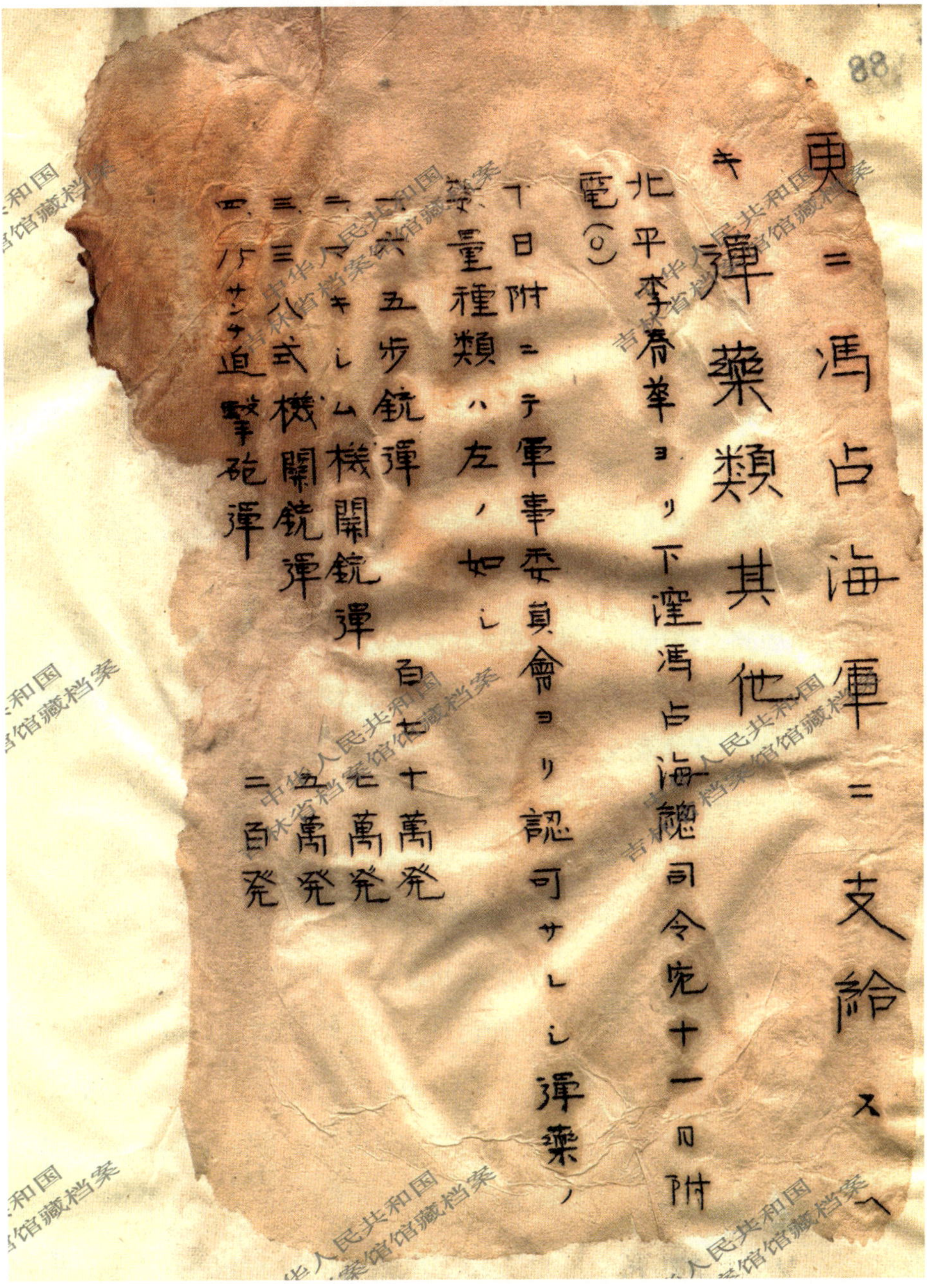

88

東ニ馮占海軍ニ支給スヘ
キ彈藥類其他
北平李春華ヨリ下窪馮占海總司令宛十一日附
電(○)
十日附ニテ軍事委員會ヨリ認可サレシ彈藥ノ
數量種類ハ左ノ如シ
一、六五步銃彈　百七十萬發
二、マキシム機關銃彈　七十萬發
三、三八式機關銃彈　五萬發
四、八サンチ迫擊砲彈　二百發

图 41-1 关于分发给冯占海军弹药类等物资的记载

驱，赴汤蹈火，惟命是从。谨请谅察，恭祝健康。（14日6时）

档案的字里行间都流露着前线战场和后方支援休戚与共、携手抗日的坚决之心。但因日军不断进犯，敌我力量悬殊，冯占海从热河省下洼镇撤退到察哈尔省多伦县继续抗战。3月4日承德失守，察哈尔省危在旦夕。冯玉祥在张家口联合退入察哈尔的东北义勇军，组建“察哈尔民众抗日同盟军”，决心收复失地，但由于缺乏军饷，壮志难酬。朱庆澜得知后，从募集来的抗日捐款中电汇十万元予以资助。经多日激战，同盟军战士成功收复察东四县，将日本侵略军全部驱逐出察哈尔省全境。这是自九一八事变以来，中国军队首次从日伪军手中收复失地，给中国民众带来了抗日御侮的希望。

由于朱庆澜支持东北抗日义勇军的行动违背了国民政府“攘外必先安内”的政策，他们便捏造事实诋毁朱庆澜，而后根据《塘沽协定》要求，于1933年7月将后援会和义勇军总司令部取缔。后援会虽然只存续了3年，但在抗日战争历史上写下了浓墨重彩的一笔。

七七事变爆发后，朱庆澜主持战区难民的救济和转移工作，他虽已至花甲之年，仍为抗日和救灾昼夜奔波以至积劳成疾，于1941年1月13日病逝。

冯玉祥将军含泪写下悼诗《哭朱将军》：“朱子桥，老将军，我民国，大伟人。一生最清廉，行廉智仁勇。只知有国，不知有身。公而忘私，识远器深，宽厚为怀，勤劳诚恳……对于抵抗侵略更是费尽苦心。我昔在察抗日寇，他送军费十万金。不然义旗何能举，将军相助太情深。”

朱庆澜是亿万爱国志士在民族危亡之际胸怀家国、挺身赴国难的一个缩影，他们身上历久弥新、弥足珍贵的精神，铸就了白山黑水间永立的精神丰碑。

42. 王德林救国军中的红色身影

王　枫

在吉林省档案馆馆藏日伪档案中，有一段关于共产党员在王德林救国军中活动身影的珍贵记录。据1932年6月10日吉林宪警第927号档案记载，“中国共产党哈尔滨特别委员会干部陈林等10余名共产党，加入王德林救国军，进行吉敦线的破坏活动，妨碍敦图线铺设”。

王德林领导的中国国民救国军，是九一八事变后东北吉东地区最早出现的一支抗日队伍，主要活动区域是今吉林省延边地区和黑龙江省牡丹江地区。中共满洲省委和各地党组织一直非常重视与王德林救国军的紧密联系，中共党员周保中、李延禄、胡泽民、陈翰章等都曾在救国军中担任过要职，还有许多党员在救国军的基层组织里与士兵们并肩作战。这些“红色身影”活跃于王德林救国军整个发展历程，他们为救国军的抗日斗争贡献了巨大力量，也为共产党组建自己的抗日武装打下了坚实基础。

王德林是原东北军步兵第二十七旅第六七六团第三营营长，所率部队几经改制一直沿用番号，被称为“老三营”。九一八事变爆发时，第二十七旅旅长吉兴投靠日军，“老三营”虽受旅部牵制改编，但全营上下抗日热情高涨，誓死不当日本侵略者的走狗。1931年12月，所部士兵在驻

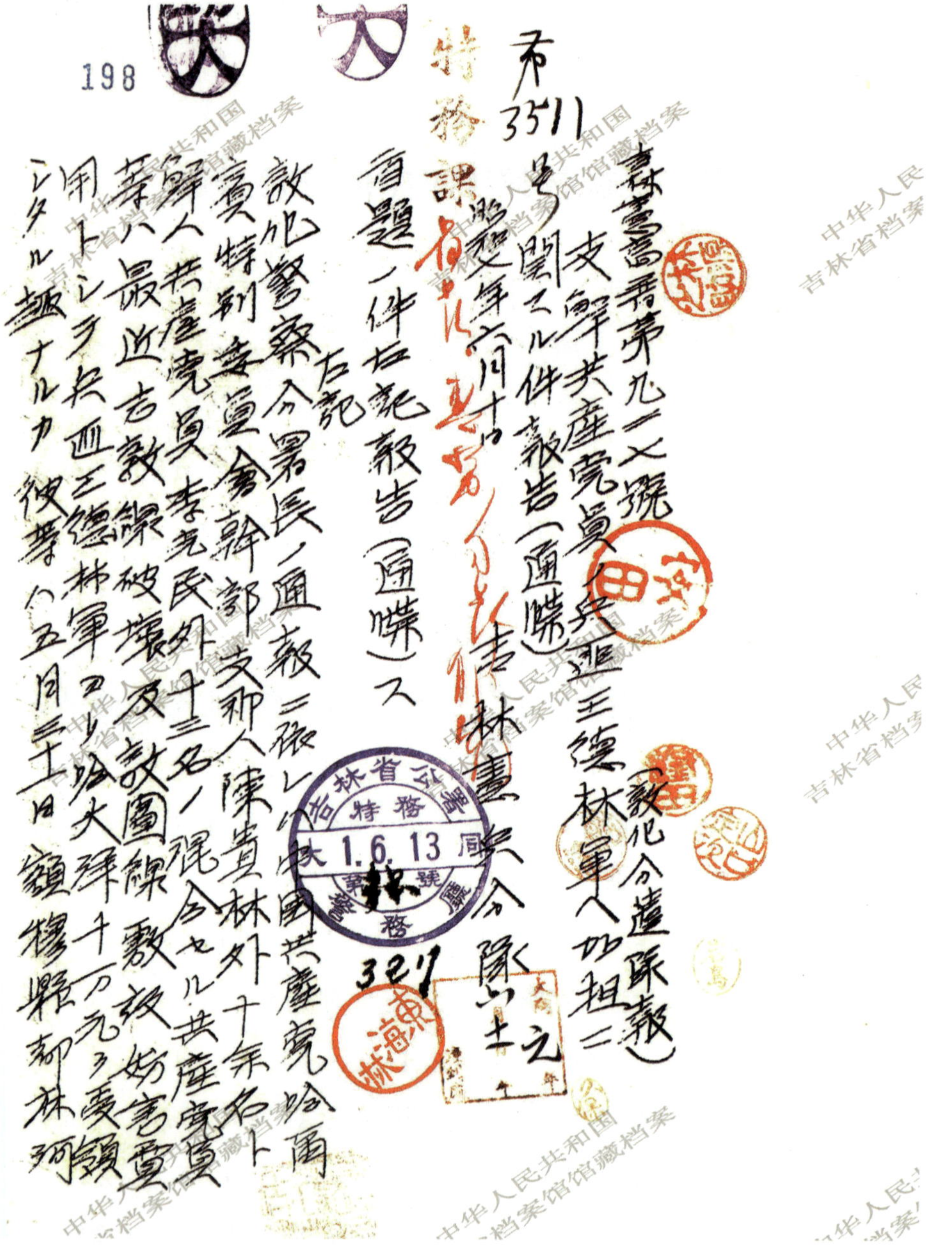

198

特務課

甫 3511 号

吉憲高第九一七號

支那共産党員ノ王德林軍ヘ加担ニ
關スル件報告（通牒）

昭和七年六月十二日　吉林憲兵分隊長

首題ノ件右記報告（通牒）ス

右記

敦化警察分署長ノ通報ニ依レハ中國共産党哈爾
濱特別委員会幹部支那人陳貴林外十余名ト
鮮人共産党員李光民外十三名ノ混合セル共産党員
等ハ最近吉敦線破壊及敦図線敷設妨害ヲ
目的トシテ兵匪王德林軍ニ投シ大洋十万元ヲ要領
シタル趣ナルカ彼等ハ五月三十日額穆縣郵林河

吉林省公署 特務 大1.6.13 第 號

321

图 42-1 吉林宪兵分队关于共产党员加入王德林军的报告（通牒）

防区瓮声砬子（今安图县明月镇）击毙两名日本铁路测量员。1932年1月，王德林率领“老三营”全体官兵在换防途中改变行军路线，宣布脱离伪军，赴延吉小城子（今汪清县春阳）举旗抗日。

王德林部起义前后，中共东满特委派胡泽民、王毓民、孟泾清、刘静安等共产党员到该部，进行反日宣传和起义活动。延吉中心县委派李延禄到王德林部工作，指示他“要广交朋友，对抗日力量要团结，并要影响其除掉旧军队的习气，同时尽一切可能建立我们党自己的武装”。在中共党员的帮助下，王德林于1932年2月在小城子召开誓师大会，宣布成立“中国国民救国军”。王德林为救国军总指挥，孔宪荣为副总指挥，吴义成为前方司令。王德林十分信任共产党，救国军成立后，他将许多军中要职委任给中共党员，其中李延禄任救国军参谋长，孟泾清任救国军总部参议长，刘静安任救国军总部副参议长，金大伦任救国军总部宣传部长，贺剑平任救国军总部宣传部副部长，胡泽民任前方总指挥部参谋长。

共产党还在救国军中组建了自己的队伍，为救国军带来了活力。李延禄到救国军后，建立了党秘密领导的补充团，任补充团团长。中共汪清县委派李光等党团员加入救国军，并成立了以他们为骨干的别动队。补充团和别动队都成为救国军中战斗力很强的队伍。

王德林救国军成立后，先后攻打敦化、额穆（今属敦化）、蛟河、宁安、海林等地，破坏吉（吉林）会（朝鲜会宁）、吉（吉林）敦（敦化）、敦（敦化）图（图们）等重要铁路，打击日本侵略者的嚣张气焰。由中共党员领导的补充团、别动队英勇战斗，打了很多胜仗，使救国军在吉东一带乃至整个东北的抗日威望显著提高。

1932年3月，李延禄、孔宪荣等率领救国军在镜泊湖一带与日军进行了

10多天的较量，历经墙缝之战、南湖头之战、鹦歌岭之战等激烈战役，最终抵御住了日军对救国军的疯狂进攻。

3月中旬，日军上田支队和一部分伪军共2000余人，自敦化向镜泊湖方向开进，对救国军驻地发起进攻。救国军总部侦察到了敌军的意图，王德林派李延禄率补充团为主攻部队，埋伏在南湖头墙缝山一带的崇山密林中实施伏击。3月18日拂晓，日、伪军行至墙缝附近，被救国军伏击，伪军1个营投降、日军120余人被击毙。3月19日晚，救国军又在镜泊湖西岸伏击敌人，日军上田支队132人被击毙。墙缝大捷后，李延禄乘胜追击，率补充团精锐在松乙沟和关家小铺重创日军。救国军料定在墙缝之战中受到打击的日军会从松乙沟撤退，提前在那里布起篝火和炸弹，待日军进入埋伏圈后用火网包围了敌人。由于风大火急，敌军士兵身上的弹药来不及解开便纷纷爆炸，死伤众多。火烧松乙沟后，李延禄又派救国军部队设伏于日军逃往海林的必经之路——关家小铺附近的半山腰，与敌军展开激战。关家小铺激战结束，日军逃到海林火车站，李延禄紧急联系中共党员李延青，要他带领铁路工人游击队迎击敌人。3月26日，以共产党员为主力的铁路游击队得到日军列车即将行驶到伏击地点的消息，于是拔掉铁轨上的道钉，使列车侧翻。游击队员迅速向日军车厢猛烈开火，歼灭了数百名敌军。至此，镜泊湖连环战结束，日军出动的“讨伐队”被救国军消灭殆尽。

镜泊湖连环战的胜利，令救国军的抗日壮举声名远扬，极大地鼓舞了抗日军民的斗志。

1932年春，为了壮大力量共同抗击日寇，王德林的救国军与李杜等率领的吉林自卫军组建了吉林抗日联合军总司令部，司令部设于宁安，李杜任总司令，王德林为救国军总司令。中共满洲省委得知此事，派省委委员、军委书记周保中赴宁安，设法参与抗日联合军的斗争。5月，周保中到达宁安后，吉林自卫军误认为他是“日本密探”而将其逮捕。他慷慨激昂地讲述抗日救亡的道理，令自卫军将领们心悦诚服，最终在自卫联合军左路的救国军前方司令吴义成的首肯下，留在左路军总指挥部宣传部工作。8月，王德林聘周保中为救国军总参议，不久又任周保中为救国军前方总指挥部参议长。此后，周保中指挥救国军联合其他义勇军攻打了敦化、额穆、安图、宁安等地，有力打击了日伪军警的嚣张气焰，扩大了救国军的根据地。周保中还与胡泽民等中共党员在救国军中建立了党支部，并在士兵中发展了一批党、团员，扩大了党在救国军中的力量。到1933年初，救国军共有党、团员100多人。

1932年12月，日军集中力量对吉林省内的抗日义勇军进行“围剿”。12月中旬开始，日军分别从延吉、汪清、牡丹江、哈尔滨等地出动，向救国军所在地宁安一带进犯，“讨伐”王德林救国军。1933年1月，东宁被日军包围，王德林和孔宪荣率部3000余人退入苏联境内的双城子（今俄罗斯乌苏里斯克），救国军总指挥部在东宁陷落。

王德林、孔宪荣等人退入苏联后，吴义成代理救国军司令，他任命周保中为总参谋长，胡泽民为副总参谋长，率领剩余部队继续在汪清、安图、敦化一带活动，日伪档案中对这支队伍仍称“德林匪”“德林军”。1月下旬，李延禄率领补充团将散落在宁安各地的义勇军收编过来，改编成受中国共产党领导的“抗日救国游击军”，在宁安一带坚持抗日活动。1933年6月，李延禄率领抗日救国游击军北上密山，7月将救国游击军改为“东北人民抗日革命军”，李延禄任军长，这支部队就是东北抗联第四军的前身。

1933年末，吴义成所率部队只剩百余人，转移到东宁老黑山一带隐蔽，几经辗转后退入苏联境内。周保中在安图以救国军总参谋长名义组织成立“救国军辽吉边区留守处”，他率领这支部队联合其他义勇军，在汪清、安图、宁安、敦化一带坚持斗争，此后带领队伍转移到南满战斗。1934年2月，周保中率队回到宁安，建立党领导的绥宁反日同盟军，即东北抗联第五军前身。

1933年对于东北各路抗日义勇军来说是毁灭性的一年。义勇军或追随马占山、李杜、冯占海等将领入关、入苏，或解散消亡。相比其他义勇军来说，王德林救国军之所以能在王德林、吴义成入苏的情况下，剩余部队仍没有被打散而坚持在东北顽强战斗，正是由于救国军中的这些“红色身影”力挽狂澜，在危机之下重整队伍，坚决抗战，使队伍最终发展为东北抗日联军。

43. 对抗倒木沟一带"集团部落"的战斗

张洪秀

倒木沟位于现在的安图县明月镇福兴村，福兴村因倒木多布于沟谷，故在当时被日本侵略者称为倒木沟。倒木沟三面依山，一面傍水，地处延吉通往敦化的要冲，是抗日队伍经常活动的地方。为彻底摧毁东北人民革命军在延吉、敦化两地的活动，日本侵略者于1934年在倒木沟附近修建鹤抱洞"集团部落"、倒木沟"集团部落"等。因此，东北人民革命军和日伪军警在倒木沟附近的"集团部落"展开了激烈的斗争。

据档案记载，1934年5月4日晚上11点左右，10多名东北人民革命军指战员悄悄前往倒木沟新场里东北方半公里左右的鹤抱洞"集团部落"，面对这座已经建成的"集团部落"，指战员们没有畏惧，义无反顾地深入"部落"内部，凭借着深厚的群众基础，摸清了日伪军警巡逻的规律，在日伪军警毫无察觉的情况下接触到了"集团部落"内部的老乡，由于时间紧迫，指战员护卫着7个老乡迅速撤离鹤抱洞"集团部落"，准备前往灰财顶子方向。就在这时，鹤抱洞"集团部落"内的巡逻队发现了这个将近20人的小队伍，日伪军警迅速派出伪自卫团员追击指战员和老乡。面对武器先进的伪自卫团员，指战员利用夜晚天黑和对周边路况的熟悉，带着他们

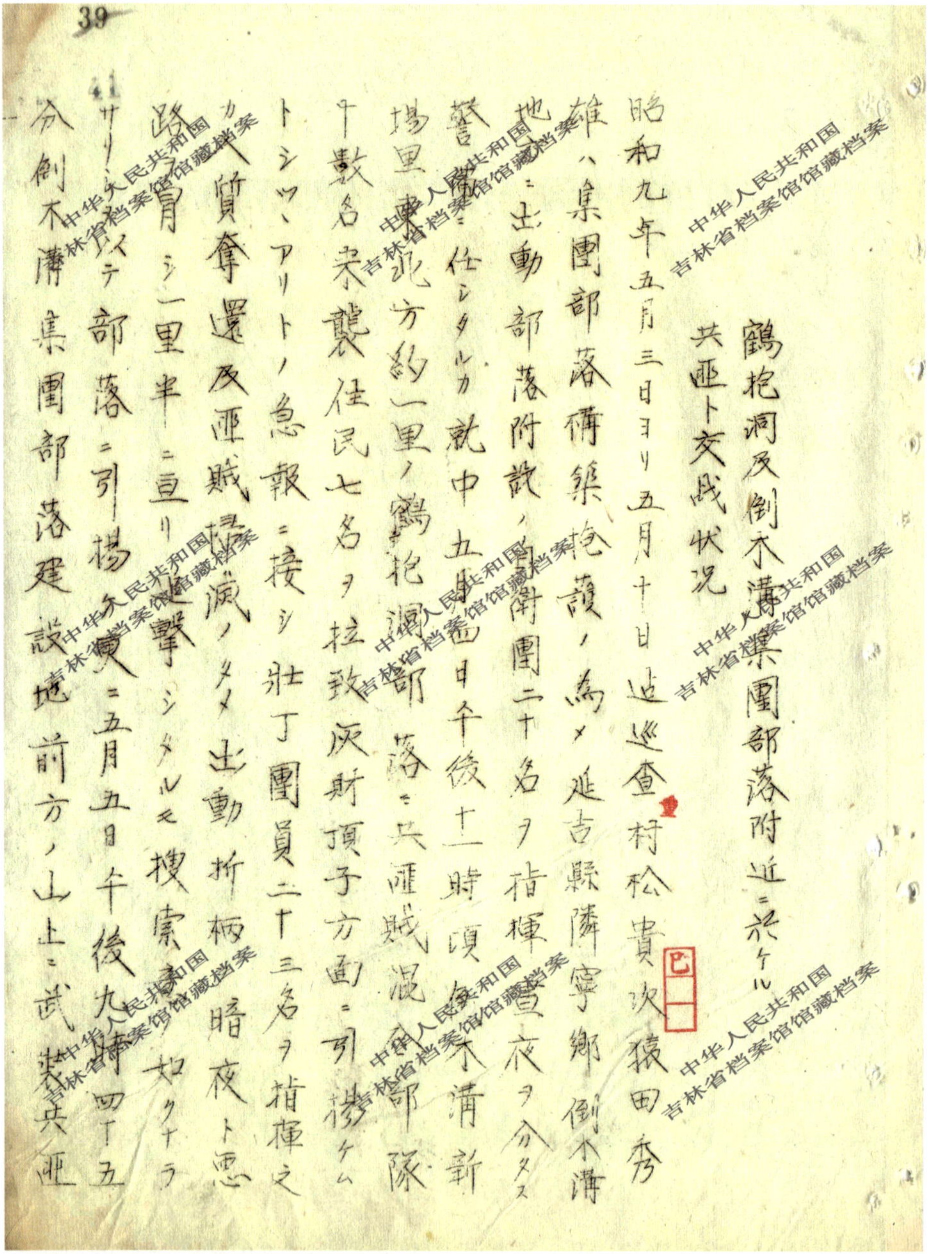

39

鶴抱洞及倒木溝集團部落附近ニ於ケル
共匪ト交戰状況
昭和九年五月三日ヨリ五月十日迄巡查村松貴次猿田秀
雄ハ集團部落構築掩護ノ為メ延吉縣隣寧郷倒木溝
地方ニ出動部落附設ノ自衛團二十名ヲ指揮晝夜ヲ分タス
警備ニ任シタルカ就中五月四日午後十二時頃倒木溝新
揚里東北方約一里ノ鶴抱洞部落ニ共匪賊混成部隊
千數名來襲住民七名ヲ拉致灰財預子方面ニ引揚ケム
トシツヽアリトノ急報ニ接シ壯丁團員二十三名ヲ指揮之
カ人質奪還及匪賊撲滅ノタメ出動折柄暗夜ト悪
路ヲ冒シ一里半ニ亘リ追撃シタルモ捜索意ノ如クナラ
サリシヲ以テ部落ニ引揚ケ更ニ五月五日午後九時四十五
分倒木溝集團部落建設地前方ノ山上ニ武装共匪

图 43-1 关于在鹤抱洞及倒木沟“集团部落”的战斗记载

在倒木沟附近兜圈子，最后成功甩掉了追捕。气急败坏的日伪军警追击了将近1公里后再也找不到指战员的身影，只能选择撤回到鹤抱洞“集团部落”。

这次潜入鹤抱洞“集团部落”，让东北人民革命军更加清晰地认识到“集团部落”的可怕之处，那里防护设施齐备，易守难攻。日军将百姓彻底封锁在“集团部落”内，切断了人民革命军和百姓们的联系，这正是日本侵略者采取的“匪民分离”毒辣政策之一。

指战员们与几个老乡聊起“集团部落”，发现“集团部落”内部管理异常严苛，不许三五人结群行走和谈话，夜间不准插门、点灯、说话，日伪军警昼夜逐家清查，外出来客必须到警察署报告，不经批准不能外出或留宿客人，同时还规定部落内居民日出群集一起外出劳动，太阳偏西日本旗落必须归宿。“集团部落”外部很多耕地被禁种荒废，耕地严重缺少，生活在其中的百姓非常痛苦，没有人身自由可言，生活也极为窘迫。这种种迹象更加坚定了指战员要打击“集团部落”的决心。

1934年5月5日，东北人民革命军40余名指战员，在夜色掩护之下轻装简行，准备突袭正在建设倒木沟“集团部落”的敌人，他们埋伏于在建的倒木沟“集团部落”前方的山地上。在敌强我弱的态势下，战士们没有重型武器，仅靠步枪和为数不多的手榴弹，若作战时间长了，敌人来增援，指战员们就要腹背受敌，所以这仗要速战速决。

晚上9点45分左右，不同方向的几个小队利用手电进行最后的沟通，互相确定袭击位置等信息后，利用步枪及手榴弹发起攻击，一时间山地上呼喊声不断，这不仅是指战员们的战斗策略，也是为了提醒建设倒木沟“集团部落”的老百姓躲避流弹，及时逃离危险。

战斗打响后，由于指战员们武器弹药不足，而日伪军警又启动紧急防护，躲避在掩体内，致使战斗无法短期内结束，于是指战员撤退转移。一眨眼，40多人便消失在大森林里，无影无踪。

1934年5月10日，数十名东北人民革命军指战员再次尝试攻打尚未建成的倒木沟“集团部落”，正面进攻显然是不可取的，这次指战员们决定利用东西两侧的高地优势，对正在建设倒木沟“集团部落”的日伪军警发动攻击。战术确定下来，指战员们分成两个小队，利用树林的遮挡，轻松爬上了两侧高地，根据预先确定的时间进行攻击。战斗开始一切很顺利，在拿下倒木沟“集团部落”胜利在望之时，“集团部落”内部的日伪军警躲入了几天前还不存在的防备设施中，利用步枪、轻机枪对我军进行火力压制。局势瞬间逆转，在尚未造成重大人员伤亡的情况下，东北人民革命军只能选择撤退，再寻良机。经过休整与缜密策划，1934年6月5日，东北人民革命军独立师第一团50余人再一次袭击了倒木沟“集团部落”，与伪自卫团交战30多分钟，沉重打击了敌人。

“集团部落”的建设虽然切断了抗日军民的联系，使东北抗日联军陷入极为艰难的困境，但这也更加坚定了中国军民的抗日决心。像这样的抗战活动在其他地区也“遍地开花”，这些小规模战役如同小流汇聚成江河，给日本侵略者以沉重打击，有力支援了抗日战争的胜利。

44. 王德泰部颠覆日伪列车连环战斗

何志东

王德泰，又名王铭山，九一八事变后积极从事反日爱国运动，先后担任东北人民革命军第二军独立师政委、第二军军长、东北抗日联军第一路军副总司令，率部主要在东满地区积极开展抗日斗争。

东满地区的“京”图线（长春至图们）是日本帝国主义入侵东北及掠夺东北丰富资源的大动脉之一，侵略者借此运走了我们大量的煤炭、木材和大豆，同时也输送了大量的枪支弹药。由于其重要性，王德泰部一直伺机在“京”图线开展战斗，1935年，先后在“京”图线的敦化哈尔巴岭、安图亮兵台和黄松甸三处开展颠覆国际列车连环战斗，给敌人以沉重的打击。

1935年，王德泰根据中共满洲省委关于“二军主动出击，向西、北发展”的指示，积极实施战略转移，变被动为主动，以三分之二的兵力开辟新的游击区，以三分之一的兵力留守老游击区。4月末，王德泰命令独立师第一团主力由安图县车厂子山林里的临时驻地出发，西征敦化、额穆、蛟河、舒兰，开辟新的游击区。

5月1日，第一团进至哈尔巴岭和大石头车站之间的山林里，见地形有利，他们决定在这里颠覆敌人列车，打响西征第一枪。王德泰把任务交给一团五连及四连一部，让他们联系活跃在当地的“天良军”“平日军”“明山好”等义勇军联合抗日，共同战斗。他们根据事先掌握的铁路运行时间，在以“新京”为起点的371千米处，趁黑提前拆毁了一段路轨，然后埋伏在两侧，做好了袭击敌人列车的战斗准备。5月2日清晨，一列客车高速驶来，列车行驶到埋伏地点，轰隆隆冲出铁轨，列车前几节被颠覆，后几节脱轨。五连和四连官兵与义勇军队伍发出一声呐喊，冲锋杀敌，然后集中火力向在列车尾部押车的日伪军猛烈射击，战斗击毙押车敌兵30余人，俘虏日伪军政要员10余人，缴获大量物资。审问俘虏后，才知道颠覆的是朝鲜清津开往“新京”的二〇二次“国际列车”。其后，附近的日伪军闻讯赶来，但颠覆列车的队伍早已经无影无踪。

该事件在日伪统治者中引起极大震动，对日本在国际上粉饰伪满洲国的形象造成了沉重打击。据日本关东宪兵队司令部档案记载：“此次列车脱轨颠覆，死伤者30余名，被绑架者10余名，同时有一万数千元的物资被抢掠。这是当地罕见的大事件，对居民造成极大的冲击。”伪满各大报纸亦在显著位置以大字标题进行了报道，日伪当局惊呼此次二〇二次“国际列车”被颠覆是“京”图线开车以来发生的最大惨事。

此战告捷后，部队士气大涨，第一团主力部队继续西进。敌人立即调兵遣将，跟踪追击。5月12日，第一团在敦化县沙河掌伏击尾追之日军吉良“讨伐队”，毙伤敌50余人。不久，又在额穆县青沟子与日军“讨伐队”100余人遭遇，毙伤敌数十人。第一团西征的连续胜利震惊了日本关东军司令部，于是紧急调集数千日军，开进敦化，对第一团进行“合围”。鉴于此，为避免部队遭受损失，王德泰命令第一团主力返回安图游击区，

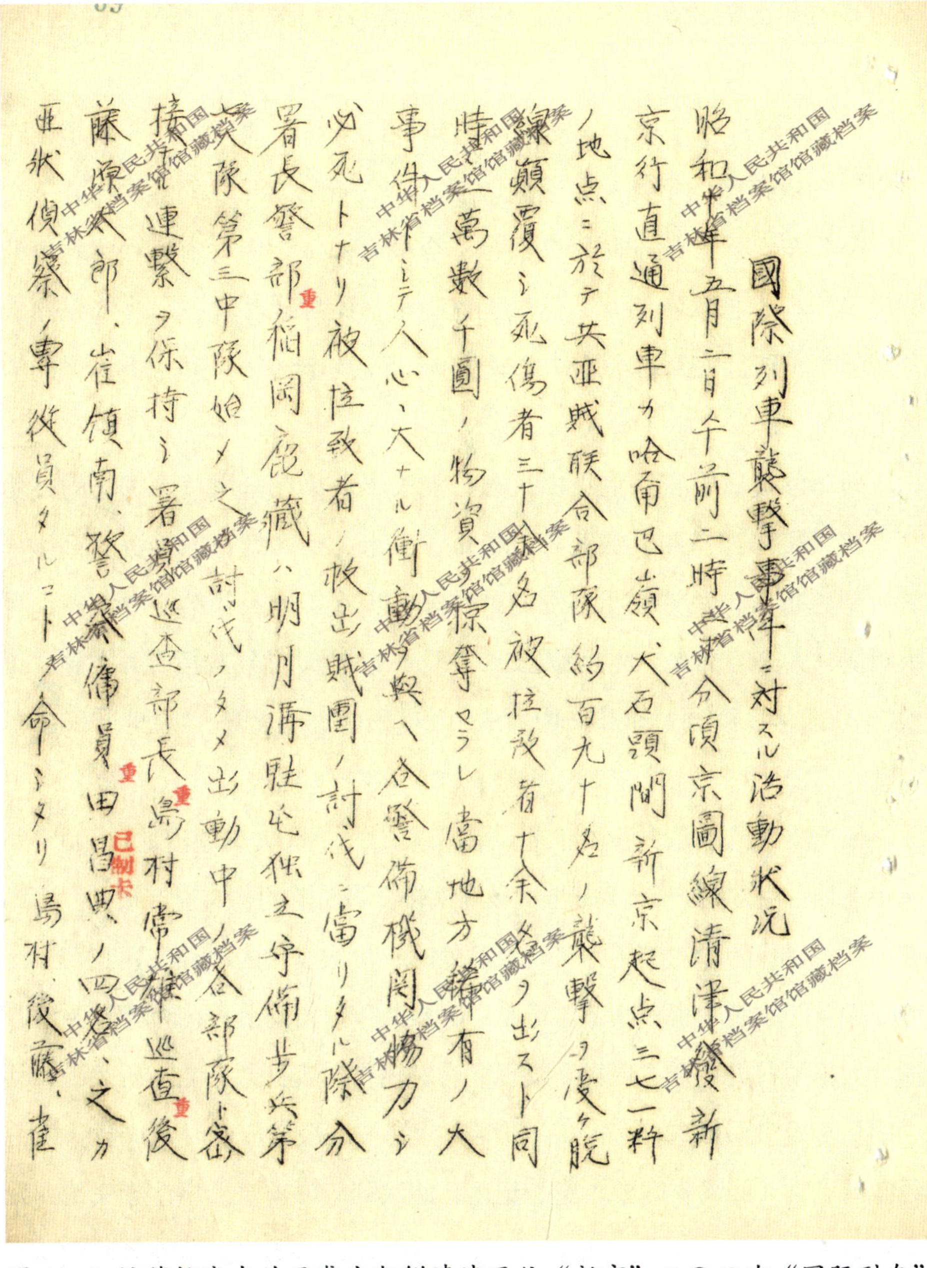
國際列車襲擊事件ニ対スル治動状況
昭和十年五月二日午前二時三十分頃京圖線清津發新
京行直通列車カ哈爾巴嶺、大石頭間新京起点三七一粁
ノ地点ニ於テ共匪賊聯合部隊約百九十名ノ襲撃ヲ受ケ脱
線顛覆シ死傷者三十余名被拉致者十余名ヲ出スト同
時ニ萬數千圓ノ物資ヲ掠奪セラレ當地方稀有ノ大
事件トシテ人心ニ大ナル衝動ヲ與ヘ各警備機関協力シ
必死トナリ被拉致者ノ救出賊團ノ討伐ニ當リタル際分
署長警部稲岡庇藏ハ明月溝駐在独立守備歩兵第
七大隊第三中隊始メ之カ討伐ノタメ出動中ノ各部隊ト密
接ナル連繋ヲ保持シ署員巡査部長島村常雄、巡査後
藤源太郎、崔鎮南、警備員田昌典ノ四名之カ
匪状偵察ノ專從員タルヘキ命ヲ受ケタリ島村、後藤、崔

图 44-1 馆藏档案中关于袭击朝鲜清津开往“新京”二〇二次“国际列车”的记载

仅留一团五连等部继续在敦化、额穆境内进行游击活动。不久，这支精兵竟在数千日军的“大讨伐”下，再次创造了更为轰动的战绩。

1935年8月19日晚，这支小部队与抗日义勇军“海龙部”联手，在“京”图铁路南沟至亮兵台之间颠覆了由“新京”开往朝鲜的二九一次“国际货车”。参战部队将亮兵台（今亮兵镇）大西村附近铁路转弯处的道钉拔掉，把铁轨错开，然后迅速隐蔽，做好战斗准备。当二九一次“国际货车”行驶到错轨处时，车头和车厢脱轨翻车，扎进了路基旁的沼泽地。

列车颠覆后，官兵们集中火力，消灭了聚集在车尾负责押车的日伪军，烧毁机车和车厢，缴获大批棉布、大米、糖、烟草等物资。日伪军警接到急报后，驻守在明月沟的独立守备步兵第七大队第三中队长步兵大尉慎林太夫等30人、宪兵2人及警务段员5人出动前往救援，并实施“讨伐”，巡查后藤源太郎和田中夏夫2人也跟随“讨伐队”乘坐装甲列车出动。

但这支部队战后并没有撤走，在距离二九一次火车颠覆地点200米处（距亮兵台西方约3千米），再次破坏铁轨，将轨道的钩头道钉拔掉。第二天，当“讨伐队”的装甲列车行至此处时，再次发生脱轨翻车，我军又在原处颠覆了敌装甲列车两节。于是“讨伐队”只得将装甲列车搁置原地，冒着大暴雨前进。抵达现场后发现，有26辆货车遭受共产党队伍袭击，其中锅炉车及其后面的6辆车厢脱轨翻车，并被烧毁，而此时共产党队伍已经撤离。据《间岛省政要汇览》记述，此次列车颠覆烧毁事件损失约10万余元。

1935年9月23日，一团又联合了一支义勇军，在虎威岭西二道河子与黄松甸之间，连续颠覆了一列从“新京”开往朝鲜清津的二〇一次“国际列车”和两列货车。战后，一团迅速撤离，成功摆脱了日军的追击。

王德泰部颠覆列车连环战斗的胜利，严重地扰乱了日寇在“京”图线上的运输计划，消灭了大量敌人，缴获了大批军需物资，夺得了粮食、弹药和冬装，补充了部队的给养，沉重地打击了日寇的嚣张气焰。颠覆列车连环战斗的胜利，振奋了二军官兵的精神士气，取得了人民群众和义勇军队伍的支持和信任，鼓舞了人民群众抗日救国的热情。

45. 魏拯民参加共产国际第七次代表大会返回东北

雷　婷

“在莫斯科举办第七次世界大会，7月上旬魏拯民独自一人作为满洲省委代表前往莫斯科参加会议……”吉林省档案馆馆藏的一份档案记录了魏拯民同志参加共产国际第七次代表大会和返回东北后开展工作的相关情况，为我们揭开那段峥嵘岁月的面纱，带我们一同走进20世纪30年代中期的东满革命根据地。

根据吉林省档案馆馆藏档案记载，1935年初夏，日伪在东满地区大肆进行“讨伐”和抓捕，致使汪清、延吉等地的党组织遭到严重破坏，东满地区的抗日运动面临着巨大危机。面对日伪造成的严重损失，为保存有生力量，解决当时东满地区党组织急需资金和人才的问题，魏拯民从东满党员和人民革命军队伍中挑选了10余名“积极分子”，组成了“东满教导团”，在人民革命军的保卫下，带领教导团人员从珲春北部进入苏联。

进入苏联后，魏拯民与海参崴地区第三国际中国共产党联络员杨春山取得了联系。在共产国际将召开会议的消息传来后，魏拯民将教导团的培训和教育工作委托给杨春山，只身前往莫斯科参加共产国际第七次代表大会。到达莫斯科后，魏拯民向中共驻共产国际代表团汇报了东满地区党的工作和开展武装抗日斗争的情况，他撰写的《东满党团特委人员、人民革命军干部简历》《关于义勇军的工作》《关于民生团问题》《关于东满特委的工作计划》等8份报告，帮助中共代表团进一步了解、掌握了东满乃至东北党、军的工作情况。1935年7月25日至8月20日，共产国际七大召开，魏拯民作为东北抗日武装的唯一代表参会。鉴于法西斯势力的日益猖獗和国际形势的日趋紧张，会议制定了关于组建反法西斯统一战线和反帝统一战线的斗争策略和任务。

作为参会代表，魏拯民第一时间获知了大会关于建立“工人阶级反法西斯统一战线”的斗争战略，了解了中共驻共产国际代表团发布的《为抗日救国告全体同胞书》（即《八一宣言》），并收到了代表团关于撤销满洲省委，在东北按四大游击区域（南满、东满、北满、吉东）成立四个省委的指示。会议结束后他根据代表团指示，从莫斯科回国，将共产国际七大会议精神传达给东北地区的革命同志。

据吉林省档案馆馆藏档案记载，1936年1月，从莫斯科返回海参崴后，魏拯民邀请当时战斗在安图县奶头山的东北人民革命军第二军军长王德泰到海参崴进行视察①。同年2月上旬，在党组织的培育和教导之下，教导团成员完成了为期一年的训练和学习。这些人员也成为后期东满地区抗日运动的中坚力量。1936年2月中旬，魏拯民与包括王德泰在内的教导团团员一同出发，顶着风霜严寒，冒着生命危险，穿越数道日军封锁线，终于到达了吉东地区。魏拯民在此组织第二军、第五军主要领导人王德泰、周保

① 档案仅记载魏拯民邀请王德泰前往海参崴视察，但并未记载视察是否成行。

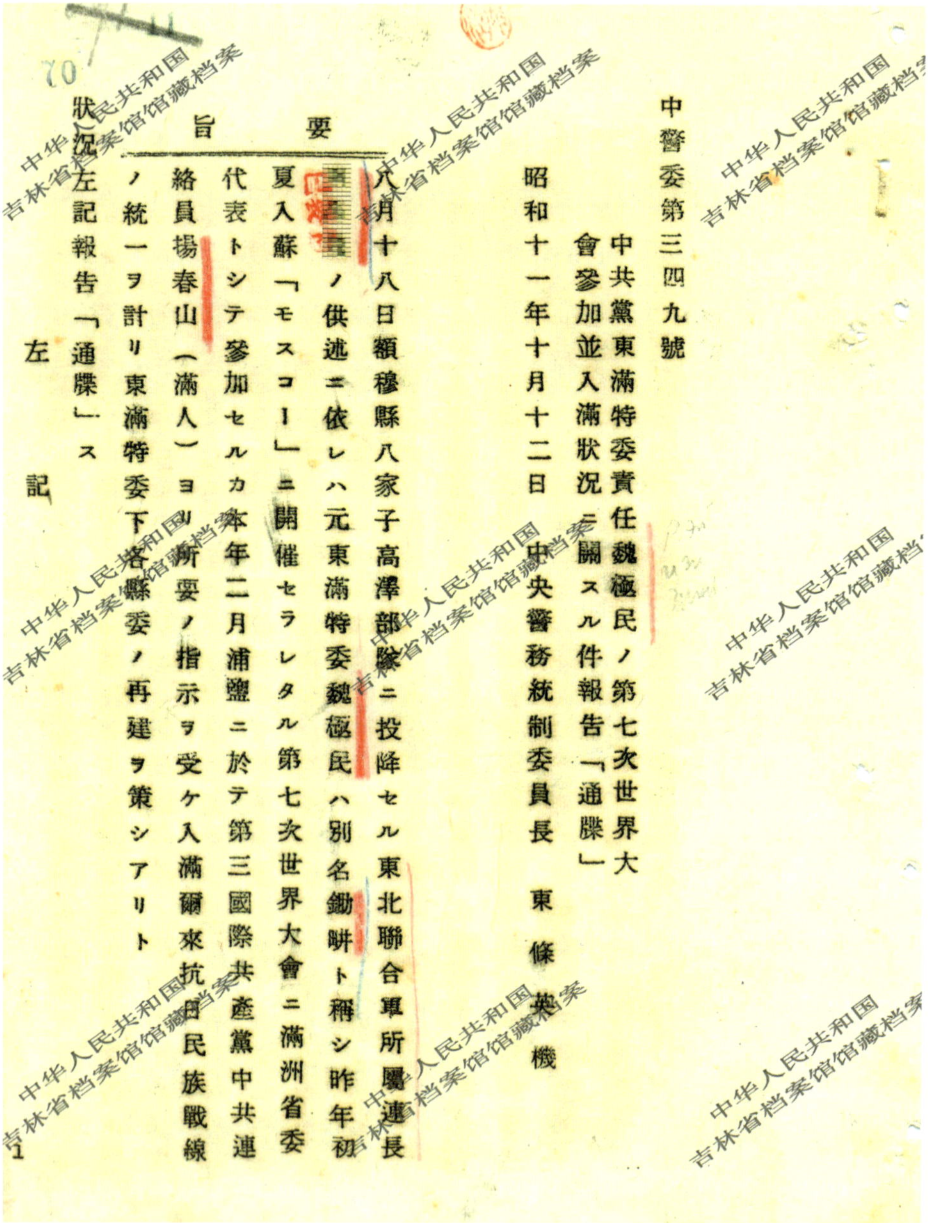

中警委第三四九號

中共黨東滿特委責任魏極民ノ第七次世界大會參加並入滿狀況ニ關スル件報告「通牒」

昭和十一年十月十二日　中央警務統制委員長　東條英機

要旨

八月十八日額穆縣八家子高澤部隊ニ投降セル東北聯合軍所屬連長[redacted]ノ供述ニ依レハ元東滿特委魏極民ハ別名鋤畊ト稱シ昨年初夏入蘇「モスコー」ニ開催セラレタル第七次世界大會ニ滿洲省委代表トシテ參加セルカ本年二月浦鹽ニ於テ第三國際共產黨中共連絡員楊春山（滿人）ヨリ所要ノ指示ヲ受ケ入滿爾來抗日民族戰線ノ統一ヲ計リ東滿特委下各縣委ノ再建ヲ策シアリト

狀況左記報告「通牒」ス

左記

图 45-1“中央警务统制委员长”关于魏拯民参加共产国际第七次代表大会的报告（通牒）

中等同志，召开了联席会议，向他们传达了共产国际七大会议精神，研究了进一步贯彻党的抗日民族统一战线政策和筹建东北抗日联军等问题。会后，按照《八一宣言》和《东北抗日联军统一军队建制宣言》的精神和要求，东北人民革命军第二军和东北反日联合军第五军改编为东北抗日联军第二军、第五军。

在东北抗日联军第二军、第五军成立后，魏拯民率队历经千辛万苦，穿过敌人的重重封锁，于1936年6月末与杨靖宇部会师，并参加了中共南满第二次代表大会。这次会议是由杨靖宇组织和领导的，魏拯民作为东满特委书记应邀参会。魏拯民为会议做了国际形势和共产国际七大会议精神报告，向与会同志传达了会议路线。会议期间，根据《八一宣言》和《东北抗日联军统一军队建制宣言》精神，正式宣布东北人民革命军第一军改编为东北抗日联军第一军，杨靖宇任军长兼政委。紧接着，杨靖宇和魏拯民于1936年7月5日共同主持召开了东南满党军领导干部会议。魏拯民在会上进一步传达了共产国际七大会议精神和中共驻共产国际代表团关于撤销满洲省委、按四大游击区组成四个省委和组织建立东北抗日联军三个方面军及选派学员去莫斯科学习等指示。会议决定将抗联第一、二军联合编成东北抗联第一路军，由杨靖宇任总司令兼政委，王德泰任副总司令，魏拯民任总政治部主任。会议结束后，魏拯民致信抗联第五军军长周保中，向其说明了会议情况。

魏拯民从共产国际七大返回东北后，根据中共驻共产国际代表团指示，组建了中共南满省委并任省委书记，致力于共产国际七大会议精神的传达落实。在党的建设方面，他高度重视地方党的建设工作，积极地发展地方党组织，召集从事森林铁道施工工作的工人和仍然战斗在“京”图沿线主要城市的同志，并将在海参崴经过教育培训的人员派遣到各个县内，着手进行东满特委和各个县委的再建工作。在他的领导下，安图、敦化、和龙中心县委的党组织得到了扩充和发展。在武装斗争方面，他不顾自己体弱多病，长期率部转战于长白山区，在极其艰苦的条件下浴血奋战，给侵略者以沉重打击，谱写了爱国主义的英雄壮歌。

46. 1936年召开的第二军、第五军党委特别会议

梁 超

吉林省档案馆保管了一份题为《关于东北抗日联合第二、第五军新路线组织问题的报告》的日伪档案，记录了1936年东北人民革命军第二军、反日联合军第五军党委特别会议的情况。此次会议是继第一、二军联席会议后的又一次有关军事领域协同作战的会议，奠定了吉林地区军事领域实现抗日民族统一战线，即组建抗日联军的基础，具有重要的历史意义。

1936年1月7日，第二军、第五军西部派遣队攻克额穆县黑石镇和沙河沿；1月9日，第二军、第五军西部派遣队攻下额穆索镇。为充实巩固新的战斗成果，总结革命斗争经验，谋划下一步工作安排，20日在第五军军长周保中和第二军军长王德泰的主持下，第二军、第五军党委特别会议在宁安县镜泊湖北湖头召开。

会议重点讨论了计划建立辽吉边区游击根据地，第二军、第五军的改编建制，对各军游击战略战术重新部署等问题。会议针对第二军作出三方面调整：一是正式建立第二军军部，以机关枪连作为军部警卫连；二是以西部第一、二团编为二军第一师，缺第三团以游击大队（钱永林部）六

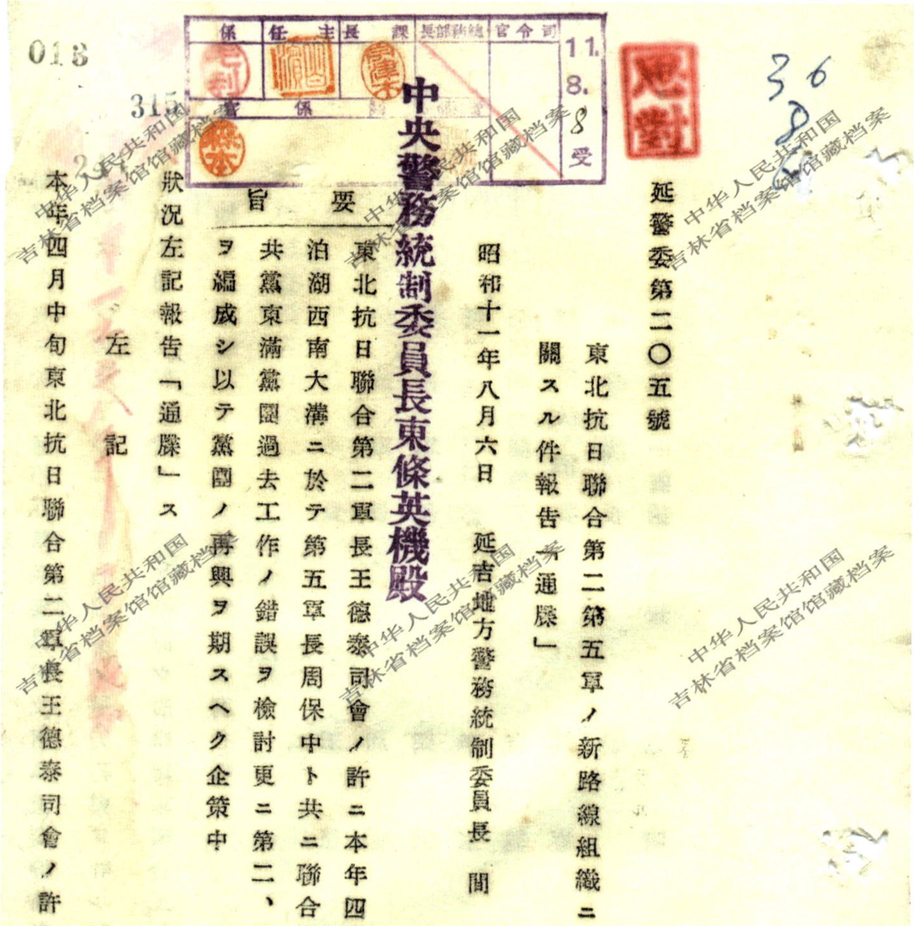

延警委第二〇五號

東北抗日聯合第二第五軍ノ新路線組織ニ關スル件報告「通牒」

昭和十一年八月六日

延吉地方警務統制委員長　間瀬勘八

中央警務統制委員長東條英機殿

要旨

東北抗日聯合第二軍長王德泰司會ノ許ニ本年四月中旬寧安縣鏡泊湖西南大灣ニ於テ第五軍長周保中ト共ニ聯合會議ヲ開催シ中共黨東滿黨團過去工作ノ錯誤ヲ檢討更ニ第二、五軍ノ混成組織ヲ編成シ以テ黨團ノ再興ヲ期スヘク企策中

狀況左記報告「通牒」ス

左記

本年四月中旬東北抗日聯合第二軍長王德泰司會ノ許ニ濱江省鏡泊湖

图 46-1“延吉地方警务统制委员会”关于东北抗日联合第二、第五军新路线组织问题的报告（通牒）

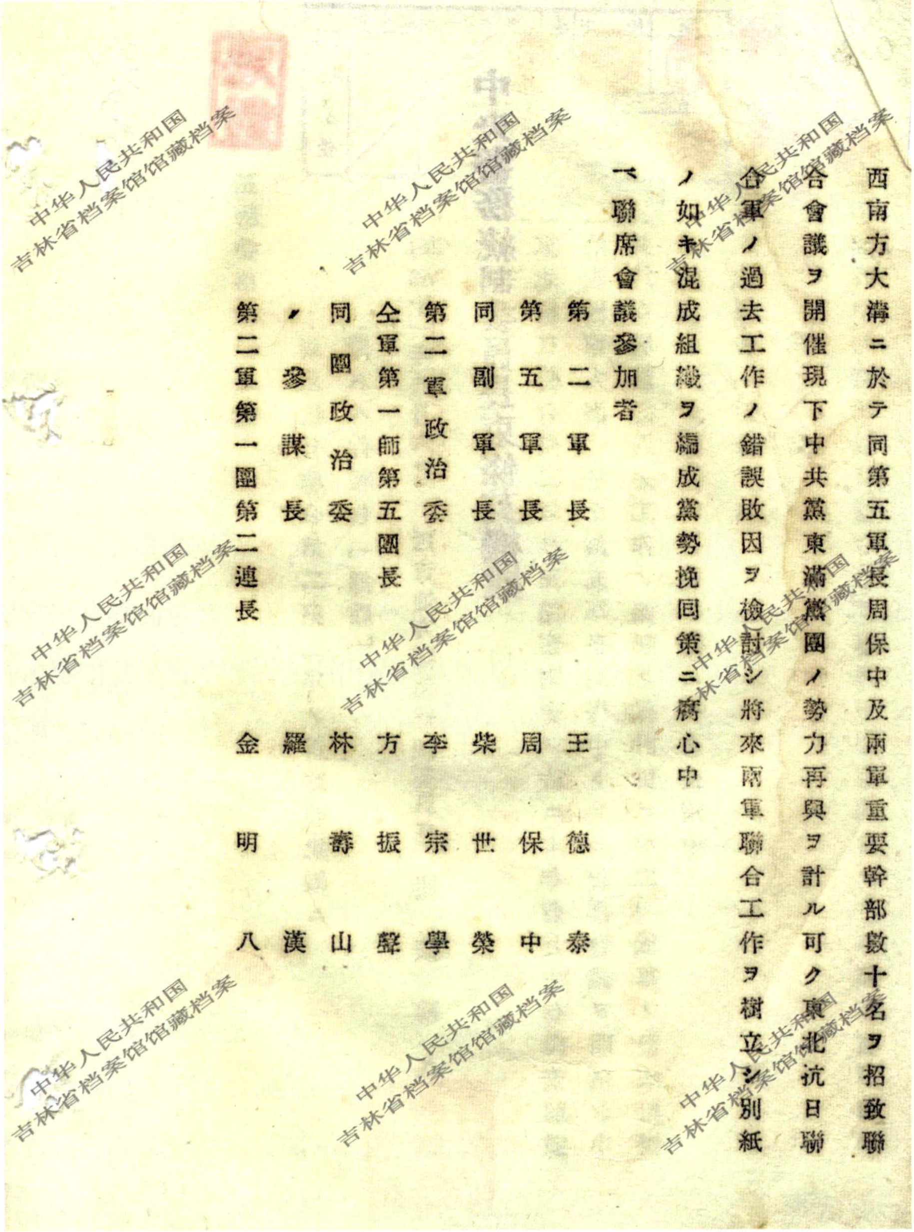

西南方大濤ニ於テ同第五軍長周保中及兩軍重要幹部數十名ヲ招致聯合會議ヲ開催現下中共黨東滿黨團ノ勢力再興ヲ計ル可ク東北抗日聯合軍ノ過去工作ノ錯誤敗因ヲ檢討シ將來兩軍聯合工作ヲ樹立シ別紙ノ如キ混成組織ヲ編成黨勢挽回策ニ腐心中

一、聯席會議參加者

第二軍長　王德泰
第五軍長　周保中
同副軍長　柴世榮
第二軍政治委　李宗學
仝軍第一師第五團長　方振聲
同團政治委　林壽山
〃參謀長　羅漢
第二軍第一團第二連長　金明八

图 46–2“延吉地方警务统制委员会”关于东北抗日联合第二、第五军新路线组织问题的报告（通牒）

个中队编成之，军长兼第一师师长，军部、师部机关暂时合一，军政治部主任仍由李学忠同志担任，参谋长仍由刘汉兴同志担任，军本部应在西方面；三是由第三、四团编为第二师，四团、五团以史忠恒旅所部编为第六团，师长由史忠恒担任（原属救国军、义勇军），第四团政治委员王润成担任师政治部主任，第五军第二师参谋长调转担任二军二师参谋长，史部所改编第六团之组成另行规定。会议强调，第二军军部及第一、二两师的军队建制，是必须完成的决定。针对新的改编建制，二军目前的干部必须注意加紧训练提高工作负担能力，对于干部缺口，必须从各方面补充培养。

关于第五军的改编，会议指出，1935年来，在党正确领导下，第五军第一师第一团以及准基干队二、四团在队员数量上和武装方面都有相当增长，革命影响力不断提高。基于此，对其做出两方面调整：一是拟定第五团残存的第五连改编为第一团第二连；二是东部派遣队第一团的二、四连及第八团的第一连改编为第五团的一、二、三连，由王兴同志任五团团长。

会议对各军游击战略战术进行了重新部署。会议指出，随着时间和周围环境的变化，各军游击活动也需要适时作出调整，以便更好地应对敌人封锁进攻和军事对抗。会议重新商定了各军的游击活动范围与发展方向，为了提高反日斗争的成功几率，把各部队的活动区域分割成了东西中的三线地区，根据以上各地区，安排留守部队和流动部队。留守部队要保持各自负责的区域，对敌人进行勇敢坚决的斗争。档案记载：

1.五军军部继续留在宁安地带，中线地区有四个县，分别是五常、苇河、额穆、宁安，留守部队为宁安县马厂柴世荣、王汝起部队（250人）；

2.第五军主力之一部西进与二军西部队及第一军东进部队相衔接，开展辽吉边区方面的既定计划的行动或进行临时目标的活动，西线地区有四个县，分别是敦化、安图、抚松、桦甸，西线指挥长周保中，西线政治主任陈翰章，留守部队是抚松县王德泰部队（250人），流动部队是敦化周保中部队（300人）；

3.东方面依据五军穆棱派遣队现有之基础，充实第二师四、五两团在与三、四军相呼应联系，共同在勃利、密山、虎林、三姓、宝清乃至饶河一带开展游击活动。另外，五军东部队应以穆棱、勃利为基础中心活动地带，东线地区有四个县，分别是穆棱、东宁、密山、勃利，东线指挥长王润成，政治主任侯国忠，流动部队有密山县李光元部队（80人）、穆棱县金和部队（28人）、朴一顺部队（30人），留守部队有穆棱县侯国忠部队（120人）、史忠恒部队；

4.二军东部队三、四两团（或合史部而编成之第二师）以汪清、珲春、东宁为基本活动地带，进出宁安、额穆、苇河与五军宁安、额穆部队协同动作，坚持宁安中心游击区，从而巩固额穆新区，往五常、苇河一带发展，额穆流动部队有金一成部队（100人）、额穆留守部队有李荆璞部队（70人）。

会议认为，这样的分布法不但可以使二、五军更加紧密系统地与一、三、四军联络贯通，且对于敌人封锁进攻、长追合围，亦易于舒展应对，在补充问题与经济军需上亦易措办。会议强调，“当然这样的分布活动免不了遇到许多新的困难，而问题就在于解决新的困难，才能得到新的发展”，展现了我党革命先辈大无畏的革命斗争意志和积极乐观的革命心态。

重新划分游击区域后，各军更加灵活机动，四面出击，让日伪军更加被动，有效打击了日伪的嚣张气焰，极大振奋鼓舞了东北抗日部队的士气。1936年4月初，在夺取大蒲柴河镇的战斗中，王德泰率二军一师采取围点打援的战术，一举攻下大蒲柴河镇，此次战斗让日伪军伤亡惨重，极大地震慑了日伪统治。五军第一、二师以宁安为中心，先后破坏了宁安县卧龙屯“集团部落”，袭击了卧龙屯伪警察署和伪自卫团。6月，在三道河子缴了伪军一个连的械，得步枪100余支、轻机枪2挺，子弹4万余发。其后，又在庆城、铁力、依兰、勃利、桦川等地对日伪进行攻击，连战皆捷。

1936年召开的东北人民革命军第二军、反日联合军第五军党委特别会议，集中解决了东北人民革命军所面临的最迫切的组织问题和军事问题，各部队的游击活动更加灵活机动，战略成效更加显著，让日伪疲于奔命，对团结广大士兵群众、瓦解敌军起到了巨大作用。

47. 一张宣传画报中的抗日故事

高 瑛

东北抗日联军与日本侵略者浴血奋战十四年，为了使抗日群众进一步了解中国共产党的路线、政策，揭露日本侵略者的罪行，宣传党的抗日主张，抗联创办了各种形式的抗日刊物、油印报纸、画报、宣传单等。这些抗日宣传品为东北抗日力量的生生不息发挥了举足轻重的作用。

1936年2月，杨靖宇率部袭击驻伪通化县热水河子伪满军第七团团部后，为了扩大宣传，鼓舞士气，制作了一张宣传画报，至今珍藏在吉林省档案馆。这份已近破损的宣传画报，是一份创刊号，以漫画的形式，记录了杨靖宇战斗结束后对伪军俘虏进行教育并释放的情景。这张宣传画报被日军在“讨伐”杨靖宇部队时拿到，附在当时形成的《讨伐旬报》中留存至今。

热水河子（今通化市二道江区东热村），四面环山，面积只有十几平方公里，是日伪当局设置在通化地区的一个重要军事据点，有公路与通化、八道江镇相连。街里驻有日军守备队30余人、伪警察30余人、伪自卫团20余人、伪满军七团70余人。伪满军七团团部位于热水河子街中间，对面有一座较为坚固的炮台。1936年初，杨靖宇率部队隐蔽在这一带深山

图 47-1 抗日联合军第一军宣传画报

创刊号
满洲国
兵

里。杨靖宇通过打入伪满军邵本良部内部的老刘提供的情报，得知邵本良部在热水河子的驻防情况后，决定用突然袭击、里应外合的办法攻袭热水河子伪满军第七团团部。

1936年2月26日晚10点，东北人民革命军第一军军长杨靖宇率领直属部队300多人，趁夜深人静之际向通化县热水河子进发。战士们每人脖子上系一条白毛巾，用麻袋片把靰鞡鞋包裹起来，避免在冰封的浑江上行走时发出声响，暴露目标。2月27日凌晨1点，杨靖宇率军跨过浑江到达对岸，按计划展开战斗。教导团团长许国有率手枪队由老刘引导，迅速解除西门哨兵及街内伪满军七团团部附近的炮台上的武装。随即机枪班占领该炮台，控制了伪满军七团团部和全街。当伪满军七团团部警戒兵被缴械后，杨靖宇率大队人马冲进敌军营房，将伪满军七团团部营房内还在睡梦中的伪满军士兵全部俘虏，顺利地解除了全部武装。杨靖宇通过伪满军团部一个被俘士兵得知：邵本良团长和日本指导官到通化去了。但刚逃跑出去的伪满军七团杨副团长（杨凤武）很快被捉了回来，同时，驻在伪满军七团团部东屋的敌人被全部缴械。随后，俘虏了日"满"殖产会社经理福岛力藏、伪税捐局主任和死心塌地甘愿为日本侵略者效劳的铁杆汉奸走狗伪满军七团刘副官（外号"刘大绝户"）等60余人，并缴获了50余支大小枪支、1950多发子弹和机关枪备补筒及大米、白面和布匹等武器、物资。拂晓前杨靖宇下令，先将缴获的战略物资运走，然后在临街的墙上张贴宣传抗日救国标语、传单，并处决了"刘大绝户"。

宣传画报里提到的刘大队长就是杨靖宇。杨靖宇以"刘大队长"身份，对俘虏进行教育，教育他们不许仰人鼻息，要记住自己是中国人，不许再替日本侵略者杀害自己的同胞。然后，每人发放5元路费释放回家。俘虏们表示："我们以后定要抗日。"在处置敌俘虏过程中，杨靖宇见伪满军杨副团长是知识分子出身，尚有一定民族意识，便对他进行耐心教育。杨副团长表示决不再当亡国奴，愿意参加人民革命军，当一名抗日战士。从稚拙的字体和画面中，我们看到，抗联将士尽管身处十分艰苦的环境中，却不忘团结一切可团结的力量共同抗日。

48. 宁死不屈的少年

柳泽宇

吉林省档案馆保管着一份档案，记录了一位15岁少年面对日伪宪兵审讯时的呐喊："普通百姓加入红军不是罪恶，为增进人类福祉，必须参加红军！"如今，泛黄的档案存于世间已近90个春秋，少年的呐喊声依然跃然纸上，将我们带回那黑土地遭受深重苦难的岁月，向那些已经化作关东山魂水魂的鲜活生命致以后辈最崇高的敬意。

少年名叫李小喜子，1922年出生于吉林省金川县（今通化、柳河、辉南各一部分）。1935年6月加入红军游击队，参加抗日宣传、看守俘虏等抗日活动。1936年，"山城镇警务联络委员会"纠集日伪宪兵、警察及叛徒，组成专事破坏中共东北各级党组织及民众组织的"特别搜查班"，破坏金川地区党组织。经过一番"努力"，"特别搜查班"取得了"成果"，发现了位于金川县第三区八里哨的抗联部队的"支援团体"。2月3日和7日，日伪先后两次对其进行破坏，共抓捕了反日会会长等5人，其中包括游击第三分队队员、15岁的李小喜子。

按照程序，日伪宪警对被捕后的李小喜子等人进行了审讯，查明了其加入游击队抗日的契机以及从事的一些抗日活动。据档案记载，1935年6月

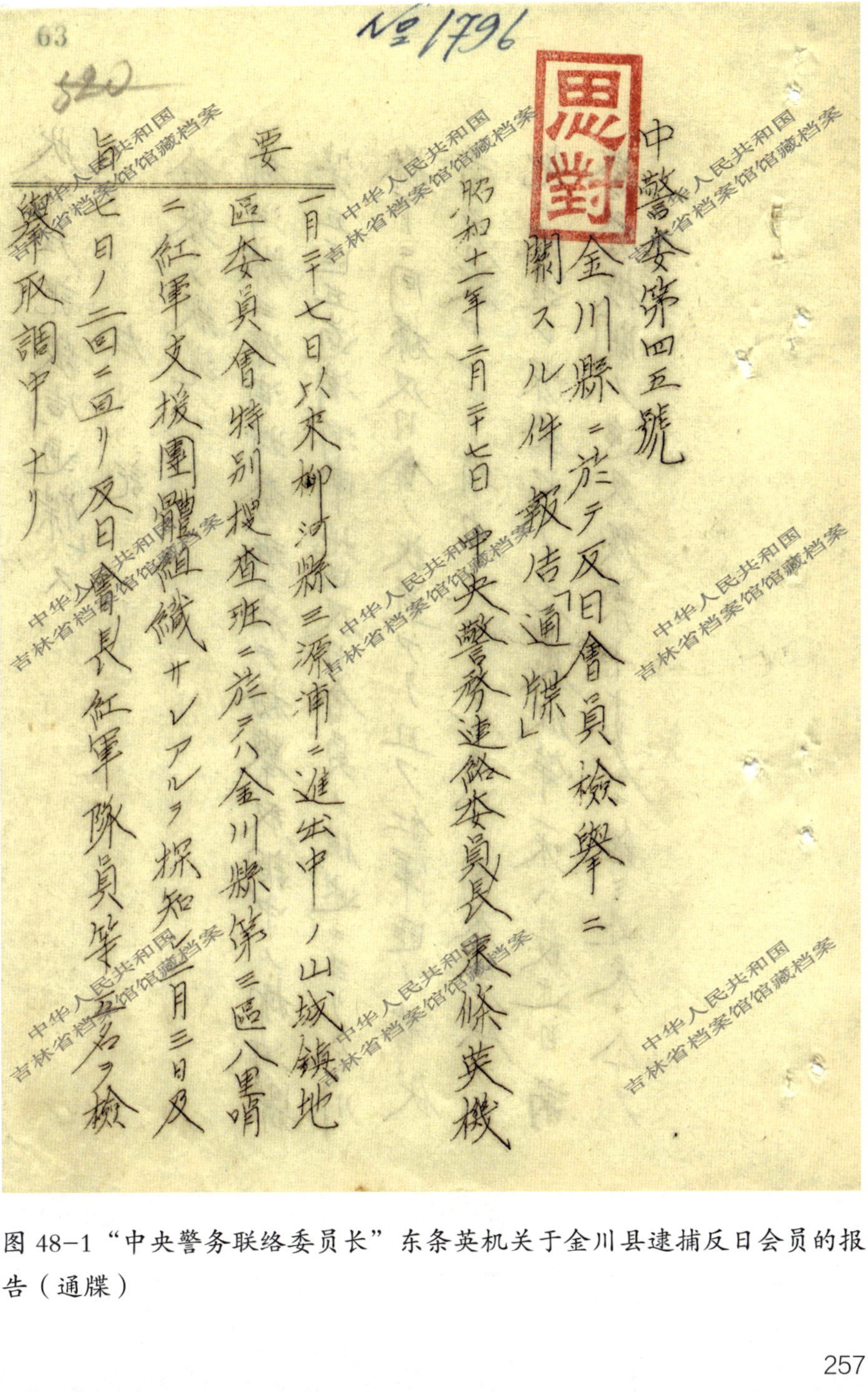

63

№1796

思對

中警委第四五號

金川縣ニ於テ反日會員檢擧ニ

關スル件報告「通牒」

昭和十一年二月二十七日 中央警務連絡委員長 東條英機

要旨

一月二十七日以來柳河縣三源浦ニ進出中ノ山城鎭地

區委員會特別捜査班ニ於テハ金川縣第三區八里哨

ニ紅軍支援團體組織サレアルヲ探知シ二月三日及

同七日ノ二回ニ亘リ反日會長紅軍隊員等五名ヲ檢

擧取調中ナリ

图 48-1“中央警务联络委员长”东条英机关于金川县逮捕反日会员的报告（通牒）

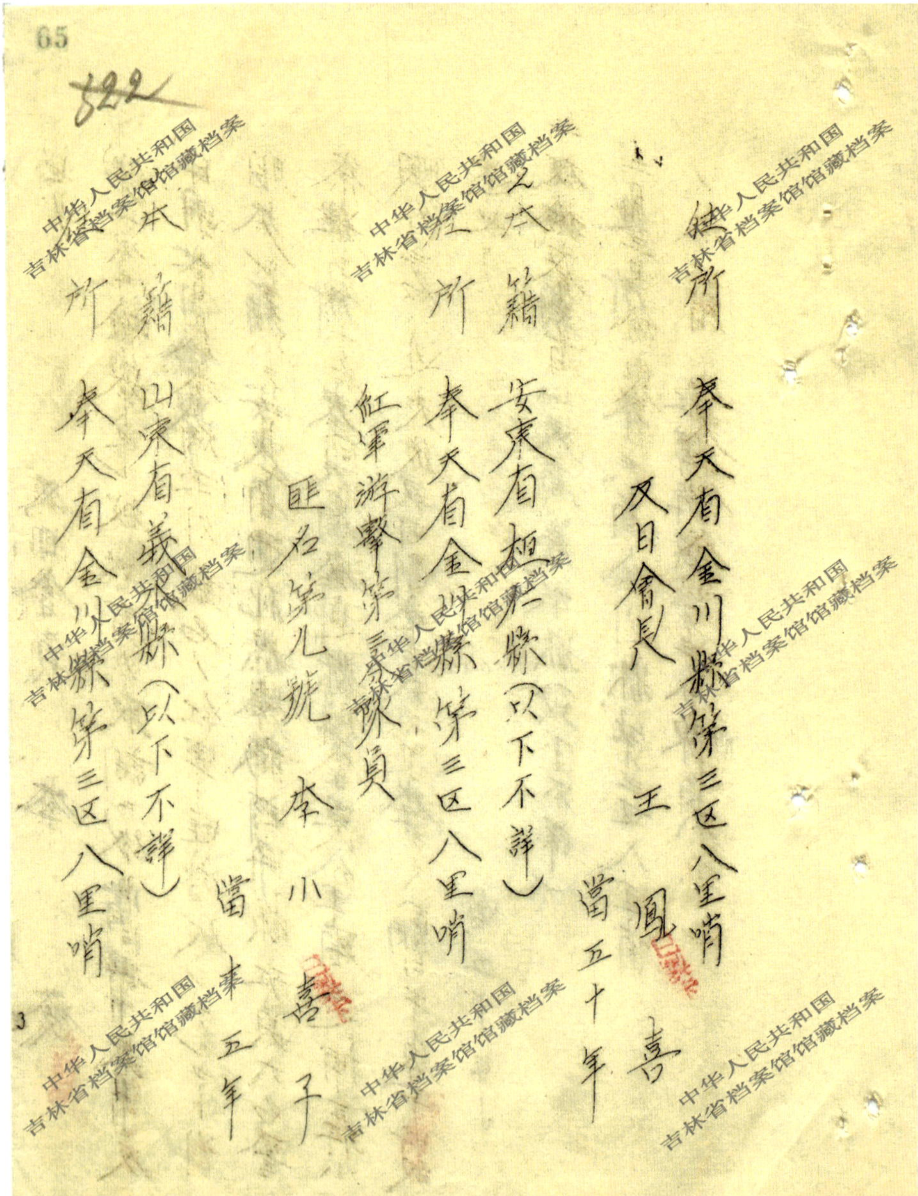
65

822

住所 奉天省金川縣第三区八里哨

反日會長 王鳳喜

當五十年

本籍 安東省桓仁縣（以下不詳）

住所 奉天省金川縣第三区八里哨

紅軍游擊第三分隊員

匪名第九號 李小喜子

當卅五年

本籍 山東省萊陽縣（以下不詳）

住所 奉天省金川縣第三区八里哨

图 48-2 档案中记载反日会员李小喜子的情况

中旬，李小喜子在红军政治委员张某的抗日宣传下加入红军游击队。加入后，他首先是在金川县第三区大荒沟南部的山沟内“监视人质”，大约有1个月的时间。随后，又与战士们在金川县第三区大荒沟附近以及通化县第八区高丽城子方面活动，负责“劝诱他人加入红军以及筹集各地反日会指导军费等各项工作”。面对日伪的审讯，李小喜子临危不惧、宁死不屈，大声喊道：“普通百姓加入红军不是罪恶，为增进人类福祉，必须参加红军！”面对如此少年，宪兵记录道：“此人虽为少年，但是共产意识十分浓厚。”李小喜子血祭黑土地，人生定格在1936年。

李小喜子只是普普通通的抗联队员，他和无数连姓名都没有留下的牺牲者一样，一切都无人知晓、无从知晓，后人只能根据有幸留存于档案中的几行字迹，结合风云变幻的时代背景，去寻找一丝他们的人生轨迹，勾勒他们珍贵的爱国情感。

1922年，李小喜子出生。这时东北地区日本的侵略势力已经开始渗透。自1881年起，日本大肆鼓吹“大陆”是日本的“生命线”。被称为“日本陆军之父”的山县有朋于1895年向明治天皇呈递了一份奏文，名为《兵制改革》，提出要把“生命线”扩大到中国东北，并由此形成一条吞并朝鲜、侵占中国东北，进而征服中国、称霸亚洲的“大陆政策”。经过甲午战争、日俄战争，日本侵占朝鲜和中国台湾、旅大，垄断南满铁路，策划“满蒙独立”，提出灭亡中国的“二十一条”，这些都是日本推行侵略政策的种种罪行。1921年，日本原敬内阁强调日本在满蒙“具有特殊的地位和权利”，并主张通过操纵奉系军阀“向中东路、京奉线扩张势力，获取在南北满洲的政治、经济、军事上的利益”。这种政策也最终在1927年的“东方会议”上进一步升级，“武力解决满蒙问题的积极方针”成为日本的最高国策。与此同时，1921年中国共产党成立。其后，很快就开始筹建东北党组织。从1921年至1923年，中共北方区委派遣时任区委及北方劳动组合书记部主要负责人的罗章龙前往东北考察工运并筹备党组织的建立工作。可以说，李小喜子生逢乱世，等待他和中国人民的是苦难的人生。

1931年，李小喜子10岁。这一年，“蓄谋已久”的九一八事变爆发。9月18日，农历八月初七。晚9点，北大营熄灯。10点过后，突然响起爆炸声，震惊世界的九一八事变发生了。“从那个悲惨的时候，脱离了我的家乡，抛弃那无尽的宝藏，流浪！流浪！整日价在关内流浪！”我们没有更多的资料来了解李小喜子当时的心境，但是可以肯定的是，任何有血性、“不愿做奴隶”的中国人都会渴望纵马战场，打退敌人。

1932年，李小喜子11岁。这一年，在中共满洲省委的领导下，在罗登贤的战略部署下，东北党组织将力量发展到尚处于日本侵略者权力真空的农村，杨林、周保中、赵尚志、冯仲云等满洲省委和各地方组织的干部，一批批奔赴斗争第一线，点燃了民族革命斗争的星星之火。一时间，巴彦反日义勇军、磐石工农义勇军等红色游击队紧锣密鼓地组织了起来。可以想象，在李小喜子这样的少年心里，前仆后继、再仆再起，终于站住脚跟，坚决抗日的中国共产党注定会成为信仰的灯塔。

1935年6月，李小喜子14岁。这一年，在反日游击队基础上组建的东北人民革命军第一军、第二军（后改编为东北抗联第一军、第二军）已经成立。金川县来了红军宣传员。这些坚决贯彻执行反日统一战线政策，团结一切可以团结力量的共产党人谈主义、讲故事、唱抗日歌曲，包括李小喜子在内的20多名村民激情澎湃、泪流满面，心中燃起了抗日救国的民族情感。于是，李小喜子等3人得到了可以打鬼子的光荣号数，李小喜子为“第9号”。从此时开始，直至李小喜子牺牲，中共南满特委在金川县河里地区召开民众代表大会，成立东北人民革命政府南满特区政府筹备委员会；在杨靖宇的指挥下，南满大地轰轰烈烈开展游击战、发展抗日民众。这一时期，李小喜子心中充满了希望。

1936年，李小喜子15岁，人生的最后时刻，危险在逼近。日伪成立了“特别搜查班”，通过威逼利诱网罗了一些叛徒，让他们提供情报。叛徒熟悉人文、了解地形，潜入党组织内部，李小喜子等人的活动踪迹被敌人发现。李小喜子在短暂的人生岁月里坚持抗战、宁死不屈，在生命的最后时刻发出了“必须参加红军”的呐喊。

抗联队伍中既有杨靖宇、魏拯民、周保中、赵尚志、赵一曼等赫赫有名的大英雄，也有很多像李小喜子一样，到了“中华民族最危险的时候”，用鲜活的生命捍卫自己国家的平凡英雄。

49. 徐家兄弟抗日记

谢楠楠

吉林省档案馆馆藏有一份由“奉天地方警务统制委员会”形成于1937年1月15日的档案，题为《关于抓捕处置反日满秘密结社柳河县孤山子地方工作团①员的报告（通牒）》，为我们揭开了徐宪廷、徐玉东两兄弟不为人知的抗日岁月。

吉林省通化市柳河县，位于吉林省东南部的通化市西北部，地处长白山向松辽平原过渡地带。九一八事变后，东北沦为日本帝国主义殖民地。面对日本帝国主义的侵略，东北各地抗日义勇军奋起反抗、主动出击，抗日队伍逐渐发展壮大。柳河群众也在当地大力开展抗日活动，其中，徐家兄弟徐宪廷、徐玉东先后加入以马占元为首领的一军五团，进行抗日活动，为当地抗日宣传做出了贡献。

徐宪廷，祖籍山东省登州府文东县，成长于柳河县第六区孤山子地区。17岁进入柳河县警察训练所成为警察，历任警察署署长、公安队中队长等职务。九一八事变以后加入了自卫军，跟随辽宁民众自卫军第19路军

① 日伪档案中提到的“地方工作团”，实为我根据地中的群团组织反日会。

司令王凤阁一起抗日。1935年4月，接受杨靖宇部下马占元等人的抗日宣传，随即加入中国共产党，开始从事抗日活动。因表现突出，很快成为孤山子地区工作团团长，对本地区的抗日活动直接进行指导并开展抗日宣传工作。据吉林省档案馆馆藏档案记载，徐宪廷曾于1935年4月20日，在柳河县第六区孤山子地区，针对工作团组织以及团员获得工作与马占元进行商议，并在1935年5月至1936年10月期间发展了10名工作团团员。

柳河县是“东边道”北部重要地带，长期是中国共产党的游击根据地，因此日伪视其为“著名的匪化地带”。1935年8月以后，关东宪兵队推行“思想对策”，即除武力“讨伐”之外对东北地区人民实施政治、思想镇压。

当时由于日寇围捕抗日武装的力度很大，并有针对性地实施了“归屯并户”等政策，很多部队给养困难，抗日队伍的生存面临着严峻的考验。1935年5月以后，按照组织安排，徐宪廷开始接受杨靖宇的直接领导，前后三次前往通化临江地区与马占元会合，在沟通中学习了发展工作团团员的要领，并且得知此时有部队在孤山子附近地区进行抗日活动，急需粮草和日用品。为此，徐宪廷多次组织召开工作团会议，与参会同志讨论为部队补给物资的方法。1935年5月1日，购入50套军衣以及战帽，6月末又购入50套胶底袜子、鞋子，并将这些急需物资送至马占元处。

徐玉东，徐宪廷胞弟，毕业于柳河县第六区孤山子某小学，19岁时加入奉天北大营模范队步兵第一大队，由于生病在队伍中生活了3个月之后被开除，继而从商，偶然读到了《盛京时报》，对共产主义的认识逐步加深。1935年5月，徐玉东在孤山子伪村公署集合了众多村内有识之士，对共产党的主义、目标以及其与一般“匪团”之间的区别进行了说明，并且对

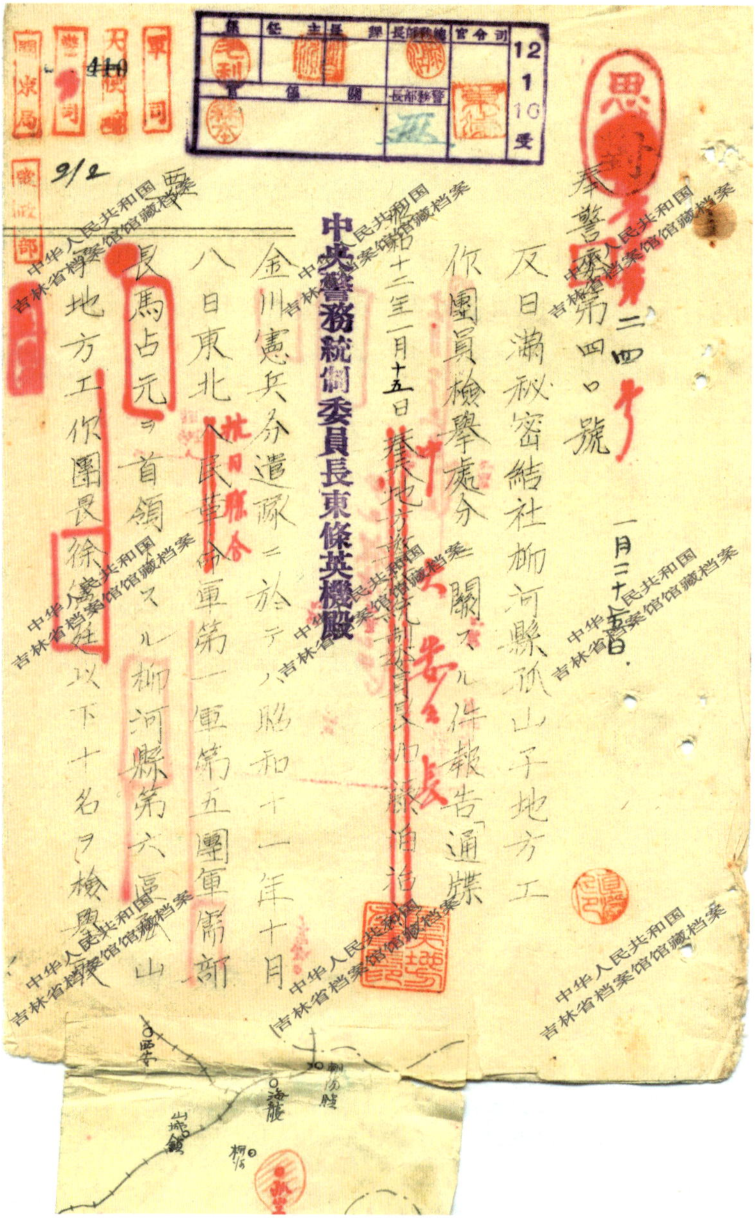

图 49-1“奉天地方警务统制委员会”关于抓捕处置反日满秘密结社柳河县孤山子地方工作团员的报告（通牒）

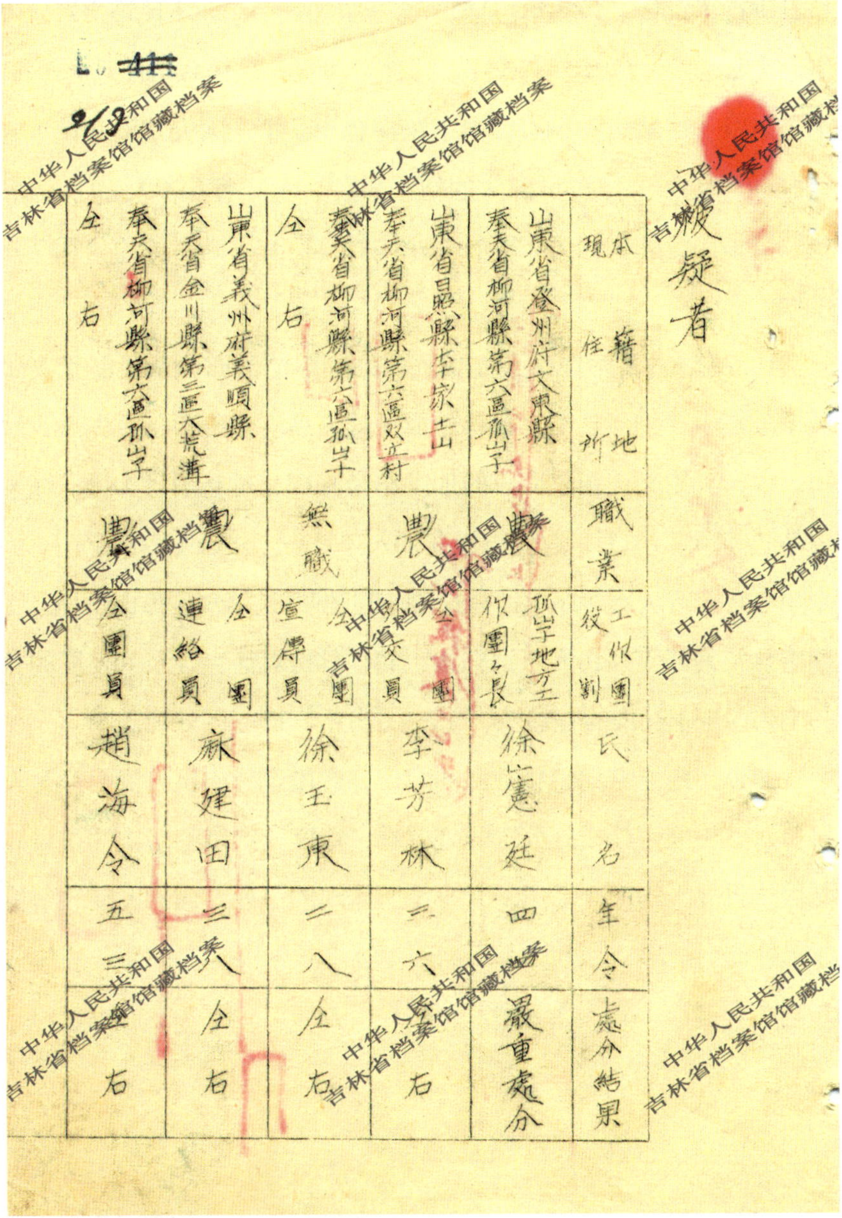

被疑者

本籍地 / 現住所	職業	工作團役割	氏名	年令	處分結果
山東省登州府文東縣 / 奉天省柳河縣第六區孤山子	農	孤岩地方工作團々長	徐憲廷	四	最重處分
山東省昌邑縣李家古山 / 奉天省柳河縣第六區双立村	農	仝團外交員	李芳林	二六	仝右
仝右 / 奉天省柳河縣第六區孤山子	無職	仝團宣傳員	徐王東	二八	仝右
山東省義州府義順縣 / 奉天省金川縣第三區大荒溝	農	仝團連絡員	麻建田	三八	仝右
仝右 / 奉天省柳河縣第六區孤山子	農	仝團々員	趙海令	五三	仝右

图 49-2 嫌疑人名单中包括徐家兄弟

抗日进行了宣传。1935年7月起，徐玉东加入了东北人民革命军，隶属其哥哥徐宪廷为团长的地方工作团，担任宣传员。从1935年11月至1936年3月，为了对日伪军情进行调查，徐玉东在金川县第三区大荒沟开设了制油厂。该制油厂实际上是抗日部队的情报机关，主要搜集并传递日伪军的“讨伐”情报。此外，徐玉东还针对一些对日伪有不满言论的伪军警开展士兵工作。

1936年7月，时任奉天宪兵队长的加藤泊治郎派遣长岛玉次郎前往山城镇破坏中共柳河县委。日伪组成了“长岛工作班”，首先派人潜入“匪团”中，利用义勇军赵明思的朋友作为密探，对赵明思实施“怀柔”，怂恿其“归顺”。8月，赵明思叛变加入“长岛工作班”。因赵明思的泄密，金川宪兵分遣队于1936年10月8日抓捕了柳河县第六区孤山子地区工作团长徐宪廷及其部下共10人。据档案记载，日伪对徐宪廷及其发展的党员包括其胞弟徐玉东在内的6人处以“严重处分”，即立即处死。

如今，距徐家兄弟牺牲已80余年，这段尘封的抗日岁月鲜为人知，从日伪对其施以“严重处分”的处置看，徐家兄弟堪称坚定的抗日战士，是无数抗日战士的一个缩影，其身上所体现的宁死不屈的民族气节值得后人永远敬仰。

50. 抗日父子兵

何志东

俗话说，“打虎亲兄弟，上阵父子兵”。在抗日战争的战场上，兄弟、父子携手抗战杀敌的佳话不在少数。在家，他们是血浓于水的骨肉至亲；在战场上，他们是并肩作战携手抗敌的战友。在吉林省档案馆馆藏中，有这样一份档案，记载了义勇军李树祯、李广云父子抗击日寇至英勇牺牲的事迹。

李树祯，南票缸窑岭人，早年曾参加过奉军。九一八事变后，有感于国土沦丧，带领亲属好友等筹建抗日义勇军，奋起抵抗日伪军，几经挫折却毫不动摇，后自立为司令，编成“反满抗日救国军”，屡建战功，在锦州、热河都留下了战斗身影。虎父无犬子，其子李广云深受父亲的影响，13岁便参加了义勇军队伍，跟随李树祯的抗日义勇军活跃在朝阳、锦西地区，年纪虽小却英勇无畏，奋勇杀敌。

1932年1月2日，日本关东军第二十师团占领锦州，辽西走廊上的中心城市锦州沦陷。1月6日下午，日军第二十七骑兵联队200余人在联队长古贺传太郎中佐率领下进占锦西县城，锦西县城宣告沦陷。日寇的入侵，激起了锦西民众的奋起抵抗。1月9日，在刘存启、张恩远、刘春山、李树祯等带领下，数千锦西抗日群众积极响应，包围了锦西县城，他们用简陋的武器，凭着不怕死的精神，全歼日寇古贺联队。此战给侵华日军以沉重打击，日本关东军参谋部编写的《满洲事变实志》记载：古贺联队被歼是“满洲事变以来最大的悲惨事件”。不久，指挥围歼古贺联队战斗的义勇军首领刘存启被东北民众抗日救国会编为抗日义勇军第三十四路军，李树祯隶属于该部。

李树祯部频繁开展抗日活动，率领抗日义勇军时而集合打大仗，时而分散游击，破坏铁路，炸毁桥梁，犹如一把尖刀，令辽西日伪军十分恐慌。于是，锦西县日伪军多次出兵“讨伐”抗日义勇军李树祯部。1934年5月，日伪军集中兵力进攻缸窑岭，并放火烧毁了李树祯家宅院。李树祯和儿子李广云率部英勇抵抗，由于寡不敌众，李树祯力战不支，被迫率部向西北撤退。

1935年11月16日，日军为“剿灭”辽西地区抗日义勇军，调动重兵对辽西地区进行“围剿”，实施了惨无人道的“三光政策”，制造了骇人听闻的“下五家子惨案”。穷凶极恶的日军对下五家子村进行了惨绝人寰的大屠杀，全村尸横遍地、血流成河。不仅如此，日军还放火焚尸灭迹。大火整整烧了两天两夜，400余间房屋被焚毁，378名无辜民众被杀害，全村仅11人幸免于难。下五家子惨案后，朝阳、锦西交界处的抗日义勇军力量大减。在日军的“剿杀”下，抗日义勇军处境日益艰难。但是，在恶劣的斗争环境中，李树祯父子不改抗日之志，继续从事抗日斗争。

据档案记载，从1936年11月开始，李树祯父子的抗日队伍与中国南京民众救亡会的领导者朱霁青取得联络，在凌南县及朝阳县内召集义勇军相关人员，李树祯自称司令，组建“反满抗日救国军”，并联合当地其他抗日队伍扩大势力，积极抗日，主要活动在锦州、热河省境内。

1937年1月下旬，因李树祯父子所在的反满抗日救国军活动积极，日伪军警决定对其再次进行“讨伐”。受“讨伐”影响，部队举步维艰，于是李树祯将部队化整为零，暂时解散反满抗日救国军，带领10余名属下转战到朝阳凌南县境。

日伪军警一直寻找李树祯的踪迹，伪朝阳地区委员会利用汉奸杜清和的义妹李云氏（22岁）与李树桢的女儿交往，并利用汉奸杜清和的亲戚罗玉山侦察其行动。1937年2月24日，伪朝阳地区委员会派遣1名日本宪兵下士官、2名汉奸前往缸窑岭，当晚11点便探查到李树祯等6人要前往凌南县第八区东北部北沟或者冰沟方面的情报。于是，召集当地日伪军警、汉奸等30余人，于2月25日凌晨3点出发去往缸窑岭，企图集中围捕李树祯、李广云队伍。为进一步确认消息的准确度，日伪军警凌晨4点到达李云氏身边确认，确定李树桢等人于前日24日半夜在凌南县第八区冰沟的高姓人家留宿，便直接改变方向前往前述地点。

当日早上4点50分，高家宅院已被层层包围。李树祯父子沉着应战，面对敌人强大的火力压制，毫不畏惧，指挥队伍紧急突围。双方激战了约7个小时，但终因兵力悬殊，7人在交战中牺牲，李树祯父子及其他人员成功撤离。此时，李树祯胸部已中枪伤，拖着重伤的身体，只能潜伏在距离现场约400米的山间。日伪军警沿着血迹一路搜查，最终发现其踪迹，李树祯不幸被捕。李广云及其部下则继续突围，潜藏在村落中，在日伪军警穷追不舍的搜查和追击下，李广云亦不幸被捕。

日伪军警对李树祯、李广云父子及其他人员进行严刑审讯，但李树祯因枪伤过重未能得到及时医治，押送途中不幸牺牲。李广云被俘后坚贞不

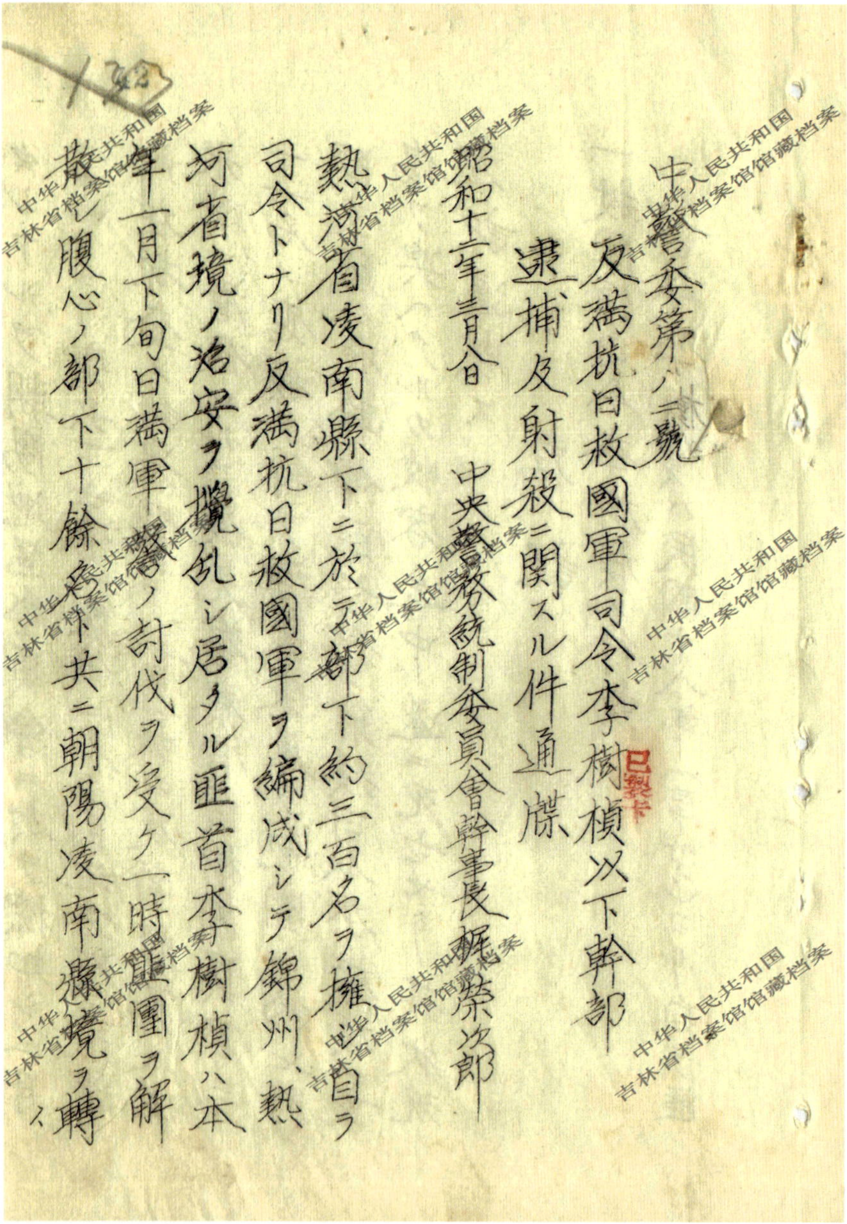
中警委第八二號

反満抗日救國軍司令李樹楨以下幹部逮捕及射殺ニ関スル件通牒

昭和十二年三月六日　中央警務統制委員會幹事長梶榮次郎

熱河省凌南縣下ニ於テ部下約三百名ヲ擁シ自ラ司令トナリ反満抗日救國軍ヲ編成シテ錦州、熱河省境ノ治安ヲ攪乱シ居タル匪首李樹楨ハ本年一月下旬日満軍警ノ討伐ヲ受ケ一時匪團ヲ解散シ腹心ノ部下十餘名ト共ニ朝陽凌南縣境ヲ轉

图 50-1“中央警务统制委员会”干事长梶荣次郎关于反满抗日救国军司令李树桢等人被捕及射杀的通牒

屈，至死不投降，不交代义勇军任何情报和名单。无奈之下，日伪军警残忍杀害了李广云等人。随着李树祯、李广云这对抗日父子兵的牺牲，这支坚持抗日长达6年之久的英雄部队也从此消失。

十四年的抗日斗争，烽火连天，艰苦卓绝，无数人奋起抵抗，多少兄弟、父子相继上阵杀敌，为国捐躯，多少家庭满门忠烈，驰骋疆场，他们的故事鲜为人知，却又轰轰烈烈，他们以最坚定的信念、最无私的精神诠释了最美的家国情怀。

51. 日军枪杀中共海龙区委书记蔡平

吴庄岩

吉林省档案馆馆藏关东宪兵队司令部档案中有一份题为《关于枪杀磐石中心县委海龙区委负责人杜大包以及逮捕团员之报告（通牒）》的档案，详细记述了1936年9月18日中共海龙区委书记蔡平被日军枪杀的经过。

蔡平，又名崔平，朝鲜族，黑龙江省汤原县人，生年不详。1927年在黄埔军校学习期间加入中国共产党，曾参加广州起义，后被调回东北汤原县做地下工作。1933年4月调中共满洲省委工作。不久，被省委派往西安（位于今辽源市）煤矿从事工运工作。1935年5月任中共海龙区委书记时，为了地下工作需要，隐瞒了真实姓名，易姓杜，因其颈后生一肉瘤，故人称“杜大包”。

蔡平到西安煤矿后，动员工人用下井不出煤的方式进行怠工斗争，以抵制侵略者的掠夺。他在领导工人斗争的同时，还发动部分矿工组成了工人赤卫队，专门对付那些无恶不作的矿警队。不久，蔡平以这支工人赤卫队为基础组成了一支几十人的工人武装游击队。这支小小的工人游击队组成后，在矿山周围地区活动了一段时期，在配合南满游击队袭击西安煤矿后不久，被并入东北人民革命军第一军独立师一团，活动于磐石、海龙、东平（今东丰县）、伊通、双阳、桦甸一带。

1935年，中共磐石中心县委决定，将磐南、磐西两个区委合并为海龙区委，区委机关设在磐石西部的大炕山。在磐石中心县委领导下，负责领导海龙东部地区的抗日武装斗争，与西海龙区委并存，县委调蔡平任海龙区委书记。蔡平到海龙区委后，除了领导各基层支部继续开展工作，还积极联络农民群众，在农民中培养了大批抗日积极分子，宣传党的抗日政策，讲解抗日斗争的发展形势，揭露日本帝国主义烧杀抢夺、侵占东北的罪行，不断发动农民群众开展抗日斗争。由于蔡平细致深入的群众工作，抗日积极分子队伍不断扩大，蔡平的活动范围也随之向周围较远的乡村扩展。1935年秋末冬初，他在距区委所在地10余公里的三棚砬子又组织了反日会、儿童团，并亲自担任反日会会长，领导和指挥反日会会员、儿童团团员对日本帝国主义侵略者进行顽强的斗争。

蔡平在任中共海龙区委书记期间，除坚持群众工作外，还经常为磐石游击队及其他抗日武装安排食宿，运送粮食、物资，支援抗日武装斗争。1935年12月，东北人民革命军第一军第二师参谋长丁水龙率二师部分战士挥师江北（辉发江），在磐石县活动，蔡平曾多次战胜各种困难动员群众为其送给养。1936年3月，蔡平到大安屯工作，白天下地帮助穷苦农民干活，晚间召集反日会积极分子开会，讲述抗联斗争的胜利，宣传抗日政策。随后，大安屯组建了十几人的农民自卫队，在蔡平领导下，平日在家生产劳动，有战斗情况时，便能迅速集中起来，打击来犯之敌。1936年春，蔡平到草庙子一带发动群众，组织反日会，又组成10余人的赤卫队，还在反日会员和赤卫队员中发展了党员，并于1936年6月初成立了草庙子党支部。蔡平到海龙区委工作不到一年，就使中共海龙区委所辖地区基层

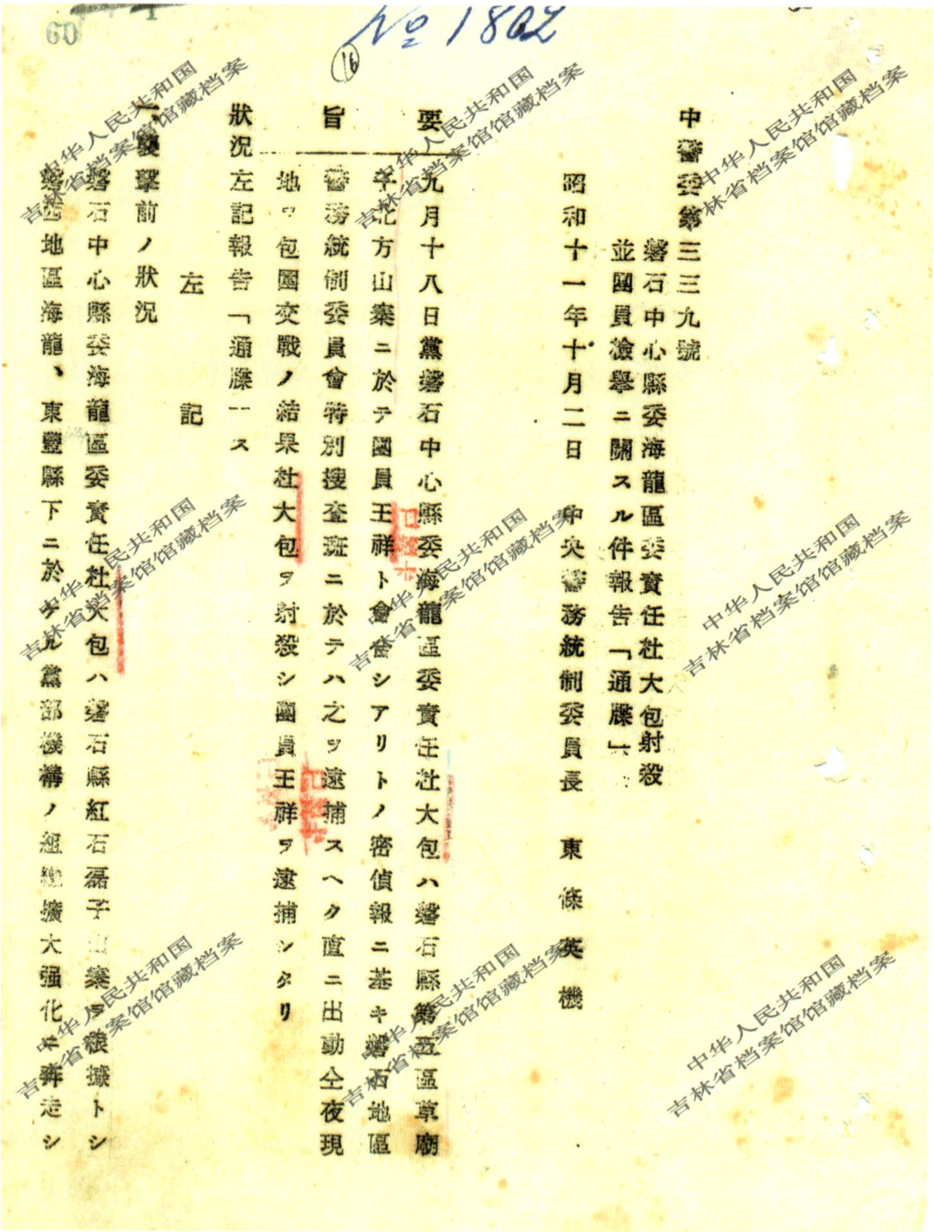

No 1802

中警委第三三九號

磐石中心縣委海龍區委責任杜大包射殺

並團員逮擧ニ關スル件報告「通牒」

昭和十一年十月二日　中央警務統制委員長　東條英機

要旨

九月十八日黨磐石中心縣委海龍區委責任杜大包ハ磐石縣第五區草廟子北方山寨ニ於テ團員王祥ト會合シアリトノ密偵報ニ基キ磐石地區警務統制委員會特別捜査班ニ於テハ之ッ逮捕スヘク直ニ出動全夜現地ッ包圍交戰ノ結果杜大包ヲ射殺シ團員王祥ヲ逮捕シタリ

状況左記報告「通牒」ス

左　記

一、襲撃前ノ状況

磐石中心縣委海龍區委責任杜大包ハ磐石縣紅石磊子山寨ヲ根據トシ磐西地區海龍、東豐縣下ニ於ケル黨部機構ノ組織擴大強化ニ奔走シ

图 51-1 关于射杀磐石中心县委海龙区负责人蔡平（杜大包）及逮捕团员的报告（通牒）

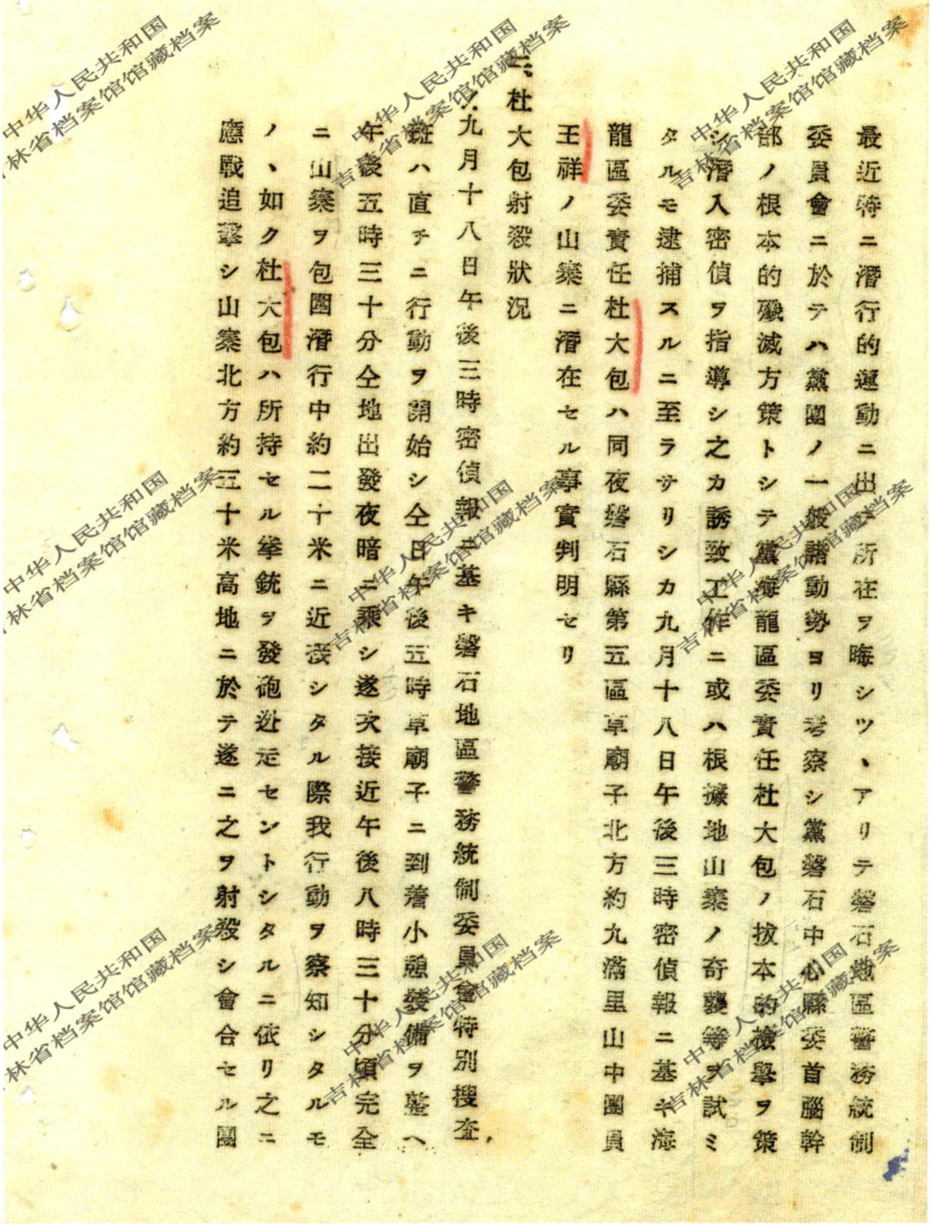

最近特ニ潜行的運動ニ出テ所在ヲ晦シツ、アリテ磐石地區警務統制委員會ニ於テハ黨國ノ一般諸動勢ヨリ考察シ黨磐石中心縣委首腦幹部ノ根本的殲滅方策トシテ黨海龍區委責任杜大包ノ拔本的檢擧ヲ策シ潜入密偵ヲ指導シ之カ誘致工作ニ或ハ根據地山寨ノ奇襲等ヲ試ミタルモ逮捕スルニ至ラサリシカ九月十八日午後三時密偵報ニ基キ海龍區委責任杜大包ハ同夜磐石縣第五區草廟子北方約九滿里山中國員王祥ノ山寨ニ潜在セル事實判明セリ

二、杜大包射殺狀況

1.九月十八日午後三時密偵報ニ基キ磐石地區警務統制委員會特別搜査班ハ直チニ行動ヲ開始シ仝日午後五時草廟子ニ到着小憩裝備ヲ整ヘ午後五時三十分仝地出發夜暗ニ乘シ遂次接近午後八時三十分頃完全ニ山寨ヲ包圍潜行中約二十米ニ近接シタル際我行動ヲ察知シタルモノ、如ク杜大包ハ所持セル拳銃ヲ發砲逃走セントシタルニ依リ之ニ應戰追撃シ山寨北方約三十米高地ニ於テ遂ニ之ヲ射殺シ會合セル國

图 51-2 关于蔡平被射杀的详细记载

党、团组织和群众的革命组织得到了恢复，各类反日组织不断发展，活动更加有力度。在敌伪实施“集村并屯”后处境十分艰难的条件下，此地的群众抗日斗争仍开展得如火如荼。在南满的抗日战场上，海龙地区的抗日组织成为不可忽视的抗日力量。

1936年6月6日，蔡平接待了南满特委交通员万忠山（化名万老爷）。7日，蔡平便同万忠山一同去伊通参加中共磐石中心县委在伊通县第三区大兴川附近召开的中共磐石中心县委扩大会议，听取万忠山传达特委指示，于9日返回海龙区委驻地大炕山。他将会议的有关内容向区委成员进行了传达。不久，极端秘密的县委会议精神被日伪当局窃知，中心县委的秘密窑洞亦被敌人袭击，蔡平在活动中也时常被敌人跟踪，这些情况引起了蔡平的警觉。他对区委成员进行了逐个考查，发现组织委员崔宪章行动有些诡秘。为了尽快查找叛徒，蔡平采取妙计证实了崔宪章投敌叛变，随后将之处决。此后，蔡平兼任区委组织委员和区委交通员。

1936年7月，抗日联军第一军第二师收编的副官王向阳被捕后变节，供出了海龙一带党组织领导人的名单。日伪当局从7月13日开始大搜捕，3天时间先后有6人被捕。其中东海龙区委抗联第一军少年排长王祥被捕后叛变，叛徒王祥把目标放在蔡平身上。本节所录档案详细记载了蔡平（杜大包）被袭击前后的情况：日伪袭击之前，磐石中心县委海龙区委负责人蔡平以磐石县红石砬子山寨为根据地，在磐西地区海龙、东丰县组建了党部机构，并为了扩大和强化组织而四处奔走。蔡平经常参加潜伏行动，“其所在地越来越不明确”。“磐石地区警务统制委员会”对党组织动态进行侦查，并制定了“对磐石中心县委首脑干部根本性的歼灭对策”，即对海龙区委负责人蔡平进行彻底的抓捕。9月18日下午3点，根据秘密侦查情报，日伪判明蔡平当天晚上会潜伏在距离磐石县第五区草庙子北部约9公里的团员王祥的密营里。9月18日下午3点，“磐石地区警务统制委员会”指挥“特别搜查班”立刻采取了行动，于当天下午5点到达草庙子，下午5点30分，从当地出发连夜赶路，将近晚上8点30分时，潜伏在蔡平所在的密营附近。大约距离20米的时候，蔡平发现了日伪的行动，使用手枪连续射击并准备撤离。日伪应战追击，最终在距离密营北部约50米的高地上将蔡平枪杀，并抓捕了将与其会合的团员王祥。日伪在现场检查蔡平的尸体时，发现其面部和鼻子前面受到致命枪伤，受伤大约3分钟后牺牲。从档案记载来看，与团员王祥会面的密探证实了蔡平的特点是其背部上方有一个直径约为5厘米的瘤。

蔡平所领导的海龙地区抗日斗争是东北地区全民族抗战历史进程的缩影，在海龙地区十分艰苦的抗日条件下，蔡平发动群众，英勇抗日，是千万个前仆后继、不屈不挠、铁骨铮铮的抗日民族英雄之一。

52. 1937年伪满虎林县发生的一次伪军起义

刘亭均

1932年伪满洲国成立后，日本殖民者为强化对我国东北地区的统治，相继成立了伪满洲国军、宪兵团、警察、保安局等一系列军警机构，并将其置于日本关东军的控制之下，希望通过“以华治华”达到镇压抗日武装并进行殖民侵略的目的。然而，日伪统治阶级的内部并非铁板一块，伪满洲国军警不时出现反正事件。1937年卢沟桥事变爆发后，国内抗日热情空前高涨，伪满洲国军中也出现了起义高潮。吉林省档案馆保存的一份档案中，记录了一次发生在虎林县的伪满洲国军起义事件。

1937年8月25日凌晨5点，3名伪满洲国军士兵冲进虎林县倒木沟伪警察署，报告驻扎在南街基的伪满洲国军发生哗变，亦有农民报称“大批苏联格伯乌人员越境”。伪警署深感事态紧急，命令佐伯警士前往现场，并迅速向驻虎林的其他日伪军警通报了情况，请求对方前来支援。

时间回到两个小时前的凌晨3点，驻虎林县南街基的伪满洲国阅江镇兵营一片寂静，军士们正沉浸在梦乡中。在夜幕的掩护下，7名士兵溜出兵舍，悄悄破坏了电话线。4名中共战士与其会合，装作回去睡觉的样子一起走向营房。不久，伪军副营长等人抓住营长和日系军官不在的有利时机，携带步枪，“叫（兵营）全体人员起床，要求他们一起逃入苏联”。在起义军士和中共战士的劝说下，33人答应入苏。未答应入苏的20多人被暂时监禁在东兵舍第一排室内，又有8名中共战士前来增援，配合部分起义的伪满洲国军，袭击伪自卫团夺取武器弹药。

在此期间，3名伪军趁乱出逃。于是便有了开头倒木沟警署的一幕。

上午8点，7名武装苏联士兵（其中1人为翻译）进入兵营，配合起义工作。很快，载有8名苏联格伯乌士兵的船抵达伪满控制区。以此为信号，40名起义伪满洲国军、4名中共战士、6名伪南街基自卫团员（含团长王兆方）以及19名百姓（含当地保长黄兆珠及其家人）陆续上船。船迅速驶向苏联领地。上午10点至11点，全体人员从对岸苏领“古榆树屯”进入苏联，8名增援的中共战士则安全撤离至西林子地区。

此时，虎林日伪军警派出的两支增援队伍刚刚出动。一支由松永部队森田中尉等16人、宪兵1名、伪军1个迫击炮连以及3名日本人伪警组成的部队，乘坐同泰号走水路从虎林县城出发前往现场，26日上午到达北街基附近，因水浅不能航行，改走陆路，于当天下午抵达南街基。另一支增援队伍是密山川崎部队，包括武藤少佐指挥的驻屯黑咀子的王小田部队主力及伪军的1个连，抵达南街基后在各要所驻防。此时，起义军民已安全入苏，日伪军警鞭长莫及，无计可施。

在日伪增援军警抵达前，苏方已将起义入苏的兵力安排在边界第一线，始终保持着应战警戒的态势，并派相当数量的苏联士兵在遮蔽物的掩盖下进行埋伏。

事后，日军回忆：“在事件前一天，4艘炮舰突然驶入伊曼海军基地，不久沿着乌苏里江向上航行。”且第二天在日方特派至当地的军警所乘的

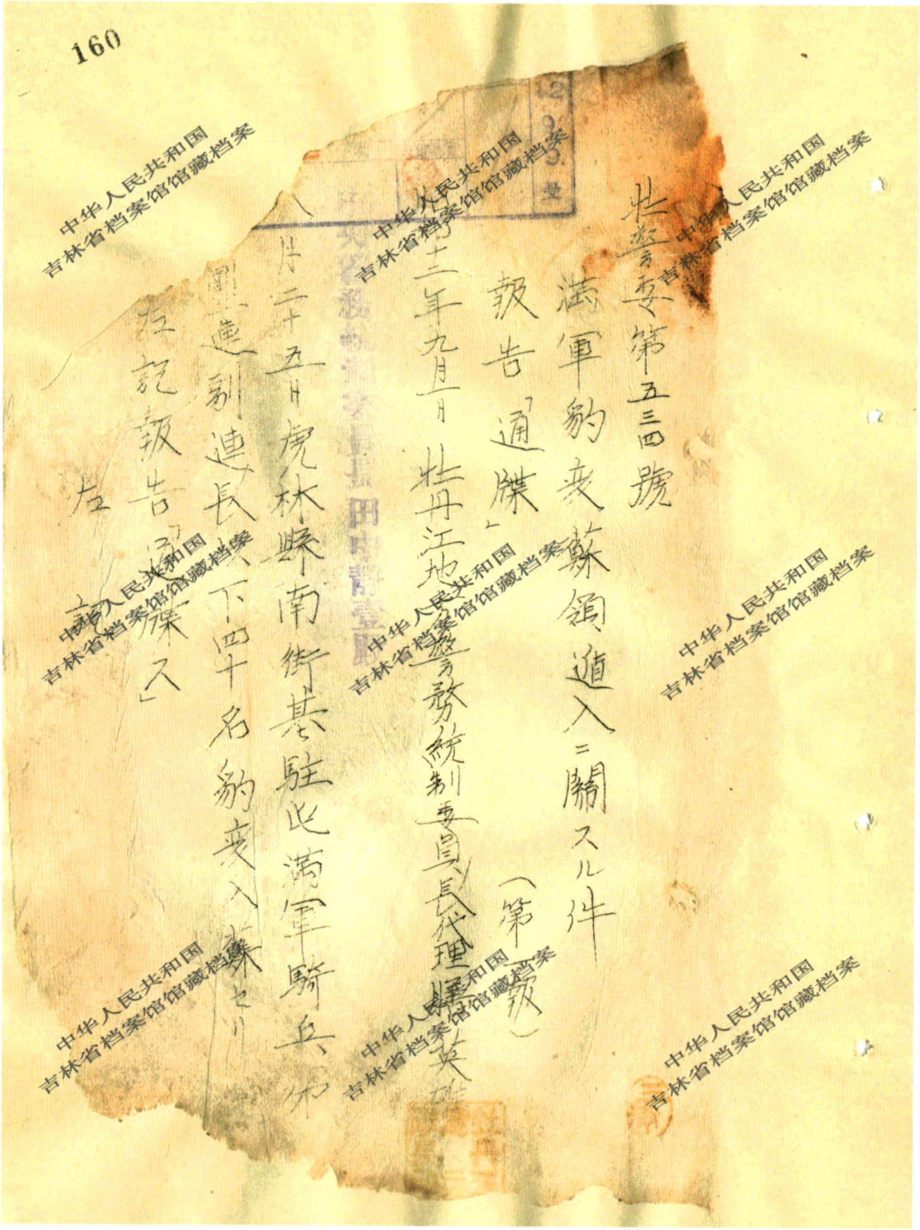

160

牡警委第五三四號
満軍叛変蘇領逃入ニ關スル件
報告「通牒」（第一報）
十二年九月五日　牡丹江地方警務統制委員長代理　膳英雄
八月二十五日虎林縣南街基駐屯満軍騎兵
劉連副連長以下四十名叛変入蘇セリ
右記報告「通牒」ス

图 52-1“牡丹江地方警务统制委员会”委员长（代理）膳英雄关于伪军起义入苏的报告（通牒）

同泰号出航后，“过了大约30分钟，苏方派遣2艘炮舰在后面进行跟踪”，并有挑衅行为。

此次起义除伪军、百姓及负责掩护的中共战士安全撤离外，还夺取轻机枪2挺、机枪弹药1220发、步枪93支、步枪弹药13550发、手枪1把、手枪弹药25发和马27匹等。

此次事件后，“牡丹江地方警务统制委员会”委员长（代理）膳英雄在向“中央警务统制委员会”委员长田中静一的报告中建议：“今后，在日军驻地，尤其是（伪满洲）国境线上驻屯的满军，有必要让他们撤退至后方或日军驻屯地。”然而，对于此次起义行动的细节——何时谋划、有谁参与、如何安排，日军仍然一无所知。

事件的发生地虎林位于黑龙江东部，隔乌苏里江与苏联的伊曼市相望。东北沦陷时期，虎林人民在中国共产党领导下，坚持与侵略者进行英勇顽强的斗争。1933年，虎林第一个中共党支部建立。1936年，中共虎林县委成立。抗联第七军、国民救国军和虎林县群众在中国共产党的领导下顽强奋战，多次打击日本侵略者，宣传抗日思想。日本侵略者在虎林实施法西斯统治，1935年伪虎林县公署实行《暂行保甲法》，对百姓进行摸底排查，并强行驱赶居住在山区地带的百姓，制造“无人区”，妄图切断群众和抗日部队的联系。1936年4月，伪满洲国按照日本关东军旨意制定了《满洲国治安肃正计划纲要》。《纲要》规定了各年度主要“肃正”地区，对“肃正”地区采用军事“讨伐”和“匪民分离”并行的策略，并大力实行“集团部落制”。所谓的“集团部落”，外面是深沟环绕、铁丝高架，门口有伪军警把守的岗楼，里面是贫瘠的荒地、简陋的窝棚，百姓们饥寒交迫、衣不蔽体，还要时刻面临日伪军敲骨吸髓的盘剥，真真是个改名换姓的集中营！

日本侵略者的罪恶行径使驻虎林伪军和当地百姓深恶痛绝，日趋高涨的怒火和爱国情怀为起义埋下了伏笔。此次事件并非孤例，在吉林省档案馆保存的日本侵华档案中，还有很多关于虎林当地的伪警察、百姓潜逃入苏的报告。对于伪满洲国军警频发的起义、逃亡等问题，日军中一位“吉田曹长”撰写了一本《有关士兵工作之思想对策》的手册，主张采用“暗中侦查”、秘密监控等手段“进行士兵工作”并“查明实质”。正义必胜，无论日本侵略者采取什么手段，都无法改变伪满洲国军起义事件频发的局面。

53．伪满洲国军第三飞行队起义

王元星

1941年1月4日，驻守在王岗（今哈尔滨市南岗区王岗镇）的伪满洲国第三飞行队的中国士兵在抗联第三路军第十二支队的组织和策划下，发起了一次重要起义。这场起义与1937年通州伪保安队的起义和1944年刘公岛汪伪海军起义一起，成为抗日战争期间三大影响深远的伪军起义事件。

自1937年日本发动全面侵华战争以来，为加强对东北地区的控制，日本侵略者不断扩大伪军的规模，增强伪军的力量。在重要战略城市如“新京”、奉天和哈尔滨，相继建立了第一、第二和第三伪满空军飞行队。伪第三飞行队成立于1939年10月，其基地位于哈尔滨郊外的王岗火车站西南，附近设有机场。该飞行队包括本部及两个连，共计官兵156人，其中伪军士兵97人，都是由各部队挑选出来的半征半募的新兵。部队待遇极差，与日伪军在招募士兵时宣称的“吃精米面、住豪宅、穿毛衣、领高薪”相差甚远，士兵根本吃不饱，只能饿着肚子参加高强度的军事训练。飞行队的队长、连长及关键职务都由日本军官担任，他们对伪军士兵极为严苛和蛮横，动辄体罚、打骂，引起士兵们的愤恨。身体、心理的双重折磨，使伪军士兵萌生了起义的想法，士兵之间也有过秘密商讨，但由于部队限制非常严格，且缺乏强有力的领导者，起义一事迟迟未能实施。

1940年1月，伪第三飞行队二连士兵刘远泰（又名刘鹏飞）因不甘受日本军官的打压而离队逃脱，并加入抗日山林队“庄稼人”。恰巧共产党员张瑞麟正深入该股部队开展抗日统战工作，刘远泰便向张讲述了第三飞行队伪军士兵的遭遇以及大家计划起义的情况。1940年农历九月，张瑞麟和抗联第三路军第十二支队取得了联系，并将刘远泰引荐给时任第十二支队代理队长的徐泽民，提出争取伪第三飞行队起义的问题。第十二支队就此事召开了军事会议，经徐泽民与高吉良、杨德山等研究讨论，决定派刘远泰去哈尔滨做伪第三飞行队的士兵动员工作，待时机成熟时举行武装起义。

据吉林省档案馆馆藏档案记载，刘远泰于1940年12月联系上其好友、伪第三飞行队二连班长苏贵祥，并向其传达了抗联第十二支队领导人关于动员飞行队起义的计划。苏贵祥怀抱抗日斗志，果断同意组织志同道合的士兵举行起义，之后便秘密联络龙国兴等伪第三飞行队中的进步士兵，积极展开动员工作，得到了伪军士兵们的支持。大家苦于承受以日本军官为代表的日本侵略者的压迫已久，决意一起暴动。经过数次秘密协商，最终将起义时间定在1941年1月4日晚上——因为当天晚上正值飞行队的日本军官休假不在营内，敌人管理上会更松懈。

就这样，一场由伪军士兵发动的惊心动魄的起义斗争开始了。1月4日下午，二连士兵在龙国兴的带领下接管了一连的勤务，关闭了营区的大门，切断与外界的联系。晚上8点，苏贵祥命令起义士兵们开始行动。他们砸开武器库和被服库，夺取重机枪2挺、子弹5120发，匣枪12支、子弹810

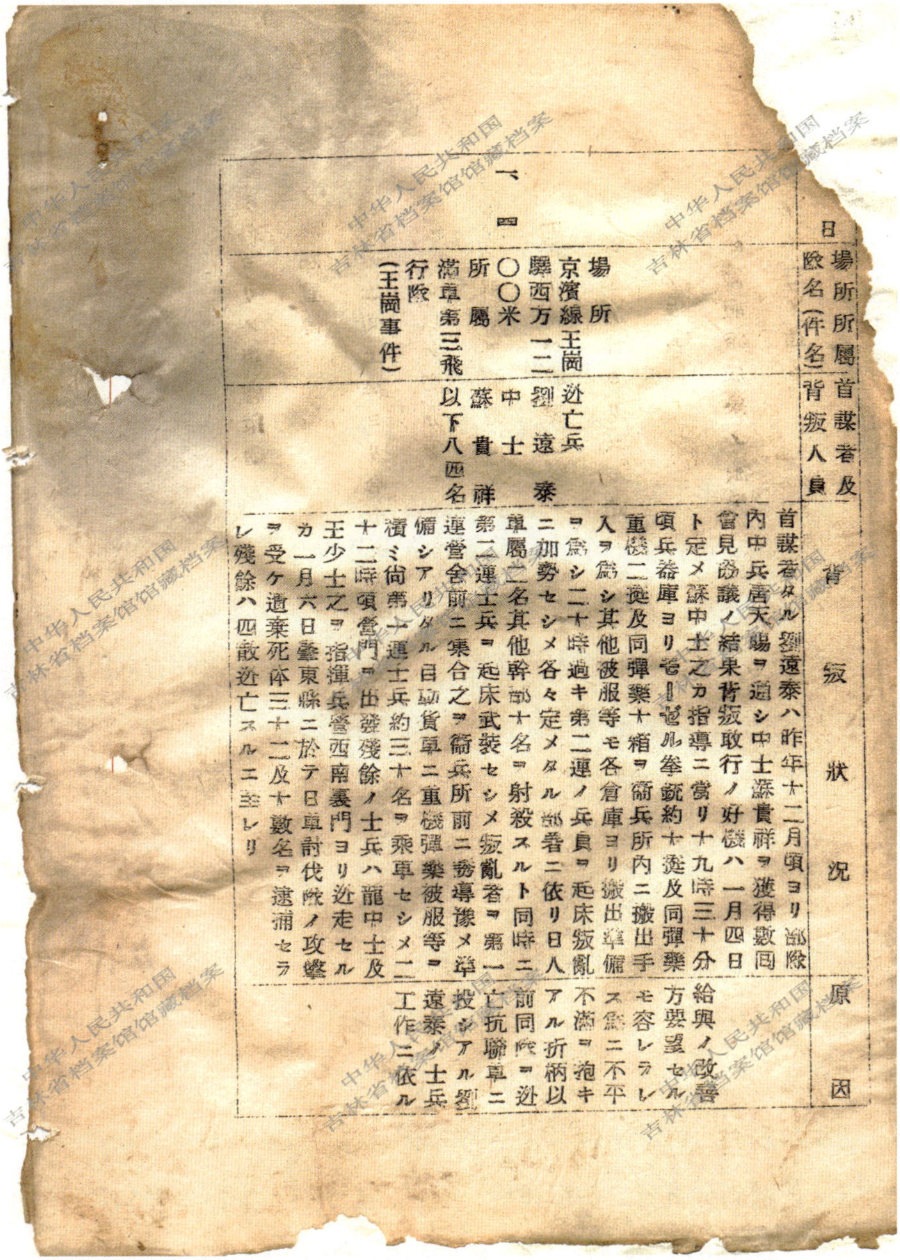

日時	一、一四
場所 所屬 隊名（件名）	場所 京濱線王崗驛西方一二〇〇米 所屬 滿軍第三飛行隊 （王崗事件）
首謀者及背叛人員	逃亡兵 劉遠泰 中士 蘇貴祥 以下八四名
背叛状況	首謀者タル劉遠泰ハ昨年十二月頃ヨリ部隊内中兵唐天賜ヲ通シ中士蘇貴祥ヲ獲得數回會見協議ノ結果背叛敢行ノ好機ハ一月四日ト定メ蘇中士之カ指導ニ當リ十九時三十分頃兵器庫ヨリ管ル拳銃約十挺及同彈藥重機二挺及同彈藥十箱ヲ衛兵所内ニ搬出手入ヲ爲シ其他被服等モ各倉庫ヨリ搬出準備ヲ爲シ二十時過キ第二連ノ兵員ヲ起床叛亂ニ加勢セシメ各々定メタル部署ニ依リ日人軍屬二名其他幹部十名ヲ射殺スルト同時ニ第二連士兵ヲ起床武裝セシメ叛亂者ヲ第一連營舎前ニ集合之ヲ衛兵所前ニ誘導豫メ準備シアリタル自動貨車ニ重機彈藥被服等ヲ積ミ尚第一連士兵約三十名ヲ乘車セシメ二十二時頃營門ヲ出發殘餘ノ士兵ハ龍中士及王少士之ヲ指揮兵營西南裏門ヨリ逃走セルカ一月六日盤東縣ニ於テ日軍討伐隊ノ攻撃ヲ受ケ遺棄死体三十二及十數名ヲ逮捕セラレ殘餘ハ四散逃亡スルニ至レリ
原因	給與ノ改善方要望セルモ容レラレズ爲ニ不平不滿ヲ抱キアル折柄以前同隊ヲ逃亡抗聯軍ニ投シアル劉遠泰ノ士兵工作ニ依ル

图 53-1 馆藏档案中关于伪满洲国军第三飞行队起义的记载

发、三八式步枪120支、子弹6400发、三八式刺刀100把以及大量军服、棉大衣、背包等，分发给起义战士。战士们分头行动，苏贵祥等袭击了一连值日军士室，击毙日伪军官李德三等6人；王辅廷等袭击本部军士室，杀伤4名伪军官；栾金城等袭击日本军官宿舍，击毙山浦、高本等日籍军官。在战斗过程中，起义士兵共击毙日、伪军11人，击伤1人，捣毁飞机3架。其余不知情的一、二连士兵在枪声中惊醒起床，被起义士兵解除武装。在苏贵祥的号召下，全体士兵决意共赴战斗。22时，两个连共84名士兵在宿舍门前集合。士兵们乘上待命的汽车，装上武器、弹药和被服，奔赴三肇地区，计划与抗联第十二支队会合，共同抗日。

由于在起义过程中一个值日勤务兵侥幸逃脱并跑到连长家里报告，因此事件很快被察觉。日、伪军当日凌晨便展开调查，发现飞行队营门外向西的道路上有人马经过的痕迹，于是判定起义部队是向肇州方向前进，随后立即出兵追击，还派出飞机侦察起义部队的行进方向。

1月5日早7点多，起义队伍到达大关家屯休息，并进行了整编。部队成立了大队，下设2个中队、8个小队。大队长苏贵祥，副大队长王辅廷，一中队长龙国兴，二中队长姜少柏。16点，起义队伍由大关家屯出发，一面派人寻找抗联部队，一面继续向三肇地区深入。6日凌晨7点，起义队伍到达肇州县郭头井村休息时，遭到了伪滨江防卫司令部日军两个大队和伪军“讨伐队”的包围截击。士兵们在苏贵祥的带领下奋起反击，击毙击伤日、伪军20多人。到傍晚5点左右，苏贵祥见寡不敌众，命令部队向西南方向撤退，但遭到大批日、伪军埋伏。最终，苏贵祥、龙国兴等30余名战士壮烈牺牲，45人被捕，只有王辅廷率不足10人突出重围。

吉林省档案馆馆藏日伪档案对这场惨烈的战斗进行了记载：1月6日，

起义士兵在向第十二支队所在的肇东县撤退的过程中，遭到了日军“讨伐队”的攻击，死亡32人，数十人被捕，其余人继续前进。

日伪军警岂能善罢甘休，他们派大量兵力在以三肇地区为重点的东北各地进行地毯式搜索，寻找逃脱的起义士兵下落。至1942年2月，随着徐泽民、刘远泰、王辅廷等人相继被捕，此次起义最终失败。

抗联推动的这次起义影响巨大，日伪当局称之为“国军（指伪满军）历史上印下一大污点的恶性事件”，令敌人惊恐不安。另一方面，我们也应看到，此次起义的失败，显示出组织工作存在缺陷，抗联做了充分的动员、起义准备工作，却未做好接应，没能在起义出现意外情况时及时采取应急措施。但无论如何，参加起义的中国士兵所饱含的家国情怀、英勇的斗争精神，是民族抗战精神的体现，永远值得后人学习和铭记。

54. 徐泽民在三肇地区的统战工作

梁　超

徐泽民，原名徐德奎，化名徐震东，1902年出生于辽宁省辽中县一个农民家庭，在简易师范学校读过书。九一八事变后，东北沦为日本殖民地，他目睹日伪暴行，逐渐产生抗日思想。1936年8月，徐泽民加入肇州万国道德会，任道德会交际会主任、总务科科长等职务，从事抗日救国的秘密宣传工作。1938年，徐泽民参加东北抗日联军，随部队参加了向黑嫩平原远征的活动，并于10月上旬到达了海伦县八道林子的后方基地。1939年，徐泽民加入中国共产党。

1939年4月12日，徐泽民和刘海、张文廉、高吉良等人被派到肇州开辟工作，并建立了中共肇州县委，为开展平原游击战做准备。1939年6月，抗联第三路军在肇州县朝阳村设立了一个工作机关——“三肇地区工作委员会”，徐泽民负责义勇军、武术团、红枪会、妇女会、青年会等抗日团体的组织和招募工作，高吉良负责发展党组织和抗日救国会分会的组织工作，张文廉负责宣传工作。张文廉等人在肇州以经营杂货铺为掩护，高吉良、徐泽民扮作卖药者，经常活动于肇源、肇东、安达等地。

徐泽民参加抗联前，由于有肇州道德总会的工作经历，对本地情况非常熟悉，认识的人也多。他们采取了灵活有效的群众统战策略：一是原则上选用老人作为交通员，因为老人的出行一般不会引起民众的注意；二是每到一个村庄，都要首先通过村民对当地的风土人情、风俗习惯进行详细调查，听取人民群众的声音，了解民间疾苦；三是每到一个村庄，都要对当地群众大力宣传党的革命政策，让人民群众自动向党靠拢。

据吉林省档案馆馆藏档案记载，徐泽民被派回肇州以后，便通过原来的关系，结识了一些在当地有影响的人物，如徐泽民、张文廉、高吉良在张白氏家利用张白氏儿子结婚之机，与刘延成、李明树、李道文、任殿英等9人结拜为义兄弟，联络关系。徐泽民积极接近当地的民间宗教团体，特别是“红枪会”“大刀会”，有时候他自己也伪装成信徒，并与其他信徒誓约结为兄弟，宣传革命救国思想。徐泽民平时广泛接济失业者、重病者等困难群众，为重病者免费发放药剂，获得了当地群众的广泛好评与高度认可，建立了非常好的军民关系。

为继续扩大抗日民族统一战线，徐泽民与“庄稼人”“双夹”等具有进步革命倾向的抗日游击队伍积极沟通联络，约定互相帮助，共同打击日伪当局，宣传抗日救国思想，扩大抗日革命队伍的影响力。根据馆藏档案记载，徐泽民通过好朋友千海山在抗日山林队“双夹”中进行思想动员工作，宣传抗日救国先进思想，成功改编这支具有斗争精神的队伍，并任命千海山为大队长；与“庄稼人”抗日革命队伍直接会面，商讨共同抗日事宜，最后成功会合共同参与抗日行动；等等。

因肇州县羊营子庙的土地财产被日伪当局没收，羊营子庙的信徒生活陷入困境，徐泽民借此机会进行宣传统战工作。经过宣传教育以后，肇州第一羊营子庙住持诚密加入了救国会，通过他，肇州所有庙宇几乎都成为党的活动联络点、游击队的宿营处。

由于徐泽民等比较正确地运用了统一战线策略，团结了工农群众以及有进步倾向的伪满职员、伪警察、村长以及爱国地主等。群众性的反日组织的建立，为抗联部队在这里开展游击活动提供了较好的条件。同时徐泽民联合了各种抗日武装共同抗日，对抗联部队在这里开展游击活动起了有效的配合作用。

1940年，徐泽民就任第三路军第十二支队代理支队长，从9月到12月，抗联先后袭击了三肇地区多个村镇，杀死多名伪警察、伪自卫团成员，抢存财物枪支，烧毁仓库，释放犯人，开放粮栈将粮食分配给群众，并在城内宣传抗日思想，使一部分群众武装蜂起。

徐泽民抗日部队的胜利，极大地鼓舞了人民群众的反日情绪。他们为部队搜集情报、当向导、做内应，为部队筹集物资，仅肇源八家子、双屯等救国分会就为部队筹集子弹500余发及棉布、鞋、帽等物资。群众还积极参加抗联，八家子、于秀峰屯、后台屯救国分会为部队输送队员60余人。

1940年11月初，根据救国会提供的情报，第十二支队乘敌人宣扬敖木台战斗已将抗联“全歼”，陶醉于胜利之机，攻打肇源。当地义勇军艾青山部50余人全部参加战斗。肇源街内救国会负责人王秉章、王化清，组织不满日伪统治的伪旗公署职员、伪警官、退职伪警等爱国人士做内应。肇源县被袭击时，群众大力支持，据日伪宪警对事件调查结果的记载：“民众欢迎并配合‘匪团’[①]，约100名民众“匪化”，编成徒步队与‘匪团’共同行动。”11月8日夜，80余人的联合部队一举攻入肇源，取得重大胜

① “匪团”或“共匪”是日伪对共产党抗日武装部队的贬称，日伪还将东北民众支持共产党抗日活动的爱国行为称作“投匪”“匪化”。

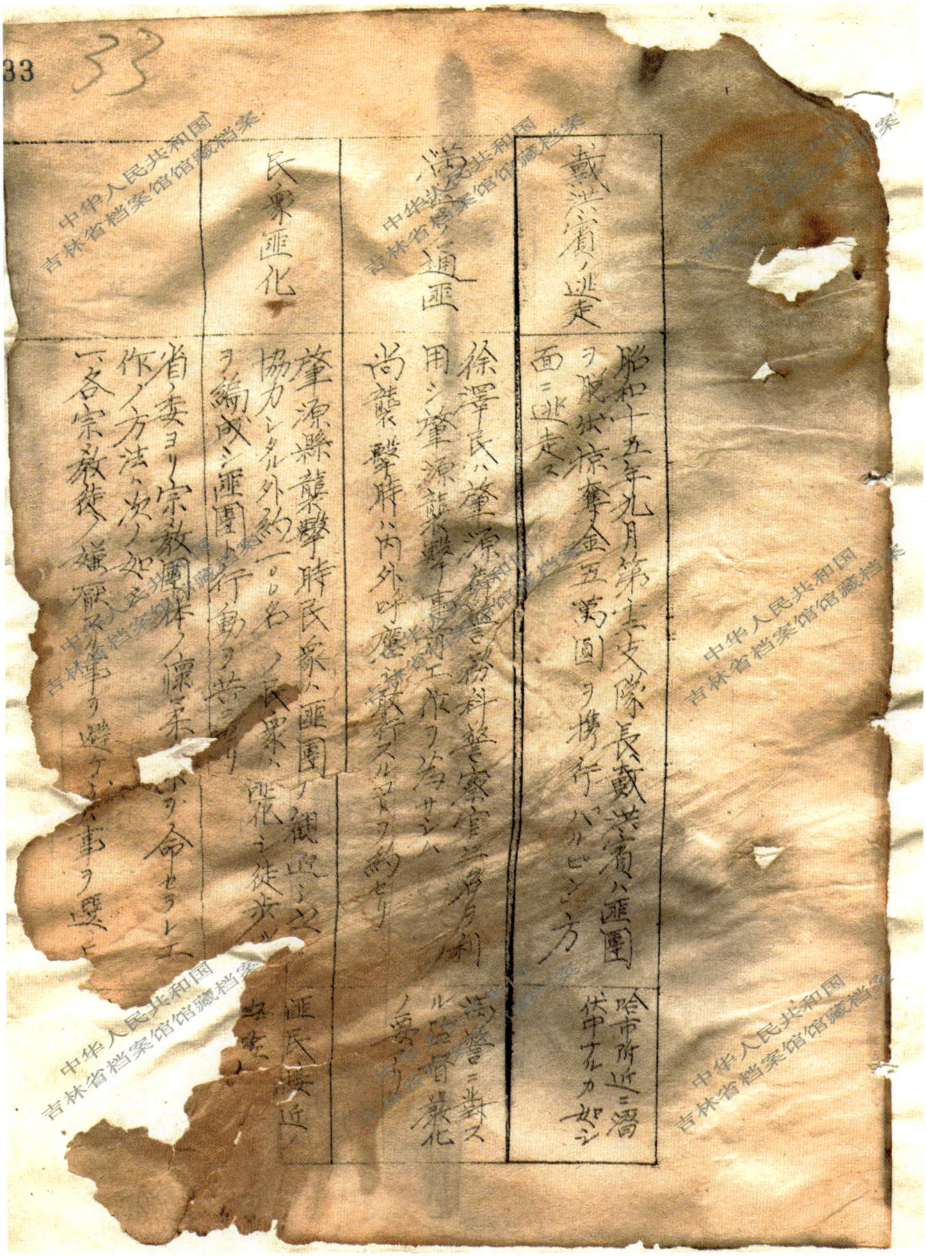

33

戴洪賓ノ逃走	昭和十五年九月第五支隊長戴洪賓ハ匪團ヲ脱出シ掠奪金五萬圓ヲ携行ハルビン方面ニ逃走ス	哈市附近ニ潜伏中ナルカ如シ
満警ノ通匪	徐澤民ハ肇源ヲ襲撃セル際[illegible]警察官ニ名ヲ利用シ肇源襲撃ノ事前工作ヲ為サシメ尚襲撃時ハ内外呼應シ[illegible]行スルコトヲ約セリ	満警ニ對スル[illegible]ノ要アリ
民衆匪化	肇源縣襲撃時民衆ハ匪團ヲ歓迎シ之ニ協力シタル外約一〇〇名ノ民衆ハ匪化シ従来[illegible]ヲ編成シ匪團ト行動ヲ共ニセリ	匪民接近ノ[illegible]

省委ヨリ宗教團体ノ操縦工作ノ方法ハ次ノ如ク命セラレ[illegible]
一、各宗教徒ノ嫌厭スル事ヲ避ケ好ム事ヲ選ビ[illegible]

图 54-1 关于徐泽民袭击肇源时民众欢迎并配合袭击日军的记载

利。伪滨江省事务官，伪省警务厅警正、警佐，伪旗警务科警佐等11名日本人全部被击毙，并获得大批武器弹药和物资。攻克肇源的胜利，使在日伪黑暗统治下的广大群众受到极大鼓舞，也使日伪统治机关受到震动。

经过艰苦工作，到1940年12月，作为中共北满省委的下属组织及省委和抗日军队的外围团体，肇州县组织了区委会2个、小组5个、肃反队1个、抗日救国分会6个、妇女部1个、武术团1个；肇东县组织了区委会1个；郭尔罗斯后旗（今肇源县）组织了区委会1个、抗日救国分会3个、红枪会1个、武术团1个。人数最少的有3人，最多的有10余人。从其范围来看，在抗日活动最活跃的肇州、肇源，抗日外围团体几乎遍及半个县。

徐泽民凭借丰富的基层工作经验和灵活有效的统战手段，在三肇地区建立起稳固的抗日民族统一战线，沉重打击了日伪统治。1941年2月中旬，徐泽民在伪滨江省兰西县被捕牺牲，其为抗战做出的努力和贡献永远为后人铭记。

55. “讷河事件”中民众对抗联的鼎力相助

曲 迪

“9月18日23点前后，抗日联军指挥部的冯治刚率领的匪团90多人袭击了龙江省讷河县城，突袭了满军骑兵团第二十一团、县公署、中央银行支行、监狱、青年训练所等……破坏了监狱拘留所，释放了74名囚犯，还散发各种反日满传单，高唱革命歌曲，最后悠闲地撤退了。”

这是吉林省档案馆馆藏记载的抗联部队及讷河地区抗日先锋队在1939年9月18日攻打讷河县城的战斗经过。这场战斗中，抗联不仅缴获了大量武器弹药和粮食物资，还进行了有效的抗日宣传，进一步扩大了政治影响，坚定了人民的抗日信心。抗联部队高度的爱国主义精神和不畏强敌、敢于胜利的战斗作风，深受讷河地区广大人民群众的热烈拥护，民众抗日救国热情高涨。战斗结束后，宪兵队与伪满警察对城内外进行了搜查，在群众中搜查“参与匪徒”“通匪嫌疑人”，揭开了“讷河事件”的罪恶序幕。

黑龙江省讷河市位于大小兴安岭南缘、嫩江中游东岸，伪满时期称讷河县，归伪龙江省管辖。当地山高林密、江河纵横，十分适宜开展游击活动，是东北抗联第三路军的主要活动区域。日伪统治时期，讷河农民主要靠为地主做工、打零工、倒套子来维持生计。日伪军警、汉奸经常到村屯催“出荷粮”、收进山税，并借机敲诈勒索，使百姓备受煎熬、苦不堪言。抗联队伍来到讷河地区后，经常深入村庄联系群众，大力宣传党的抗日救国主张，得到了百姓的爱戴和拥护。自1939年初，大量当地群众开始自发参与救国运动，主动为抗联部队筹粮捐款、提供食宿，甚至冒着极大风险帮助部队递送情报、收留照护抗联伤员。当年12月中旬，宪兵队发觉民众与抗联部队间的联络日益密切，1939年末至1944年，侵华日军独立守备队及日伪宪兵、警察先后多次于讷河县集中兵力镇压爱国运动，称为“讷河事件”。“讷河事件”中，大批爱国民众遭到逮捕、迫害，但当地群众仍然竭尽全力支援抗联，演绎了一个又一个同仇敌忾、鱼水情深的革命故事。

1939年初，刚进入讷河地区不久的抗联第三军八团团长姜福荣找到了当地农民，“部队整天山里山外转，集中力量打日本侵略者，就没有那么多精力搞粮食了。所以想请大家帮忙筹集一些粮食……”，话还没说完，当地农民张禄就开了口，“这事儿没说的，有我们吃的就有你们吃的”。第二天天亮，姜团长组织30多名战士来到屯里开动员会，张禄又连忙将战士安置在村民家中休息。动员会上，姜团长说道：“日本侵略者在东北无恶不作，要出荷粮夺去了老百姓口中粮，要捐要税榨干了人民的血汗，警察、特务借抓‘经济犯’敲诈勒索，老百姓像囚犯一样，没有一点儿自由。日本鬼子的最终目的，是想让中国人亡国灭种！摆在我们面前的只有两条路——一条是等着死，一条是起来跟他们斗。”团长的发言触动了在场群众的心，尤其当听说战士经常饿着肚子打鬼子后，老乡纷纷献出粮食，张禄老伴儿更是将家里仅有的一斗米全献了出来。仅在动员会现场，八团就筹集到了500多斤粮食，粮食备齐后，司务长按数付了粮款，收到粮食钱的村民感慨道："抗联不但帮我们打日本侵略者，还对我们老百姓像亲人一样，不愧是我们老百姓自己的队伍。"

在与村民的不断接触中，姜团长坚持宣传党的抗日主张，号召大家为抗战出力。在他耐心的讲解之下，群众逐渐敞开了心扉，当地30多名青年加入了抗联，部队不仅收获了粮食，更壮大了革命队伍。

革命胜利后，讷河地区遭到日伪军警迫害的农民纷纷写下控诉书，进步屯贾景福等17名农民在联名控诉书里写道："我们全屯人民为了抗日救国，为了不做亡国奴，有的积极地从事抗日地下活动，有的积极地在物资上以衣服、粮食等供给抗日联军第三军，全屯人民向日本鬼子进行了艰苦的革命斗争。"据这些控诉书记载，当地百姓不仅主动为抗联做饭、送物、领路，亲手为战士缝制棉衣、棉帽，还自发筹集捐款为部队购买物资及药品，甚至配合抗联搜集敌伪情报。

赵连贵是讷河地区第一个抗日救国会的成员，他利用"白皮红心"策略开展斗争，以"伪甲长"身份为掩护，明里为日伪服务，暗中开展爱国运动，借助特殊身份将采购的粮食、布匹、鞋帽和鞍马等物资运送给抗联部队。在抗日救国组织的感召下，大批民众也自发投身到革命斗争中：士绅侯宝卿主动拿出粮食和衣物支援抗联，并将自己的坐骑赠送给部队；中医贾焕文无偿给战士治疗伤病，并为抗联筹集药品、配制红伤药；达斡尔族摆渡人德都勒·巴嘎布用自家渡船运送抗联部队渡过讷谟尔河，并假意接受日伪利诱、暗中向抗联传递情报，险些丧生于敌人的酷刑之下。

自1939年初抗联部队进入讷河地区后，当地群众以共赴国难的血性精神，源源不断地向抗联部队提供支援，掀起了不可阻挡的抗日洪流，筑起了抗日救国的铜墙铁壁。

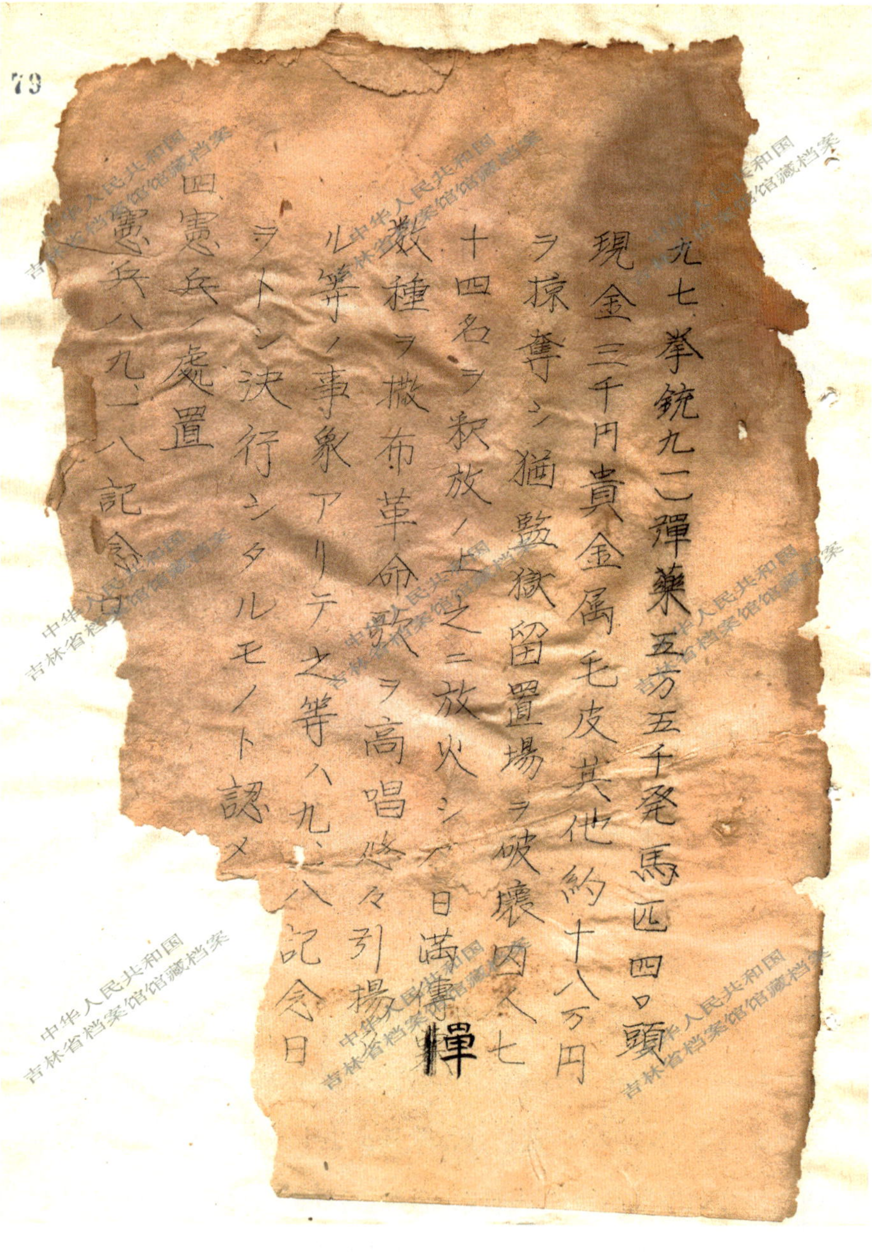
79

九七、拳銃九二、彈藥五万五千発、馬匹四〇頭
現金三千円、貴金属毛皮其他約十八万円
ヲ掠奪シ猶監獄留置場ヲ破壊囚人七
十四名ヲ釈放ノ上之ニ放火シ日満傳單
數種ヲ撒布革命歌ヲ高唱悠々引揚
ル等ノ事象アリテ之等ハ九、一八記念日
ヲトシ決行シタルモノト認メ
四、憲兵ノ處置
憲兵ハ九、一八記念日

图 55-1 关于抗联部队及讷河地区抗日先锋队在 1939 年 9 月 18 日攻打讷河县城的部分记载

人民群众不怕牺牲、坚决支援和帮助抗联的行为引起了日伪统治者的高度重视，为割断群众与抗联的密切联系，断绝抗联部队的给养供应，日寇针对爱国群众组织了三次大规模的计划性逮捕屠杀。据事件亲历者撰写的《张华等人关于讷河事件的调查报告》记载，“日寇将讷河地区一些村屯划为‘匪区’，将与抗联有联系的群众判定为‘通匪者’，采取恶毒的‘治本’‘治标’手段，对当地群众实行有计划的搜捕、屠杀”。根据日伪军官吉屋治郎吉、土屋芳雄等人供述，仅在1940年的两次大逮捕中，日伪军警就逮捕了200余名爱国农民，被逮捕民众受到了日寇惨无人道的酷刑折磨，其中仅在讷河县伪警务科，就因严刑逼供致死3人。据被逮捕群众控诉书记述，“讷河事件”中，共有近20名群众被日伪军警枪杀，50余人被判处十年以上徒刑，另有大量被释放人员因酷刑致残，丧失劳动能力。

据抗联名将王明贵晚年回忆，1940年末，他带领抗联第三路军三支队在讷河等地活动时，在日伪军警的血腥镇压之下，当地群众依然坚持为部队送水送饭，一些开明地主甚至杀猪宰羊慰劳战士。对于这种全力支援抗联部队的爱国行为，讷河县孔国乡村民在控诉“讷河事件”罪行时曾说道：“我们都是中国的公民，为了不做亡国奴，为了祖国的和平统一，我们进行了抗日救国的正义斗争，这是我们每个公民的神圣职责。”

56. 抗联破坏图佳铁路

曹　睿

在伪满洲国成立后，日本侵略者为满足掠夺资源、运送兵力、输送移民的需要，立即着手修建图佳铁路，即以吉林省图们市（图们站）为起点，经牡丹江市至黑龙江省佳木斯市（佳木斯站）的纵贯东北东部边境的交通干线。1933年6月，“满洲国铁路株式会社”动工修筑“图们至牡丹江”段，1934年3月，分4个区段开工修筑“牡丹江至林口”段，1935年5月，开工修筑“林口至佳木斯”段，至1936年12月，钢轨铺至佳木斯，图佳铁路主干线全线铺通，总计580.2千米。1937年7月，历时4年，图佳铁路全线通车。

日本侵略者利用图佳线把东北地区的资源，如大豆、煤炭、小兴安岭与长白山的木材等经图们出境运往日本国内。以木材为例，1934年，图佳铁路运出林产品5795吨，至1935年达58860吨，一年间增加至10倍多；到1936年，其林产品运出量达158815吨，为两年前的27倍多。可见，随着图佳线的逐段建成运营，在短时间内，日本利用该铁路对东北的掠夺达到了惊人的程度。与此同时，日本向图佳线沿途的千振（桦南镇）、弥荣（孟家岗镇）等地移民，据《满洲开发四十年史》对1938—1942年五年间东北

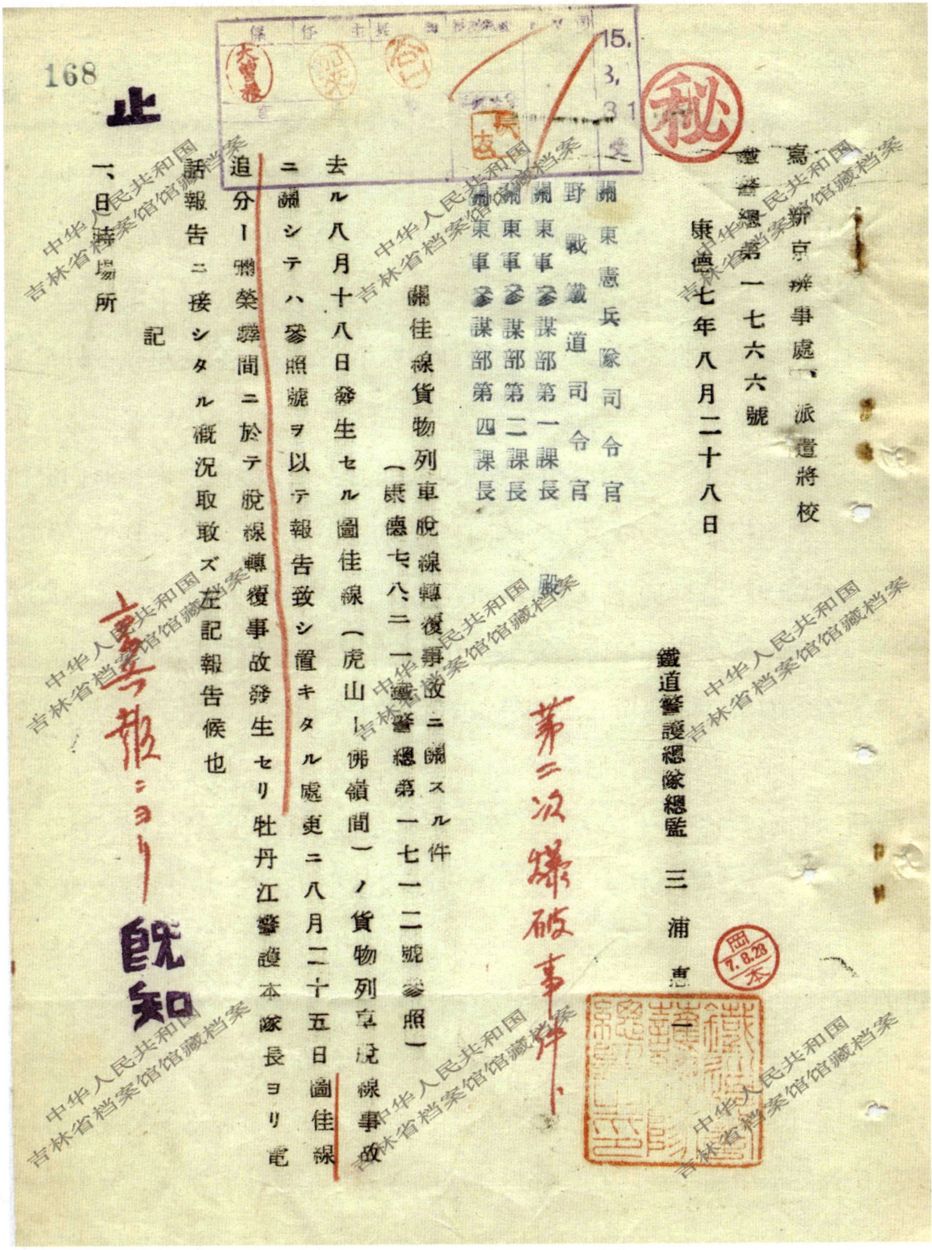
写 新京辦事處派遣將校

鐵警總第一七六六號

康德七年八月二十八日

鐵道警護總隊總監 三浦惠一

關東憲兵隊司令官

野戰鐵道司令官

關東軍參謀部第一課長

關東軍參謀部第二課長

關東軍參謀部第四課長 殿

圖佳線貨物列車脫線轉覆事故ニ關スル件

（康德七、八、二一鐵警總第一七一二號參照）

去ル八月十八日發生セル圖佳線（虎山―佛嶺間）ノ貨物列車脫線事故ニ關シテハ參照號ヲ以テ報告致シ置キタル處更ニ八月二十五日圖佳線追分―鱉葉嶺間ニ於テ脫線轉覆事故發生セリ牡丹江警護本隊長ヨリ電話報告ニ接シタル概況取敢ズ左記報告候也

記

一、日時場所

第二次爆破事件

電報ニヨリ既知

止

168

秘

图 56-1 伪铁道警护总队总监关于图佳线货车脱轨颠覆事故的报告

铁路线旅客运输的统计，1938年图佳铁路的客运量为3698000人次，到1940年达6088000人次，约为1938年的1.6倍，而至1942年更增加到7415000人次。图佳铁路成为日本向东北移民的重要铁路干线之一。

为了牵制日本帝国主义利用图佳铁路推进的侵略活动，东北抗日联军也采取了各种办法破坏图佳铁路的线路及其运输。据档案记载，1940年8月25日晚，在图佳线追分到弥荣车站之间，距图们起点539千米处发生爆炸，日军货物列车脱轨翻车。东北抗日联军第二路军30余人事先在日军货物列车必经的铁桥铁轨下埋藏炸药，安装电气点火装置，之后便埋伏在东北部约120米的山下，静待时机。晚上9点左右，列车缓缓驶来，他们屏住呼吸，在列车接近炸药埋藏点的瞬间，按动电气点火开关，只听“砰”的一声，浓烟四起，日军货物列车脱轨、翻车、被炸毁。随即，东北抗日联军第二军向该列车猛烈射击，发射了100多发子弹，大约过了5分钟后，确认其无警备力量，以两声长声的警笛为暗号，全员停止射击，纷纷对列车进行搜查，缴获日军的白面和其他物品，并放火将货车烧毁。此次事件，造成日军1辆货物列车机车翻车，与其相连的装载煤炭的4辆货车脱轨，1辆车被烧毁，252根枕木破损并被炸碎，桥梁破损400米，共计损失价值约3万元。事件发生后，日本侵略者当时就认为此次事件是在富锦及宝清县一带的抗日联军所为，于是马上对铁道相关的工作人员及沿线劳工进行大搜查，对附近百姓的动向进行秘密调查，对各村实施大搜查；夜间在重要据点潜伏进行徒步巡查，并增加了汽车的巡查，持续进行严格的警戒，在主要铁桥及隧道派遣小部队在外部担任流动警戒；指导所有密探，努力进行情报收集，对到“集团部落”外进行农耕采伐的人，要求其每天回来后报告有没有发现可疑情况，加强对图佳铁路的巡查和警戒，由此可见图佳铁路对于日方的重要程度。

除此次货物列车脱轨翻车事件外，东北抗日联军第二军在图佳铁路上还进行了3次破坏铁路的行动。1940年7月19日夜，第二路军总部警卫队在勃利南部图佳铁路虎山站附近，袭击敌人列车，炸毁机车1辆、客车车厢数节、货车厢10余节、桥梁2座，毙伤敌人15名；8月19日，第二路军总部警卫队在虎山站炸毁桥梁1座；9月29日，第二路军总指挥部警卫部队一部，在图佳线追分、弥荣车站之间的铁路线上实行爆破，炸毁敌军用特别列车。

中国军民在图佳铁路沿线的抗日斗争，一定程度上阻碍了日本侵略者的兵力、物资、移民的运输，使日军运输交通不畅，破坏日军作战计划。并且，抗联军队在铁路沿线警备力量较弱的地方进行武装斗争，扰乱日军后方，迫使日军不得不扩大铁路沿线搜索范围、增强人员配置、加强警戒，牵制了一部分日伪军警的力量，有力地支援了抗日战争。

57. 东北抗联的坚守

柳泽宇

1940年9月，身在伪满洲国营口市的时任营口市女子国民高等学校校长江原节之助给广东陆军特务机关林部队陆军中佐辻政治写了一封信，概要如下：

> 建国大学正在日益朝着与我等所希望的大学完全不同的方向发展，事到如今已经并非可通过更换领导人便能恢复。
>
> 满洲国也一样，其存在的意义就仅仅是充当物资资材的供给地。若是日本政府与关东军满足于这种状态的话，我又在为何忙碌？实在不忍看到耀耀皇威日渐黯淡。据一份报告记载，现有残匪3000人，我认为，这个数字后面遗漏了个万字，实际上应有不下3000万人的预备军。若是俄国人操纵大批飞机为这些预备军供给武器，那么放眼望去，满洲与“支那”将别无二致。

这封信所提到的“残匪”是谁？“预备军”又是哪支队伍？前后差距较大的数字让我们陷入思考。

在这封信中，寄信人江原节之助对“敌我”双方实力进行了评估。伪满洲国“存在的意义”就是“物资资材的供给地”，“耀耀皇威日渐黯淡”。日本殖民统治方式及其“稳定”程度令江原节之助十分担忧。与之相对，“残匪”势力颇大。江原节之助认为不仅仅有其所看到的报告中的3000人，还有“不下3000万人的预备军”。

众人皆知，九一八事变后，国民党奉行的是震惊世界的“不抵抗”政策。30万义勇军奋起，进行了一场又一场抗争。冰天雪地中殊死抗争、让中国人民看到希望的是一支叫作赤色游击队（后逐渐发展为东北人民革命军、东北抗日联军）的武装部队。挥戈战场、绝地战斗，他们拼着性命“不让日贼安枕席”，堪称东北抗战的中流砥柱。日文中的“匪”即指武装部队。按照日伪的分类方式，伪满洲国有“政治匪”（原东北军系统）、“思想匪”（中国共产党领导的抗日武装部队）、“土匪”（山林队、“胡子”）。随着日伪加大“讨伐”力度，在江原节之助写信之时，伪满洲国所谓的“匪贼”几乎被镇压殆尽，而唯一还值得其担忧的必定是东北抗日联军无疑。

1938年后的东北抗联是怎样的一种状态呢？以一路军活动情况为例。1939年10月，日伪当局调集6万余兵力，在伪通化、吉林、间岛省境内，开始了历时一年半的“野副大讨伐”，矛头直指一路军。这次准备了将近一年的“大讨伐”将3个伪省划分为东、西、南、北和东北5个“讨伐区”，意在将抗联队伍分割包围，采用“踩踏战术、梳篦战术、拉网战术、壁虱战术”，来回拉网，穷搜山林，并有飞机配合侦察。这次“大讨伐”除了兵力和战术上的“穷尽全力”，敌人还使用了由各种叛徒构成的“工作班”“特搜队”，授权他们进行跟踪、追击，企图从内部瓦解一路军。在

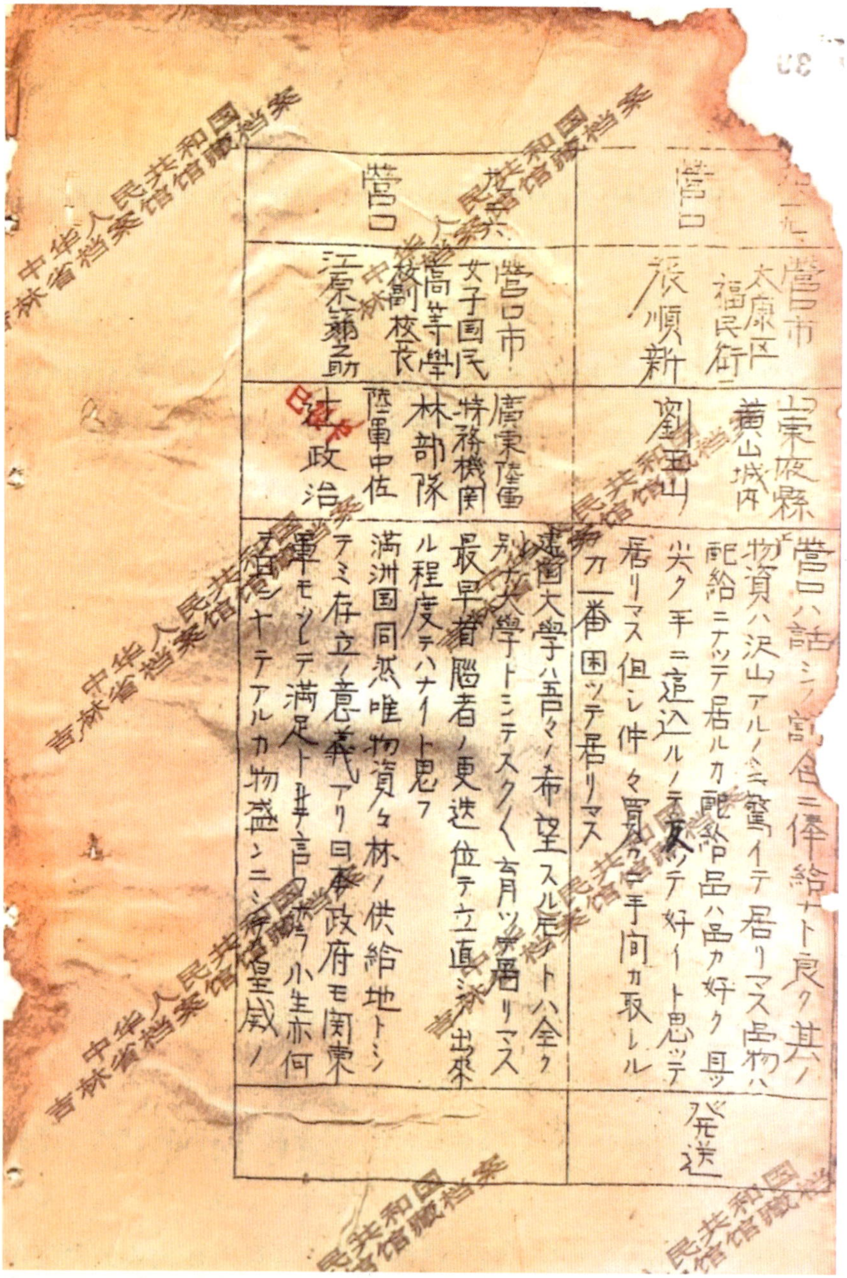
營口
營口市太原区福民街二
張順新
山東省蒙陰縣黄山城内
劉玉山
營口ハ話シノ部分ニ偉給ナト良ク其ノ物資ハ沢山アルノニ需イテ居リマス品物ハ配給ニナッテ居ルカ配給品ハ品カ好ク母ッテ尖ク手ニ這入ルノテ大ッテ好イト思ッテ居リマス但シ件々買フニ手間カ取レルカ一番困ッテ居リマス
発送
營口
營口市女子国民高等學校校長
江原節之助
關東陸軍特務機関林部隊陸軍中佐
政治
建國大學ハ吾々ノ希望スル所トハ全ク別ナ大學トシテスクスク育ッテ居リマス最早前者ノ更迭位テ立直シ出来ル程度テハナイト思フ満洲国同然唯物資々林ノ供給地トシテミ存立ノ意義アリ日本政府モ関東軍モソレテ満足ト言フ小生赤何

图 57-1 营口市女子国民高等学校校长江原节之助的信件摘抄

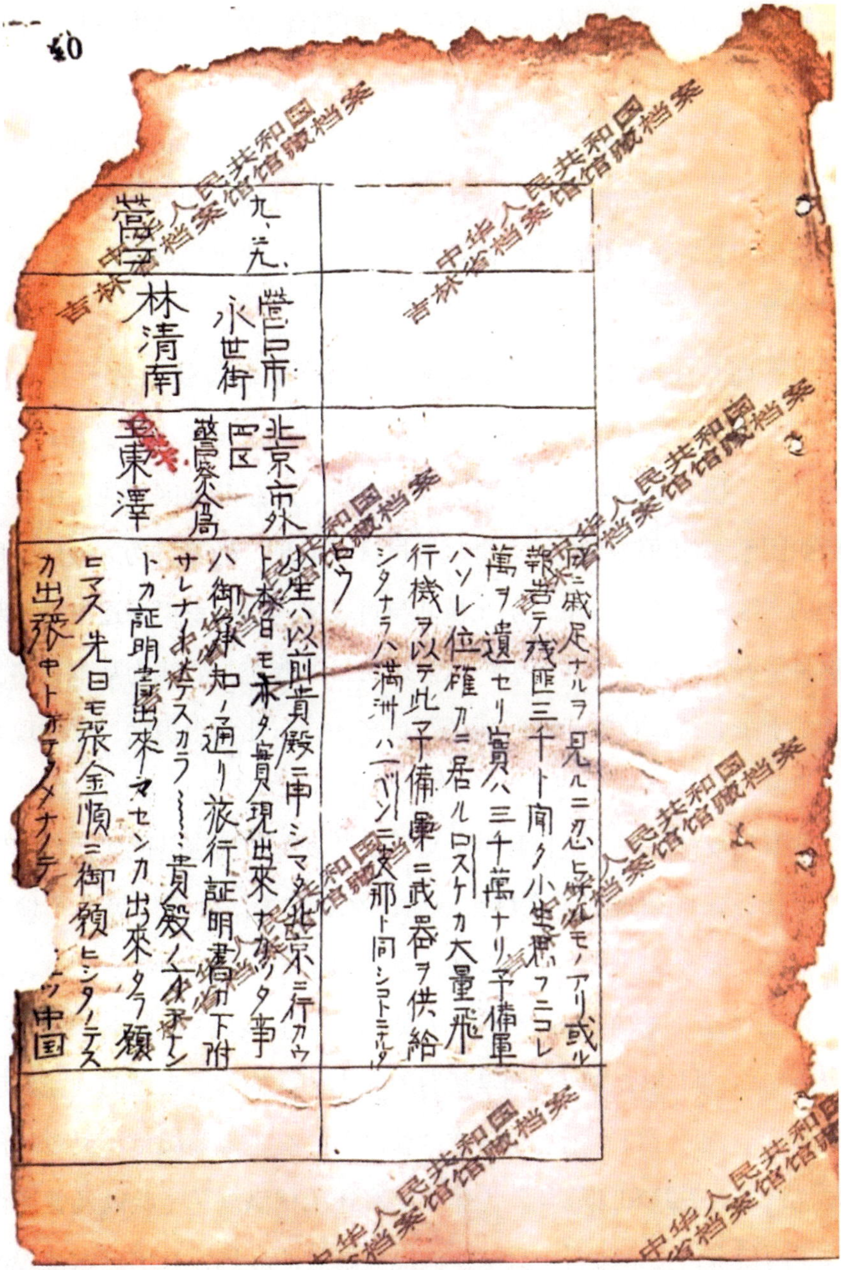

图 57–2 营口市女子国民高等学校校长江原节之助的信件摘抄

“野副大讨伐”开始以前，日伪在伪通化省的通化、辑安、长白、濛江、抚松，伪吉林省的桦甸、磐石、敦化、蛟河，伪间岛省的和龙、汪清、安图、延吉等县强迫8岁至55岁的男人按了指纹，由此实施“匪民分离”。此外，从1938年开始连续3年，通化地区强迫农民8月即开始收割庄稼，并对粮食集中管制，限量配给，断绝抗联粮道。一路军最终不得不转入苏联，保存实力。

然而，江原节之助在信中对东北抗联如此担忧，并称其有“预备军”，原因就在于东北抗联一直坚持统战政策。自《八一宣言》传至东北地区后，抗日民族统一战线政策几经周折，在东北地区形成。中共东北党组织团结一切可以团结的力量坚持抗日。但是，随着日伪的破坏，以及实施的“匪民分离”政策，东北抗联与百姓之间的联系渠道逐渐被割断。在这种情况下，中共东北党组织依然以抗日民族统一战线为基本策略。按照《关于东北抗日救国运动的新提纲草案》，东北党组织以“掌握现有东北抗日联军游击队的领导”、“恢复和重新建立各地方党的组织”、发展“城市和乡村的群众抗日救国运动”及“发挥游击运动的实质作用”等为主要任务，详细规划了在城市、游击区、“集团部落”等各个地域的工作，努力扩大抗日民族统一战线。据1941年的一份日方报告记载，1941年5月，东北抗日联军第三路军在北安地区给日本士兵及日本“移民”发放宣传文称“日本法西斯军阀是诸君的敌人，他们为了自己的利益发动了侵略战争”，呼吁日本士兵与日本“移民”“终止强盗战争、反对讨伐，为建立日本人民共和国战斗”。第三路军还给伪满国军士兵以及普通百姓发放了两份宣传文，号召士兵“走向民族解放的战场，打倒日本帝国主义，推翻伪满洲国”，号召百姓“作为中国人要奋起反抗，保护自己的生命财产”。

东北抗联各路军艰难地但却坚定地执行着统战政策。东北抗联始终坚守这片土地，他们克服一切困难，最终得到民心。

张传福，伪满东宁县老黑山二道沟的屯长，就是“3000万预备军”的缩影。1939年后，在“集团部落”政策最为严厉之时，张传福依然组织百姓秘密前往片底子密营等地给抗联送粮食。1940年12月，五军政委兼道南特委书记季青在《抗联第五路军南部活动记录》中提到：“一年来有密切关系之二道沟屯子及红石砬子、满天星各处散种地的农户，征发约近三十石给养，我们决定此地作最后的根据地，征发完毕向中东路北试探活动。”然而，张传福组织的活动很快被敌人发现，宪兵队抓走了张传福等20多人。张传福独自一人承担所有“罪责”，没有泄露密营半句信息，保护了抗联，也保护了百姓。直至最后，敌人也未发现片底子密营，那里也一直是一路军、二路军的活动根据地。

一息尚存，战斗不息！强大的东北抗联经历万难，万难不屈！

58. 抗联第一路军应对“野副大讨伐”的决心

董沁源

关东宪兵队司令部形成的《思想对策月报（11月）》（1939年），记载了杨靖宇致韩仁和的书信：“韩仁和及各位同志在旺盛积极之责任意识下取得了值得称赞的工作成果，眼下抗日军始终处于有利客观形势之下，所及之处粉碎日满军警的讨伐，稳步朝最后之胜利迈进。”

1939年9月，为彻底“消灭”杨靖宇、魏拯民等领导的抗联第一路军，日本关东军制定了《东边道治安肃正计划》，成立了“联合讨伐”司令部，并任命日本关东军第二独立守备队司令官野副昌德为总指挥，开始对南满地区的抗日力量进行残酷“讨伐”，又称“野副大讨伐”。“野副大讨伐”为期一年半，共分为三期，日本关东军动用日军、伪军，伪通化、吉林、间岛省警察以及铁路警护队等武装，总兵力达数万人，对当时的伪通化、吉林、间岛省及伪牡丹江省部分地区进行了大规模“讨伐”。

在“野副大讨伐”期间，日伪当局采取了一系列极其毒辣的政策和残酷手段。一是加紧推行所谓“匪民分离”政策，即进一步强化保甲连坐制度，如发现一人“通匪”，则全家处死，邻里之人也均要被处以罚金；进一步强化“集团部落”政策，继续在伪通化、吉林、间岛等地增建“集团部落”，加强其防卫设施。二是对抗日联军加紧经济封锁，断绝粮道。日伪除在伪满全境对粮食供应实行统制，不准擅自交易外，在“讨伐”区内，还对粮食与生活必需品实行专卖配给制，每次配给居民的粮食等物，仅够居民用两三天的，以此来防止抗联人员通过民众得到粮食和生活用品。三是不准民众在铁路、公路两旁种植高粱等作物，不准农民在山坡谷地开荒种地，还砍伐掉铁路、公路两侧50米以内的树木。四是烧毁抗联部队栖身的密营、房屋。据资料记载，自1939年10月至1941年3月，日伪军警在“野副大讨伐”中，共捣毁密营2085个。五是利用宪兵工作班、警察特搜班等组织，在“讨伐”区域大肆搜集情报，进行诱降活动。

由于日伪“讨伐队”疯狂的“围剿”及对被服、粮食、牲畜等军需物资的彻底封锁，抗联第一路军陷入饥寒交迫的艰苦生活和频繁作战的险恶环境。日军制定的第二期《治安肃正计划要纲》记载：“去年同期尚有3000余名‘匪团’，由于治安肃正工作的渗透，时至今日仅余500人左右。”人数的锐减印证了抗联战士的艰难处境。

在形势最严峻的时刻，杨靖宇首先考虑的不是个人的安危，而是民族的存亡，他带领几百名抗联战士与数倍、数十倍的日伪军周旋于深山荒林中，有时主动出击，有时积极应战，从未产生退缩之念，正如日伪档案所载：“南满抗联部队并未屈服于日满军警猛烈果敢之大讨伐。”

“天大的房子，地大的炕，火是生命，森林是家乡，野菜野兽是食粮。”这句话反映出了当时抗联第一路军战士们的真实情况。在零下三四十度的长白山区中，面对敌人残酷的军事战、经济战、思想战、宣传战等进攻政策，以及数倍乃至数十倍的敌人“围剿”，抗联第一路军的战士们缺吃少穿，渴了就吃把雪，饿了就用野菜充饥，用破布和麻袋片做行

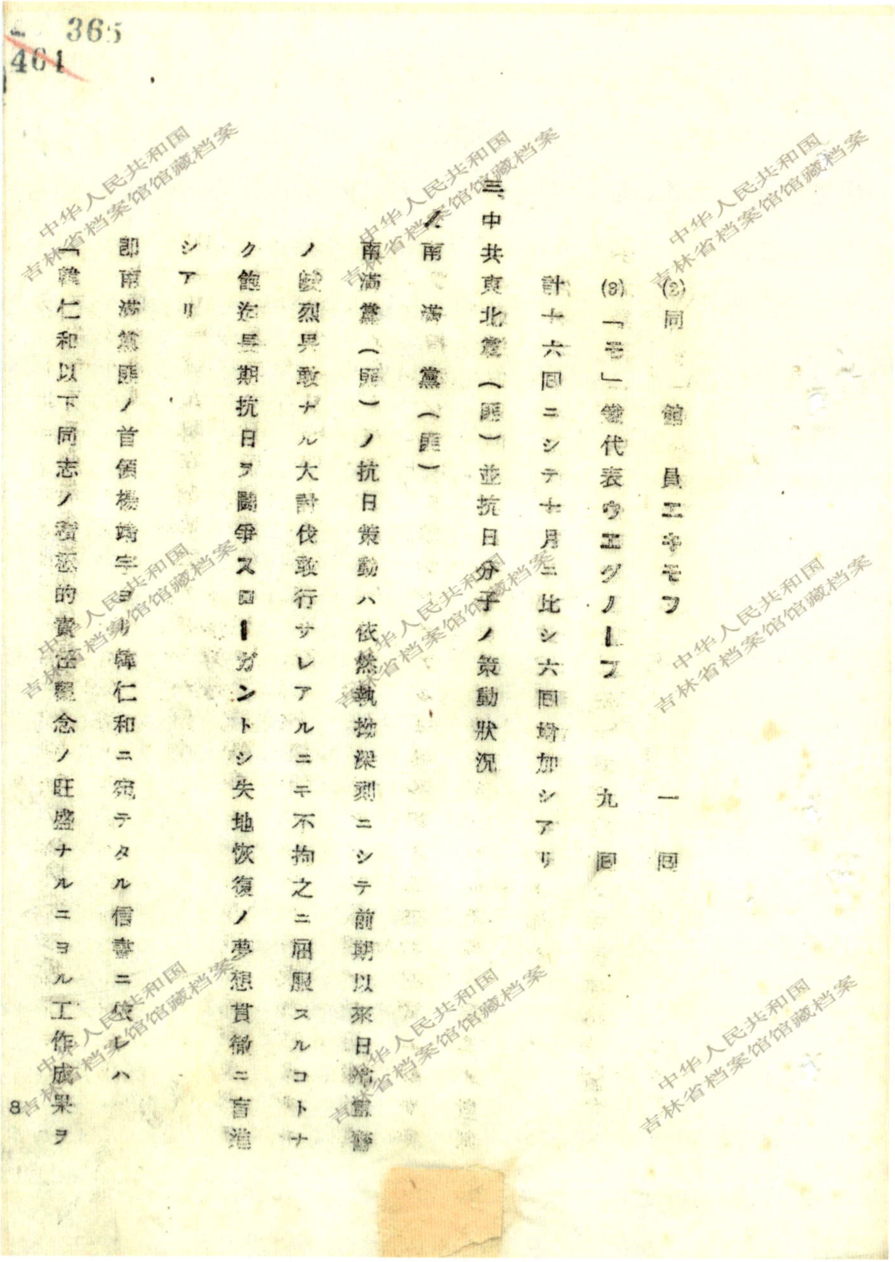
365
~~461~~

(2)同　館員エキモフ　一回
(3)「モ」領代表ウエゾノレフ　九回
計十六回ニシテ十月ニ比シ六回増加シアリ
三、中共東北黨（匪）並抗日分子ノ策動状況
1、南満黨（匪）
南満黨（匪）ノ抗日策動ハ依然執拗深刻ニシテ前期以来日満軍警ノ峻烈果敢ナル大討伐敢行サレアルニモ不拘之ニ屈服スルコトナク飽迄長期抗日ヲ闘争スローガントシ失地恢復ノ夢想貫徹ニ盲進シアリ
即南満黨匪ノ首領楊靖宇ヨリ韓仁和ニ宛テタル信書ニ依レハ
「韓仁和以下同志ノ積極的貢献観念ノ旺盛ナルニヨル工作成果ヲ
8

图 58-1 档案中记载的杨靖宇致韩仁和的书信内容

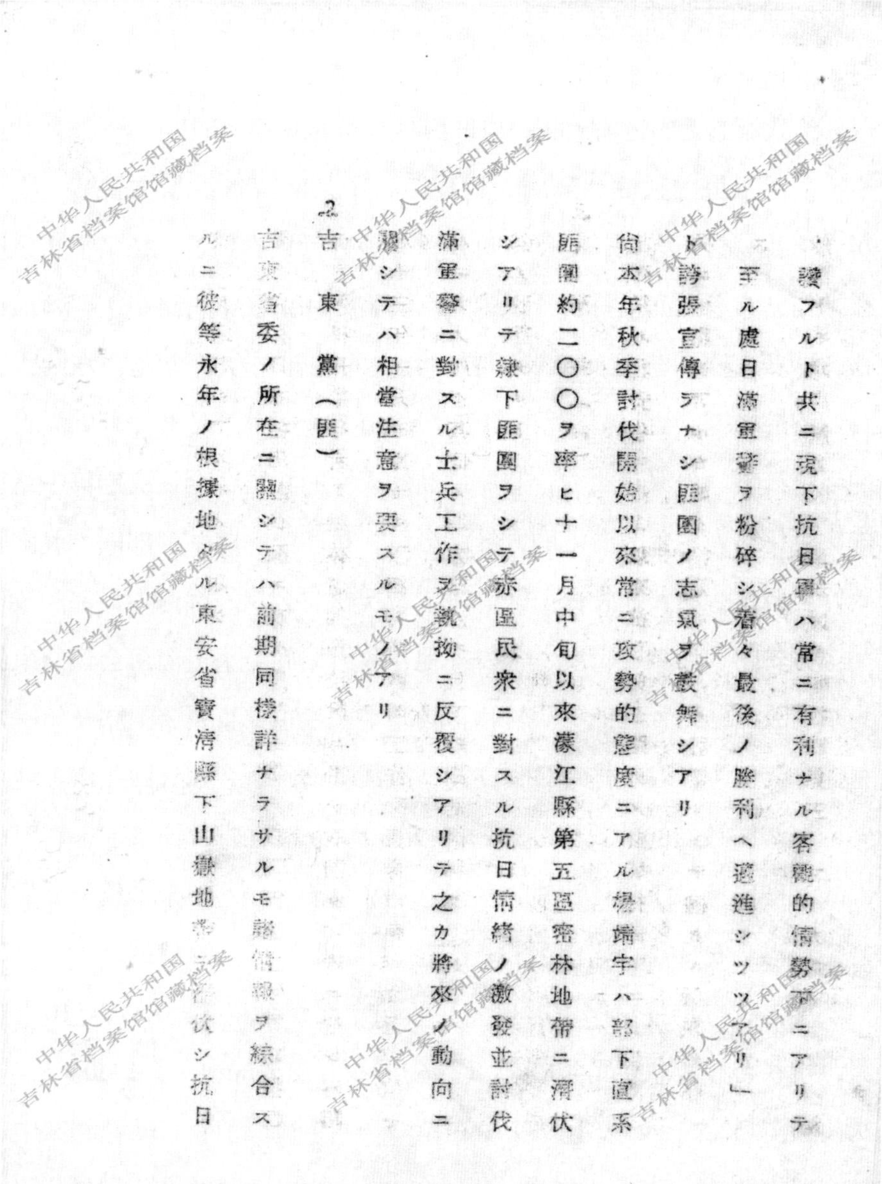

讀フルト共ニ現下抗日軍ハ常ニ有利ナル客觀的情勢下ニアリテ
至ル處日滿軍警ヲ粉碎シ着々最後ノ勝利ヘ邁進シツツアリ」
ト誇張宣傳ヲナシ匪團ノ志氣ヲ鼓舞シアリ
尚本年秋季討伐開始以來常ニ攻勢的態度ニアル楊靖宇ハ部下直系
匪團約二〇〇ヲ率ヒ十一月中旬以來濛江縣第五區密林地帶ニ潛伏
シアリテ隷下匪團ヲシテ赤區民衆ニ對スル抗日情緒ノ激發並討伐
滿軍警ニ對スル士兵工作ヲ執拗ニ反覆シアリテ之カ將來ノ動向ニ
關シテハ相當注意ヲ要スルモノアリ

2 吉東黨（匪）

吉東省委ノ所在ニ關シテハ前期同樣詳ナラサルモ諸情報ヲ綜合ス
ルニ彼等永年ノ根據地タル東安省寶淸縣下山嶽地帶ニ潛伏シ抗日

图 58-2 档案中记载的杨靖宇致韩仁和的书信内容

囊。面对如此艰难险境，杨靖宇、魏拯民等人带领抗联第一路军沉着应对，不畏艰险，不怕牺牲，把日军视为不堪一击的豆腐军，把“满军”当成补给武器弹药的运输大队，与日伪军展开了殊死搏斗。

面对来势凶猛的“野副大讨伐”，中共南满省委和抗联第一路军总司令部及时召开会议，对反“讨伐”斗争进行认真部署。杨靖宇、魏拯民在桦甸县头道溜河主持召开了中共南满省委和抗联第一路军主要领导人会议，即第一次头道溜河会议。参加会议的有韩仁和、全光、方振声、徐哲、黄海峰等。会议分析了当下的严峻形势，研究了针对“野副大讨伐”的斗争策略。为保存实力，避免遭到歼灭性的打击，会议决定第一路军各部实行化整为零分散游击的方针。会后，抗联第一路军各部以小股部队分散开展游击活动，在长白山区的濛江、抚松、金川、辉南、桦甸、敦化、和龙、安图、临江、辑安、宁安等地与敌人周旋。头道溜河会议结束后，为牵制敌人，配合其他部队转移，杨靖宇率领军部直属警卫旅及第一方面军部分队伍，转战于桦甸县夹皮沟、濛江县翁圈、金川县回头沟等地。其间，在濛江县与300余伪军激战，毙敌30余人。11月，杨靖宇率警卫旅等部队在桦甸与濛江两县毗邻的密营整训20余天。杨靖宇亲自给干部们作报告，阐明斗争形势，提出要打几个胜仗的要求。

据吉林省档案馆馆藏关东宪兵队司令部档案记载，1939年10月至12月，抗联与日伪军共战斗138次（袭击58次、交战80次），1940年战斗452次（袭击142次、交战310次）。在馆藏杨靖宇殉国前百日战斗档案中，杨靖宇部队最多一天战斗达7次、历时10个半小时，就连1940年元旦和除夕夜都在与敌作战。在这些战斗中，抗联沉重打击了日伪的嚣张气焰。就连日伪当局也不得不评价称：“东北抗联第一路军仍以东边道一带为游击区，继续进行凶猛之活动。杨靖宇等抗日意识坚强之干部、党员团结一致，抗拒严峻之军警讨伐，利用讨伐之漏洞，断然袭击部落、警备机关，疯狂奔走于宣传抗日。”在如此艰苦的条件下，抗联战士仍然坚持抗日斗争并取得累累战果，这背后蕴含着中华民族面对侵略者不屈的精神，更体现出了抗联第一路军必胜的决心。

由于叛徒的出卖，杨靖宇不幸壮烈殉国。敌人剖开了杨靖宇的腹部，探查杨靖宇究竟吃的什么东西，使他在那么艰难的环境中还能如此英勇善战。经过化验得知，杨靖宇胃里面一粒粮食也没有，只有树皮、草根和棉絮，有的棉花明显是刚吃进去的，一团一团的还没变样。得知这个结果后，连日军指挥官岸谷隆一郎[①]都不得不承认：“虽为敌人，睹其壮烈亦为之感叹大大的英雄！”

① 有资料显示，剖开杨靖宇腹部的军刀，就是岸谷隆一郎的军刀。1945 年日本投降前夕，岸谷隆一郎同样用这把军刀自尽，并留下遗书称“中国拥有像杨靖宇这样的铁血军人一定不会亡国”。

59. 杨靖宇最后的一百天

魏慧靓

据吉林省档案馆馆藏的一份日伪档案记载，南满党（军）的最高领导者、抗联第一路军总司令杨靖宇①长期以来一直积极在东边道地带活动，“扰乱”后方“治安秩序”，积极策划收复失地，持续不断地实施抗日策动，“但他无法与日满军警猛烈积极的讨伐行动相抗衡”，便率领部下转战四处，进而又转为分散行动，至1940年2月中旬，仅余数名士兵，最终仅余一人。2月23日，杨靖宇在伪濛江县城西南方6公里的三道濛江河岸被西谷警佐指挥的通化省伪警察“讨伐队”射杀。日伪为了将这一消息告诉普通民众，在街区内各重要地点发布通告，同时还利用飞机散发传单进行宣传。这份档案再现了抗日民族英雄杨靖宇将军在最后的岁月中以钢铁般的意志与敌人战斗至牺牲的悲壮画面。

吉林省档案馆馆藏日本关东宪兵队档案记录了杨靖宇将军殉国前最后一百天的光辉岁月。这些档案再现了陷入饥寒交迫的杨靖宇将军依然坚持与敌战斗直至牺牲的过程。

① 此处表述参考日伪档案，当时南满党的最高领导者是南满省委书记魏拯民。

据档案记载，杨靖宇率领部队转战各地，与敌周旋。在1939年10月至1940年2月，杨靖宇所部与敌战斗了40余次。其中，1940年1月21日至31日，杨靖宇所部与日伪军警交战9次；2月1日至10日，杨靖宇所部与日伪军警交战12次。在2月5日这一天，日军名古屋队与杨靖宇所部60人在濛江县第五区老爷岭东南方10公里的587高地发生了一次战斗，我方牺牲了13人，所携带的骑兵枪、毛瑟枪、手榴弹等枪支弹药，以及仅有的高粱、大米、馒头、腌制品、防寒服等生活物资均被日军掠夺。7日是当年的除夕，这一天，杨靖宇所部与日伪军警进行了3次战斗，从敌方掠夺的物品来看，此时杨靖宇所部几乎不具备可以支撑生存的食物，余下的枪支弹药丧失殆尽。杨靖宇所部愈加陷入饥寒交迫的境地。

在这样艰难困苦的条件下，杨靖宇所部只有依靠民众的支援才能生存下去。然而，日伪军警深知抗日军民的鱼水关系，为切断抗联部队与民众之间的联络，早在伪满洲国建立不久便开始实施残酷的"匪民分离"政策，建设"集团部落"，实行保甲制度，一经发现有"通匪"行为，立即处以严刑，并株连全村。1939年10月之后，日伪军警推行直指杨靖宇率领的抗联一路军的"野副大讨伐"，更加强化了这种措施，从而断绝了抗联部队的物资来源，加剧了杨靖宇所部的生活困难。

面对如此困境，杨靖宇坚持"以寡少的兵力殊死反击"。据吉林省档案馆馆藏的日伪档案记载：1939年10月，在桦甸南部地区的杨靖宇与方振声率领的150人"开展着活跃的游击战，巧妙避开讨伐队的锋芒，聚散离合，随处出没"，同时一方面开展筹粮工作，一方面向普通民众宣传抗日救国道理。11月，"南满党（军）策动依旧执拗且影响深远，并未屈服于前期至今日满军猛烈果敢之大讨伐，始终以长期抗日为斗争口号，冒进于

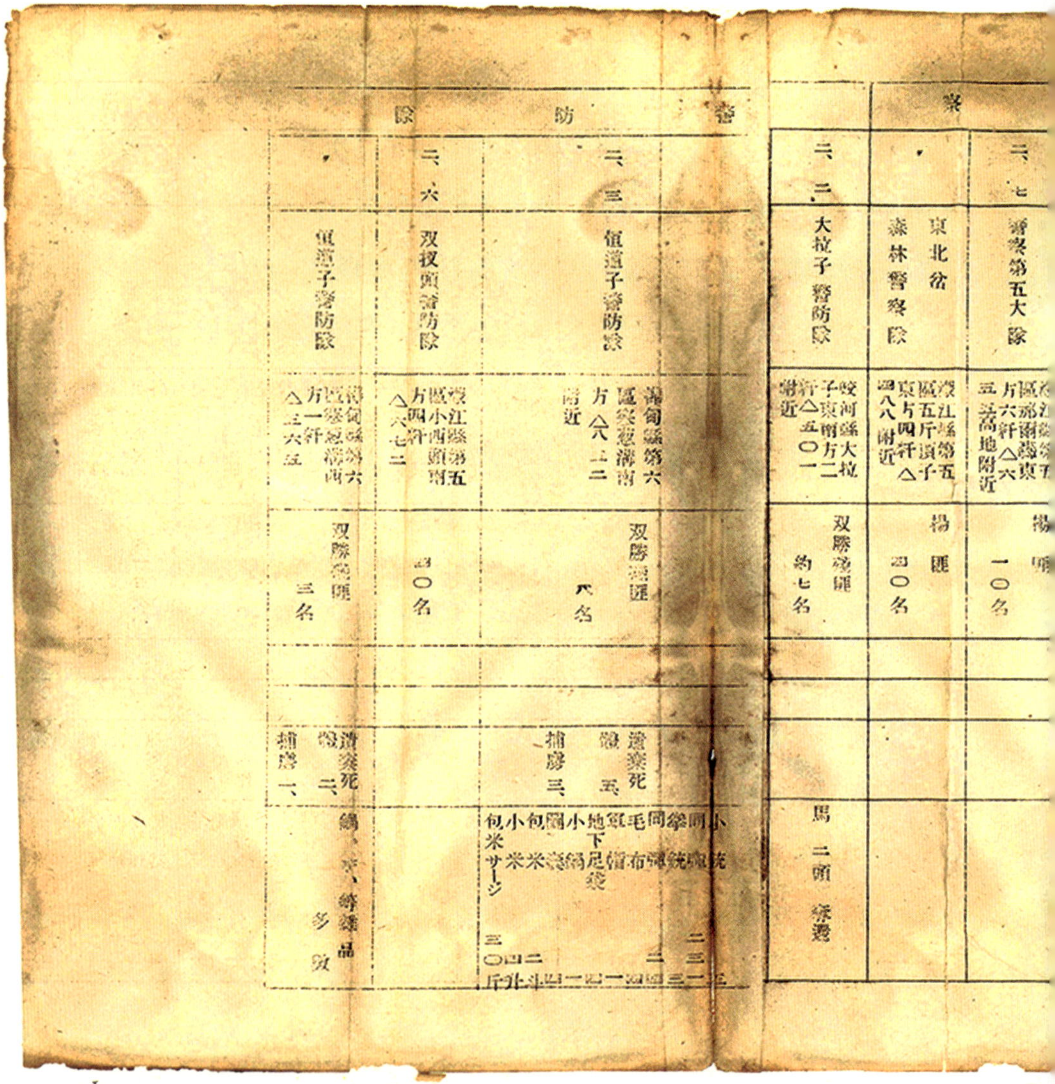

图 59-1 杨靖宇部队 1940 年 2 月上旬战斗记载

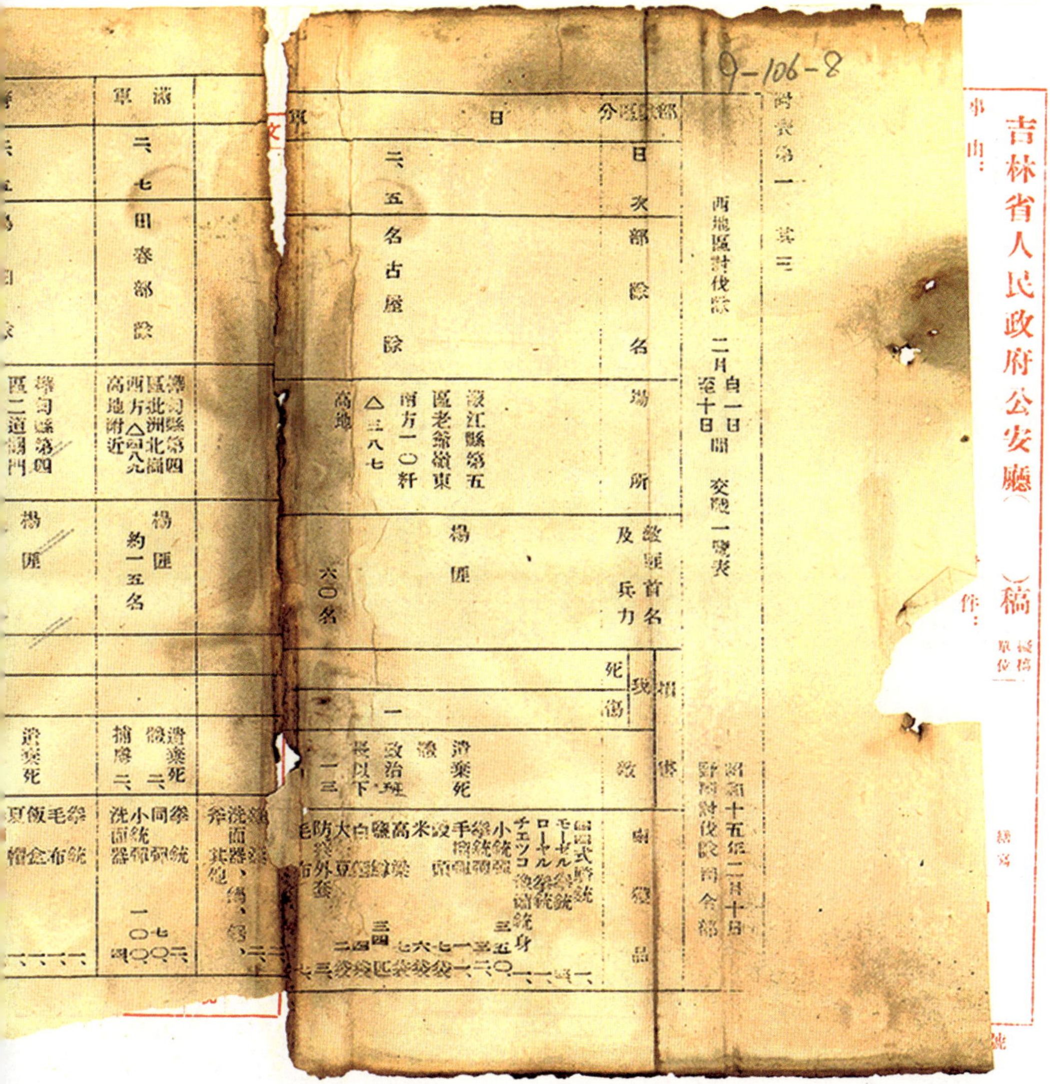
9-106-8

吉林省人民政府公安廳（ ）稿

附表第一 其三

西地區討伐隊 自二月一日至二月十日間 交戰一覽表

昭和十五年二月十日 野副討伐隊司令部

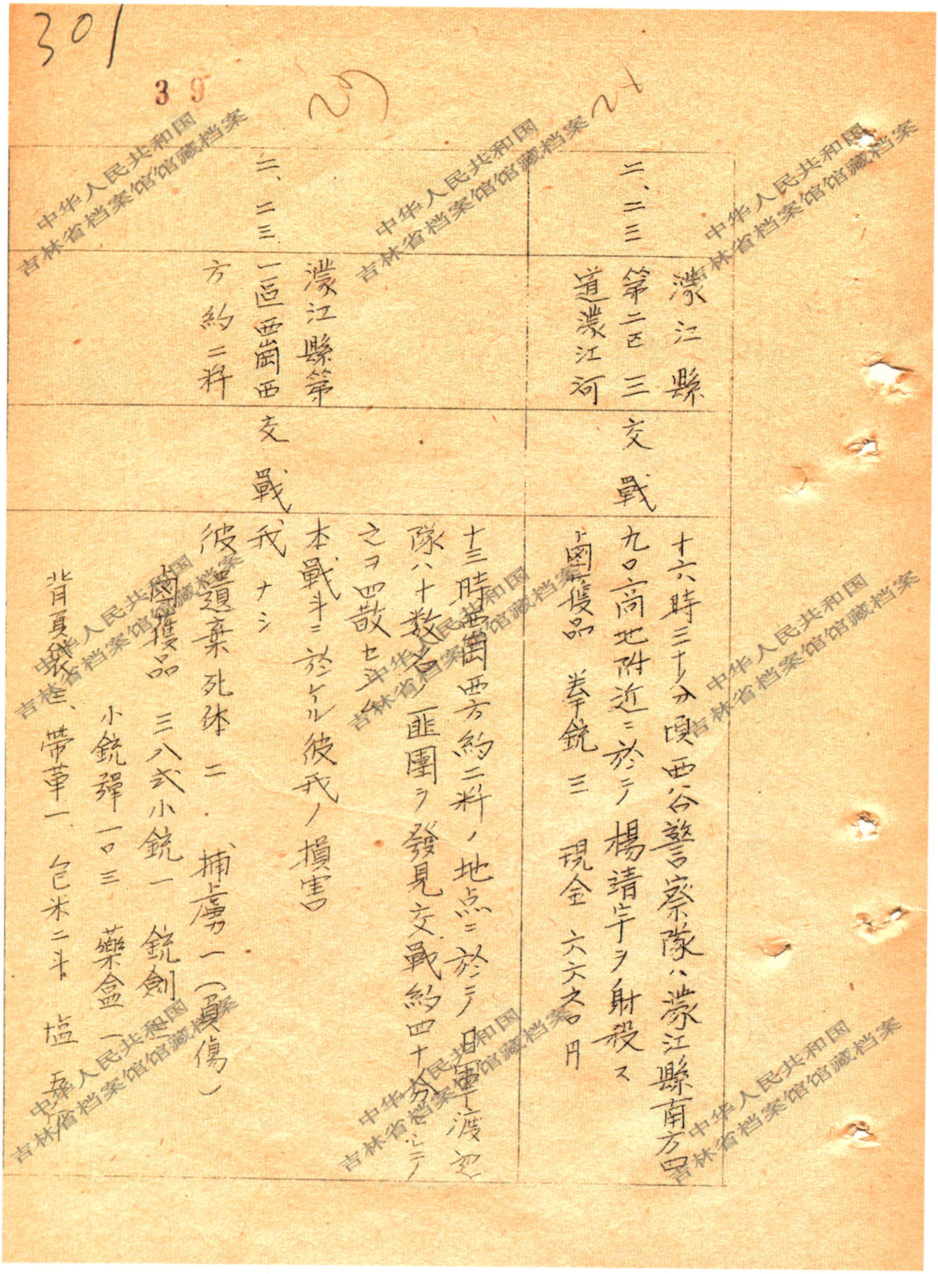

301

3 9

二、二三
濛江縣第二区三道濛江河
交戰
十六時三十分頃西谷警察隊ハ濛江縣南方四九口商地附近ニ於テ楊靖宇ヲ射殺ス
鹵獲品　拳銃　三　現金　六六〇〇円

二、二三
濛江縣第一區西崗西方約二粁
交戰
十三時西崗西方約二粁ノ地点ニ於テ日軍渡辺隊ハ十数名ノ匪團ヲ發見交戰約四十分ニシテ之ヲ四散セシム
本戰斗ニ於ケル彼我ノ損害
我ナシ
彼遺棄死体　二　捕虜一（負傷）
鹵獲品　三八式小銃一　銃劍一
小銃彈一〇三　藥盒一
背負袋、帯革一　白米二斗　塩　五升

图 59-2 馆藏档案中记载的杨靖宇牺牲情况

恢复失地梦想之贯彻”。12月上旬，杨靖宇“从吉林省桦甸地区侵入通化省濛江、抚松地区，其后渐次南下，率领直系部队潜伏在临江、濛江、金川县境地带”。此外，他们“巧妙地进行离合集散，机智地避开日满军警讨伐队的锐锋，同时进行顽强的抵抗”，日伪军警如此形容杨靖宇所部的战斗状态——“猛烈的应战，以寡少的兵力殊死反击。”

艰苦的战争环境，没能压倒这位钢铁战士，杨靖宇在最后的岁月中依然信仰坚定，捍卫使命，巧妙发动游击战，时而分散、时而聚集，积极袭击日伪军警的重要据点，毙敌多数，争取了一定的抗日物资，给日寇以沉重打击。在杨靖宇的领导下，南满地区中共党组织体察民众之需，激发民众抗日热情与民族意识，指引他们如何从侵略者手中夺回国家主权，堂堂正正重新选择生存之道，让他们加入到民众创造历史的队伍之中。在其努力之下，民众积极主动加入中共各级党、团组织，冒着以“通匪者”罪名被杀害的危险主动给抗联队伍补给粮食、衣物等物资。

杨靖宇牺牲前的百日，叛徒频出、物资断绝，在如此艰难的环境下，他依然“固执地进行抗日斗争”，主动出击，与敌周旋。杨靖宇的一生是革命的一生、战斗的一生、辉煌的一生。他率领东北抗日联军在林海雪原的艰苦环境中与日寇血战，以草根、棉絮充饥，战斗到最后一刻的气概，更在亿万人民心中树起不朽的丰碑。

60. 第二次头道溜河会议后的东北抗联

曲　迪

七七事变后，日本为实现侵华计划，加紧向坚守东北的主要抗日力量——东北抗联发起进攻以巩固后方基地。1938年起，日军在东北地区增兵至近50万，实行“集团部落”“三光”“无人区”和“保甲连坐”等政策，东北抗联进入最艰难的时期。

由杨靖宇率领的抗联第一路军作为东北抗战中坚持最持久、最顽强的部队之一，在敌我力量悬殊、作战条件恶劣的情况下，仍然坚持与敌人周旋，被称为“不怕困苦艰难奋斗之模范”。1940年2月23日，杨靖宇在伪濛江县（今靖宇县）三道崴子被敌围困，在战斗中壮烈牺牲。杨靖宇牺牲后，抗联部队陷入更加艰难的境地，面临物资匮乏、几近弹尽粮绝的局面。绝境之下，身患重病的抗联第一路军副总司令魏拯民毅然担负起领导指挥东、南满地区抗日游击战争的重任。1940年3月13日至15日，魏拯民在桦甸县头道溜河主持召开中共南满扩大会议，即第二次头道溜河会议，带领抗联第一路军余部走上了不畏艰险、坚持斗争的道路。

第二次头道溜河会议分析研究了东、南满地区当时的斗争形势和主要任务。主要出席人员有抗联第一路军副总司令魏拯民，中共南满省委委员徐哲、韩仁和，第一路军总司令部秘书李明山，警卫旅金柏山及黄海峰等人。

会议首先对杨靖宇的牺牲进行了沉痛哀悼。魏拯民说：“杨总司令为革命事业艰苦卓绝地奋斗了一生。他的全部生活是党的生活，他没有个人生活。杨司令是被日本帝国主义强盗杀害的，这一笔血海深仇，我们一定要让敌人用血来偿还！”参会人员群情激昂，并在魏拯民的带领下庄严宣誓：“为了祖国人民、为了杨司令、我们第一路军全体战士，紧密团结，坚决继承杨靖宇的事业，踏着烈士的血迹，继续奋战，克服一切困难，一定把鬼子赶出去！”会上，参会人员重点总结了地方工作以及军事斗争与党的工作关系，研究了当下的形势与任务，决定继续分散开展游击战，逐步恢复遭到破坏的地方党组织。

会后，抗联第一路军各部在极度艰苦的环境中，向日军发起反击战，仅在1940年3月，抗联第一路军就主动发起3次进攻，被敌人称为“打疯了”的部队。据日伪统计，1940年6月至12月，抗联各路部队在南满地区共发动袭击142次，与日军交战310次，击毙击伤181名敌军。

会议结束后，魏拯民带病出征，亲临一线领导抗日游击战。1940年7月，他率部先后袭击了哈尔巴岭车站和黄泥河子伪警察队，对敌人进行了有效打击。魏拯民在致中共驻共产国际代表团的信件中写道：“尽管敌人向我们进行疯狂的进攻，但我们仍然以百折不挠的革命精神，打击了敌人一切的毒计，我们是愈打愈坚强的。”1940年秋末，因病情不断加重，魏拯民已不能随队活动，在桦甸县二道河子密营休养期间，他不顾疾病折磨，日夜不停起草文件，书写报告和总结经验。次年，魏拯民因病逝世，弥留之际，他仍然鼓励战士：“你们都很年轻，革命就靠你们哪！不要难

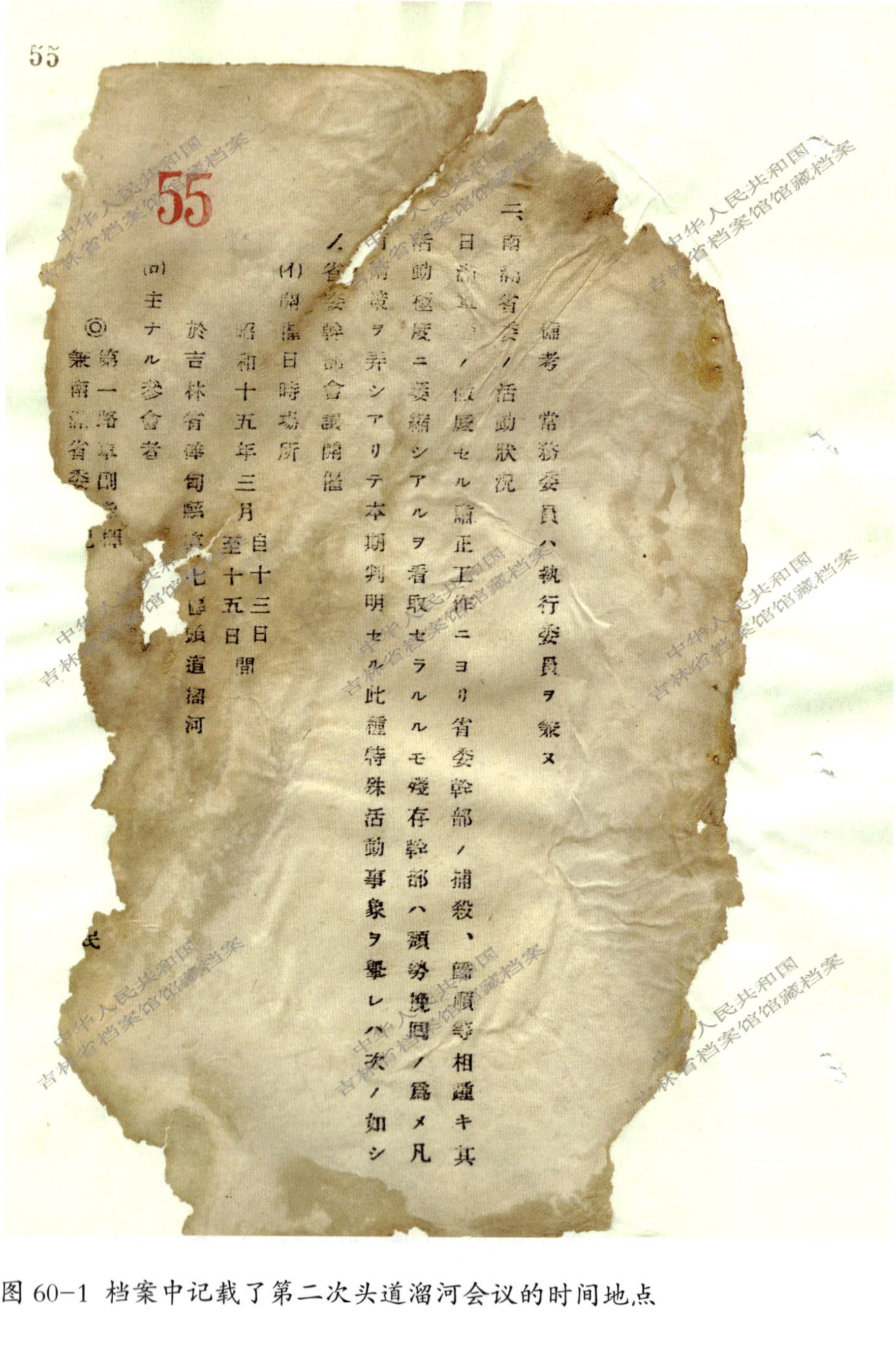

图 60-1 档案中记载了第二次头道溜河会议的时间地点

过，要打倒敌人，就要流血牺牲。可是我们的血不会白流，我们的革命红旗，会插遍全中国！”

抗联第一路军警卫旅政治部主任韩仁和作为杨靖宇的得力助手，在得知杨靖宇牺牲的消息后，发誓要为将军报仇。第二次头道溜河会议结束后，他对日伪军展开了更为猛烈的进攻。1940年5月中旬，韩仁和率部袭击敦化县江治屯；7月初，他又夜袭汪清县大兴沟屯敌方据点；9月中旬，警卫旅在宁安县南部地区与敌激战；10月上旬，他带领部队突袭镜泊湖北湖头伪警察分驻所和自卫团。1941年3月13日，韩仁和与警卫旅仅剩的9名战士在镜泊湖畔的宁安上湾沟与数倍于己的日军顽强拼杀，终因寡不敌众壮烈殉国。

针对第二次头道溜河会议作出的加强地方工作、恢复地方党组织的决定，金在范、金广学等人立即展开行动。据日伪档案记载，中共南满省委以在南满一带广泛组成地方组织为基本纲领，制定了《东北抗日救国南满总会规则》《东北中朝反日联合会目前行动纲领》。金在范、金广学等朝鲜族干部来到南满磐石、伊通等地区，向当地部队群众分发《告于军队工作朝鲜人将士》《告全东满韩国青少年朋友》《告于日本军队工作朝鲜人弟兄》等宣传文件，成立数个外围团体。为镇压爱国救亡力量，日伪宪警对这些团体进行了大范围的抓捕镇压，金在范、金广学等人在镇压行动中被敌人抓捕。

由于敌据点阻隔，抗联第一路军第一方面军领导人没有出席会议，但在得知杨靖宇遇害消息后，第一方面军指战员悲愤异常，发誓要与敌军战斗到最后一个人，为杨靖宇将军讨还血债。1940年3月上旬，该部在曹亚范的率领下，连续袭击临江珍珠门和太阳岔一带以及三岔子东南部的伪警防队和森林警察队，并在伪濛江湾痛击恶贯满盈的“长岛工作班”，击毙敌人数十名，缴获枪支10余支，夺取被服、马匹、粮食等若干物资，使日军寝食难安。4月8日，曹亚范率部活动到伪濛江县龙泉镇西瓮圈，被意图叛变的人员暗算，壮烈牺牲。

孤军喋血战，浩气贯长虹。第二次头道溜河会议后，东北抗联正是在这种敌强我弱、孤立无援的绝境之下，以不屈不挠的意志和坚韧不拔的毅力，与敌浴血奋战、周旋苦斗，谱写了一曲曲顽强不屈、抵御外侮的壮丽悲歌。

61. 陈翰章最后的战斗岁月

杨惠波

吉林省档案馆保管着一份伪铁道警护总队总监部警备科形成的《铁道沿线治安周报（第48号）》，其中记录了1940年12月8日“镜泊英雄”陈翰章以身殉国的情况：“12月8日13时20分，在图佳线鹿道站西南方向25公里的小湾沟，出动中的唐警察讨伐队发现陈翰章部队十五六人并与其交战，射杀了敌首陈翰章及其他4人，逮捕5人，虏获轻机枪1挺、步枪1支、手枪6支、弹药114发及其他杂物若干。”寥寥百字，令人潸然泪下。

抗战胜利后，彭真曾这样总结：中国共产党领导的革命斗争中有三件最艰苦的事。一是红军长征二万五，二是南方红军三年游击战，三是东北抗日联军十四年的艰苦斗争。东北抗联的发展和斗争的历程，是一部感天动地、可歌可泣的英雄史诗。这期间，出现了很多令人敬仰的战斗英雄，“镜泊英雄”陈翰章将军就是其中之一。

陈翰章，满族人，1913年出生于吉林省敦化县城西5余里外半截河村。陈翰章自幼非常聪明，14岁参加全县私塾教员考试，名列第四。他长相俊朗，为人文静，被戏称为“陈大姑娘”。然而，就是这样一张腼腆的面孔下藏着一颗坚强的爱国之心。1930年12月，陈翰章成为敖东中学的一名教员，月入30余银元，这在当时是一笔不菲的收入。不久，又被县立民众馆聘为讲演员。1931年9月18日，日本悍然发动了九一八事变。19岁的陈翰章毅然告别新婚不久的妻子，挺身而出弃笔从戎，投身到王德林统领的救国军司令部，担任了总司令部秘书。在那里，他结识了抗战名将周保中，并在周保中的培养下光荣地加入中国共产党。1935年2月，他受任东北反日联合军第五军第一师政治部主任，不久调任第二师参谋长，率部在绥宁地区作战。由于陈翰章智勇双全，率领部队屡建奇功，很快被委以重任。1936年7月，中共南满省委成立，陈翰章当选中共南满省委委员，任抗联第一路军第二军第五师参谋长。1937年7月，全国抗战爆发，日本侵略者也加大军事“讨伐”力度，陈翰章率领部队巧妙地与敌人周旋，出其不意、攻其不备，破坏敌人的铁路、桥梁、矿山等工程设施，在长白山麓和镜泊湖畔同敌人展开了游击战。

吉林省档案馆馆藏档案记录了陈翰章将军的足智多谋。据佳木斯宪兵队1938年《提交思想对策月报的报告（通牒）》记载，1937年12月15日晚上7点30分左右，抗日第二军第二师（此时已改编为第五师）师长陈翰章部队约100人拔掉了图佳线勃利县向阳——龙爪间铁道线路上一根轨道的所有道钉及4张接口板，其后又拔掉了距此地东部约500米处的一根线路轨道外侧的所有道钉，导致正在运行中的牡丹江开往林口的第二四九混合列车脱轨。关东宪兵队司令部1939年提交的《思想对策月报（10月）》记载了受到日伪军大力镇压的陈翰章依然巧妙地运用游击战法与敌人周旋，靠夺取敌人的粮食和武器来保证部队的供给和武装的情况：“特别是在吉林省敦化县活动的抗联第一路军系陈翰章、崔贤部队及在龙江省嫩江讷河地区活动的抗联第三路军系冯治刚部队等，常常精心策划，运用巧妙的游击战法，连续偷袭我方讨伐队，放火、掠夺等，且每次都能扩充其装备，势力不可轻视。”

陈翰章不仅在战斗中擅长巧思妙用，还是一位十分优秀的思想政治工作者。据关东宪兵队司令部提交的《1940年后半期满洲共产抗日运动概况》记载，“敦化县沙河沿村警察署长（邙）传忠及以该村为中心的附近部落长、自卫团长11人，于去年6月收到了共产党陈翰章发出的反日满思想宣传单，他们召集附近230多名部落民，结成了‘东北抗日军中国联合会’的支援外围团体。其后，该联合会每月召开一次联合会议，接受共产党干部宣传的反满抗日思想，并通报日满宪警的讨伐状况和当局的施政方针以及一般民众的动向和其他情况”。在敌人上报的战况中，也经常能够看到战利品明细中有“宣传单”的字样，这是不是陈翰章故意留下的就不得而知了。

陈翰章还特别注重团结民众共同战斗。据“野副讨伐队”司令部1940年《讨伐旬报（第27号）》和伪治安部警务司1940年《治安概况月报（9月）》记载，6月20日20点，陈翰章部队约80人与被解救的70名百姓（攻袭六道中滴达时解救的百姓）一起行动，进入了五常县沙河子南部约5公里的石头河子部落，缴获了一些粮食和现金。6月26日15点，陈翰章部队（包含175名被解救百姓）突然出现在张家湾西南部约6公里处，在张家湾的日军町井小队及伪警察队与其交战约1小时。9月15日23点30分左右，疑似陈翰章部队一部约25人出现在宁安县湖沿（镜泊）东南部3公里的警备道路现场（劳工80人），用轻机枪牵制住警备员，缴获了8袋白面及若干苞米，让现场的劳工帮忙搬运后撤离。不难看出，陈翰章在解救百姓的同时，也积极团结这些苦难同胞，共同抵抗侵略者。

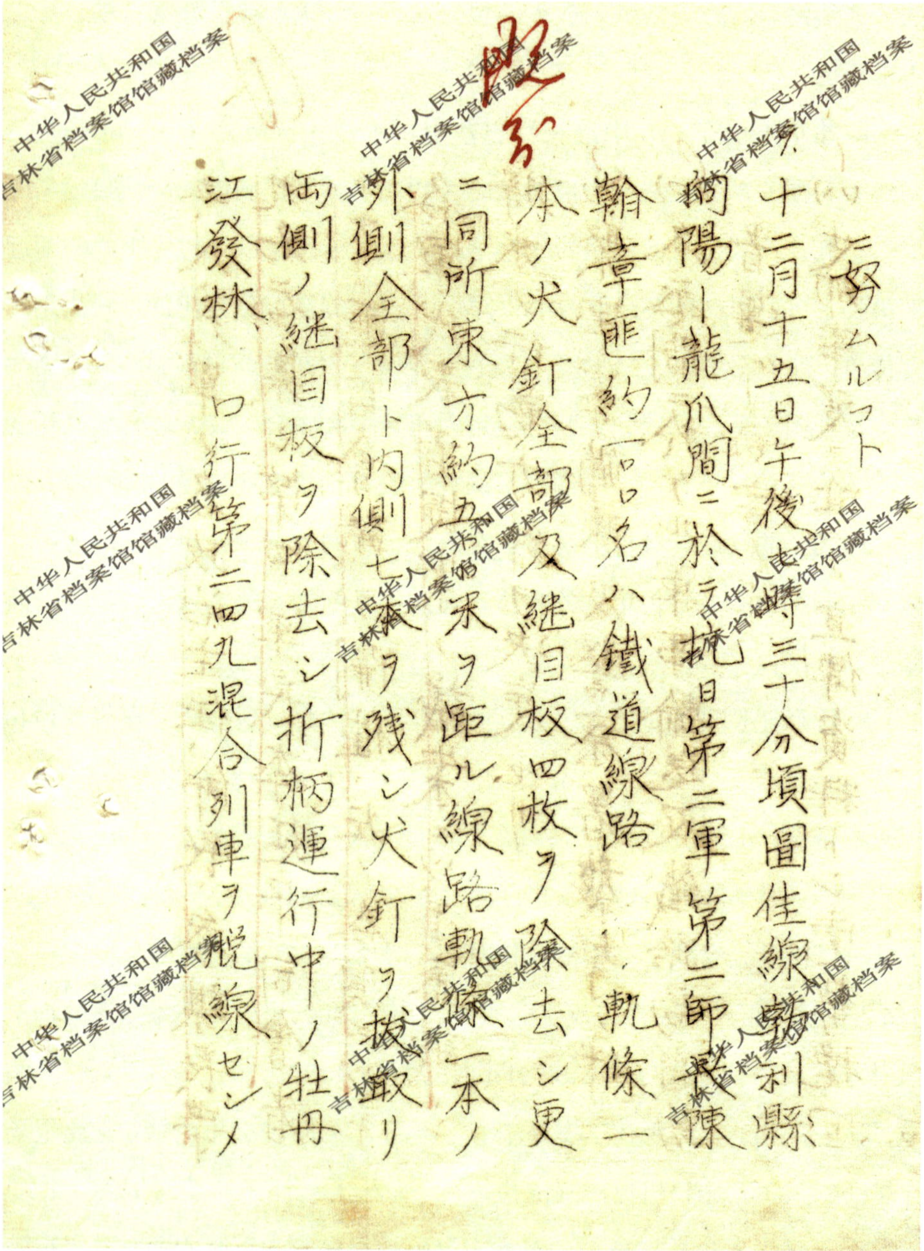
ニ努ムルコト
一、十二月十五日午後七時三十分頃圖佳線勃利縣
鮒陽―龍爪間ニ於テ抗日第二軍第二師長陳
翰章匪約一〇〇名ハ鐵道線路、軌條一
本ノ犬釘全部及継目板四枚ヲ除去シ更
ニ同所東方約五米ヲ距ル線路軌條一本ノ
外側全部ト内側七本ノ犬釘ヲ残シ犬釘ヲ拔取リ
両側ノ継目板ヲ除去シ折柄運行中ノ牡丹
江發林、口行第二四九混合列車ヲ脱線セシメ

图 61-1 1937 年 12 月 15 日陈翰章战斗记载

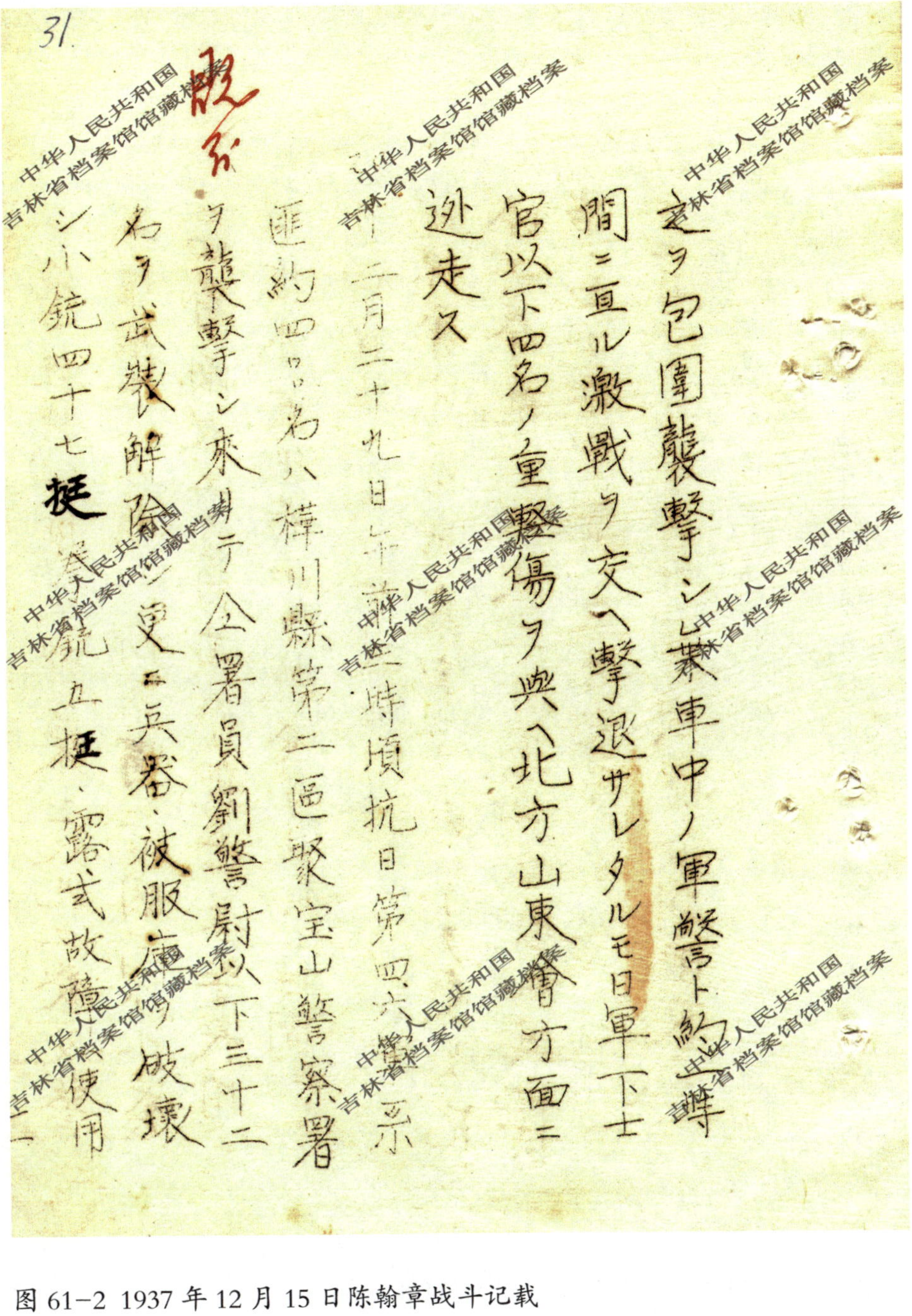

31.

之ヲ包圍襲撃シ來車中ノ軍警ト約一時
間ニ亘ル激戰ヲ交ヘ撃退サレタルモ日軍下士
官以下四名ノ重軽傷ヲ與ヘ北方山東會方面ニ
逃走ス
一、十二月二十九日午前二時頃抗日第四六軍系
匪約四〇〇名ハ樺川縣第二區聚宝山警察署
ヲ襲撃シ來リテ公署員劉警尉以下三十二
名ヲ武裝解除シ更ニ兵器、被服庫ヲ破壞
シ小銃四十七挺、拳銃五挺、露式故障使用一

图 61-2 1937 年 12 月 15 日陈翰章战斗记载

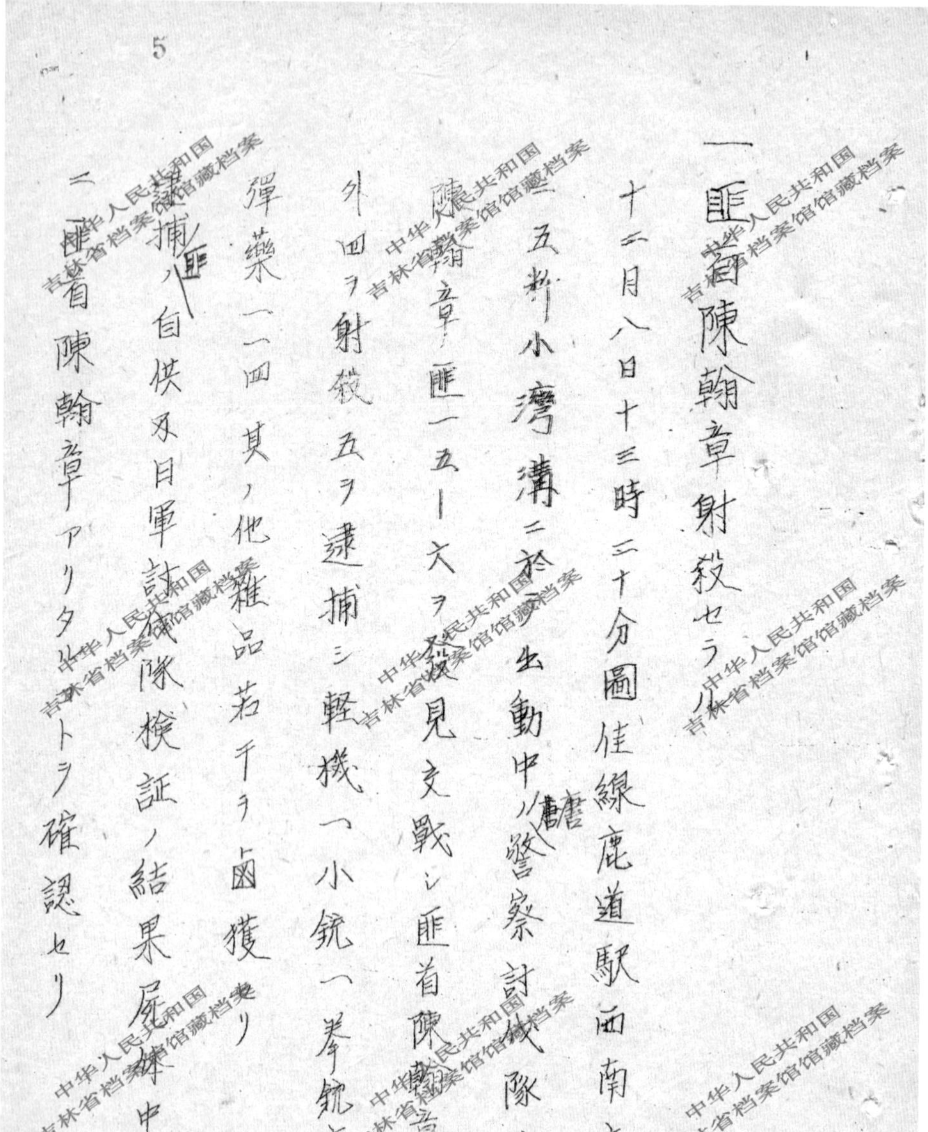
5

一 匪首陳翰章射殺セラル
十二月八日十三時二十分圖佳線鹿道駅西南方
三五粁小灣溝ニ於テ出動中ノ警察討伐隊ハ
陳翰章ノ匪一五一六ヲ發見交戰シ匪首陳翰章
外四ヲ射殺五ヲ逮捕シ軽機一小銃一拳銃六
彈藥一一四其ノ他雑品若干ヲ鹵獲セリ
逮捕ノ匪ハ自供及日軍討伐隊検証ノ結果屍体中
ニ匪首陳翰章アリタルコトヲ確認セリ

图 61-3 馆藏档案中记载的陈翰章牺牲情况

彭真说东北抗日联军十四年艰苦斗争的“苦”，那是真的苦！东北抗联不仅要面对装备精良的日本关东军，还要与日伪推行的“匪民分离”政策抗衡。由于日伪推行严格的“保甲制度”，凡是与抗联有联系的百姓立刻被监视或残害，抗联活动的区域被大大挤压，战士们只能长期在雪地、丛林里生存，冬天是最难熬的，气温总在零下二三十度，有时会达到零下40多度。很多战士都因为严寒被冻伤乃至牺牲。所以说，东北抗联的“苦”，除了频繁战斗外，还要忍受物资匮乏，以及东北的极寒天气。

陈翰章部队也承受着同样的“苦”。据伪治安部警务司警备科《治安概况月报（第2号）》记载，1940年2月19日日伪在汪清县上村北方三仙岭附近山中发现身着类似伪军警服装的遗弃尸体5具，敌人推测是去年12月10日袭击汪清县大梨沟的陈翰章部队在该地附近因日军木村队的急追攻击射杀而遗弃的，发现的时候衣服已冻在尸体上无法剥离。另据“野副讨伐队”司令部1940年《讨伐旬报（第33号）》记载，8月14日晚，陈翰章主力部队在额穆索南部地区突破北地区“讨伐队”的包围圈，潜入官地以东地区。于是，北地区“讨伐队”便把主力集中到该地区，努力搜索陈翰章部队。8月27日，陈翰章部下叛逃至安乐屯伪警防队，敌人得知陈翰章及部下40人潜伏在苇子沟南山南部约4公里处，并已陷入严重的粮食危机。11月份的档案中又载，日军绪方“讨伐队”与吉森警察中队联合，在苇河县旗杆顶子地区与陈翰章部的尹副官带领的十几人相遇，交战30分钟，他们掠夺了陈翰章部队的2石2斗杂粮、15千克面粉、2016千克蔬菜、40千克食盐、17千克豆油，致使陈翰章部队陷入无法过冬的困境。

1940年2月，杨靖宇牺牲后，日军妄想一鼓作气全歼抗联一路军，形势极端严峻，但陈翰章部队的战斗却越来越频繁。关东宪兵队司令部1940

年《思想对策月报（2月）》记载："陈翰章部队约100人在蛟河、宁安县境活动。随着讨伐及消匪诸工作的推进，上述部队骨干干部被捕，部下归顺、被捕、被杀，或'通匪者'被捕导致粮食弹药的渠道被切断等，上述部队的行动受到掣肘，势力日益衰败。然而，他们依然趁着军警警戒的不备，袭击部落、获取物资粮食等，残余势力不容小视。"

1940年末，由于叛徒出卖，陈翰章的行踪被暴露。1940年12月8日13时20分，在图佳线鹿道站西南方25公里的小湾沟，伪警察"讨伐队"与陈翰章部队十五六人交战，由于寡不敌众，陈翰章将军壮烈牺牲。

陈翰章在27岁的大好年华牺牲了，没有看到胜利的那一天！敌人残忍地割下他的头颅，挖掉他的双眼，将他的头颅作为战利品到处炫耀。但是他的血没有白流！东北抗联将士在14年的艰苦斗争中百折不挠、前赴后继，为抗日战争的全面胜利作出了积极贡献。在中国共产党领导下，中国人民取得了最终的胜利。陈翰章用他27岁的生命，擎起了爱国主义伟大旗帜，展现了视死如归的壮志豪情，在东北抗战史上书写了浓墨重彩的一笔！

62. 密营：深山老林里抗联将士的“家”

张夏杰

九一八事变后，日本帝国主义利用溥仪建立傀儡政权伪满洲国，在东北地区实施政治、经济、文化、军事等方面的殖民统治。中国共产党领导的东北抗日联军，不断开展反日斗争，给侵略者以沉重打击。随着东北抗日联军不断发展壮大，日本帝国主义将其视为殖民统治的“心腹大患”，实施残酷“讨伐”，东北抗日联军建立的抗日游击区和根据地遭到严重破坏。在这种严峻的形势下，抗联将士们不得不转入深山老林中，建立起特殊形式的根据地——密营。

密营多选址在地势险要、向阳临水、人烟稀少、易守难攻的地点，便于利用天然环境进行隐蔽，防止敌人偷袭。密营的修建因地制宜、因时制宜，从建筑材质上可分为石制型和木制型，从建筑方式上可分为地窨子式、马架子式、天然式和霸王圈式等。抗联密营中地窨子式和马架子式占大多数，因为这两种形式的密营修建相对简单且隐蔽效果最好。

抗联密营分布广泛，发展迅速，配套齐全。据有关资料统计，1935年10月抗联在濛江的密营只有两座，到1938年底发展到65座之多，密营种类也在最初的医疗所、修械所基础上发展成为具有被服厂、印刷厂、弹药库等种类丰富、配套设施完备的密营群落。例如，那尔轰地区修建的60多处密营，其种类有宿营地、粮食仓库、医疗所、修械所、印刷所、被服厂、联络点等。老秃顶子山游击根据地附近的密营中建有10余处宿营地、6个医疗所、4个粮食仓库、2个被服厂和1个修械所。黑龙江省五大连池市朝阳山镇的东北抗联第三路军朝阳山密营分布有被服厂、医院、枪械所、电台、油印室和机要室，架构齐全。

为了安全，每个部队通常会建设两个以上的密营，多个密营形成群落，这样修建的好处就是一旦某处密营遭到敌人破坏，另一处随时可以使用。密营里流传着这样的说法：密营有三宝，盐巴、烟火和辣椒。火能煮熟食物，带来温暖，但是为了隐蔽，战士们能不生火尽量不生火，并把密营规模尽量压缩，有的密营仅仅能容纳战士们坐着睡觉。

东北的冬天寒冷而漫长，日军的“讨伐”步步紧逼，缺衣少粮的日子里，抗联将士们始终以革命乐观主义精神面对艰苦的生活。抗联密营不仅是生活场所，更是抗联将士们的精神阵地。他们在密营中除了组织军事训练外，还建立干部学校、培训班、识字班和“随营学校”进行政治文化学习；开展唱歌、演剧等活动活跃部队文化生活。在东北抗联第一路军的密营里，杨靖宇亲自组织干部和战士读书读报，讨论时事，学习和讨论“中国革命的性质”“抗日战争的胜利还需要多久”等问题，极大地鼓舞了革命士气。杨靖宇还亲自编写、亲自导演了一出四幕话剧《王二小放牛》，由战士们扮演剧中角色，在密营中公演，演出效果非常好，极大地激发了战士们的抗日救国热情。

在长期的艰苦抗战中，很多抗联将士都是在密营中过春节的，1936、1937年的两个春节，东北抗联第一路军一师的主力部队就是在和尚帽子山

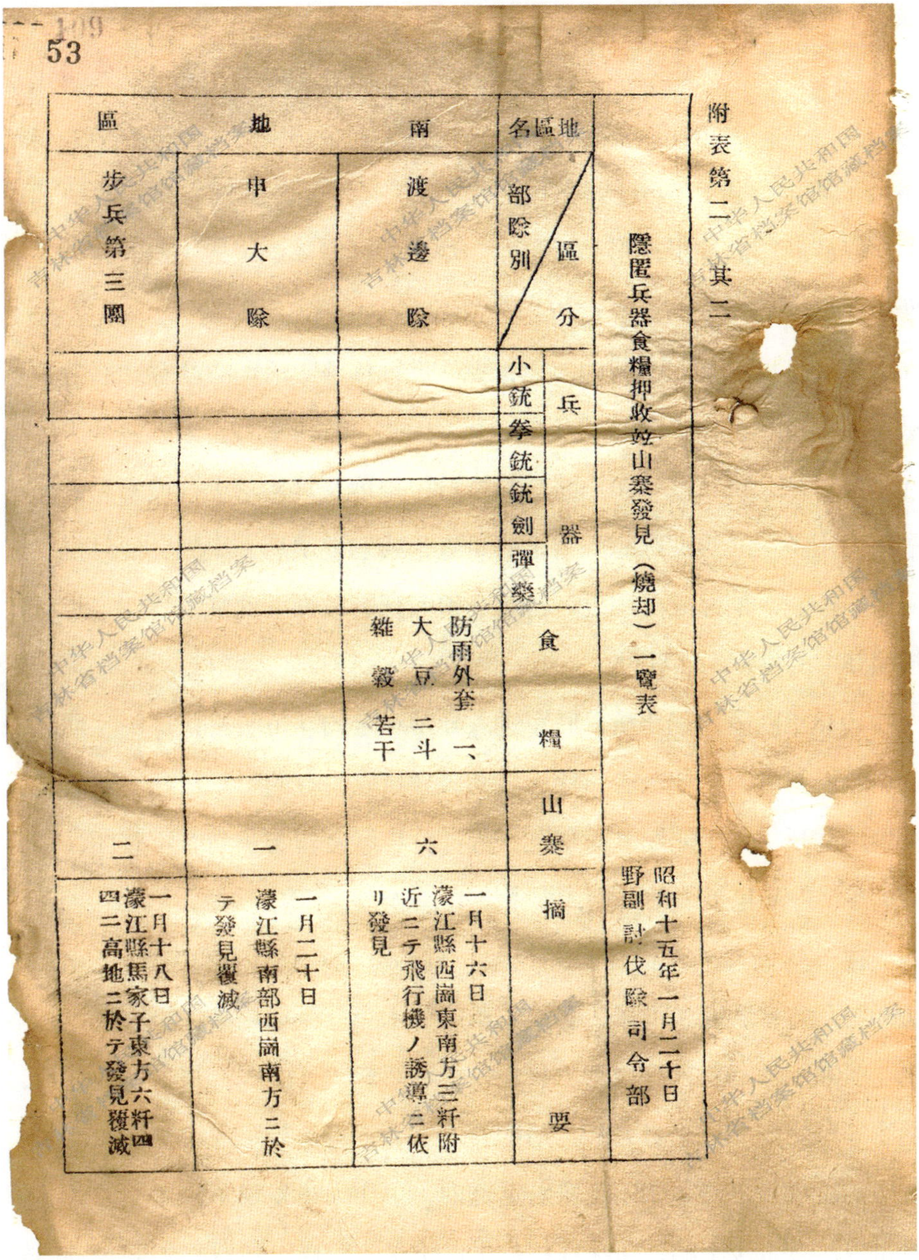
53

附表第二其二

隱匿兵器食糧押收並山寨發見（燒却）一覽表

昭和十五年一月二十日
野副討伐隊司令部

地區名	部隊別	兵器 小銃	兵器 拳銃	兵器 銃劍	兵器 彈藥	食糧	山寨	摘要
南地區	渡邊隊					防雨外套一、大豆二斗、雜穀若干	六	一月十六日濛江縣西崗東南方三粁附近ニテ飛行機ノ誘導ニ依リ發見
	中大隊						一	一月二十日濛江縣南部西崗南方ニ於テ發見覆滅
	步兵第三團						二	一月十八日濛江縣馬家子東方六粁四四二高地ニ於テ發見覆滅

图 62-1 有关密营的记载

顶两个规模较大的密营中度过的。

1939年农历大年三十，在打了一场胜仗后，杨靖宇和第一路军总司令部、警卫旅、少年铁血营与二军四师在桦甸老金场密营中欢度春节，杨靖宇做了政治报告，两支队伍进行了文娱联欢，朝鲜族同志跳起欢快的舞蹈，汉族同志表演了合唱和活报剧，欢乐的气氛驱走了战士们连续战斗的疲劳，驱走了严寒，坚定了抗战必胜的信念。

东北抗日联军以密营为依托，不断进行休整、活动、生存，坚持长期艰苦的抗日斗争，并取得了多次胜利。因此，日伪军警也采取各种手段加大力度对东北抗日联军第一路军的抗日根据地及其密营进行搜索和破坏。敌人利用冬季降雪期跟踪积雪上的足迹，或发现炊烟、火光，便对抗联部队穷追不舍，使之疲惫困乏，饥寒交迫而死。敌人发现密营后，先是疯狂搜缴其中的物资，然后付之一炬。

1938年以后，东北抗日联军进入异常艰苦的斗争阶段，这一时期，日伪军警以密营为主要攻击目标，企图破坏抗联生存的最后依托。随着日伪军警不间断的“围剿”“讨伐”，大部分抗联密营都遭到严重破坏，密营中的生活物品也被洗劫一空，损失惨重。

据日伪档案《讨伐旬报》记载，日伪军警在烧毁抗联密营之际，收缴的物品有：服装、被子、餐具、苇席、木炭等生活用品；斧头、锯、牛皮、镰刀、铲、铁锹等劳动工具；抗日军军旗、《中国日报》、备忘录、地图等军用物品；患者名册、治疗参考书、消毒器等医疗用品。在被敌人烧毁的抗联第三路军朝阳山密营遗址内，工作人员发现了木炭和兽骨。兽骨是散落在木炭上的，可见在粮食供应不足的时候，抗联将士们是一边战斗一边打猎，在深山老林里顽强生存。

密营是抗联将士们安在深山老林里的“家”，在长达十四年的抗日战争中，东北抗日联军在敌强我弱、孤悬敌后的艰难处境下，依托密营保存和发展实力，巧妙牵制敌人，沉重打击敌人的游击战术有力支撑并配合了全国抗日战争。

63．铁血少年营

石白琳

自古英雄出少年，在抗日战争时期，跟随东北人民革命军一起活动的有一群青年小战士，他们的平均年龄在18岁，在民族危亡之际，英勇不屈，勇往直前。

东北人民革命军第一军独立师成立不久，共产国际、中国共青团中央（少共局）和共青团满洲省委联合发布了一份文件，提出要创建“少共国际师”的建议。杨靖宇根据南满抗战的实际情况，于1933年10月，决定设立以青年义勇军和少年先锋队员为基础的队伍，名为少年营。少年营成立之初为15人，营长先后为朴浩、陈玉振、李月江、李一山、王绍青，政委先后为尹京文、全永新、姜春平。

这支少年营经过较为严格的军事训练以后，初步具有了一定的战斗能力，开始担负起伏击敌人运输队、打击伪军的任务。1933年12月12日，少年营在磐石北部抓到5名汉奸，其中有一人是烟筒山伪自卫团的骨干。此人许诺少年营若先放他回去，他能说服伪自卫团长带着枪支、弹药和现金来赎其他4名被俘人员。他利用少年营的经验不足，得到了信任。当少年营如约来到墙缝沟准备交换时，被早已埋伏好的400多个敌人重重包围。突围中，少年营营长陈玉振等4人壮烈牺牲。李月江临危受命，接任了少年营营长。后又在12月31日，途经磐石东部，遭到呼兰镇琉串屯伪自卫团的袭击，少年营营长李月江等5人壮烈牺牲。据统计，从1933年9月20日到1934年8月12日，少年营协助独立师一团和联合抗日军各部，作战达33次。

1934年11月7日，东北人民革命军第一军成立，下设两个师，并成立师直少年连，后编为营。吉林省档案馆馆藏档案记载了1935年7月东北人民革命军第一军第二师师直少年连的基本情况和宣传活动情况。当时磐石中心县委系统的东北人民革命军第一军第二师少年连有约60人，一直在西安、东丰、伊通县境内活动。少年营的服装配置是身穿稍微有点红黄色的制服及帽子，佩戴红底的黄色星形臂章。武装配置是持有手枪及长枪，持有长枪的若干人中，有十四五人背着两肩交叉的弹药囊，其他人则单肩背着弹药囊，每个弹药囊内都装有六七十发子弹。

少年营的小勇士们不仅在战场上勇猛杀敌，还坚决贯彻“发展和扩大抗日民族统一战线”的政策，在经常活动的区域发展作战力量，收编百余人，为扩大东北抗日武装力量发挥了重要的作用。档案记载当时少年营在各县的宣传发言：

> 各位都是贫苦之人，我们红军与其他匪贼完全不同，既不会对各位施加暴行，也不会抢夺各位的财产，所以请各位放心。
>
> 自从东北三省划入满洲国以后，各位已经深深地体会到了在日本等国家的侵略下，各位遭到残酷的压迫和剥削，甚至比以前更加贫穷。因此，各位加入红军抗日吧！如各位所见，我军拥有大批武器和弹药，只要与各位合作，胜利必定属于我们，同时你

们也不会像今日这般贫穷。所以，全体青年行动起来吧！愿意加入我们的请立即向我提出申请！

现在，我军在江南占领了邻接三县的广袤土地，真正地形成了共产主义社会，那里没有财主和穷人的阶级区分。如果穷人第一次去那里，没有土地者分给土地，没有马匹者借给马匹，粮食不足时发放粮食等。如果加入红军，不仅仅是各位，就连各位的家人都会丰衣足食，没有衣食住行之忧。

以上世界只有待我军成功以后才会实现。因此，如果各位由于家庭原因无法前往，那么请等待时机，对我们进行援助，早日实现那样的世界……

1936年7月，东北人民革命军第一军改编为东北抗日联军第一军。河里会议后，第一军即编入东北抗日联军第一路军，杨靖宇任总司令兼政治委员。少年营跟随着东北抗日联军第一路军第一军坚持作战。

1938年8月，为培养后备力量，杨靖宇把那些怀着国恨家仇来到队上进行抗日救国的未成年的孩子们和少年营战士集中起来，重新组建了一支“少年铁血队”，归司令部直接领导，跟司令部一起活动。队长是高玉信，政治指导员是抗联一路军军部青年干事王传圣。少年铁血队下辖3个班，有50余人，其中最大的18岁，最小的14岁。一班长于林，二班长王原，三班长郭凤歧。杨靖宇把这些孩子看作是长白山的火种和抗联的未来。

杨靖宇总司令在动员报告中做了指示：少年铁血队是连队，又是学校，学军事、学政治、学文化。听从指挥，服从领导，锻炼打仗。杨靖宇

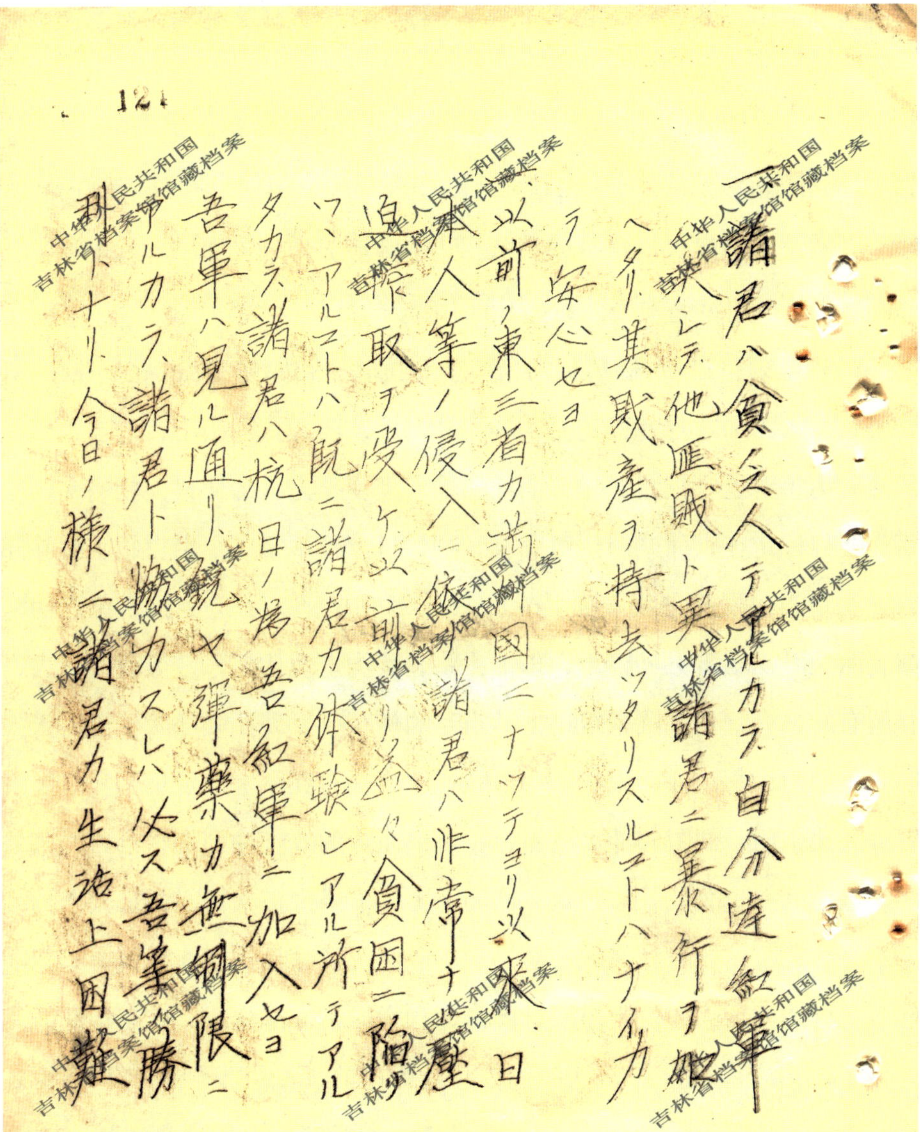

121

一、諸君ハ貧乏人デアルカラ自分達紅軍
ニ入レテ他匪賊ト異リ諸君ニ暴行ヲ加
ヘタリ其財産ヲ持去ッタリスルコトハナイカ
ラ安心セヨ
以前ノ東三省カ満洲国ニナッテヨリ以来日
本人等ノ侵入ニ依リ諸君ハ非常ナ圧
迫搾取ヲ受ケ以前ヨリ益々貧困ニ陥リ
ツヽアルコトハ既ニ諸君カ体験シアル所デアル
タカラ諸君ハ抗日ノ為吾紅軍ニ加入セヨ
吾軍ハ見ル通リ、鉄砲ヤ弾薬カ無制限ニ
アルカラ、諸君ト協力スレハ必ス吾等ノ勝
利トナリ今日ノ様ニ諸君カ生活上困難

图 63-1 少年营在各县的宣传情况

经常给他们出一些题目，如“什么是革命？”“为什么要革命？”“当前我们最主要的敌人是谁？”“我们应该怎么对付日本侵略者？”等等。少年铁血队的小战士们与东北抗联第一路军一起边打仗边学习，边总结边成长。杨靖宇司令在每次战斗中都会对少年铁血队特别交代，少年铁血队人少、人小，不要暴露目标，要想尽办法不跟敌人接触，能不打就不打，这些小战士是一路军的宝贝，绝对不能出事。

1939年3月11日，杨靖宇司令率东北抗联一路军警卫旅、少年铁血队和第二军第四师攻打完桦甸县木其河林场后，随即挥师南下，进至敦化县大蒲柴河镇附近。粮食、弹药消耗殆尽，需要补充。经侦察，杨靖宇司令将作战目标定在大蒲柴河伪警察署。4月7日，杨靖宇司令亲自做了战斗部署，决定当夜发起进攻。晚上6点，少年铁血队还未行进到预定位置伪警察署西门时，就听见马蹄声，急忙在路边壕沟里埋伏起来，等敌人过去，看清有3人5马，便率队紧跟过去。当时的伪军已发现抗联部队，慌慌张张叫开了西门，一边往门里冲，一边喊道“后面有红军上来了！”我军则不等敌人关上门，便跟着冲了进去，少年铁血队的战士冲到伪警察署的墙外时，墙里面一个劲朝外边打枪。墙高上不去，只好搭人梯，各班战士陆续翻墙进院，院里这时已经乱了套，少年铁血队及时收拢了部队，有组织地逐房逐屋消灭敌人，仅半个小时便击毙和缴械了大部分敌人。少年铁血队缴械了两名仓库管理员，让他们打开仓库门的那刻，发现弹药箱堆积如山，立刻派人向司令部报告，并进行抢运。杨靖宇总司令高兴地对少年铁血队的小战士们说：“你们打得不错么！铁血队已经是顶呱呱的队伍了！”尚未参加过攻坚战的少年铁血队这次终于如愿以偿，得到了肯定。此次战役击毙日本警尉等6人和10余名伪警察，俘虏20余人，缴获子弹10万多发。这次战斗以后，少年铁血队经常化装侦察、神出鬼没，多次出色完成了杨靖宇总司令交给的作战任务，予日军以沉重打击。

在经历了数次大大小小的战斗后，少年铁血队成长为一支敢于碰硬、敢于同敌人打仗的真正部队，在抗联历史乃至东北抗战史上留下了浓墨重彩的一笔。

64. 红色特工杨子平

葛　琪

"昭和八年（1933年）三月，中共南满特委党组织通过驻奉天的苏联总领事，从苏联方面得到了3万元的现金作为共产党的宣传费用，杨子平等人利用经营英国烟草公司为掩护，大力发展党员，不断壮大党组织。"这份保存在吉林省档案馆题为《中共南满特委及奉天教育委员会事件移交的报告（通牒）》的档案，为我们揭开了中国共产党隐蔽战线上的忠诚战士杨子平的传奇经历。

杨子平（1897—1936），出生在烟台牟平养马岛中原村的一个大户人家，祖上几代都是经营风船的，自小衣食无忧，家境富裕。杨子平14岁那年到烟台实益学馆求学，19岁时以优异成绩从学馆毕业，怀着宏图大志，告别故里牟平养马岛，前往奉天，就职于英美在中国开办的烟草公司，从跑腿打杂做起，慢慢做到司账。英美烟草公司于1930年在奉天成立启东烟草公司，1934年成立颐中烟草公司，杨子平由于干练诚信，而被英国大总办委任为总经理，在奉天设立字号"子平商行"。当时的杨子平，生意兴隆，人脉宽广，但这位成功商人的唯一信念却是"抗日救国"。在这革命思潮汹涌澎湃的年代，杨子平看清了现实，毅然决然地选择了为共产主义革命奋斗的道路，于1929年8月加入中国共产党。

1931年12月，中共满洲省委机关由奉天迁往哈尔滨，同时成立中共奉天特委，以加强奉天和南满地区党的工作。目睹日寇侵华之野心、毅然投身于救国救难行列的杨子平，当时是中共满洲省委奉天支部成员，后被任命为中共满洲省委奉天特委经济部部长。中共奉天特委在极其恶劣的工作环境中，发动和领导广大群众，揭露九一八事变真相，号召并领导工人、学生罢工罢课，与日本帝国主义展开了卓有成效的斗争。中共奉天特委从1931年12月成立到1934年冬改为奉天市委，历时3年，先后4次遭到日伪破坏。作为特委经济部长的杨子平，每天都面临巨大的风险和压力，但他没有退缩，而是顽强地坚持着。由于隐蔽战线的工作纪律，杨子平的家人长期以来不知道他的身份。他将经商收益的大部分都投入到抗日事业中，并资助抗日资金、物品，在各地捐资办学，培养了大批抗日青年。为更好地开展工作，杨子平还创建了萃平俱乐部，以其为掩护，穿梭于东北上层社会，获取大量有价值的情报，在隐蔽战线上发挥了重要作用。

九一八事变发生后，应当时中华民国政府要求，国际联盟理事会和行政院派遣由英、美、法、德、意五国代表组成的调查团，在英国人李顿爵士的率领下，于1932年来到奉天、哈尔滨等东北各地调查九一八事变真相和“满洲国”问题。为掩盖真相，日本军方的命令是“宁可错杀，绝不放过”。在调查团所到之处和可能去的地方，包括饭店、酒馆、医院等，日本军方不仅派出大批军警层层包围，还大量安插密探，所有试图接近国联调查团或是揭露真相的人都毫无例外地被杀害。

在这种恐怖氛围中，杨子平冒着极大的生命危险，通过奉天启东烟草公司发货员、英国人李斯特等人的介绍和帮助，装扮成银行家，潜入调查团所住的酒店“奉天铁路宾馆”谒见调查团李顿团长。在宾馆宴会厅里，杨子平用流利的英语与李顿团长交谈，向调查团详细讲述日本人的侵华野心及九一八事变和“满洲国”的真相，揭露日本人的滔天罪行，表达中国人不愿当亡国奴的强烈要求，并递交详实报告和证据资料。

1932年6月4日，调查团离开东北。10月2日，调查团同时在南京、东京、日内瓦公布了《李顿调查团报告书》。1933年2月14日，国际联盟大会通过了《国联特别大会关于中日争议报告书》，《报告书》否定了日本发动九一八事变是“合法自卫”的说辞，承认东北三省为中国领土的组成部分，确认“满洲国”是日本违背东北人民意愿而炮制的工具。在此事件中，杨子平可谓功不可没，虽然没有暴露身份，但日本军方恼羞成怒，加强了对抗日武装和地下党组织的追捕。身为特委经济部长的杨子平每天都游走在生死线上，继续为东北抗日武装多方筹备经费，调动各种关系购买日军严格管控的物资，一次又一次地通过秘密渠道运送到抗日将士手中。

吉林省档案馆馆藏的《中共南满特委及奉天教育委员会事件移交的报告（通牒）》记录了杨子平所谓的“犯罪动机”以及一些抗日活动：

杨子平致力于农民解放工作，否认私有财产制度，以打倒东北军阀为目标，并加入共产党，努力发展党员。九一八事变爆发之后，杨子平在各地多次见到满人（指中国人）遭到杀戮和暴虐，房屋被烧毁，财产被没收的情况，于是迸发出反日满的意识，等待时机，试图重新组建共产党。康德元年（1934年）6月23日，在奉天市大西边门启东公司分行办公室内，以苏联总领事为中心，柳耀芬、柳景海、柳翰泉、许象九、杨子平等共计7人召开

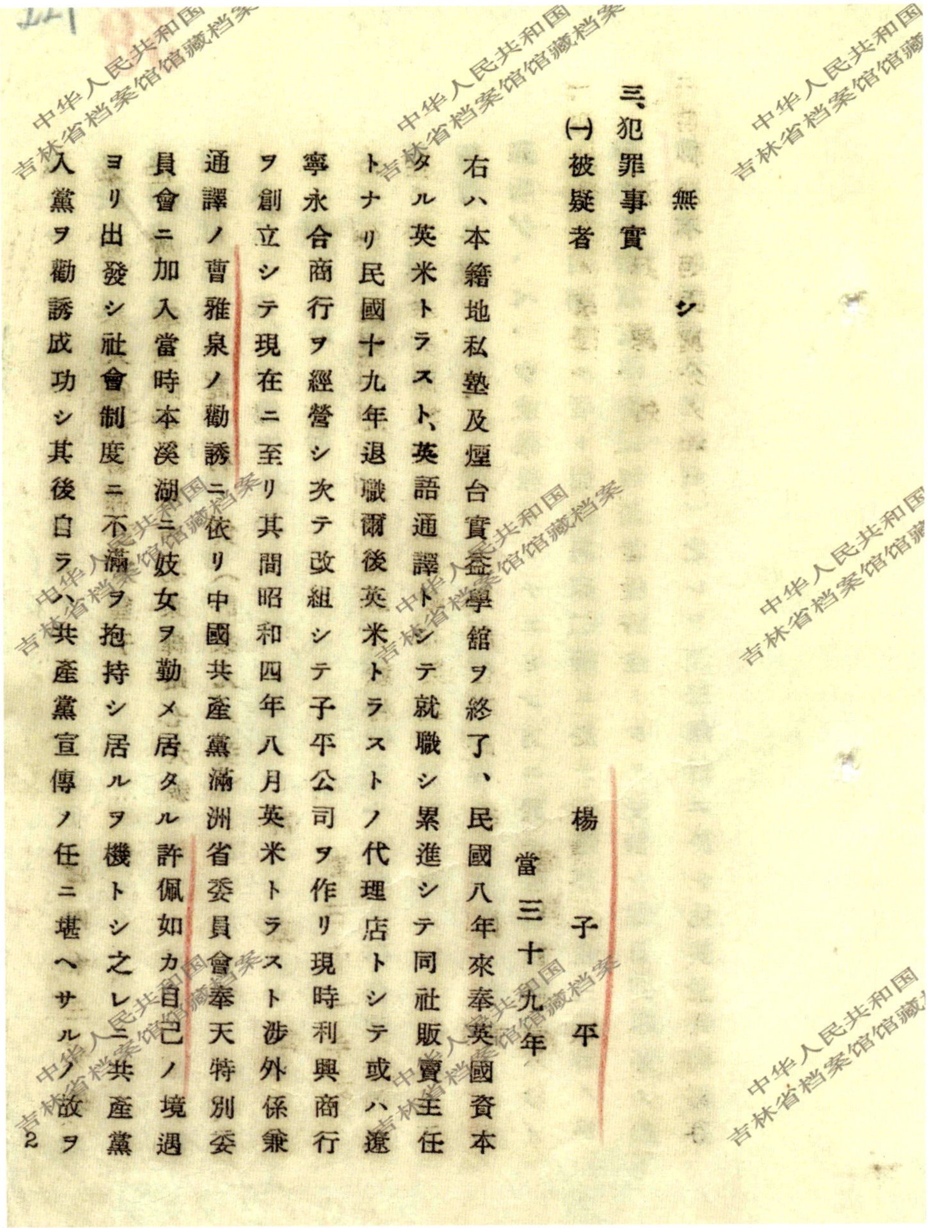

無シ

三、犯罪事實

(一)被疑者 楊子平

當三十九年

右ハ本籍地私塾及煙台實益學館ヲ終了、民國八年來奉英國資本タル英米トラスト、英語通譯トシテ就職シ累進シテ同社販賣主任トナリ民國十九年退職爾後英米トラストノ代理店トシテ或ハ遼寧永合商行ヲ經營シ次テ改組シテ子平公司ヲ作リ現時利興商行ヲ創立シテ現在ニ至リ其間昭和四年八月英米トラスト涉外係兼通譯ノ曹雅泉ノ勸誘ニ依リ中國共産黨滿洲省委員會奉天特別委員會ニ加入當時本溪湖ニ妓女ヲ勤メ居タル許佩如カ自己ノ境遇ヨリ出發シ社會制度ニ不滿ヲ抱持シ居ルヲ機トシ之レニ共產黨入黨ヲ勸誘成功シ其後自ラハ共産黨宣傳ノ任ニ堪ヘサルノ故ヲ

2

图 64-1 关于中共南满特委及奉天教育委员会事件移交的报告（通牒）中记载了杨子平的“犯罪”事实

了会议，就扩大和强化奉天支部等问题进行了秘密讨论，他们利用启东公司代理店的店内销售人员进行宣传。同年8月，柳耀芬将奉天支部和南满部区分开来，把在各地设置的启东公司代理店作为固定基层组织。昭和十年（1935年）5月，南满部负责人柳耀芬赴欧美留学，同年11月，柳翰泉逃到上海之后，杨子平担任代理。

1936年，郑孝胥之侄郑岳先因觊觎启东烟草公司总代理的包销权利，将杨子平秘密谒见李顿团长并递交证据之事，向日本特务机关长三浦少将告密。4月上旬某日清晨，杨子平和中共奉天特委及原中共满洲省委78人被抓捕。在奉天伪警察厅监狱内，他们遭受了惨无人道的严刑拷打，其间3人被酷刑折磨致死，1人被活埋。

最终，一无所获的日本人将杨子平等4人判处死刑。1936年8月20日，在日本关东宪兵队会同伪满第一军管区司令部陆军监狱长指挥下，杨子平等4人被游街示众。当日，杨子平在奉天郊外浑河英勇就义，时年39岁。

杨子平牺牲后，哥哥杨建民将弟弟的遗体入殓，运回养马岛中原村安葬。杨子平长期从事地下工作，为确定他的中国共产党党员身份，杨氏一族两代数人，耗时40年，1987年8月杨子平被追认为革命烈士。

不同的战线，共同的信仰。这也许就是对所有在抗战期间英勇就义的隐蔽战线英雄们最简洁而深刻的描述。他们的伟大可能就展现在某一个瞬间，通过某一个情报，影响一处战局，甚至改写一段历史。曾经的黑暗终究将迎来黎明的曙光，也许他们的名字不会被后世所知道，但他们向死而战并死得其所的人格力量，将永远镌刻在中华民族的丰碑之上。

65. 以笔为枪的革命烈士王复生

张 雪

抗日战争时期，众多文人志士在中国共产党的领导下，以笔为枪同敌人展开斗争。在吉林省档案馆馆藏的日伪档案中，记录了北大学子王复生以笔为枪辗转各地投身革命，以及组建中共满洲省委齐齐哈尔支部的情况。

王复生，原名王濡廷，化名王甄海（振海）、郭其英、郭毅，1896年9月27日出生于云南省下川坝王家庄一个书香之家。受父亲和祖父的影响，自幼便奋发学习、博览群书。1916年春，王复生考入北京大学文科预备班，1917年升入北京大学法国文学系。在北大学习期间，开始接触马克思主义著作，思想逐渐有了变化。

1919年，王复生积极投身五四运动，并在斗争中受到洗礼，思想发生了根本性的转变，找到了自我追求的价值，决定与“旧我”决裂，做有益于社会、国家、世界、人类的工作。他在日记中写道，“从前种种譬如昨日死，今后种种譬如今日生”，并特意改名为“复生”。

1920年3月，王复生等人在李大钊的指导下，发起成立了中国第一个马克思主义研究团体——北京大学马克思学说研究会，当年11月加入了北京社会主义青年团。1921年7月，中国共产党成立后，王复生便于当年加入中国共产党。自此，他便以救国救民为己任，积极发展党组织，投身革命事业。

1922年后，王复生受党组织的委派，先后在陕西、北京、云南等地以教师、报社社长、编辑等身份宣传马克思列宁主义，秘密组织建党、建团工作，宣传共产党的政治主张，组织抗日救亡等革命斗争。特别是在亲历了“二七惨案”“五卅惨案”“三一八惨案”后，他更加仇恨封建军阀和帝国主义，更加坚定地开展救国救民的革命活动。

1925年，王复生和王德三、杨蓝春等人组建云南革新社（后更名为“新滇社”），在社内成立党团组织，加强了党的领导，并出版《革新》半月刊（后更名为《铁花》，改为周刊）。1926年3月18日，为反对帝国主义和国民政府卖国行径，抗议八国最后“通牒”，王复生等人组织新滇社成员和云南进步学生参加抗议集会，进行示威游行，在执政府门前遭段祺瑞卫队的镇压和屠杀，新滇社骨干、共产党员姚宗贤、范示融不幸罹难，王复生以悲愤的心情写了《新滇社为三一八流血宣言》，哀悼死难烈士，声讨帝国主义及北洋军阀的罪行。血腥的事实教育了王复生。他在日记中写道：现在我决心牺牲一切做国民革命。

1926年夏，王复生以国民党中央特派员的身份返回云南，帮助组建国民党云南临时省党部，积极配合中共云南地方党组织开展革命活动，在党的领导下进行“倒唐”活动。他在《铁花》上，以“日生”为笔名发表了一篇题为《告云南青年朋友》的文章，文中写道：“醒来吧！山国里的朋友！英、法、日帝国主义和他们的走狗唐继尧的末日快要来到，我们已经不是做恭顺奴才的时候了！”号召云南人民奋起反抗。至

1927年2月6日，云南“土皇帝”唐继尧长达10余年的黑暗统治结束了。

1927年，蒋介石发动四一二反革命政变，王复生遭到云南军阀逮捕，险遭杀害，后经多方营救获释，但王复生身份已经暴露，无法继续留在云南工作，遂于当年秋末离开昆明前往上海。

1928年6月，王复生奉周恩来指示来哈尔滨开展地下工作，化名王甄海（振海），先后在哈尔滨第一中学、第三中学从事教学工作，在青年学生中开展革命宣传，组织进步社团的活动，引起国民党哈尔滨特区当局的注意，他被迫转移到齐齐哈尔，进入电报局供职。不久，他任《民报》主笔，通过报纸社论及副刊文章，宣传马克思主义基本原理。后来因东北政局动乱，王复生曾转移到吉林中学、黑龙江省立第一中学等地教书，进行艰苦隐蔽的活动。

九一八事变后，国土沦陷、民不聊生，王复生深刻体会到想要救国救民必须依靠共产主义，加强共产党的领导。在日伪档案中这样记载：“王复生从北京大学毕业到1934年10月担任黑龙江民报社长的这10年中，始终怀才不遇，从自己的遭遇中深刻体会到社会制度中存在的缺陷，现在社会制度的改革必须在共产主义的指导下才能实现，要提高对共产党的关注度。”

负责《民报》主笔及社长的工作后，王复生便开始利用工作之便，动用各种社会关系开展抗日宣传，积极发展党员，扩大党在群众中的影响。本节收录了一则日伪档案，档案中描述道：“中国共产党齐齐哈尔支部的组织策划人王甄海寻求真正能为自己所用的积极活跃分子来报社，成功地将金巴来（金剑啸）拉入自己的阵营。之后在金巴来的帮助下发展了其他党员，本人又去动员了齐齐哈尔官员中教育方面的熟人，从1935年7月

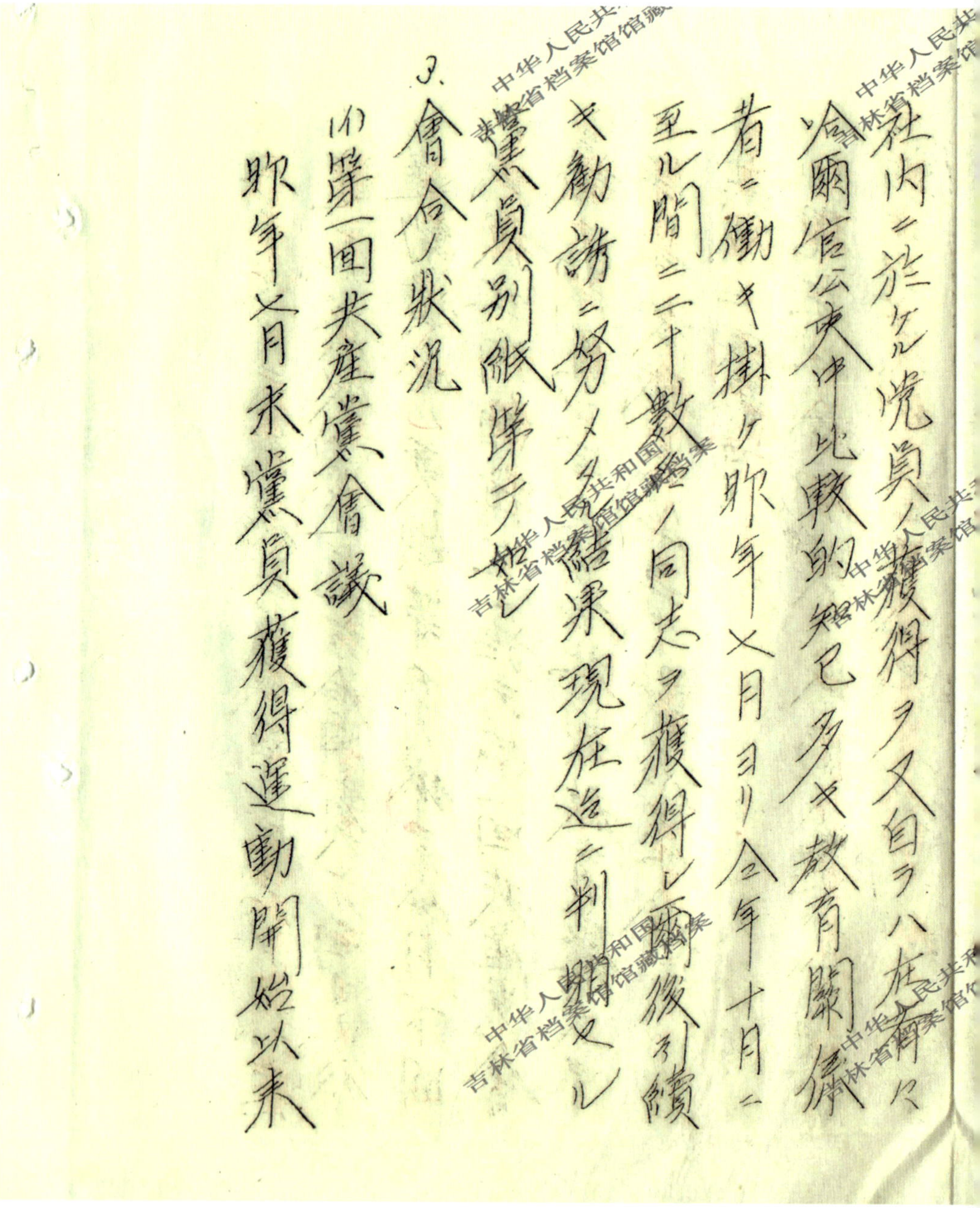
社内ニ於ケル党員ノ獲得ヲ又自ラハ在有ハ
冷爾官公吏中比較的知己多キ教育関係
者ニ働キ掛ケ昨年七月ヨリ今年十月ニ
至ル間ニ二十数名ノ同志ヲ獲得シ爾後引續
キ勧誘ニ努メタル結果現在迄ニ判明セル
黨員別紙第三ノ如シ
3、會合ノ状況
(イ)第一回共産黨會議
昨年七月末黨員獲得運動開始以来

图 65-1 关于王复生（化名王甄海）发展党员的记载

方法ヲ以テ主義ノ注入ヲ圖レル外黑龍江民報社發行ノ新聞紙ニ文藝欄ヲ設ケ同志及左傾學生ヨリ左翼文獻ノ創作ヲ投稿セシメ新聞紙ニ揭載以テ一般民衆ニ対シ宣傳セリ

ヘ、黨員獲得狀況

中国共産黨有々哈爾濱支部ノ組織計畫者王飄海ハ眞ニ自己ノ肉身トナリ活躍スヘキ者ヲ出カニ求ムヘク來往中以ナル金也來ノ獲得

开始至10月之间，已经争取了20多名同志，之后还在继续努力进行拉拢工作。”

同时，王复生与金剑啸等一起，进行多方面的抗日宣传，同日本侵略者开展了一场没有硝烟的战斗。“王甄海、金巴来、姜赓年等为了争取党员，针对其境遇、兴趣等采用相应的办法，向他们灌输共产主义。另外，在黑龙江民报社发行的报纸上开设文艺栏，由同志和学生创作左翼文学并向报纸投稿，之后刊登在报纸上向一般民众进行宣传。”王复生等人利用报纸的社会影响，在教育界、新闻界、铁路员工中组织进步力量，创办剧社，演出具有爱国和民主思想的剧目，从侧面揭露日伪政府的黑暗统治，渗透抗日救国思想，播撒革命火种。

1936年2月，王复生在与王宾章、姜赓年等6人召开秘密会议时说道：“只有建立共产主义社会，驱逐日寇，才是救国的唯一之道，别无他路。”与会者对这一话题进行讨论后，将下一步发展党员的重点放在各学校的教职员和学生中。会后，王复生开始着手在教育界发展党员，争取革命的知识分子，扩大抗日民族统一战线。

王复生的积极活动，引起日伪当局的警惕，他们通过跟踪、监视等手段，对黑龙江民报社进行了深入调查，很快便决定展开大规模逮捕行动。从1936年6月13日开始，日本侵略者以“整顿社会治安”为借口，出动大批军警宪特，在齐齐哈尔、哈尔滨、海拉尔、牡丹江等地，一齐出动实行大逮捕。仅第一批抓捕人数就达149人，其中哈尔滨52人、齐齐哈尔38人、海拉尔11人、牡丹江48人。侵略者此后继续在各地进行抓捕，被捕总人数达213人，其中教育工作者87名，大多是教育界、报界的爱国人士。王复生、金剑啸及全体采编人员、主要职员尽入虎口。

日伪当局对抓捕的爱国抗日人士进行严刑拷打，据时任齐齐哈尔宪兵分队上等兵的土屋芳雄交代，曾采用灌凉水、上大挂、棒打等酷刑残害被捕者，有的被当场迫害致死。酷刑只能摧毁身体，却丝毫改变不了一名共产党员对党和人民的忠贞。王复生从被捕起，遭受了两个多月昼夜不停的非人折磨，失去了坐卧、吃饭的能力。即便如此，他始终严守着党的机密，以威武不屈的铮铮铁骨，诠释了对党和人民的赤诚之心。王复生在临行前大义凛然，视死如归。1936年8月15日，王复生在齐齐哈尔北部的大江坝被日本宪兵杀害，为中华民族的解放事业献出了自己宝贵的生命。

66. 张惠民谍报案

王心慧

抗日战争中，我党隐蔽战线上的英雄们潜入敌人的“心脏”，用非凡的勇气和智慧，为中国人民抗日战争和世界反法西斯战争胜利做出重大贡献。在东北抗战的热土上，就有这样一位传奇的英雄人物，他就是化名张惠民的张永兴。

张永兴，山东登州人，1895年出生于东北，1932年加入中国共产党，1933年受我党派遣前往苏联共产国际远东情报部接受培训，从事国际反法西斯情报工作，1934年受命潜入齐齐哈尔，负责开辟齐齐哈尔东线地下情报工作。在短短的两年时间里，他潜入日军占领的重要军事基地齐齐哈尔，组建了代号为“波波夫”的共产国际齐齐哈尔东线地下情报组织；他以超人的睿智，采取各种方式，为共产国际远东情报部发回了一批批绝密军事情报；他获取的日军“东方马奇诺防线”中最大的核心军事要塞——虎头堡要塞的工事结构和火力布防图，帮助苏联红军一举攻陷虎头堡，令侵华日军耗时10年修建的军事要塞一夜之间土崩瓦解；他的谍报战果令凶狠残暴的关东宪兵队司令官东条英机惊得倒吸冷气，严令限期调查。

一本破旧泛黄的关东宪兵队档案，正静静地躺在吉林省档案馆库房中，记载了震惊一时的张惠民谍报案审讯过程。翻开这几十页档案，那一段惊心动魄、铁血峥嵘的日子仿佛穿越时空的隧道，缓缓地向我们走来。

1934年4月，齐齐哈尔的古川洋行里来了一老一少两个有钱人。过了没多久，这俩人就来了个大手笔，不声不响地就把这个洋行给盘了下来，不久又接二连三地投资了不少生意，有养鸡场、水果店、烟草行、酒楼、鞋帽店等，还有倒卖山货的小铺子。这两个人表面是做生意的，实际上刚刚从共产国际远东情报组回来，是代号为“波波夫”的齐齐哈尔东线情报站的负责人。他们两个，一个是化名闻汉章的张树棣，另一个就是化名张惠民的张永兴。在两人的运作下，通过熟人介绍和敏锐观察，齐齐哈尔东线地下情报组织的力量迅速增强，人员也在很短的时间内发展到30多人，张永兴的弟弟张克兴被派到苏联学习无线电收发报技术。

根据档案中记载的“军情收集的方法手段”，张永兴他们为了获取更多有价值的军事情报，根据日伪的军事设施分布状况精心设计，对情报点做出了非常巧妙的布局。开办的鞋帽店、水果店、旅馆、烟草行、养鸡场，都选定在日军兵营、仓库、武器弹药库、机场等军事设施附近，以做生意为掩护，每位情报员各司其职。陈国华的养鸡场设在机场附近，负责收集日军齐齐哈尔飞行师的起飞、降落、架数、种类、番号等情报。谭继忠利用火车站站务员的身份负责收集日军铁路机械运输及调动情况。他们还派人到日军军事要塞和兵营做苦力或杂役，利用出入部队之机从垃圾场或焚烧场捡拾纸屑，或寻机从办公室窃取文件。闻汉章以《民生晚报》社长身份作为掩护，经常借采访之名，到处游山玩水，借机搜集日军机械化部队、铁道铺设等军事情报。大量信息汇集到张永兴手中，张永兴整理汇总，查找蛛丝马迹，从中得到情报。每隔半个月，东线情报员秘密通过中苏边境将这些情报送到共产国际手中。

1935年春节，张克兴学成归国，在中共哈尔滨地下组织的帮助下，随身携带无线电收发报设备潜回齐齐哈尔。从此东线情报站的收发报机与苏联伯力情报科取得了联系，每晚8点，他们收集的情报源源不断地通过无线电波发往苏联，东线地下组织的情报工作有了质的飞跃。1935年11月，张永兴获取的信息中出现了一份建筑材料总清单，涉及东北的许多大中型城市，日军在修建什么？张永兴派人加紧探查，命令谭继忠等人关注这些建筑材料及大量派来东北的日本建筑师、工程师的数量、运送地点，同时派人去中国劳工家属区探清劳工的去向。随着情报工作的进一步展开，“东方马奇诺防线”一词频繁地出现，张永兴立即将这一情报送到共产国际手中，共产国际远东情报组命令张永兴他们不惜一切代价尽快拿到具体内容。

1936年初，驻守在齐齐哈尔的关东军特务机关，捕捉到了一些在这个城市上空频繁而有规律出现的神秘电波，他们立刻开始在全城范围内断电排查，寻找电台。一时间呼啸的警笛声、日本特务的踹门声，夹杂着狗叫声，让整个城市人心惶惶。由于张永兴兄弟俩的机警，屡次避开了日军的搜捕，关东军特务机关始终无法探知电台的准确位置。7月，驻守在哈尔滨的关东军特高课破译了齐齐哈尔的一部分电报密码。当把这些破译的密电码送到东条英机面前时，他大吃一惊，原来这些密电码涉及日本关东军的一个核心军事机密，即正在修建中的、被日本军事专家得意扬扬地称之为进则可以作为桥头堡、退则是马奇诺防线的军事要塞工程。这一发现令关东军不寒而栗，这博弈的对手到底是谁？他们是如何探知的？身为关东宪兵队司令官兼“中央警务统制委员长”的东条英机，气急败坏地从日本请

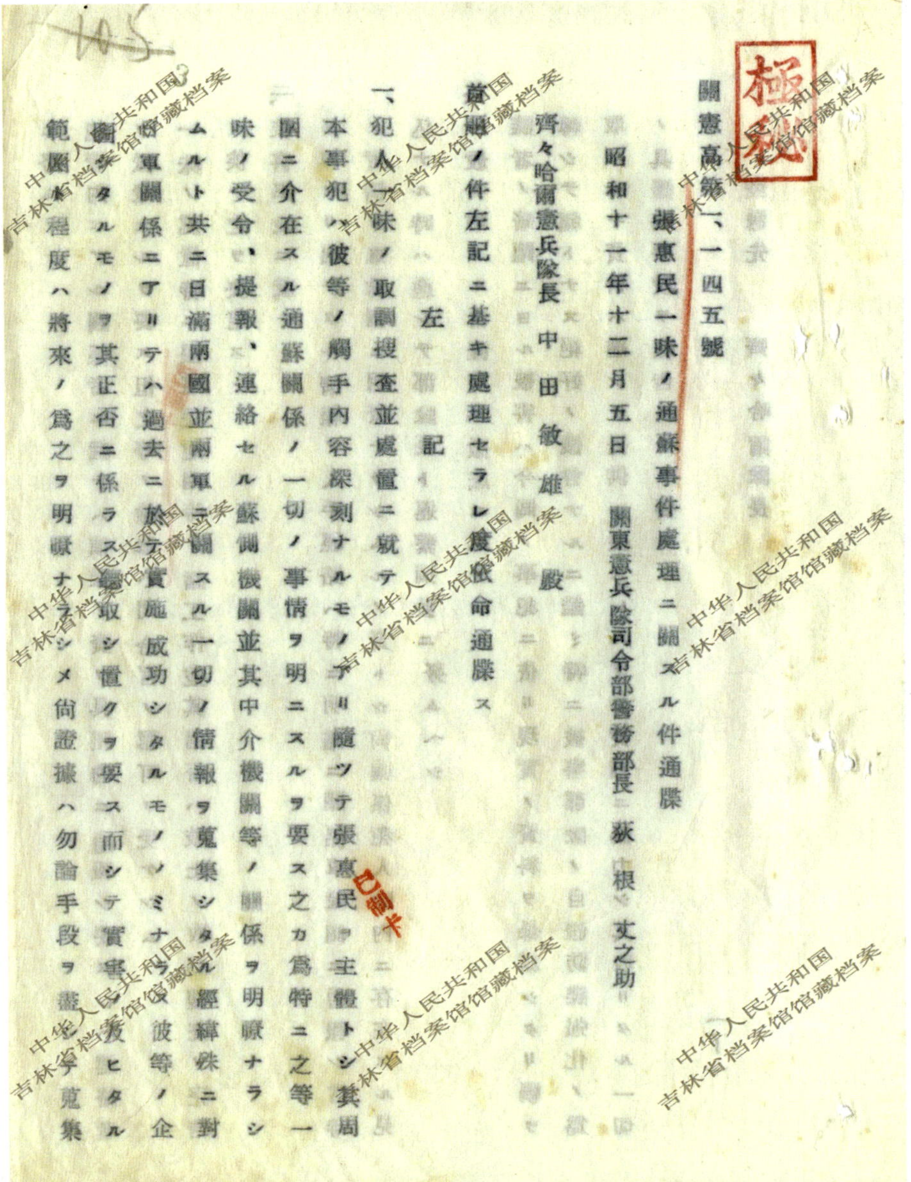
關憲高第一、一四五號

張惠民一味ノ通蘇事件處理ニ關スル件通牒

昭和十一年十二月五日　關東憲兵隊司令部警務部長　荻根丈之助

齊々哈爾憲兵隊長　中田敏雄　殿

首題ノ件左記ニ基キ處理セラレ度依命通牒ス

左　記

一、犯人一味ノ取調捜査並處置ニ就テ

本事犯ハ彼等ノ觸手内容深刻ナルモノアリ随ツテ張惠民ヲ主體トシ其周圍ニ介在スル通蘇關係ノ一切ノ事情ヲ明ニスルヲ要ス之カ爲特ニ之等一味ノ受命、提報、連絡セル蘇側機關並其中介機關等ノ關係ヲ明瞭ナラシムルト共ニ日滿兩國並兩軍ニ關スル一切ノ情報ヲ蒐集シタル經緯殊ニ對日軍關係ニアリテハ過去ニ於テ實施成功シタルモノノミナラス彼等ノ企圖シタルモノヲ其正否ニ係ラス聽取シ置クヲ要ス而シテ實害ノ及ヒタル範圍及程度ハ將來ノ爲之ヲ明瞭ナラシメ尚證據ハ勿論手段ヲ盡シテ蒐集

图 66-1 关东宪兵队司令部警务部长荻根丈之助关于张惠民等人通苏事件处理的报告（通牒）

来了谍报专家山本大佐调查这个案子，同时命令宪兵队和特务机关即日起全力搜捕。

一份名为《关于在齐齐哈尔拘捕通苏满人的报告（通牒）》的档案，详细记述了东线地下情报组织被破获的经过。9月20日，日军北黑线孙吴宪兵队接到当地铁路护路村长的报告，说偶然在瑷珲县三道沟附近抓到了一个中国人关奎群，从他身上搜到了重要的军事情报。宪兵队接到报告，连夜对该人进行严刑拷打，根据线索又抓到了两名情报员。第二天，情报员蔡秀林叛变了，供出了东线地下情报组织的全部情况。急着邀功的孙吴宪兵队立即把情况报告给了东条英机，齐齐哈尔宪兵队闻讯立刻派出大批日本特务，兵分三路迅速包围了几个秘密情报站，张克兴等13名同志被捕，东线情报组织遭到了毁灭性的破坏。恰巧这个时候，张永兴接到上级指令，要求他火速到苏联汇报工作。于是张永兴偷越边境来到苏联，躲过了日军的搜捕。听到张克兴等人被捕的消息，他心如刀绞。为了转移收发报机和几百份情报，11月4日，张永兴毅然悄悄地返回齐齐哈尔，当接近自己的住处时，发现有特务在不远处监视，他不动声色地走开了。18日晚，张永兴利用特务交接班的机会，翻墙悄悄溜入家中，但被早已守候在旁的日本宪兵队抓获。为了获得战功佐证，抓到了张永兴后，日本宪兵队残忍地逼迫张永兴兄弟、妻儿与他们合影。

张永兴用最原始的方法获取的军事情报竟触及了日军的最高军事机密，日本谍报专家山本大佐惊呼，如此间谍奇才世上难寻。东条英机闻讯后狂喜，宣称张惠民特大谍报案告破，命令宪兵队不惜代价劝降。档案记载了张永兴兄弟的狱中表现。日本宪兵队先是对他用了重刑，灌凉水，用遍了所有刑具，张永兴被打得血肉横飞，几次昏迷，但他仍然非常顽强，始终不吐出一个字。宪兵队又无耻地把张永兴的妻儿带到狱中，妄图用亲情和高官厚禄软化他，张永兴看着妻子只说了一句："我是抗日的，你明白就不要说话。"威逼利诱都用尽了，张永兴瞪着眼睛甩出来几句话："我是一个中国人，就像你们日本人爱你们的国家一样，我也深爱着自己的祖国。如今，我们的国家正在遭受你们的侵略，我不能坐视不管，我为苏联工作，是为了挽救自己的祖国，我相信用不了多久，我们就会把你们从中国赶出去。"

1936年12月31日，关押张永兴的齐齐哈尔日本陆军监狱发生了集体越狱事件。150余名被关押的抗日义士，趁日本军警送饭之际夺取武器，冲出牢房。越狱虽然失败了，但是这个事件让关东宪兵队如临大敌，他们立刻召开会议。会上，对劝降张永兴兄弟绝望的他们认为，万一张永兴跑了，对关东军的危害就太大了，一致同意对张永兴兄弟等8人立即行刑。

1937年1月5日，齐齐哈尔市北郊白塔附近的一片乱坟岗前，张永兴等8位壮士被推下了警车。临刑前，8位壮士互相道别，慷慨就义。1948年，张永兴的入党介绍人王兴让同志通过嫩江省民政厅把张永兴等人的遗骨挖出。从此，烈士长眠在齐齐哈尔革命烈士陵园，张氏兄弟以一门两烈、谍报双雄的身份载入西满英雄谱中。

67. 姬守先与抗日放火团

刘亭均

噩耗传来泪不干，从容就义古来难；
凛然大节冰霜色，照尽匪徒肝胆寒。

这首诗是关押在旅顺监狱的共产党员黄铁城惊闻姬守先烈士牺牲的消息，愤然而作。姬守先（亦称纪守先），原名姬兴周，1910年3月28日出生在吉林省伊通县，九一八事变后投身抗日救亡运动，1933年12月加入中国共产党。他领导有志爱国青年，建立“抗日放火团”，以大连为主要活动地点，通过暗中放火、爆炸等方式摧毁日军战略军需物资，破坏殖民设施，对侵华日军的军需供应造成了沉重打击。

九一八事变后，东三省沦陷，日本侵略者在“王道乐土”的虚伪宣传下对东北人民进行残酷的剥削和镇压。东北人民承受着政治压迫、经济掠夺和文化奴役，沦陷区社会动荡、民生凋敝。在如此高压下，东北人民积蓄的抗日怒火日趋高涨。日本殖民者为维持其统治，一方面血腥镇压抗日武装，另一方面采用保甲制度等手段对人民进行严密管控。为反抗日本殖民者，东北沦陷区诞生了一种特殊的抗日形式——“放火”，宪兵队档案中称其为“谋略放火”。抗日团体及个人经常通过此种方式破坏日伪的军事设施或基础设施，消耗日伪军战略物资。姬守先领导的抗日放火团是其中最负盛名的一支队伍。

大连作为京津门户、东北前哨，南与山东半岛相望，扼渤海咽喉，具有优越的地理位置和良好的港口条件。日本侵华期间，将大连作为重要的战略基地和海陆联运的交通枢纽。因此，抗日放火团将大连的军用工厂、仓库等作为主要破坏目标，通过烧毁日军军用物资，达到打击日本侵略者、支援正面战场的目的。

据日本关东宪兵队统计，在1934年8月至1940年7月期间，抗日放火团进行了总计111起有计划的放火破坏活动。其中，大连地区89起，天津地区19起，青岛地区3起。放火地点主要在陆军仓库、埠头、公司工厂、露天市井等，对日本侵略者造成了沉重打击。

面对敌强我弱、敌众我寡的不利形势，抗日放火团充分运用以暗胜明、以快胜慢的战术，灵活巧妙地与敌人展开周旋。放火团日常以菜贩、苦力、钟表商等身份潜伏。选定目标后，会先安排成员以做工的名义打入内部或接近相关工作人员。火药配置由专人负责，且火药多以化学反应燃烧起火——一方面控制起火时间造成自然起火的假象，为放火团成员留下一定的掩护和撤退时间；另一方面起火物用量少且易于隐藏，便于放火团成员携带运送，而且在起火后充分反应不易留下痕迹。放火团成员在工作间隙将火药混入仓库易燃物中，并通过引火物材质控制引燃时间。

放火团目标清晰、组织严密，成员分工有序、训练有素。关东厅警察部曾建立各级“防谍委员会”，多次开会研究“防谍”策略，发动宪警进行大肆搜捕，并收买汉奸、特务暗中监视。但即使如此，日本侵略者也不

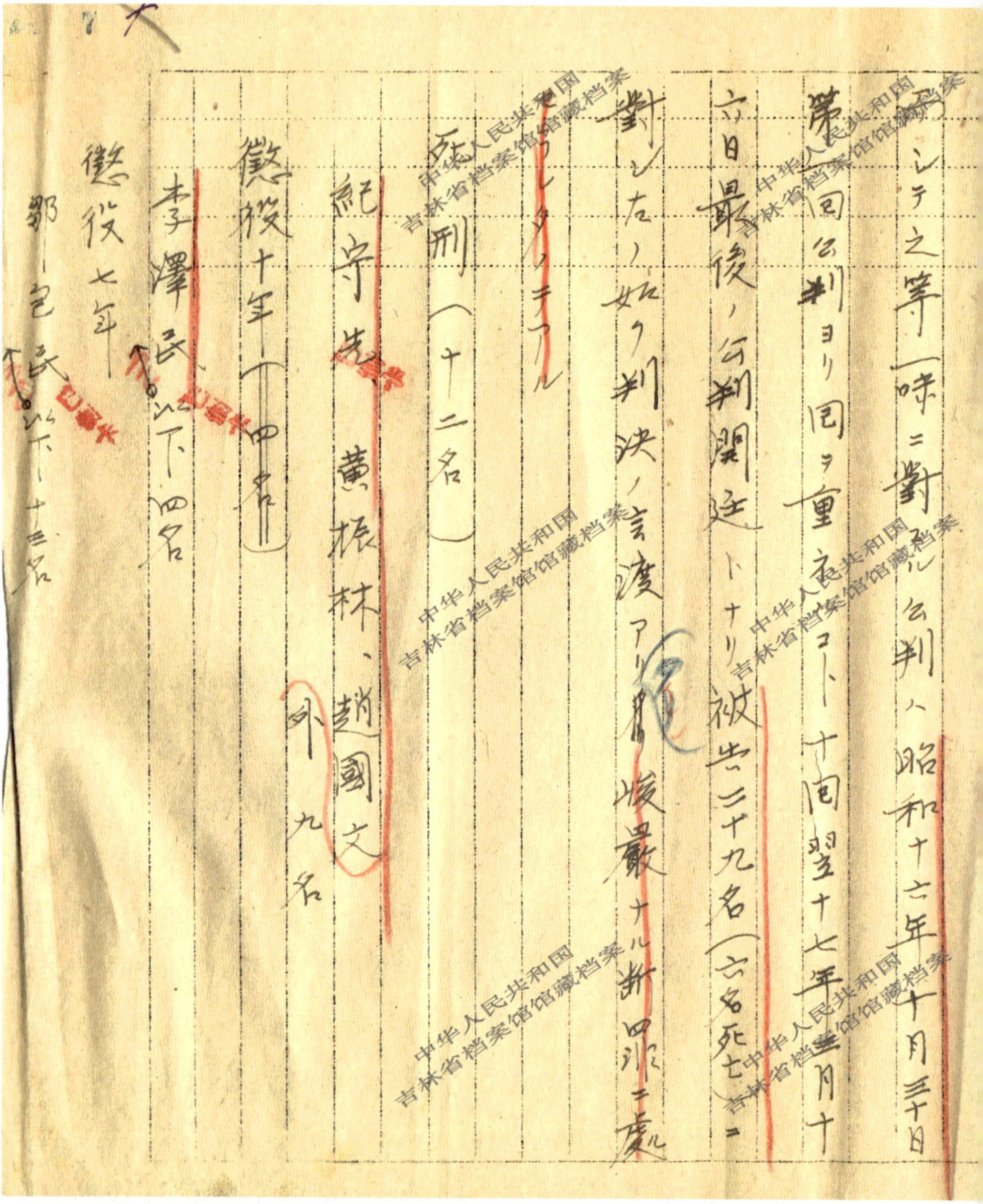
シテ之等一味ニ對スル公判ハ昭和十六年十月三十日
第一回公判ヨリ回ヲ重ヌルコト十回翌十七年三月十
六日最後ノ公判開廷トナリ被告二十九名（六名死亡）ニ
對シ左ノ如ク判決ノ言渡アリ峻嚴ナル断罪ニ處ル
セラレタノデアル
死刑（十二名）
紀守先、黄振林、趙國文 外九名
懲役十年（四名）
李澤民 以下四名
懲役七年
鄂一宅民 以下十三名

图 67-1 关于姬守先等 12 人被判处死刑的记载

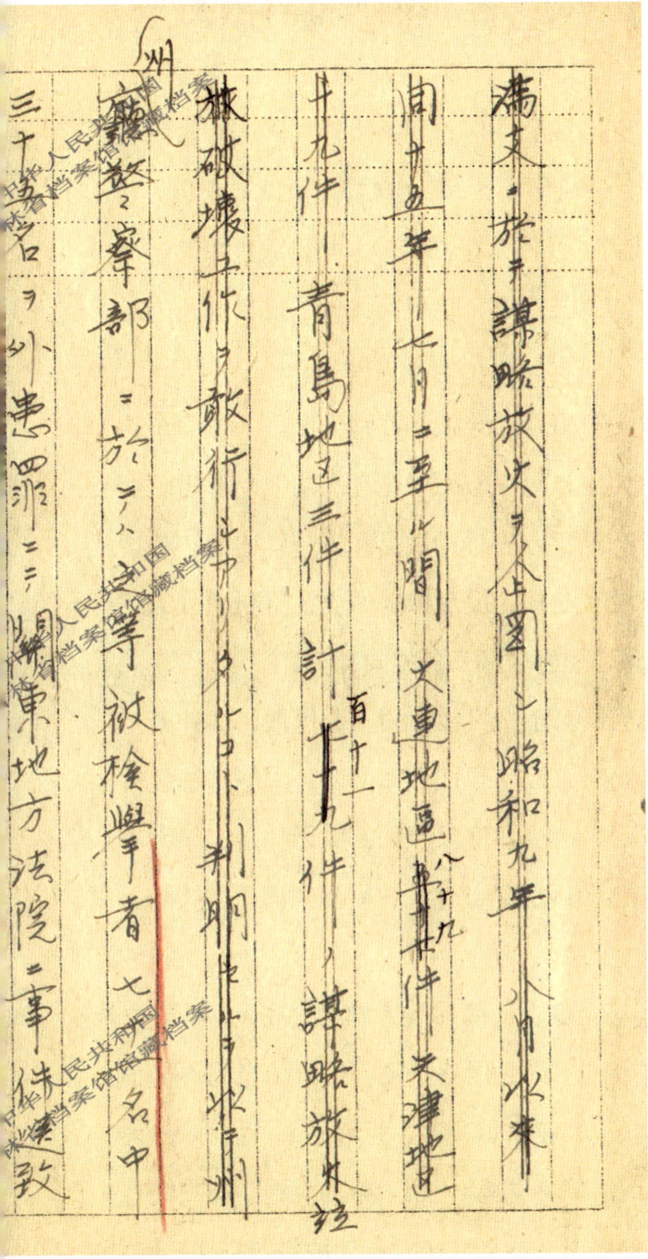
満支ニ於ケル謀略放火ヲ企図シ昭和九年八月以来
同十五年七月ニ至ル間 大東地区八十九件 天津地区
十九件 青島地区三件 計百十一件ノ謀略放火並
破壊工作ヲ敢行セルコト判明セルヲ以テ州
廳警察部ニ於テハ之等被検挙者七名中
三十五名ヲ外患罪ニテ関東地方法院ニ事件送致

得不承认“不管各地的警署机构怎样进行调查，仍难以找到任何线索”。

1938年4月11日，《满洲日日新闻》报道15号仓库被烧：“大火漫天，黑烟笼罩了大连湾上空，出动满洲石油公司保护团、大连消防署和金州消防署所有消防队，但也施救无效，还烧伤了久保、中村等5个日本职员。”熊熊烈火将日军储藏在此的6万吨汽油及石蜡全部焚毁，抗日放火团的这次行动不仅沉重打击了日本侵略者的嚣张气焰，也极大鼓舞了抗日军民的士气。

日伪军加大了对于“谋略放火”事件的警戒和搜捕力度。一方面革新内务规范，扩充警备，加大奖惩力度；另一方面强化动态防卫，对于从业人员进行更加严格的身份调查。针对日方的种种举措和日趋紧迫的态势，姬守先等领导的抗日放火团不仅没有退却，反而乘势而上，不断完善组织架构和人员配置，在复杂危险的环境里将破坏任务推向高潮。

接二连三的冲击使日本殖民当局对于抗日放火团十分仇恨，“外事警察科把此次事件的等级调整为最高级，设立了搜查本部”，大肆搜捕抗日放火团成员。肆意抓捕有涉案嫌疑的人员并施以严刑，磨牙吮血，无所不用其极。为期5年的调查中，71名放火团成员被逮捕，受到“拘留、拷问、审讯”者不可胜计。

1940年8月15日，姬守先被捕。法庭上，面对气势汹汹的敌人，姬守先慷慨陈词，毫不留情地揭露日本殖民当局的侵略行径，使日伪当局不得不将公审改为“秘密审理”。经过10次“秘密审判”，姬守先、黄振林等9人作为“主犯”被判处死刑，李泽民、周文礼等4人因“帮助实施”被判处有期徒刑10年，包玉侠、丁兰胜等13人因“参加”相关行动被判处有期徒刑7年。其中秋世显、吴成江、孙文凯3人在被执行死刑前就惨死在日本殖民者的酷刑虐打之下，另有周文礼、丁兰胜、时延寿等20多人在狱中被残害致死。1942年12月9日至10日，姬守先等9名抗日志士在旅顺监狱壮烈牺牲。

英烈传碑刻，风云誉旧邦。1960年，吉林省人民政府追认姬守先为革命烈士。2020年，姬守先以国际对日抗日放火团在华总负责人的身份，入选《第三批著名抗日英烈、英雄群体名录》。以姬守先为代表的，为挽救民族危亡，反抗日本侵略的放火勇士们，其舍生忘死投身抗日斗争的英雄气概，面对敌人严刑拷打坚贞不屈的民族气节，值得永远被后人铭记！

68. 从“全满读书会”到“东北铁血同盟”

王　满

伪满时期，东北进步知识青年不甘于受日伪的残酷压迫，通过建立反日爱国组织，与日伪政权进行了长期的反抗斗争，形成了不可遏止的抗日力量。“全满读书会”是其中的典型代表。

“全满读书会”的前身是“新京财务职员养成所”的读书会。1937年，伪满经济部财政职员训练所在“新京”成立，学员陈树满、王国贤、李逢春、刘荣久都是具有强烈爱国思想的青年学生，他们经常聚在一起，传阅鲁迅、巴金、茅盾等左翼作家的书籍，关注中国的社会现状。他们对于日本侵略者在我国东北犯下的罪行深恶痛绝，一直寻找带领进步学生共同抗日的途径。陈树满是其中的领导者，他联络同期生和“新京”的爱国学生、进步青年，以读书交友的形式，将李金山、陈作师、齐九皋、董春荣、徐连汉、马成龙、常吉等聚在一起，讨论如何组织启发爱国青年觉醒的独立团体。吉林省档案馆珍藏着一份日伪当局调查“全满读书会”的档案，其中对陈树满的反日活动是这样叙述的：“虽然并不清楚陈树满是什么时候与‘反满抗日’运动发生关联，但是至少可以推断，在康德五年（1938年）、六年（1939年）以前，该人便宣传民族意识，宣扬‘反满抗日’思想，让更多的人产生共鸣，从事‘反满抗日’运动。”

1939年秋，陈树满等财政训练所第二期学员毕业，学生们被分配到东北各地——陈树满分配到“新京”，徐连汉分配到齐齐哈尔，陈作师分配到吉林市，齐九皋分配到锦州，董春荣分配到哈尔滨。他们相约保持联系，发展抗日力量，一旦条件成熟，即建立抗日组织。

1940年初夏，各地读书会骨干人员在“新京”召开了第一次“全满会议”。会上决定成立遍及整个伪满洲国的青年反日爱国组织——“全满读书会”①，确定该组织的宗旨是“读书以提高自己，交友以扩大组织”，通过劝导青年们阅读进步书籍，宣传抗日救国思想，最终推翻伪满洲国。此后，各地纷纷建立起读书会的分支机构，高述文等伪新京工业大学的学生成立“新京工大读书会”，刘荣久、马成龙等结成“新京读书会”，徐连汉等人建立“齐齐哈尔读书会”，潘忠存等组建“富拉尔基读书会”，等等。这些读书会积极从事各种秘密抗日活动。如“新京工大读书会”由工大机械系学生研制出放火装置，成员曾使用这个装置去百货商店放火；“齐齐哈尔读书会”为了在反日斗争中团结更多的青年军人，为日后的武装暴动提供条件，派常吉、左连贵报考伪新京陆军军官学校。最终常吉通过考试，进入了伪军官学校，在该校发展了许多读书会成员，还与该校学生吕殿元、崔立福等秘密组建的抗日组织“恢复会”取得了联系。

1940年末，“全满读书会”召开了第二次“全满会议”，吸收更多爱国青年参加。据日伪档案记载，此次会议，“新京”代表为陈树满和李金山，哈尔滨代表为刘长青，齐齐哈尔代表为徐连汉，抚顺代表为高德生，

---

① 此次会议虽建立了“全满”秘密反日组织，但一直无正式名称。日伪档案中将其定名为“左翼读书会”或“全满读书会”。

桦甸代表为陈作师，双阳代表为王振亚。这次会议有了实质性的任务：第一，了解敌情、宣传怠工、破坏生产；第二，加紧与抗日武装的联系；第三，为便于掌握军事技能，在伪军中发展组织。

第二次“全满会议”后，成员们做了许多反日工作，如打入伪军内部、破坏日伪经济、出版地下刊物等，并通过各种渠道试图同外部抗日组织接触，了解抗日联军和关内抗日战争情况等。读书会还计划举行第三次集会，但由于对形势判断不同，以及迫于日益严峻的敌情，读书会内部亦出现了一定的裂痕和分化趋势，在这种情况下，全员会议已无可能召开。1941年春，总部负责人陈树满、李金山、刘荣久和赵景儒等4人研究决定“以解散的形式，化整为零，分散活动，待条件形势改变，再统一组织”，“全满读书会”活动遂告停止。1941年6月，“全满读书会”成员、伪新京税监局职员王国贤被捕，日伪警特在其家中搜查出反日宣传手册，日伪当局决定立即逮捕陈树满、李逢春、李金山等人。由于陈树满、李金山等人去了关内，李逢春在搜捕中逃脱，逮捕计划落空，但“全满读书会”已然成为日伪警特重点追踪与打击的目标。

即便如此，爱国青年们不畏艰险，他们并未停下斗争的脚步，纷纷成立抗日秘密小组，继续进行救亡图存的探索和抗争。1941年9月，原“全满读书会”骨干刘荣久、常吉等召开会议，讨论成立“东北大众革命党”，目标是“宣传抗日思想，解放东北大众”，但最终由于成立时机不成熟而未能建立。1941年12月，刘荣久、马成龙等又与伪军校“恢复会”的骨干陈东升等人联合起来，在长春市三道街召开秘密会议，决定成立“东北铁血同盟”。据吉林省档案馆馆藏档案记载，“东北铁血同盟”的活动方针是：积极与共产党取得联系，接受共产党的领导，向大众宣传抗日思想，

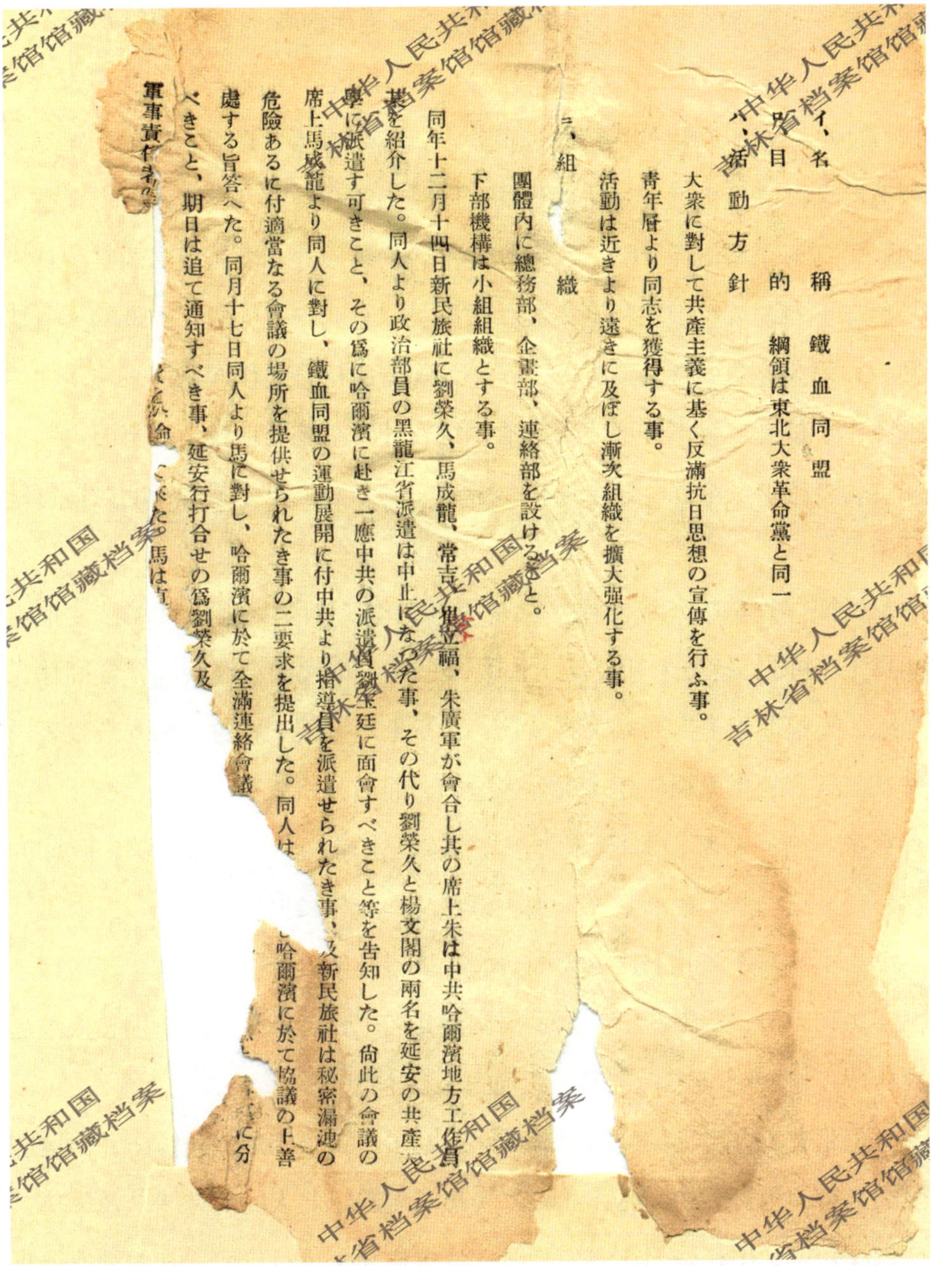

イ、名　稱　　鐵血同盟

ロ、目　的　　綱領は東北大衆革命黨と同一

大衆に對して共産主義に基く反滿抗日思想の宣傳を行ふ事。

ハ、活動方針

青年層より同志を獲得する事。

活動は近きより遠きに及ぼし漸次組織を擴大强化する事。

ニ、組　織

團體内に總務部、企畫部、連絡部を設けること。

下部機構は小組組織とする事。

同年十二月十四日新民旅社に劉榮久、馬成龍、常吉[illegible]、[illegible]福、朱廣軍が會合し其の席上朱は中共哈爾濱地方工作員[illegible]を紹介した。同人より政治部員の黒龍江省派遣は中止になった事、その代り劉榮久と楊文閣の兩名を延安の共産[illegible]學に派遣す可きこと、その爲に哈爾濱に赴き一應中共の派遣員劉[illegible]廷に面會すべきこと等を告知した。尚此の會議の席上馬成龍より同人に對し、鐵血同盟の運動展開に付中共より指導員を派遣せられたき事、及新民旅社は秘密漏洩の危險あるに付適當なる會議の場所を提供せられたき事の二要求を提出した。同人は[illegible]哈爾濱に於て協議の上善處する旨答へた。同月十七日同人より馬に對し、哈爾濱に於て全滿連絡會議[illegible]に分[illegible]べきこと、期日は追て通知すべき事、延安行打合せの爲劉榮久及軍事責任者[illegible]命[illegible]した。馬は[illegible]

图 68-1 馆藏档案中关于“东北铁血同盟”的目的、活动方针等的记载

团结更多的青年同志，打倒日本帝国主义，推翻伪满洲国傀儡政权。

日伪当局得知“全满读书会”以“东北铁血同盟”的形式重新开启抗日活动，立即派特务伪装成进步分子，打入青年反日组织内部。特务朱朝英以杂役身份接近刘荣久，谎称可以帮刘荣久与中共党组织取得联系，骗取了刘荣久的信任。随后，朱朝英带着伪装成共产党派遣员的某敌特人员参加了刘荣久组织的秘密集会，掌握了“东北铁血同盟”内部的大量情况。刘荣久等在敌特的蒙骗下，误以为同盟的抗日工作即将迎来飞跃性的进展，于是决定召集各地成员到哈尔滨召开“全满各地代表人员大会”。而日伪警特早已掌握了这个情报，于是一场针对反日爱国青年的逮捕行动开始了。

逮捕首先从哈尔滨开始。会议召开前夕，刘荣久、杨文阁被逮捕。30日上午9时，特务朱朝英、王福混入东北各地代表会议会场，会间休息之际，王福提出上街为大家买食物，引来七八名便衣特务，将与会代表马成龙、常吉、崔立福、徐连汉等人逮捕。而后“新京”、奉天、锦州、齐齐哈尔、富拉尔基、海拉尔等地均掀起大逮捕浪潮。这就是骇人听闻的“一二·三〇”大逮捕事件。此次事件从1941年12月30日开始，一直延续到第二年的春天，其间逮捕大批东北各地青年反日爱国组织成员，包括学生、伪满职员、铁路职工、进步作家和文艺工作者等，先后逮捕总人数达到355人，被判处各类徒刑乃至死刑的人数达170人。

东北进步青年反日爱国组织虽然遭到了日伪当局的残酷镇压，但这些爱国青年却用自己的鲜血和呐喊，唤起了无数东北人民的觉醒以及反抗。他们以知识文化和爱国热情为武器，将抗日斗争进行到底，其精神值得当代青年学习。

69. 坚持宣传抗日的李季风

王忠欢

李季风，1917年出生于奉天省（今辽宁省）辽阳县双树子屯。1938年担任《民生报》编辑，1939年担任《大同报》报社校对，后任副刊编辑。李季风作为爱国青年作家，一直以犀利的笔锋、强烈的号召力活跃于东北文坛，向鲁迅、巴金、高尔基等中外进步作家看齐，提笔作刀枪，创作评论文章、诗歌、散文小说及广播剧等，针砭时弊，启发普通民众的反日爱国思想和社会革命思想。作为进步文化人士，积极进行抗日活动，奔走呼号，发展进步组织，建构东北沦陷区抗日精神符号。

九一八事变后，日伪当局为进一步对东北沦陷区进行思想控制和奴化教育，推行殖民者的文化高压及文学控制政策，试图以此让东北民众屈服。在日本侵略者殖民统治的14年间，不断涌现出进步青年、知识分子以及各个阶层的爱国人士，反抗日本帝国主义文化侵略。特别是广大爱国知识青年，通过创办文学期刊，创建读书会、学习小组、文学社团，创作抗日文学，进行自发抗争，积极宣传抗日爱国思想，启蒙民众抗日及阶级斗争意识。李季风作为东北沦陷时期的进步作家，作为当时东北进步青年反日团体的精神领袖之一，其影响力非同凡响，他不甘压迫、无惧牺牲、奋起反抗，“执笔写苦难、落墨定鬼神”。1939年到1941年间，他曾多次公开在伪满洲国政府机关报《大同报》上发表各类抗日文章，语言带有批判性，敢于揭露现实，抨击日伪黑暗统治。代表作有《昙花一现》《夏的农村》《满洲文坛杂感（上、下）》《没落》《青春之戏》等。

根据吉林省档案馆馆藏日本关东宪兵队档案记载，1941年5月至9月，李季风在“新京”三马路家里“暗中撰写了32篇自觉鼓舞大众阶级斗争意识或者启发并培养大众反满抗日意识的小说、散文、诗、广播剧剧本等。这些作品登载在发行于新京的月刊杂志《保健满洲》及其他公开的刊物上，或者由新京广播局等广播发表”。档案中对李季风所撰写各种载体文章进行详细分类，并对作品所蕴含的深刻含义进行分析，总结出李季风作品大力宣扬的进步思想：宣传男女平等理念，鼓励青年破除旧的家庭制度，提高青年的革命意识；抨击当时的社会制度，唤醒无产阶级的阶级斗争意识；鼓励改革社会的情感，灌输社会主义意识；唤醒大众的民族意识和反侵略、反殖民主义精神，倡导社会要热爱自己的祖国，要有敢于牺牲的精神。

李季风不但致力于通过文学创作宣传抗日救国的进步思想，还自发成立抗日救亡团体、制定抗日纲领，将抗日斗争付诸实践并坚决进行到底。据档案记载，1940年9月，李季风与9位有识之士秘密缔结“东北青年救亡社”。为了避开伪满当局的搜查和打压，表面上称为“东北青年读书会”，以读书会友的名义进行抗日爱国活动。他们秘密传阅进步书籍、交流抗日心得、训练成员思想、分析当下的运动方针等，激发广大爱国青年及各界知识分子的民族意识及爱国热情。该组织吸收《大同报》编辑、伪海关职员、伪新京税捐局职员、伪满洲中央银行职员、伪新京医大学生中优秀进步青年，通过传播救亡图存、反帝反封建的进步思想，激励东北沦陷区民众抗日精神的觉醒和凝聚。成员们约定，“一旦发生紧急事件，将以暴力形式驱逐日本势力，打倒满洲国，完成民族革命”，“并以最终实现共产主义社会为目的”。但由于各种客观因素的限制，读书会于1941年2月上旬解散。1941年7月，李季风等人又组织了两次反日文化团体活动，意在通过组织活动以达到相互启蒙、提高进步意识的目的，但最终因日伪当局的打压而没有再次形成统一组织。李季风因宣传抗日救国思想，曾三次被捕入狱，前两次均成功越狱，越狱后继续投身抗日活动。1941年12月30日，日伪宪兵、警察、特务等经过缜密布置，发动“一二・三〇”事件，大肆抓捕爱国青年学生、文艺工作者及伪满职员等社会各界人士，对其进行残酷镇压。李季风在此次事件中第三次被捕。1941年12月31日，伪满首都警察厅对其进行了残酷的审讯，将李季风定义为“通过文艺的方式来启蒙反满抗日思想”。在审讯报告中称：“魁首李季风，是通过文艺启发一般群众的社会革命思想，发展组织。于昭和十五年（1940年）九月中旬，秘密结社组成东北救亡会（表面上称为东北青年读书会），区分为佣员和成员，对佣员是专门进行左翼思想启发训练，使之充当成员，直接从事反满抗日运动。”李季风在第三次被捕后，一直被关押了近4年之久。直到1945年8月15日，日本战败投降，李季风得以释放，但仅10天之后，便被国民党特务暗杀于沈阳街头，时年28岁。

李季风和他所领导的“东北青年读书会”虽为自发的反日爱国团体，却在抗日救亡运动中展现出视死如归的大无畏牺牲精神，对于东北沦陷区反抗压迫、反日斗争的思想启蒙发挥了不可磨灭的作用。他们具有明确的政治目标和政治信仰，在国家兴亡的紧要关头，以民族独立、民众安乐为己任，在思想文化领域与日伪反动势力进行周旋、对抗，坚决斗争到底。

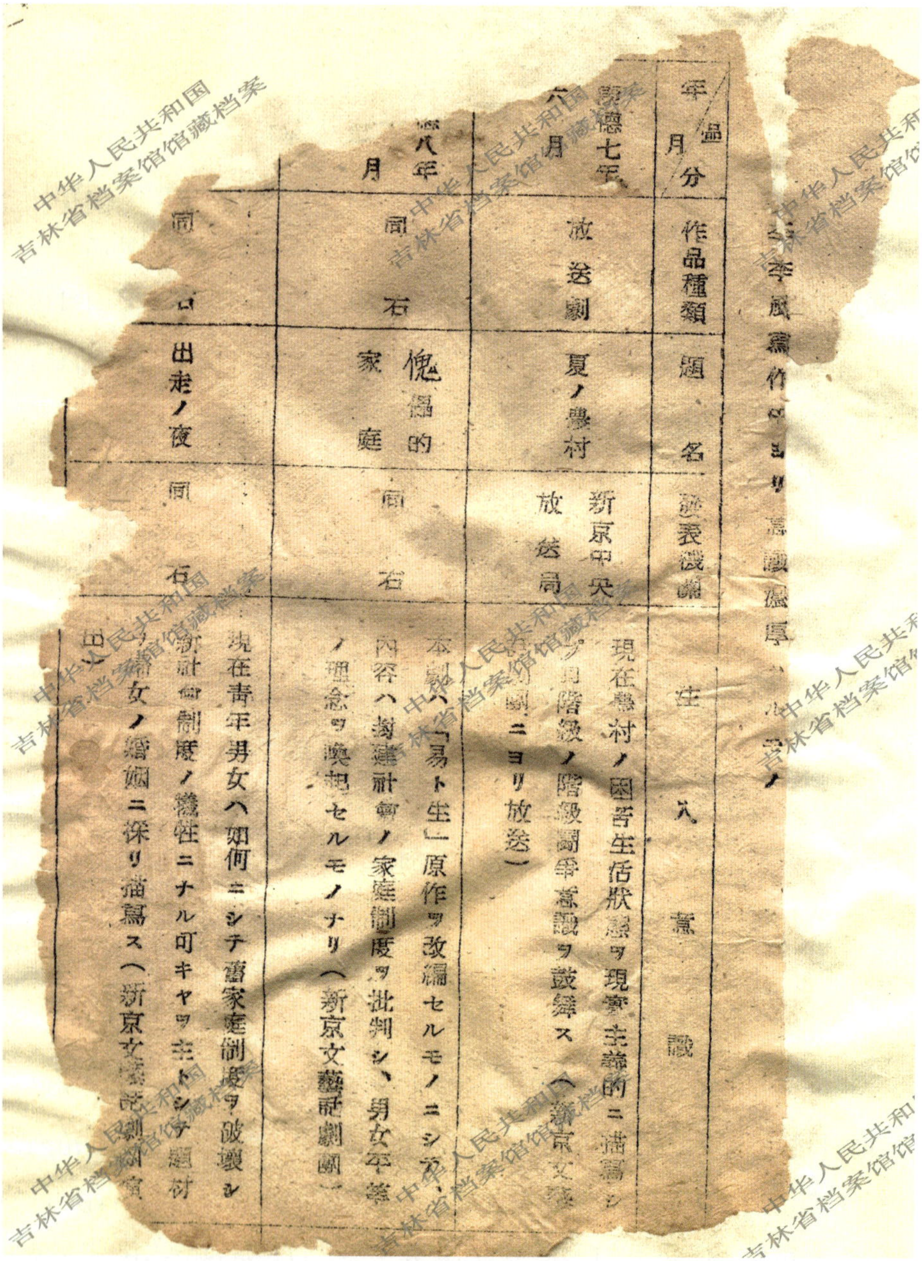

李季風寫作中[illegible]意識濃厚ナルモノ

年月分	作品種類	題名	發表機關	主入意識
康德七年六月	放送劇	夏ノ農村	新京中央放送局	現在農村ノ困苦生活狀態ヲ現實主義的ニ描寫シ[illegible]階級ノ階級鬪爭意識ヲ鼓舞ス（新京文藝話劇團ニヨリ放送）
康德八年　月	同右	傀儡的家庭	同右	本劇ハ「易ト生」原作ヲ改編セルモノニシテ、内容ハ封建社會ノ家庭制度ヲ批判シ、男女平等ノ理念ヲ喚起セルモノナリ（新京文藝話劇團）
[illegible]	同右	出走ノ夜	同右	現在青年男女ハ如何ニシテ舊家庭制度ヲ破壞シ新社會制度ノ犧牲ニナル可キヤヲ主トシテ題材ヲ[illegible]婦女ノ婚姻ニ採リ描寫ス（新京文藝話劇團）

图 69-1 关东宪兵队档案中记载了李季风作品中“意识浓厚”的部分

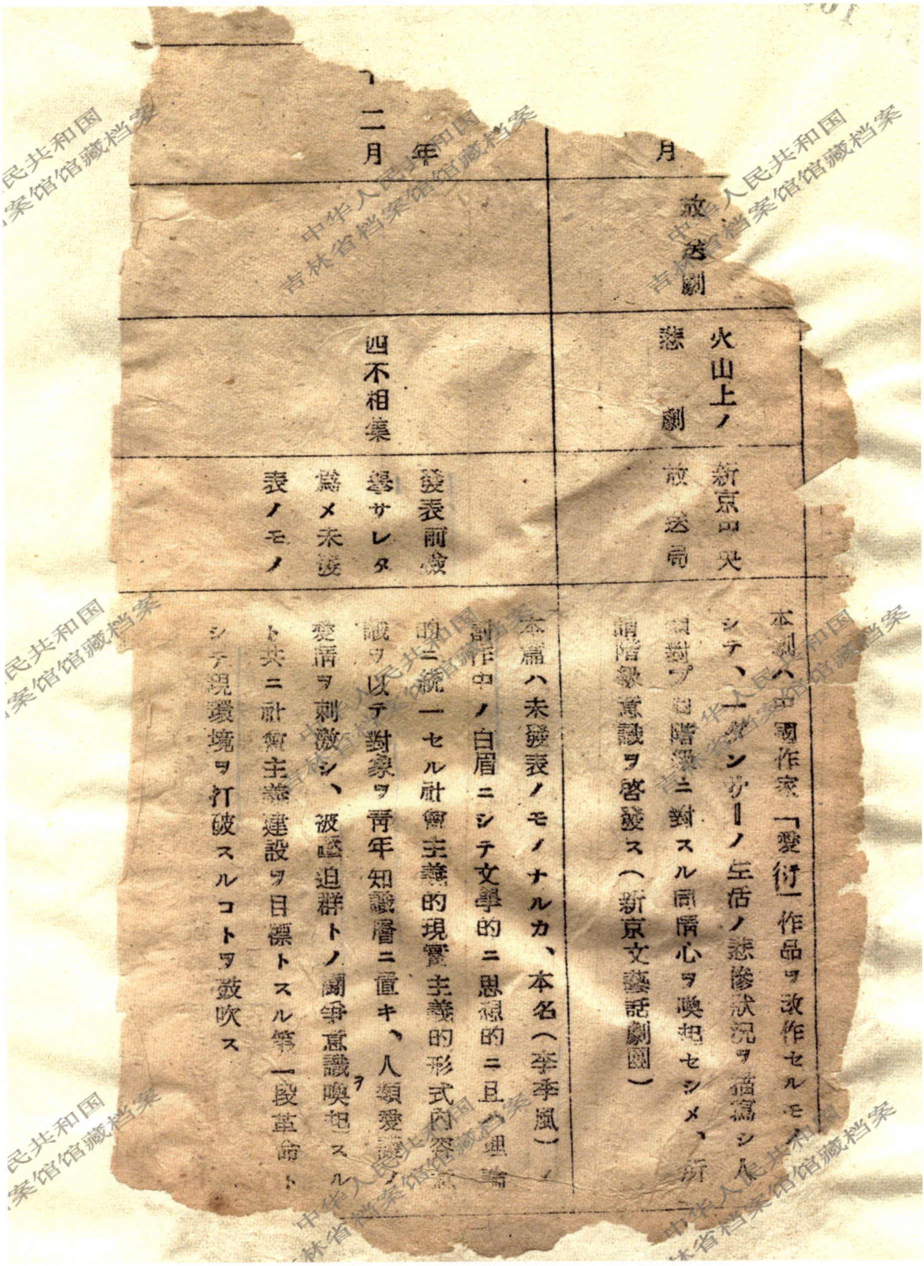

年月	放送劇	火山上ノ戀 劇	新京中央放送局	本劇ハ中國作家「魯迅」作品ヲ改作セルモノニシテ、一農民ノ生活ノ悲慘狀況ヲ描寫シ人間ニ對シ階級ニ對スル同情心ヲ喚起セシメ、所謂階級意識ヲ啓發ス（新京文藝話劇團）
二月		四不相像	發表前廢棄サレタル為メ未發表ノモノ	本篇ハ未發表ノモノナルカ、本名（李季風）ノ創作中ノ白眉ニシテ文學的ニ思想的ニ且ツ理論的ニ統一セル社會主義的現實主義的形式內容意識ヲ以テ對象ヲ青年知識層ニ置キ、人類愛ノ愛情ヲ刺激シ、被壓迫群トノ闘爭意識喚起スルト共ニ社會主義建設ヲ目標トスル第一段革命トシテ現環境ヲ打破スルコトヲ鼓吹ス

图 69-2 关东宪兵队档案中记载了李季风作品中“意识浓厚”的部分

面对敌人的恐怖统治及暴力镇压，东北广大青年志士用自己的鲜血和生命，彰显了中国人民不屈不挠的意志和勇气，他们用自己的实际行动活跃在抗击敌人的前线，表明不甘做亡国奴的决心，用自己的抗日壮举鼓舞了全国人民的抗战斗志。他们的爱国精神流芳百世，他们的壮举和情怀值得永远铭记。

70. 神秘的无线电波K2L

姜佳炜

东北沦陷时期，在东北境内活跃着一批由共产国际领导的地下情报人员，他们将收集到的日“满”军情通过无线电机发送给苏联伯力情报部门进行分析和掌握。为进一步加大“防谍”力度，1939年关东宪兵队在通信器材班的基础上，组建了“防谍”部队——满洲八六部队，其中无线电班配置最为强大。八六部队成立后，先后查获了两个地下电台，逮捕了一批地下情报人员。但1940年开始，神秘电波K2L活跃于奉天，令关东宪兵队寝食难安，该电台一直存续到1943年2月11日，才被日本宪兵破坏。

九一八事变以来，中共满洲省委按照共产国际要求，决定和苏联一起在我国东北建立共产国际反帝情报组织，选送中共党员和爱国进步青年到苏联接受特种训练，然后在共产国际情报总部领导下，安排到全国各地工作。1940年春天，国际反帝情报总部电令在奉天建立地下反日电台。电台安装在大东门城墙根的赵福元家中。赵福元表面上是劝业商场小百货的小老板，实际上与庄克仁、史顺臣等人都是国际情报总部在奉天的情报组成员，主要负责奉天、四平、公主岭、锦州等地区的日伪军设防、调动、装备等军事情报的汇集工作。组长庄克仁（化名张化南）负责单线领导、综合情报与指令收发报；电报员赵福元代号8号，因为能熟练左右两手发送电报，便负责安装电台、秘密收发报；史顺臣负责承租房屋、保证电台安全隐蔽；史金友负责看守电台驻地以及发报期间放哨；崔炳章负责锦州一线情报工作；郑宝信负责情报收集和转移保护电台。

为了隐匿保护电台，奉天国际情报组经常改变发报的地点，先后在赵福元农村老家深井子镇潘李村山咀子、抚顺瓢儿屯的煤球厂、大南关通天街南头劈柴厂地窖中进行发报，最后转移到史顺臣承租的白塔堡陆永春家棚铺的房子里。

奉天地下情报电台源源不断地将关东军的部署、调动、军事运输、军用飞机的活动和军事设施的重要变动发往数千里之外的国际情报组。由于技术上的原因，当年的无线电侦查也就只能在对方使用电台发报的时候，把电台的大致位置锁定在方圆500米的范围内。通常情况下，当日本宪兵和伪军警对该地区进行挨家挨户的搜查后，均是一无所获，即便是日本宪兵派特务化装成小贩、苦力等多次侦查也没有任何结果。再加上在一年的时间内，这个电台曾数次变换发报位置，无论宪兵们利用怎样的手段，这个电台却始终能够向外发出电报，这一情况让关东宪兵队大为头疼。

1941年11月，满洲八六部队向奉天地区派遣了无线探查工作班，第二分队长喜冈少佐率无线电班在奉天市内三个地方探索嫌疑电波。不久，探查班便探测到嫌疑电波K2L（频率4200kHz），并判明K2L的上级指令局 JZX（频率4600kHz）位于伯力，由于电台位置不断变换，无线探查工作班暂时无法确定具体位置。而后探查班通过苏联惯用的“五字乱码”解读K2L与JZX的通信，经过彻底分析讨论后，终于确定K2L下次发报时间为12月25日。12月25日凌晨2点，探查班捕捉到K2L的发信，却没有搜到发报机——又是一次失败的抓捕行动。1942年7月，喜冈少佐率无线探查班主力再次来到奉天，根据灵敏度、音色、现象、消音范围等因素，经过几次测试论证，断定地下电台的发报地在奉天南部15公里的白塔堡地区。1943年2月1日，探查班经与奉天宪兵队协议，决定在K2L下次发报日，即2月11日实施逮捕。

1943年2月11日是大年初七，凌晨4点，约100名宪兵在特设宪兵队清乡少佐的指挥下，从苏家屯车站开始了行动，一面用无线电波探测器搜索，一面接近村庄，并在村庄周围进行了警戒。有约50名宪兵一齐破坏了约10户中国民房的门窗，闯入室内，火速冲进陆永春家。此时的赵福元刚发完电报，站岗放哨的史金友当场被打死。租住的房主陆家所有人被集中到一个房间，强令趴在地上。然后，宪兵队开始了疯狂的搜查，天棚、地面都被捅了砸了，箱柜、炉灶都被砸翻了，还用生硬的汉语要求棚铺掌柜交出无线电。最后，日本人来到厢房南面的一间屋，用脚踢开门，炕上躺着两个人，正是赵福元和史顺臣。日军不许两人动，开始检查两人的手，翻看赵福元的手，发现他的手洁净细嫩，怎么也不像是农民的手，对此日军产生了怀疑。探查班成员用手指在赵福元后背敲击出“K2L”呼出讯号，赵福元一下子面色变得苍白，探查班成员发觉了赵福元的异样反应，于是确信电报机一定在这间屋子里，立即狂砸乱扒。喜冈少佐下达死令：把房子扒掉、掘地三尺也要搜出发报机！坂田等人疯狂地乱砸、乱翻，在炕头扒出一个坛子，坛子里装着一部苏制微型电台和密码本，随即将赵福元和史顺臣抓走。

从满洲八六部队到奉天发现电波起，至白塔堡搜出电台止，日本无线探查班共花费1年零3个月。

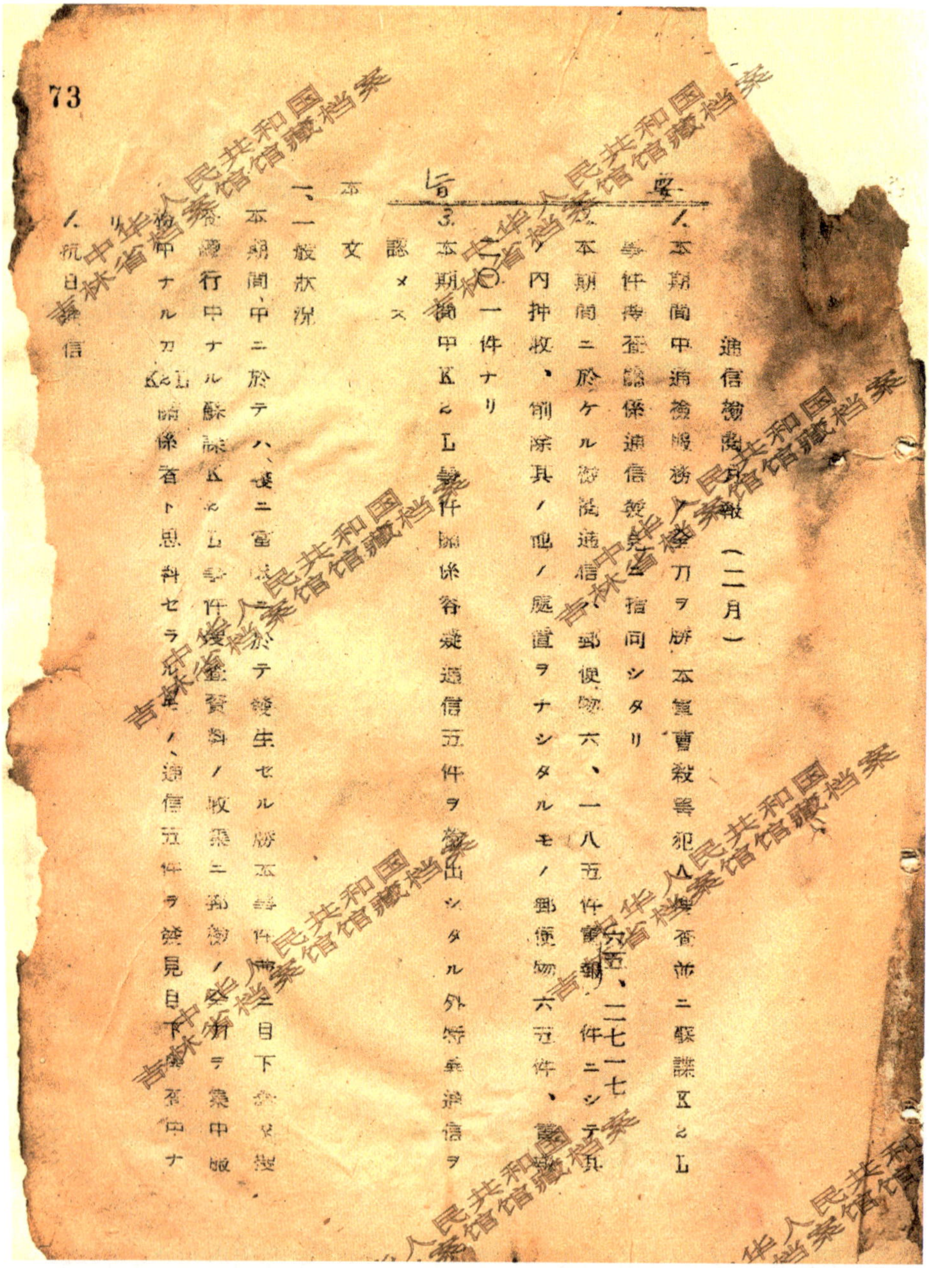

73

通信検閲月報（二月）

要　旨

1.本期間中通検服務ノ全力ヲ勝本宣曹殺害犯人捜査並ニ蘇諜K2L事件特務諜係通信發見ニ指向シタリ

2.本期間ニ於ケル檢閲通信ハ郵便物六、一八五件電報六五、二七一七件ニシテ其ノ内押収、削除其ノ他ノ處置ヲナシタルモノ郵便物六五件、電報二〇一件ナリ

3.本期間中K2L事件關係容疑通信五件ヲ發出シタル外特異通信ヲ認メズ

二、本　文

（一）一般状況

本期間中ニ於テハ、其ニ富錦ニ於テ發生セル勝本曹長事件ニ目下捜査進行中ナル蘇諜K2L事件捜査資料ノ蒐集ニ努メ、全力ヲ集中服務中ナルガK2L關係者ト思料セラルル者ノ通信五件ヲ發見目下捜査中ナリ

1.抗日通信

图 70-1《通信检查月报》记载通信检查工作重点指向 K2L 事件相关者通信

赵福元在狱中不吐露任何秘密，被日本宪兵队认为没有利用价值，被“特别移送”至哈尔滨七三一部队，用作活人细菌试验，壮烈牺牲。赵福元牺牲时年仅26岁。

电台被毁，奉天国际情报组最重要的人物庄克仁则避开了抓捕，日本宪兵队便将通信检查作为工作重点，意图以此来掌握庄克仁的行踪及判明整个K2L谍报网。在吉林省档案馆馆藏的邮政检查档案中，奉天地方检阅部1943年3月上报的《通信检查月报》清楚地记载着：“本月通信检查工作全力放在搜查杀害胜本军曹嫌犯及苏谍K2L事件相关的通信上”，“本期查出了与K2L事件相关的可疑通信5封”。经查明，发给王炳文的通信非本人，而发给张化南（庄克仁的化名）的则是同名的不同人，剩余3封展开搜查后一直没有结果。同年4月的《通信检查月报》记载：“认定为苏谍K2L事件相关者的通信有2封”，但是并没有发现任何有用的信息。而庄克仁继续在天津开展反日情报工作，直到1945年日本无条件投降。抗战胜利后，庄克仁在回忆录中写下了很多有关当年秘密情报工作的往事，使后人有幸见证了那个烽火硝烟的年代为革命事业牺牲的爱国人士的智慧与勇毅。

奉天国际情报组作为国际反帝情报组织的重要组成部分，在严酷的战争环境中，为中国的抗日战争和世界反法西斯战争的最后胜利做出了不可磨灭的贡献，他们为国牺牲的英勇事迹在中国抗日斗争史上书写了光辉的一页。

71. 突破日军邮政检查封锁线

潘 莹

情报工作在战争中的重要性不言而喻，精准、及时、全面的情报信息，是制定战略战术、掌握战场主动权的关键要素，更是确保取得胜利的重要保障。在抗日战争时期，侵华日军尤其重视情报工作，宣称“防谍是真正意义上强大战斗力的一部分，而防谍工作的核心就是防谍报”。

为做好“防谍”工作，以日本宪兵为主导，对往来信件、出版发行物、明信片、照片、电报、电话等进行检查，其检查对象包括但不限于日本军人、军队服务人员，日本移民、侨民等日本民众，日本殖民地、占领区的军政要人及普通民众，外籍人士特别是传教士、公使馆、领事馆员等，一旦发现“不利”言论便做出相应处置。据吉林省档案馆馆藏日本关东宪兵队邮政检查档案记载，邮检重点内容为抗日通信、“防谍”方面的“有害”通信、军纪方面的“有害”通信、反战反军通信、对统制经济不满的通信、反映物资不足的通信及涉及民心动向的通信等，这些“危害”日军统治的内容大多遭到没收、扣押、削除、部分涂抹等处理。

即使在这样严密的封锁下，仍有情报人员在暗处奋战，用智谋和胆识突破敌人的情报封锁，编织起一张坚韧的情报网络，为前线的军事行动

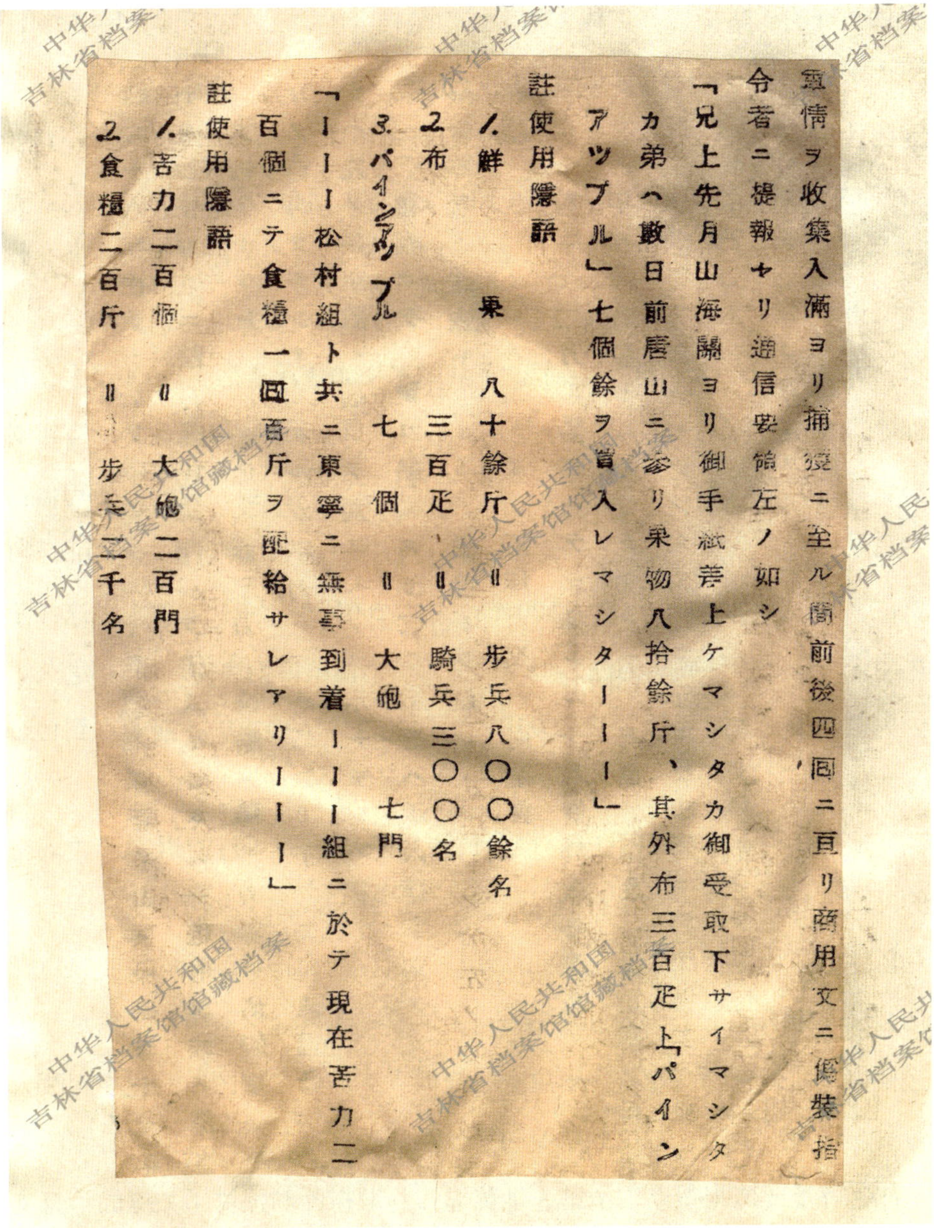
軍情ヲ收集入滿ヨリ捕獲ニ至ル間前後四回ニ亘リ商用文ニ偽裝指
令者ニ提報セリ通信要領左ノ如シ
「兄上先月山海關ヨリ御手紙差上ケマシタカ御受取下サイマシタ
カ弟ハ數日前唐山ニ參リ果物八拾餘斤、其外布三百疋上ノパイン
アツプル」七個餘ヲ買入レマシター|||」
註使用隱語
1.鮮 果 八十餘斤 〃 歩兵八〇〇餘名
2.布 三百疋、〃 騎兵三〇〇名
3.パインアップル 七個 〃 大砲七門
「|||松村組ト共ニ東寧ニ無事到着|||組ニ於テ現在苦力二
百個ニテ食糧一回百斤ヲ配給サレアリ|||」
註使用隱語
1.苦力二百個 〃 大砲二百門
2.食糧二百斤 〃 歩兵二千名

图 71-1 关东宪兵队司令部都筑中佐形成的《通信检查与防谍》中记载了情报人员以商品名称为隐语传递重要信息的情况

提供关键的战略指导。吉林省档案馆馆藏档案中，关东宪兵队司令部都筑中佐于1944年形成的《通信检查与防谍》一文便记载了我方情报人员以商业信件为载体，以商品名称为隐语暗号传递重要信息的情况。档案记载：“1943年8月18日逮捕的十八集团（旧八路军）情报人员于1940年6月接受任务，打探并汇报东满地区的日军军情。”情报信件的内容则为：“我收到哥哥上个月从山海关给我写的信。弟弟几天前到了唐山，买了80余斤水果，另外买了300疋布、7个菠萝。”其中水果80余斤是指步兵800余人，布300疋是指骑兵300人，菠萝7个是指大炮7门。此信是张凤阁伪装的商用文书。其后，张凤阁又伪装成苦力来到东北，进入松村组，其间他又写信：“与松村组安全到达东宁……松村组现有苦力200人，并每次配给200斤粮食。”其中苦力200人是指大炮200门，粮食200斤是指步兵2000人。这样使用隐语暗号的信件确实骗过了邮政检查人员，使军情传递持续了5年之久。因为据档案记载，张凤阁最早发出的隐语通信始于1938年，而他直到1943年才暴露身份。

从短短百十字可以看出情报人员利用隐语这种独特的语言形式取得的巨大成功，而这成功也有力保障了抗战的胜利。如上文所提张凤阁的商业信件，在那个特殊时期，商业活动是人员流动和物资运输的重要渠道，伪装成商人的地下工作者可以相对自由地穿越敌占区，借机搜集信息或传递密信，而伪装的商业信件则更容易掩盖真实的通信意图，避免引起敌人怀疑。情报人员通过隐语成功突破了日军邮政检查封锁线，使得日军的人员部署等重要情报得以安全迅速地传递，为取得胜利提供了关键的信息支持。都筑中佐在文中写道：“秘密通信作为秘密联络的手段之一……其价值极大，在通信内容的记载上用的也是竭尽全力思考出的第三者无法破译的记载方式，因此这种邮件是极难发现的。”

抗日战争的情报战线是一场没有硝烟却异常激烈的较量。正是这些情报人员的辛勤付出与无畏牺牲，凭借高超的智谋和无畏的勇气，通过“第三者无法破译”的隐语暗号等形式传递信息，有效防止敌方截获和破译，最大限度突破了敌人的邮政检查封锁，共同构成了全面抗战战略图景的一部分。他们的智慧与勇敢，既是对敌人铁腕压制的智慧抵抗，又是革命精神与民族意志的生动体现，为我们后人留下了宝贵的历史经验和精神财富。

72. 一句民间俗语背后的抗战故事

吕春月

东宁宪兵队于1943年3月2日以东宪高第58号上报了《思想对策月报（第3号）》，在“不敬涂鸦”一栏出现了民间俗语：“天皇皇，地皇皇，我家有个夜哭郎，行人君子念三遍，一觉睡到大天亮。”这本是一句略带封建色彩的民间俗语，目的是祈求神灵保佑，祛病除灾，但因其中包含“天皇”字眼，日本宪兵巡查时将其视为“不敬”。东宁宪兵队进行搜查后判明，“天皇”是“天荒”的笔误，但实际上这句俗语本来的写法就是“天皇皇”或“天煌煌”，根本没有“天荒”的写法。之所以会得出这样的结果，一是因为当时的东北民众一直生活在日本帝国主义的白色恐怖下，根本担不起任何被指摘的罪名，只能改口说“写错了”。还有一个原因，这可能是一个联络暗号，因担心被日本宪兵揭穿，故承认写错，并解释“这是为了让子女的病得以痊愈才写的”。因没有足够证据，日本宪兵最后的处置结果是将文字擦除，对书写者进行了训诫，然后将其释放回家。

这看似具有迷信色彩的文字，在20世纪20、30年代曾发挥过极大的作用。

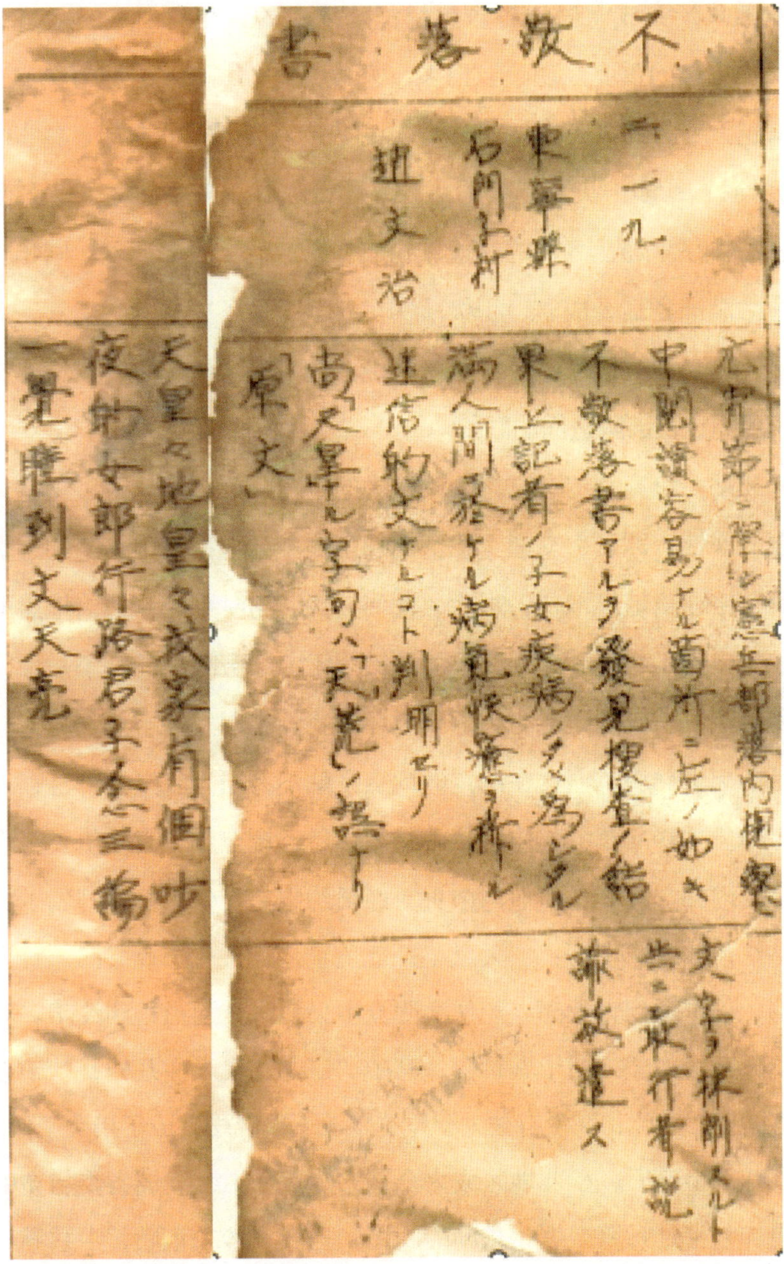

图 72-1 东宁宪兵队发现并报告的“不敬涂鸦”

中国共产党成立后，各省党组织陆续成立，与党中央的联络日益频繁，交通工作的重要性便凸显出来，隐蔽、安全、高效的地下交通工作变得越来越重要。1927年8月21日，中共中央向南方局、北方局、各省临委发出第3号通告，即中央须建立通达各省的交通，各省委建立通达各县的交通，各县委建立通达各乡的交通，构成一个党的全国交通网。同年10月24日，中共满洲省临委成立，积极落实东北地区地下交通站的建立，而党在各地设立的交通站也出色完成了东北地区的各级党组织之间、地方党组织与党领导的抗日部队之间的联络。

交通站不仅肩负传递文件、输送党的宣传品等重要任务，还有一种非常重要的属性，即秘密交通。秘密交通工作主要包括与中央来的人员接头以及到秘密通信地点取信，那么，如何接头、何时到秘密通信地点取信则成为秘密交通工作能否顺利完成的关键因素。隐蔽战线的斗争是十分残酷的，稍有不慎就会导致党组织遭到破坏。我党先辈发挥了非凡的智慧，利用当时的历史环境，通过在约定的地点张贴不易引人注意的符号，来完成接头工作。如1930年冬赵志刚从中共东满特委调至满洲省委机关工作，被指定负责内部交通工作，他与中央交通员约定在所住旅馆胡同墙上或电线杆上贴红色纸条，上写："天皇皇，地皇皇，我家有个夜哭郎，行人君子念三遍，一觉睡到大天亮。"便表明党中央秘密交通员已到沈阳。其下边再写上日期，如"二月十五日"，其中"二月"代表住几楼，"十五日"代表房间号。如此，在没有被人察觉的情况下便轻松完成了接头工作。

九一八事变后，东北地区成为全国的焦点，中共满洲省委与党中央的联系更加紧密且频繁。据赵志刚的回忆，一直到1932年底，中共满洲省委与党中央交通员的联系，还一直借助上述纸条暗号进行。后来，根据中共满洲省委指示，筹办了一个小文具店，作为中共满洲省委与党中央的直接联络点。每次党中央来人，就伪装成购买或出售小文具的商人，在店中直接联系，而不必再贴“天皇皇，地皇皇，我家有个夜哭郎……”这样的纸条暗号了。

档案中东宁宪兵队发现的民间俗语也极有可能是我党地下交通网的联络暗号。

东宁因地理位置，一直是日本关东军防御苏联远东进攻的战略要地。东宁东与苏联接壤，有179公里的国境线。1933年10月，日本参谋本部便开始对位于边境地带的东宁、绥芬河、密山及虎林等地进行侦察测量。1934年5月12日，时任关东军司令官菱刈隆大将签发关作命第589号，正式启动了东宁要塞工程。1935年秋关东军司令官南次郎大将视察东宁后，东宁驻屯日军逐年增多，不算伪军，光日军最多时就达13万人，而当时东宁县只有3.5万人。东北抗联在抗战后期开展敌情侦察工作时，东宁是重要的侦察目标之一。

东宁也是东北抗联开辟的赴苏路线之一，有很多抗联人员在此活动。1939年10月，日伪当局针对南满抗日力量，开展了力度空前的“野副大讨伐”，致使南满省委及抗联第一路军陷入极端困难时期。为取得苏联援助及转移到苏联保存力量，抗联特开辟了赴苏路线，即从绥芬河、东宁、珲春入苏境。这条交通线，在1942年至1945年间，也成为东北抗日联军教导旅以及坚持斗争的抗联小分队入苏或潜回东北进行战斗侦察的主要交通线。1943年春，抗联战士吕英俊与老范等人就曾被派回到东宁县的暖泉子沟一带侦察牡丹江和宁安日军的军事配备情况。要在东宁落脚，又兼具侦察任务，暗中联络则必不可少。

一句普通的民间俗语，极其符合当时的历史环境，不易被敌方察觉，被我党交通员巧妙地运用到秘密工作中，保障了秘密联络工作的有效运转，为我党领导的对日斗争做出了重要贡献。而这些巧妙的联络方法也令日军叹服，1943年，八路军第129师编译的《日寇特务工作之一斑》中便有日军对中国情报人员联络方法的评价：“中国共产党谍者对于保守秘密方面甚为慎重，同时对于积极防谍亦甚巧妙为之特色……共产党和国民党的秘密机关对联络法的努力，实在是很值得我们学习的。”

73. 伪满时期东北民众的反日涂鸦

金圣凯

伪满时期，面对日本帝国主义的殖民统治，东北民众一直以各种方式自发地进行反抗，其中反日涂鸦就是东北民众秘密发泄对日伪仇恨情绪的典型方式。简单的涂鸦是东北民众表达内心观念的重要载体，在战时极大地鼓舞了民众抗日的信心。

从伪满洲国建立直至日本战败，日本关东宪兵队每星期形成的《治安报告》中几乎都会有调查反日涂鸦的案件，各地的城乡街道、学校、工地中“不稳涂鸦”的现象屡见不鲜。

据档案记载，在某单位厕所内的墙上，被日本巡视员发现用铅笔涂写有“打倒日本”字样，铁警立即擦除笔迹，并搜查嫌疑人；在某报社厕所内的墙上，日本编辑员发现有用类似于铁笔一样的东西写着“打倒日本”的字样，报社迅速除去字迹并报宪兵队，由宪兵队进行调查；在某公共厕所内发现了反日涂鸦，用铅笔写着“赶紧打日军吧”“反满抗日”“打倒日本”“日本亡国不是人”“日本早晚不是人”“日本就要亡国”等字样；在某火车站的厕所内发现了用铅笔写着“日满协和不要脸”“抗战到底，打倒日本”的字样，宪兵队、伪铁警合作搜查嫌疑犯，并将该言论抹

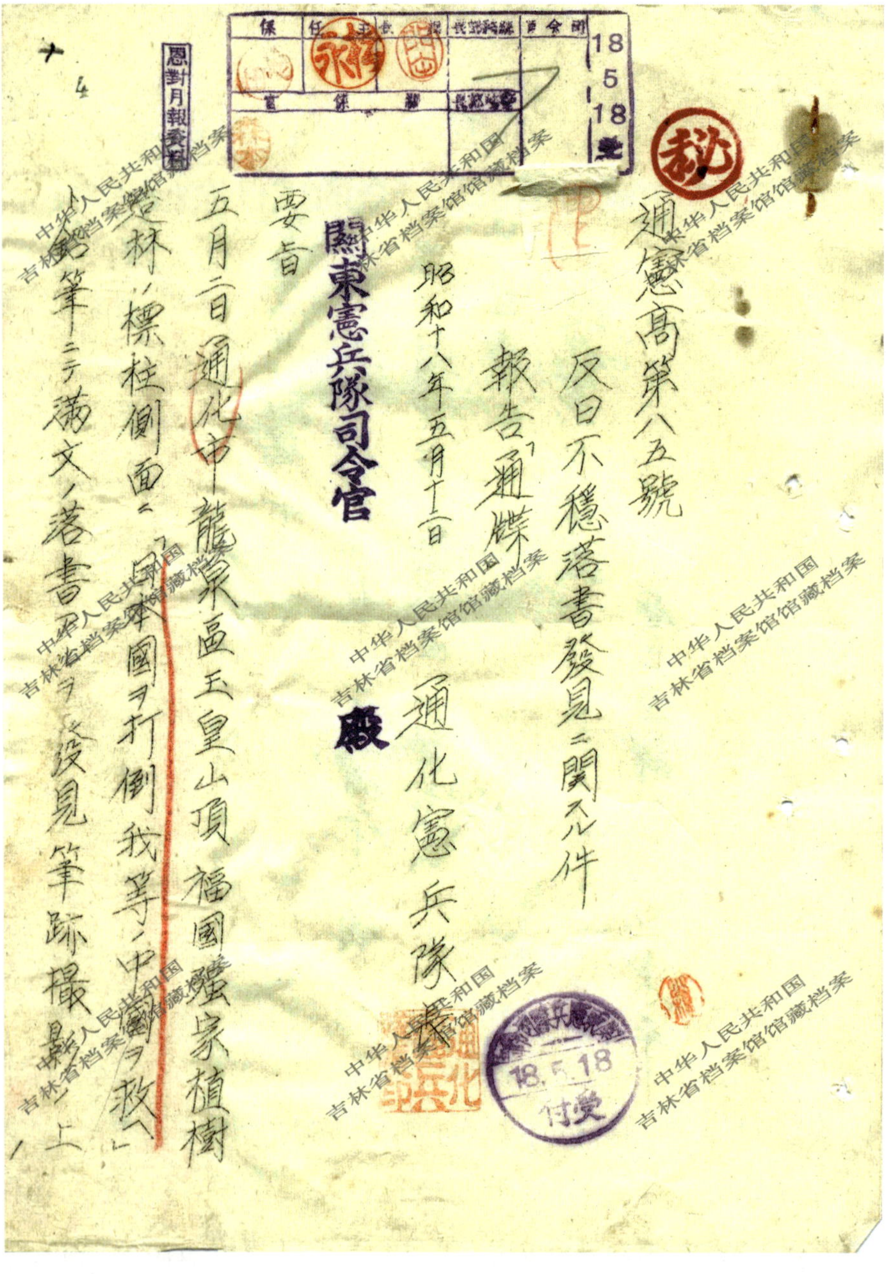
18
5
18

秘

思對月報資料

通憲高第八五號

反日不穩落書發見ニ關スル件

報告（通牒）

昭和十八年五月十一日

通化憲兵隊長

關東憲兵隊司令官 殿

要旨

五月二日通化市龍泉區玉皇山頂福國蠶家植樹

造林ノ標柱側面ニ「日本國ヲ打倒我等ノ中國ヲ救ヘ」

ノ鉛筆ニテ滿文ノ落書アリヲ發見筆跡撮影ノ上

18.5.18 付受

图 73-1 通化宪兵队关于发现反日涂鸦的报告（通牒）

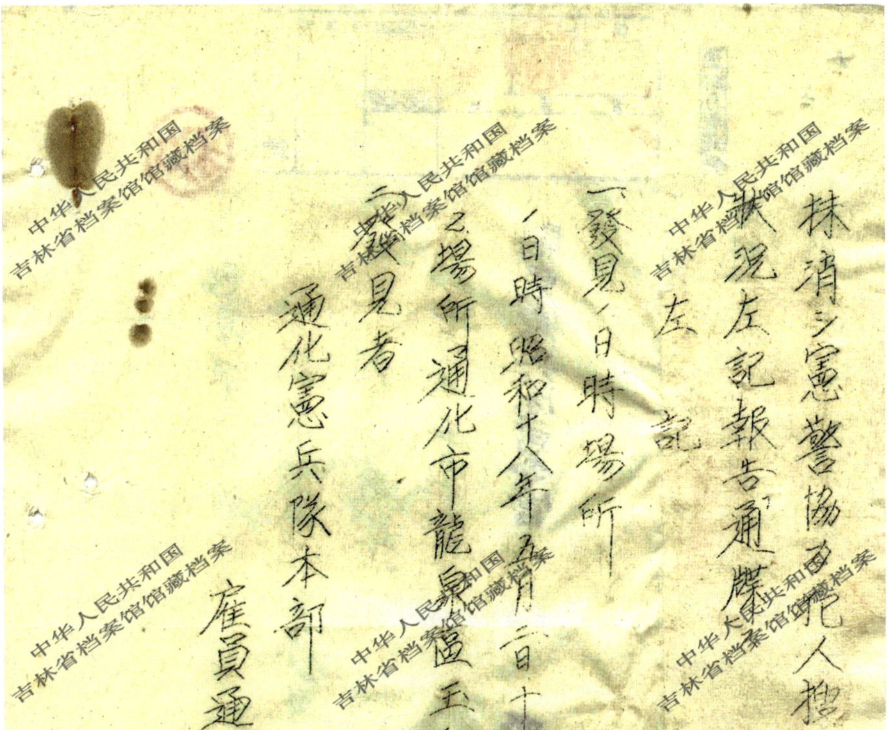
抹消シ憲警協力犯人捜査中ナリ
状況左記報告通牒
左記
一、發見ノ日時場所
イ日時 昭和十八年五月二日十三時三十分頃
ロ場所 通化市龍泉區玉皇山頂
二、發見者
通化憲兵隊本部
雇員通譯 廣田秉平

图 73-2 关于反日涂鸦的发现时间、地点及发现者的记载

除……这些抗日涂鸦往往以最朴素的语言、最直接的方式进行表达，多数涂鸦形成位置为公共场所，较为隐蔽，如果不靠近，根本无法发现。书写语言以汉语为主，简单直接的语言更容易被传播和扩散。而且，宪兵队或伪警察队发现后，只能涂掉，基本无法锁定和抓捕涂鸦者。这些涂鸦文字简练、通俗易懂，用最简单通俗的话语表达，更加符合普通民众的文化和认知水平，极易被广大民众理解和接受，且能潜移默化地唤醒群众的反抗意识，在揭露日本帝国主义的侵略罪行方面，起到了非常重要的作用。

随着日本对东北地区的掠夺渐趋疯狂，社会动荡加剧，反日涂鸦开始出现在工人宿舍、矿区等人口密集的场所。档案记载，在某林区加强植树造林的标杆侧面，发现了用铅笔写着“打倒日本国，挽救我们的中国”字样的汉语留言，宪兵队在给笔迹拍照记录之后，将字迹抹去，并着手搜查。在某矿所工人宿舍的板墙上用白涂墨写着“小日本大王八”的字样，由日本管理者将此情况上报后，宪兵来到现场进行调查，擦掉了该涂鸦，同时寻找“嫌疑犯”。在劳工聚集的作业场所，也经常会出现反抗日伪劳务统制、动员劳工逃跑的涂鸦：“（1943年）4月3日临江县石人沟采炭所坑内发现了反日的留言涂鸦。嫌疑人为辅导工人王洗，不但散播军事谣言，还在采炭所坑内用白纸墨水写下了‘打倒日本帝国主义，中华民国万岁！’”当时的工人们大多在东北的矿山、工厂中从事极其繁重的劳役，他们面对的是更加残暴的统治和更加残酷的迫害，因此相较于普通民众，他们具有更加浓重的抗日情绪。这些工人中，有部分军人、知识分子和共产党员，他们往往利用涂鸦来进行一些反日思想的传播，其内容也更加具有针对性，侧重一些宣传动员性的语言，比如反对日本剥削、要求改善工作环境、要求提高生活待遇等内容，这些内容更加贴合工人群体现实情况，能够直击工人群体的内心，引导工人群体进行有针对性的反抗，这些都进一步提高了东北劳工的觉悟，使他们积累了斗争经验。档案中也写道："许多工人围观该涂鸦之后，反日意识也被激发出来。嫌疑人还动员数名工友外逃。这并非是单纯的恶作剧，而是以思想上的抗日意识为基础而进行的抗日宣传和涂鸦。"

随着世界战场形势的变化，日本在战场上节节失利，具有反日思想的涂鸦现象更为明显，影响面也迅速扩大，一些反日涂鸦开始出现在东北的日办"公立"学校、日本驻军军营，甚至出现在了日本本土的一些重要场所。根据档案记载，在东北某日办"公立"学院正门口，发现门前石头上有用粉笔写的"小狗子不是人呐""反对东亚共荣"的涂鸦；在关东军军营中，出现了很多厌恶战争和疑似泄密的涂鸦；在日本京都饭店、公园等公共场所内，写着"打倒日本""日本快灭亡了"等涂鸦；在日本本土发现涉及日本舰队名称、行动计划和任务的涂鸦……日伪政权和日本当局对这些情况十分警惕。调查显示，这些活动可能是一些反日组织和一些厌战人士所为。受此思想影响，日本军队内部开始出现了动摇情绪，很多亲苏反日人士借此时机，策划活动，致使部分部队逃走入苏。在战争的中后期，很多涂鸦也不仅仅局限于简单的语句，很多抗日信息的传递，也都以涂鸦为载体，配合情报工作的开展。

虽然绝大部分涂鸦都是以"日本大王八""打倒日本"等简单的语句为主，其动机大多也只是单纯的情绪发泄，但这些都是东北民众反日思想的反映，这些涂鸦以直接的方式进行展现，更加触动人心。它们的出现，真实体现了当时东北民众在那段特殊时期的血与泪，同时也反映出东北人民不惧强暴，在日本侵略者的压迫下也要保卫家乡、驱除外敌的英勇行为。

74. 伪满时期东北社会的反日歌谣

李 岩

歌谣，指通过诗歌等表达形式传播的民间口头文学作品，具有语言简洁、节奏明快的特点，易于推广传唱。其内容反映了人民群众的生活状态、思想情感、理想追求以及历史记忆，是各民族传统文化的重要组成部分。其中，反日歌谣作为抗战时期中国人民抗日思想的传播载体，既有鼓舞士气、宣传抗日救亡的战斗口号，也有反映民众生活、表达对侵略者的仇恨和对和平生活向往的作品，具有重要的历史价值和教育意义。

抗战期间，东北沦陷区的百姓们饱受残害、奴役、欺凌之苦，许多城市和村庄遭受轰炸，无数家庭流离失所。极度困苦的生活使得社会各界抗日思想愈发强烈，各种类型的反日歌谣应运而生。

吉林省档案馆馆藏日本侵华时期档案中，留存着一些当时东北地区在日伪政府的压迫奴役之下，民众口口相传的反日歌谣。如日伪警察曾在伪兴安南省通辽县一带发现了一批“具有不稳定因素的民谣”，其中“只许州官放火，不许百姓点灯”“有灯取不出火来”“人民花纸钱如鱼上钓竿”等词句表现出民众对生活状况的担忧以及对日伪统治的不满。更有一些歌谣直接有针对性地反映了日伪政府在东北地区强抓劳工的社会现象。

如1945年7月，日伪宪兵发现在“小岗子方面、从公学校学生及中等学校学生当中到普通满人市民之间”，流行着如下歌谣：

大东亚战争，家家户户派劳工，不管老是少，不管病是残，装在大板车，送到大房身，饭是窝窝头，菜是萝菖瓜，咸盐水，不管够，连累带饿，直到死，人人都说，真可怜。

这些直白朴素的话语将劳工们被奴役压榨的血泪历史生动地展现在我们眼前。而在伪龙江省白城县索格营村传唱的“小雨哗哗下，粮米要涨价，小孩呱呱哭，两口子要打架”这一童谣，则讽刺了社会上通货膨胀、物价腾高、粮食不足给东北一个个家庭带来的不幸。歌谣朗朗上口，且以孩童能够理解的视角叙述，在儿童们心中种下了反日爱国的种子。

除了反映伪满时期东北地区社会状况的歌谣，直接在歌词中抨击日本侵略、鼓励反抗行为、强化民族意识的反日歌谣也不在少数。在伪间岛省延吉县明月沟蓝理教会幼儿园讲堂上，就出现了以“要打破魔鬼的权势，在我们大唱胜利歌时”为内容的校歌歌词，让反抗压迫的民族精神在一次次的合唱中传承。不仅是在学生中间，在工人群体里也流行着许多反日歌谣。如延吉宪兵队《警务报告》中记载，“在珲春县珲春街城北区军事邮政所附近发现记载抗日危险歌词的一名犯罪嫌疑人”，他在“满洲”第一六四部队被强制做劳工期间，写下的“日本的侵略实在可恨，占领了我们东三省，杀害良民，连权利也夺走了，也没有道德，什么是和平”的歌谣在工友间传唱。九台县的尹玉坤和杨凤鸣把“打日本歌”在铁路工人中传唱。他们揭露了工人“吉海铁路工人苦，十来多个钟头做工，累得工

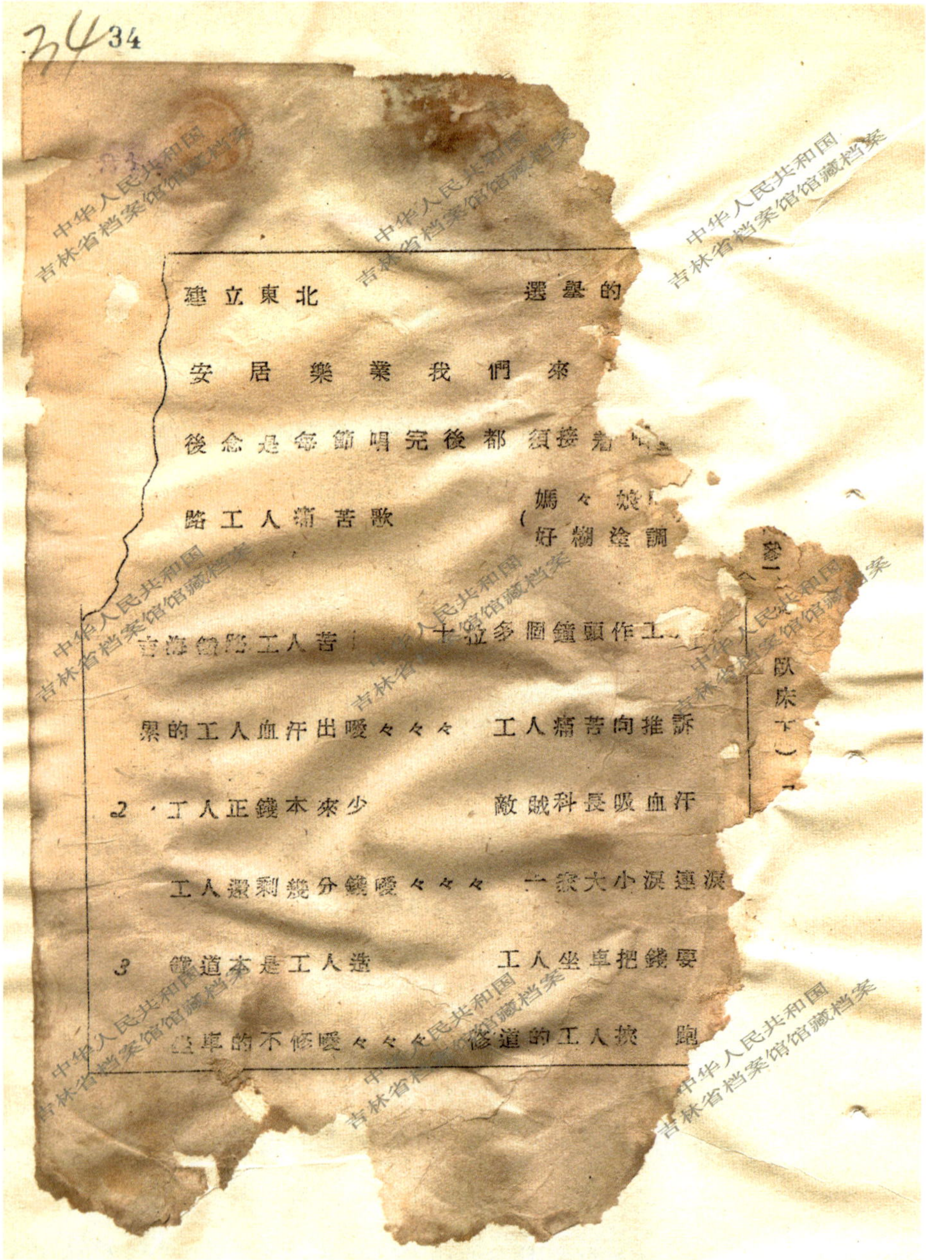
34

建立東北　　選舉的

安居樂業我們來

後念是每節唱完後都須接着唱

路工人痛苦歌　（媽々娘
好糊塗調

（參一 … 臥床下）

吉海鐵路工人苦　十拉多個鐘頭作工

累的工人血汗出噯々々々　工人痛苦向誰訴

2．工人正錢本來少　敵賊科長吸血汗

工人還剩幾分錢噯々々々　一家大小淚連淚

3　鐵道本是工人造　工人坐車把錢要

坐車的不够噯々々々　修道的工人拚　跑

图 74-1 档案中记载的反日歌谣

人血汗出，哎哎哎哎，工人痛苦向谁诉？工人挣钱本来少，敌贼科长吸血汗，工人还剩几分钱，哎哎哎哎，一家大小泪连泪”的困苦境遇，向民众发出“三千万民众们呼声震天地，前进呀！奋斗呀！三千万民众们，团结起来上战线，拼命打日本”“生活在烧杀搜刮涂炭中的东北民众们！总动员起来！去到反帝国主义战线上！在正确领导下展开总攻击，消灭所有非正义！呼天无路泣地无门的东北民众们！举起洋炮扎枪大刀棍棒，全副武装赴战场”的号召。更有革命者将“东满反日周刊及共产反满抗日歌集”送至日伪长白县第二区十二道沟南岗第七中队本部，歌集以“东北反日高涨”“反对！民众要讨伐日满！”“打倒日本！”等为题，通篇无一字不向侵略者表达东北民众誓要铲除日伪政权的决心。

反日歌谣作为中国抗日战争时期特有的一种文化现象，它紧密围绕着民族生存斗争的主题，以简洁明快的语言和激昂热烈的旋律，真实地反映了人民群众在反侵略斗争中英勇顽强的坚定信念。因其具有群众性、针对性、艺术性和实用性等特点，能够在那个战火纷飞的年代突破地域限制，跨越阶级差异，迅速在广大群众中传播开来，其富含的艺术感染力和政治宣传及教育的功能，使之成为激发抗日热情、增强民族凝聚力的有效手段，有力地推动了抗日救亡运动的发展。

尽管时代背景已然变迁，但反日歌谣的历史内涵和教育意义仍历久弥新。它真实记录了中华民族反抗外敌入侵的历史，既反映了当时的社会状况与民众心态，更是民众们抵抗外来侵略、维护国家尊严的精神武器。反日歌谣不仅在当时凝聚了全民族的力量，而且在战后至今仍持续发挥着历史教育和文化传承的作用，成为我们铭记历史、传承爱国精神的重要文化资源。

后　　记

吉林省档案馆馆藏日本侵华时期日本关东宪兵队档案是伪满时期日伪自身形成的原始记录，真实反映了日本帝国主义对华的侵略活动，一直备受国内外各界人士关注。

日本关东宪兵队档案是日本关东宪兵队在武装占领东北、大肆搜集情报、镇压抗日行动、搜捕抗日人员过程中形成的第一手资料。1945年8月14日，已是强弩之末的关东宪兵队开始有组织、有计划地焚烧销毁档案，试图掩盖他们在东北地区犯下的累累罪行。同年8月19日，苏联代表团抵达长春，向日军递交敦促其无条件投降和停止抵抗的最后通牒，宪兵队在仓皇撤离之际将未及销毁的档案掩埋于司令部。1953年11月，解放军某部驻长部队在日本关东宪兵队司令部原址铺设供电管路时偶然发现了这批深埋于地下的档案，经相关部门集中挖掘，这些档案得以重见天日。历经焚烧与掩埋的档案出土时大都粘在一起，火烧和水浸的痕迹密布， 有的甚至烂成一团。1954年6月，原伪新京宪兵队警戒系曹长弘田利光供述，“为湮灭日本帝国主义宪兵之一切罪行，将新京宪兵队本部及关东宪兵队司令部之公文档案于本部楼下锅炉内焚毁，另外其他埋于本部后边地下”，供词进一步证实了此部分档案的本源性和真实性。1982年，这部分档案移交给吉林省档案馆保存。

吉林省档案馆陆续组织开展这部分档案的整理、著录、翻译、数字化等基础工作，在保护的同时，进行了全面系统的挖掘研究，日本侵华罪行及东北民众奋起御侮的历史细节从尘封的档案中浮现出来。在中国人民抗日战争暨世界反法西斯战争胜利80周年到来之际，为更好地铭记历史，缅怀先烈，发挥档案在赓续红色基因方面的重要作用，我馆对在日本侵华档案研究中积累的素材进行了梳理提炼，转化为兼具史实性和情节性的精彩故事，历经一年时间的精心打磨，《烽火刻痕：档案中的抗战记忆》即将付梓。

为增加书的可读性，呈现不同故事间的历史关联，本书主要分为“罄竹难书滔天罪”和“浴血奋战铸忠魂”两个篇目。上篇的故事以日本发动侵略战争、屠杀残害平民、实施细菌战、实行“慰安妇”制度、开展殖民统治等主题为分类依据，按照时间顺序进行编排；下篇的故事主要包括民众反抗活动、东北抗联斗争情况、重大会议和重要战略、典型战例和英雄人物等主题。书稿引用70余件馆藏日本侵华档案，其中大部分档案内容为首次公开。撰稿人员以客观严谨的史学态度，深入挖掘档案背后的历史背景，融合档案展现史实细节，形成了一系列生动而完整的档案故事，以档案铁证揭示日军滔天罪行，弘扬伟大抗战精神。

本书创作过程中，吉林省档案馆50余名工作人员参与其中，大家在工作之余牺牲个人休息时间，顺利完成稿件撰写任务，在此也向大家的辛勤付出表示感谢。此外，编委会王放、吕春月、柳泽宇、张雪、王枫等主动承担了选材、统稿、编排、指导、审核等具体工作，对书稿涉及的相关历史背景资料进行了细致的核实，为本书的交付出版付出了大量的心血。《烽火刻痕：档案中的抗战记忆》成稿后，十分荣幸地邀请到了中国作协主席团委员梁鸿鹰老师对书稿内容进行审读，为我们提出了十分宝贵的意见和建议；邀请到了吉林大学陈景彦教授为本书作序，在此一并表示衷心的感谢。

由于我们研究能力水平有限，对一些重大历史事件和人物资料掌握得还不够全面，难免会有错误和纰漏，恳请各位读者批评指正。

《烽火刻痕：档案中的抗战记忆》编委会

2024年10月